오늘 우리는

왜

니체를
읽는가

오늘 우리는

왜
니체를
읽는가

| 정동호 외 지음

책세상

차례

머리말

1

책세상판 《니체 전집》이 2005년 11월 21번째 권을 끝으로 완간되었다. 번역을 시작하고 6년 반, 구상 단계까지 포함하면 7년 만의 일이다. 일의 규모도 커 역자 14명에 12,000쪽이 넘는 분량이다. 우리나라 출판 사상 그 유례를 찾아보기 힘든 방대한 작업이다.

명실상부한 전집이라는 자부심을 갖고 있지만, 이 전집이 우리나라 첫 번째 니체 전집은 아니다. 이미 1960년대 말과 1980년대 초에 휘문 출판사와 청하 출판사가 각각 니체 전집을 낸 일이 있다. 이들 전집은 이후 우리나라 니체 수용에 적지 않게 기여했다. 많이 읽혔고 자주 인용되었다. 다만 니체의 유고가 본격적으로 공개되기 이전의 전집을 원본으로 했기 때문에 그가 남긴 글 모두를 싣지 못한 한계를 갖고 있었다. 휘문판 전집은 니체의 미발표 유고의 공개가 막 시작된 시기에 나온 탓에 유고 모두가 공개될 때까지 기다리지 않은 한 달리 길이 없었던 것으로 보인다. 청하판 전집은 미발표 유고 대부분이 공개된 이후에 나왔는데도 웬일인지 새로 빛을 보게 된 유고를 전혀 반영하지 않았다. 이것은 의아한 일이다. 이 같은 한계를 극복하는 것이 우리 학계와 출판계의 숙원이자 과제였다. 새로운 전집을 염원하게 된 것도 그 때문이었는데, 이번에 나온 책세상판《니체 전집》이 니체 유고 '모두'를 포함시킴으로써 마침내 그 꿈을 이루게 되었다. 철저한 고증을 거친 새 전집을 원본으로 삼아 그동안 출판 과정에서 생긴 오류도 바로잡았다.

우리나라 니체 철학 수용 역사는 100년에 이르고 있다. 두 차례의 전집 말고도 니체의 개별 저작 대부분이 단행본으로 번역되어왔고, 대학에서도 꾸준히 강의되어왔다. 그동안 논문도 적지 않게 발표되었다. 늦은 감이 있으나 1989년에 한국 니체학회가 창립되면서 학회 차원에서의 니체 연구도 가능해졌다. 창립 후 니체학회는 매해 논문 발표회와 세미나를 열어오고 있다. 학회지도 내고 있다. 모두 묵묵히 니체 연구에 매진하고 척박한 땅에 니체 사상의 씨를 뿌리고 착근하기까지 시비(施肥)를 해온 선배 학자들의 공이다. 이렇게 열심히 앞을 보고 달려오는 동안 우리에게는 연구 성과가 꾸준히 축적되어왔고 그것을 바탕으로 미래를 전망할 수 있는 안목도 생겼다. 그러나 우리 학계는 지금까지 지나온 자취를 더듬어보고 앞을 내다볼 기회를 갖지 못했다.

전집 출간으로 니체 연구의 토대가 마련되었다고 판단한 출판사와 편집위원회는 그 기회를 가져보기로 했다. 별도의 책을 내어 우리에게 니체는 누구인가, 그의 유산은 무엇인가, 그는 어떤 경로로 우리나라에 들어와 어떻게 연구되었는가 하는 물음을 중심으로 니체의 삶과 사상, 여러 분야에서 확인되고 있는 그의 영향, 우리나라 니체 연구의 어제와 오늘 등을 밝혀 지나온 자취를 더듬어보고, 앞을 내다볼 시야를 확보해보자는 것이었다. 더불어 새로운 전집의 출간을 불가피하게 만든 논쟁, 즉 유고 논쟁의 전말도 밝혀보기로 했다. 중간 결산을 한다는 의미도 있고 새로운 출발을 위한 발판을 마련한다는 의미도 있다. 그래서 전집 출간이 막바지에 이른 2005년 초 준비에 착수, 필자를 정하고 편집을 마쳤다. 전집 번역에 참여한 역자가 관심 영역에 따라 몫을 나누어 맡았다. 다만 사정이 있어 역자 네 분은 참여하지 못했다.

이렇게 선을 뵈게 된 이 책은 전집과 별도로 내게 되었지만 전집 완간을 기념하기 위해 마련된 책이다. 전집의 대미를 장식하겠다는 출판사와 편집위원회의 의지를 다진 것으로서 전집이 나오지 않았더라면 이 책도 나오지 않았을 것이다. 이것이 이 책을 전집을 떠나 생각할 수 없는 점이다. 그러나 전집의 부록은 아니다. 편집자들은 이 책이 그것만으로도 한 권의 책이 되도록 편집했다. 내용에서 전집으로부터 자유롭다는 이야기다. 이 책이 갖고 있는 이 같은 두 얼굴, 전집에 대해 그리고 이 책 자체에 대해 밝혀둘 것들이 있다.

2

먼저 전집 이야기다. 앞서 언급했지만, 유고 논쟁이란 것이 있었다. 니체 사후 끊이지 않았던 것으로서 그가 남긴 유고의 공개와 편집을 둘러싼 논쟁이었다. 니체는 생전에 자신의 손으로 탈고하여 여러 권의 책을 냈다. 동시에 그 이상 분량의 유고를 남겼다. 이 유고는 그가 그때그때 노트에 써둔 것으로서 철학적 단상, 독서 촌평, 작품 구상 등을 내용으로 하고 있다. 처음부터 출판을 염두에 두고 쓴 것이 아니었기 때문에 그의 생전에는 공개가 되지 않았다. 그러나 이들 유고는 니체의 지적 편력의 자취이자 그의 철학의 모태와 같은 것으로서 그의 사상 연구에 없어서는 안 될 소중한 전거들이다. 이 유고의 공개는 니체 철학 수용 초기에 이미 현안이 되어 있었다. 만약 이 유고가 씌어진 순서대로 모두 공개되었더라면 시간은 많이 걸렸겠지만 논쟁의 여지는 남겨두지 않았을 것이다. 그런데 초기 편집자들은 기술상의 이유도 있었겠지만 극히 일부를, 그것도 임의로 편집하여 유고집이라는 이름으로 내놓았다. 이 유고집을 놓고 말이 많았고, 임의적인 편집에서 비롯된 편향된 니체 해석으로 인해 분란이 생기면서 탈도 많았다. 그런데도 이 상태에서 유고집이 반복하여 나왔고, 그렇게 출간된 전집이 다른 나라 말로 번역되면서 일찍이 니체 전집으로 자리를 잡게 되었다. 그러나 유고가 모두 공개되어 있는 오늘날의 기준으로 볼 때, 초기 유고집을 포함하고 있는 지금까지의 전집은 전집이라고 볼 수 없는 것으로서 선집에 가깝다 하겠다.

미공개 니체 유고가 세상에 빛을 보기 시작한 것은 1960년대 후반

이탈리아 학자 콜리Giorgio Colli와 몬티나리Mazzino Montinari에 의해서였다. 이들은 원래 이탈리아어판 니체 전집을 낼 생각이었다. 그러다가 유고 부분에 석연찮은 점이 있다고 판단, 당시 동독 바이마르에 가서 그곳에 있는 니체 유고를 먼저 열람하기로 했다. 이 두 학자는 그곳에서 엄청난 양의 미발표 유고를 찾아냈다. 가히 세기적인 발굴로서 그 자체만으로도 일대 사건이었다. 국제 니체 학계는 이에 술렁였다. 그때까지 니체가 생전에 낸 저작과 유고 일부를 전거로 글을 쓰고 강의를 해온 학자들은 글을 다시 쓰고 강의 내용을 바꿔야 할지도 모른다는 생각에서 잠시 손을 놓을 수밖에 없었다. 출판계도 촉각을 곤두세웠다. 일이 이렇게 전개되자 콜리와 몬티나리는 새로 빛을 보게 된 유고를 모두 공개하는 것이 무엇보다 시급하다는 판단에서 서둘러 새로운 전집 출간에 착수했다.

니체의 자필 원고는 판독이 어려운 것으로 소문이 나 있다. 거기에다 유고에는 탈자와 니체만이 알 수 있는 약자도 많았다. 이들은 어렵사리 원고를 판독하고 출판 준비를 마쳤다. 그러나 탈자와 전혀 판독 불가능한 글에는 손을 대지 않았다. 즉 이를 그대로 낸 것인데, 이것은 편집자들이 원형 복원을 최대 과제로 받아들였기 때문이었다. 이렇게 해서 독일에서 1967년부터 연차적으로 빛을 보게 된 것이 새로운 전집 *Kritische Gesamtausgabe*(KGW)이다. 우리말로 옮기면《비평 전집》또는《고증판 전집》정도가 될 것이다.

이 전집이 나오면서 국제 니체 연구의 환경은 급격하게 바뀌었다. 임의로 편집되어 나온 그동안의 조잡한 유고집은 버림을 받는 수모를 겪게 되었으며, 그 같은 유고집을 전거로 글을 써온 학자들은 자신들의 글을 재검토하지 않을 수 없게 되었다. 새로운 글들이 공개되면서 연구 자료도 배가되어, 니체 연구가 전에 없는 활기를 띠게 되기도 했다. 마치 새로운 광맥을 찾아낸 광부처럼 학자들은 흥분했다. 이렇게 하여 니체 연구는 다시 원점으로 돌아왔다. 예상했던 일이지만 이 전집은 나오면서 곧바로 표준판으로 자리를 잡았다. 오늘날 국제 니체 연구를 선도하는 것도 단연 이 전집이다.

많은 나라에서 이 전집 출간 과정을 지켜보았다. 그러나 워낙 양이 많고 기술상의 어려움이 적지 않아 정작 자국어로 번역하겠다고 나선 나라는 손에 꼽을 정도에 불과했다. 이 일을 위해서는 방대한 사업을 일관성 있게 추진할 수 있는 출판사의 의지와 역량, 번역을 맡을 다수의 전문학자의 확보가 선결 조건이다. 이 조건을 충족하고 있는 나라는 그리 많지 않았으며 지금도 많지 않다. 이들 많지 않은 나라에 우리나라가 합류했고, 그렇게 하여 내놓게 된 것이 책세상판 《니체 전집》이다. 아시아에서는 일본 다음이다.

KGW는 책세상판 《니체 전집》의 편집을 마친 1998년 이후에도 독일에서 계속 나왔다. 지금까지 30권 이상을 냈는데, 이 사실을 알고 있는 독자들은 21권으로 된 국내 전집 완간 소식에 어리둥절해할 것이다. 그런데 30권 이상이라고 했지만, 이 가운데 후반부에 출간된 유고는 니체가 소년 시절에 써두었던 글들, 학창 시절에 쓴 노트, 강의 노트에 후기(後記)와 같은 것으로 되어 있어 전집에 포함시키는 것이 합당한지 재고하게 되는 것들이다. 물론 기록이라는 측면에서 볼 때 니체의 손으로 씌어진 글이라면 이것저것 가리지 않고 모두를 번역 출간하는 것 역시 의미 있는 일일 것이다. 그러나 그것은 KGW

하나로 족하다. 모두가 아니라면 어디까지를 전집에 포함시킬 것인 가 하는 것이 여기서는 문제가 되는데, 이미 콜리와 몬티나리 등 편 집진이 그 기준을 마련해놓았다. 즉 이들이 1980년에 15권으로 된 학습판 전집(KSA)을 낸 일이 있는데, 이것은 철학적 의미가 있는 유 고의 공개를 포함한 전집 출판을 일단락 짓겠다는 것을 의미한다. 우 리나라 편집위원회에서도 이 점에 유념, 국제적 규준에 따라 편집의 틀을 마련했다. 그렇게 해서 21권이 되었다. 필요할 때 조언을 해준 독일 쪽 관계자 볼프강 뮐러 라우터Wolfgang Müller-Lauter 교수의 판단도 편집위원회의 그것과 다르지 않았다.

3

국제적 규준에 맞는 새 전집 출간을 구상한 것은 책세상이었고, 처음 부터 끝까지 일을 총괄한 것은 김광식 주간이었다. 출판사는 1998 년, 니체 사후 100년이 되는 2000년 완간을 목표로 그 준비에 들어 갔다. KGW를 번역하겠다는 야심 찬 구상이었는데, 이것은 1960년 이후 재연된 유고 논쟁과 국제 니체 연구 동향을 숙지하고 있었으며 국내 니체 연구 동향을 잘 파악하고 있었기 때문에 가능했던 일이다. 니체 전공자는 물론 학회에서조차도 실현 가능하지 않다고 여기고 있던 구상이었다. 이 점에서 출판사가 국내 많은 니체 연구자들을 앞 서 갔다. 마침 독일에서 니체 연구로 박사 학위를 받고 돌아온 백승 영 박사가 초기 기획 단계에서 적지 않게 힘이 되어주었다. 이후 편집위원회가 애를 썼고, 역자 여러분이 각별한 공을 들여 완간을 하게 되었지만, 이 전집은 처음부터 책세상 작품이다.

본격적 작업은 편집위원장이 위촉되고 편집위원회가 구성되면서 시작되었다. 먼저 책세상은 1999년 봄 필자(정동호)를 편집위원장으로 위촉했다. 시기상조다, 심지어는 무모한 도박이다라는 말이 주변에서 돌았다. 그러나 출판사의 준비는 완벽했고, 출판 의지 또한 분명했다. 남아 있는 문제는 어떻게 편집위원회를 구성하고 역자를 확보하는가 하는 것인데, 주간과 편집위원장 사이의 몇 차례 회동과 장고 끝에 자신감을 얻어 일을 계획대로 추진하게 되었다. 그때마다 백승영 박사가 동석하여 조언을 아끼지 않았다. 일이 순조롭게 진행되어 1999년 4월 10일 출판사와 편집위원장은 성실 약정을 맺게 되었다. 약정 내용은 아래와 같다.

1. 한국어판 니체 전집의 번역·출간을 위해 역량 있는 니체 전공자들로 '니체 전집 편집위원회(가칭)'를 구성한다.
2. 동 니체 전집 편집위원회의 위원장으로 충북대학교 정동호 교수를 위촉한다.
3. 편집위원장은 전집의 역자 선정을 비롯하여 번역·출간 진행 과정에서 편집위원회를 대표한다.

전체 작업의 규모와 일정을 개략적으로나마 합의한 후, 편집위원장은 주간과 함께 편집위원은 독일에서 니체 연구로 박사 학위를 받은 전공자여야 한다는 것, 한글세대여야 한다는 것을 기준으로 곧 인선에 착수했다. 첫 번째 기준은 어느 정도 인적 자원이 확보되어 있는 터여서 당연한 것이었고, 두 번째 기준 또한 명실상부한 우리글 전집을 내겠다는 문화적 독립에 대한 다짐의 표현으로서 시의 적절한 것이었다.

이 기준에 따라 이진우 교수(계명대 총장), 김정현 교수(원광대), 백승영 박사(서울대 철학사상연구소)가 편집위원으로 위촉되었다. 모두 한국 니체 연구를 선도하고 있는 중진 또는 신진 학자로서 안팎으로 연구 성과가 뚜렷하고 니체 문헌에 밝은 학자들이어서 인선에 이의가 있을 수 없었다. 이진우 교수는 편집의 틀과 방향을 잡는 데 크게 기여했다. 의견이 분분할 때 결정적인 대안을 내놓아 작업의 추진을 원활하게 하였다. 역자 선정에도 큰 힘이 되어주었다. 김정현 교수는 실질적으로 니체학회의 살림을 맡아온 중견 교수로서 세밀한 부분에까지 헌신적으로 기여했다. 개념을 확정하고 다듬는 데 큰 힘이 되어주었다. 백승영 박사는 최근의 국제 니체 연구 동향에 밝은 신진 학자로 예리한 내부 비판을 통해 그때그때 어려움이 있을 때 출구를 마련해주었다. 기술적인 부분에서도 심기를 발휘하여 많은 도움을 주었다.

이와 때를 맞추어 출판사는 KGW를 출간해온 독일 발터 데 그루이터Walter de Gruyter 출판사와 번역 출판 계약을 맺었다. 일은 신속하고 정확하게 진행되었다. 편집위원회는 편집위원대로 곧바로 역자 선정에 들어갔다. 인선 기준은 편집위원의 그것에 준하였다. 때마침 독일에서 공부를 마친 신진 학자가 다수 귀국, 역자 확보에 큰 어려움이 없었다. 몇 권의 경우 당장은 적임자가 없다는 판단에서 기다리기로 했는데, 이 문제도 한두 해 걸리기는 했지만 어렵지 않게 해결되었다. 다만 니체가 문헌학자이자 시인이었고 그 분야의 글도 적지 않게 남겼던 점에 유념하여 독문학자나 해당 분야를 전공한 학자들에게 일부 문호를 개방하기로 했다. 이렇게 해서 모두 14명의 역자가 선정되었다. 대학 전임 교수, 시간 강사, 연구원으로 되어 있는 이들 역자와 역자의 독일어권 유학 대학은 다음과 같다.

강용수(뷔르츠부르크 대학)	김기선(튀빙겐 대학)
김미기(베를린 자유 대학)	김정현(뷔르츠부르크 대학)
박찬국(뷔르츠부르크 대학)	백승영(레겐스부르크 대학)
안성찬(레겐스부르크 대학)	이상엽(베를린 자유 대학)
이진우(아우크스부르크 대학)	정동호(프라이부르크 대학)
최문규(빌레펠트 대학)	최상욱(프라이부르크 대학)
최성환(본 대학)	홍사현(클라겐푸르트 대학)

4

번역에 앞서 편집위원회에서 한 일 가운데 하나가 그릇된 번역어를 바로잡고 제목을 다듬는 일이었다. 우리나라에 니체는 주로 일본을 통해 들어왔다. 2차 대전 전에는 일본 전집이 읽혔고, 이후에는 일본 번역서가 주로 중역되었다. 그런 과정에서 일본 번역어가 들어와 자리를 잡았는데, 그 가운데는 옳지 않은 것으로 판단되는 것도 있고,

너무 어려워 우리글로 순화할 필요가 있는 것도 있어 이 기회에 손을 대기로 했다. 아예 바꾼 것도 있고, 우리글 번역 가운데 좋다고 판단하여 받아들인 것도 있다. 우리 글투로 고친 것도 있다. 이를테면 Übermensch는 초인에서 위버멘쉬로 음역했다. 위버멘쉬는 초월적 신격을 대신하여 이 땅의 주인이 될 인간인데, 그런 그를 초인으로 옮겼을 때 초월적 인격으로 잘못 이해될 수 있다는 판단에서였다. 권력의지는 힘에의 의지로 확정했다. 1980년대 초부터 일부에서 권력의지를 힘에의 의지로 고쳐 써왔는데, 그런 교정이 옳다고 보았기 때문이다. 영겁회귀 또는 영구회귀는 영원회귀로,《도덕의 계보》등에 나오는 우량과 열악은 좋음과 나쁨으로 했다. 책 이름도 순화하여《서광》은《아침놀》로,《적그리스도》또는《반그리스도》는《안티크리스트》로 바꾸었다. 그러나 통일을 기하여야 하는 핵심 개념이 아닌 경우, 번역자의 판단에 맡기기로 했다. 편집위원회에서 통일되어야 할 개념의 수도 최소한으로 제한했다. 개념을 어떻게 번역할 것인가는 해석상의 문제이기 때문에 그 밖의 개념의 번역은 역자 판단에 맡기기로 한 것이다.

주(註)도 달지 않기로 했다. 니체 자신이 단 것이 아닌 한, 그리고 구체적 사실에 대한 것이 아닌 한 주에는 그것을 다는 사람의 자의적 해석이 반영되기 마련이다. 특히《차라투스트라는 이렇게 말했다》의 경우 주가 많기로 유명하다. 일본이나 우리나라에서는 주를 장황하게 다는 것이 하나의 전통이 되어 있는데, 이것은 원저자와 독자 사이의 직접적인 대화를 가로막는 위험한 간섭이다. 니체는 독자가 만나야 한다. 거기에다 우리나라 니체 독서 수준에 비추어 주는 불필요하기도 하다. 니체는 남다른 필력에 문학적 재능이 뛰어났던 철학자였다. 그리고 그의 글에는 그의 삶이 배어 있다. 그런 그의 글은 논증적인 경우도 있지만, 대체로 선언적이다. 또 원근법(관점주의)적으로 생각을 하고 글을 쓴 그는 다양한 관점과 해석 가능성을 열어두었다. 니체의 이 같은 글에 주를 다는 것은 시나 소설에 주를 다는 것과 크게 다르지 않다. 독자는 자신의 관점에서 니체를 읽는다. 그리고 편향된 것이 아니라면 그것이 올바른 니체 읽기다.

5

이렇게 전집을 완간했지만, 어떻게 보면 이제부터 시작이다. 책은 저자나 역자, 독자와 출판사가 같이 만들어간다. 최선을 다했지만, 잘못된 번역이 있을 수 있고, 적절치 못한 표현이 있을 수 있다. 이를 누구보다 잘 알고 있는 것은 역자 자신들이다. 그래서 역자들은 자신들의 번역을 반복하여 읽어가면서 손을 대기 마련이다. 역자 자신이 잘못을 찾아내는 경우가 많지만, 독자들이 찾아내어 지적해주는 경우도 적지 않다. 시시비비를 놓고 공개적 토론으로 이어지는 경우도 있다. 이번 전집도 그랬다. 개정판이 이미 나온 역서가 있다. 《차라투스트라는 이렇게 말했다》인데, 개정 출간을 통해 출판사는 경제적 손실을 감수해가면서까지 번역의 완성도를 높이겠다는 의지를 천명했다. 앞으로도 독자들의 지적은 여러 통로를 통해 역자들에게 전달될 것이다. 번역을 놓고 전공 학자들이 문제를 제기하는 경우도 있을 것이고 내부 비판도 있을 것이다. 하나같이 바람직한 일이다. 우리 역자들은 자만하지 않는다. 비판을 두려워하고 반성을 하지 않는, 그리하여 자기 궤도 수정 능력을 잃은 지적 사업에는 곰팡이가 끼게 마련이다. 우리가 가장 경계하는 것이 그것이다. 독자 여러분의 비판과 지적을 겸허하게 수용할 것이다. 표준판으로서 손색이 없도록 고쳐 나갈 생각이다.

<h1 style="text-align:center">6</h1>

이번에는 여기 내놓는 이 책에 관해서다. 책을 크게 저작을 중심으로 한 니체의 삶과 사상, 유고 논쟁, 니체 사상의 영향사, 우리나라 니체 철학 수용사로 나누었다. 니체의 삶과 사상은 여러 선배 학자들의 글을 통해 어느 정도 알려져 있는 터다. 그러나 새로운 사실이 밝혀지고 있고, 또 니체의 삶을 사상 전개의 시각에서 조명해 볼 필요가 있다는 지적에서 다시 그의 삶을 추적해보기로 한 것이다. 물론 삶과 사상을 같이 다룰 수도 있다. 그렇게 되면 일종의 지적 전기가 되겠는데, 지금까지 나온 그런 전기를 보면 대체로 삶 아니면 사상에 보다 큰 비중이 주어져 있고 그 결과 한 쪽으로 치우쳐 있다. 거기에다 삶에서 사상으로, 사상에서 다시 삶으로 이야기가 옮아가 혼란스럽기도 하다. 여기서 기술적 고려가 필요했다. 그래서 큰 틀에서는 사상적 전기지만, 그 결과인 사상을 따로 정리하는 것이 어떨까 생각해 보았다. 이 책에서는 그렇게 하기로 했다. 그래서 니체 사상의 전개

를 그의 생을 통해 추적하되, 그렇게 결실을 본 사상을 따로 정리하게 되었다. 이것은 무엇보다도 그의 사상을 개략적으로나마 하나의 체계 속에서 이해하고자 하는 독자를 위한 배려다. 니체처럼 다면적이며 전 우주를 아우르는 철학을 한 사람의 사상은 좀처럼 압축을 할 수가 없다. 제한된 분량에 쉽게 쓰다보면 깊이가 없어지고, 깊이를 잃지 않으려고 애를 쓰다보면 너무 어려워 손에 잡히는 것이 없다. 이 둘을 놓치지 않으려고 노력했다. 출전은 대지 않았다. 출전을 대면 글이 끊어지게 되는데, 출전에 걸리는 일이 없도록 하겠다는 생각에서다. 이 부분은 필자(정동호)가 맡았다. 보다 전문적 니체 철학 이해는 다음 단계에서의 일이다. 니체 이해를 심화하려는 독자들에게는 마침 지난해에 나온 백승영 박사의 《니체, 디오니소스적 긍정의 철학》과 금년 초에 나온 김정현 교수의 《니체, 생명과 치유의 철학》을 권하고 싶다. 해가 다르게 향상되어온 우리나라 니체 해석의 수준을 대변하는, 근래에 없는 역작들이다. 이 밖에도 적지 않은 단행본과 논문이 나와 있다. 많은 참고가 될 것이다.

유고 논쟁은 니체 수용 초기부터 니체 전집을 낼 때마다 문제가 되었던 논쟁이다. 이 논쟁에 대한 예비지식이 없을 경우 책세상판 《니체 전집》의 의미는 반감되며, 독자 또한 편향된 니체 해석에서 벗어나기 힘들다. 위에서 간략하게 논쟁을 소개했지만, 그것만으로는 부족하다. 그래서 유고 논쟁을 따로 다루어 그 전말을 밝혀보기로 했다. 최근에 나온 자료들이 있기는 하지만, 워낙 복잡하게 전개된 것이어서 자료 정리 등 많은 노력이 따르는 작업이다. 이 부분은 이상엽 교수가 맡았다.

니체의 영향사라고 했지만 이것은 죽어 있는 지난 역사에 대한 검토가 아니다. 니체 르네상스라는 것이 있었다. 1970년 전후에 프랑스 등에서 시작되어 전 세계를 풍미하게 된 것으로서 그것을 두고 사람들은 니체의 부활 또는 한 철학자의 귀환이라고도 했다. 시대가 다시 그를 불렀고, 그는 살아 되돌아왔다. 실존철학이나 생의 철학에서 그는 원격 조정자로 알려져왔고, 여전히 문학, 심리학 등에 심대한 영향을 끼치며 전에 없는 생명력을 과시하고 있다. 니체를 다시 부른 것은 이 시대에 살고 있는 우리이자 우리가 갖고 있는 현안들이다. 이에 편집위원회에서는 그가 다양한 영역에 끼치고 있는 영향을 검토해보기로 했다. 관심 분야에 따라 영역을 나누어 집필했다. 백승영 박사가 철학 일반에, 김정현 교수가 심리학·정신분석학, 최문규 교수가 문학, 홍사현 박사가 예술, 최상욱 교수가 종교에 끼친 니체의 영향을 맡았다. 여기서 독자들은 살아 있는 니체를 만나게 될 것이다. 그리고 아직도 식을 줄 모르는 니체 열기를 경험하게 될 것이다.

　우리나라 니체 수용 역사를 돌이켜 보는 것은 이 시점에서 꼭 필요한 작업이다. 유감스럽게도 자료가 빈약하다. 100년 가까운 니체 철학 수용 과정에 대한 정리 없이, 우리나라 니체 연구의 현주소는 확인하기 어렵고 미래를 내다볼 시점의 확보 또한 어렵다. 이 어려운 작업은 김미기 박사가 맡았다.

이 전집과 책이 나오기까지 실로 많은 분이 애를 썼다. 누구보다도 전집 출간의 기회를 마련해준 책세상 김직승 대표, 일을 총괄한 출판사가 있다. 만약 이 같은 기회와 일관성 있는 사업 추진이 없었더라면 우리 학계는 30년, 아니면 그 이상을 기다려야 했을 것이다. 아직 우리나라에서는 플라톤 전집은 물론 아리스토텔레스, 칸트, 헤겔, 쇼펜하우어, 하이데거 전집이 나오지 않았다. 이런 점을 고려할 때 이번 《니체 전집》은 하나의 '예외' 다. 믿기지 않는다는 외국 학자의 반응도 있다. 우리나라 안에서도 다른 철학자들을 전공하고 있는 학자들로부터 많은 부러움을 사고 있기도 하다. 이 전집을 계기로 다른 철학자의 전집을 구상하고 있던 학자들의 분발을 촉구하는 분위기도 살아나고 있다. 고무적인 일이다. 《니체 전집》은 우리나라에서도 본격적인 전집을 낼 수 있다는 가능성을 보여주었다. 앞으로 우리나라 철학 전집 출간의 전범이 되리라 본다.

곡절도 있었다. 역자가 중간에 뒤로 물러선 일이 있다. 일이 진행되던 중에 역자를 바꾼다는 것은 여러모로 어려운 일이었다. 다행히 적임자를 찾아 새 역자로 위촉하게 되었지만, 이런저런 사정으로 정해진 기간을 여러 해 넘기고 말았다. 그래도 10년이 걸리지 않았다면, 그것만으로도 획기적인 일이다. 출판과 같은 문화 사업에는 숨은 영웅들이 있다. 이름이나 생색을 내지 않은 채, 뒤에서 기획하고 추진하고 마무리 짓는 사람들이다. 연출자들이다. 이들에게는 그 일 자체가 보람이고, 독자의 관심 자체가 평가다. 따로 이름을 들어가며 그 공을 기릴 이유가 없다고 보는 것도 이 때문이다. 진부한 덕담은 오히려 폐가 된다. 그런데도 이 자리를 빌려 그 공을 돌리는 것, 그리고 앞에서 전집 출간의 전말을 소상하게 밝힌 것은 기록을 위해서다. 공치사에 감상은 넘치면서도 정작 기록 문화는 부재하다는 오명을 갖고 있는 것이 우리나라가 아닌가. 기록은 그 자체가 역사적 힘이자 발판이다. 그리고 그것에는 공훈을 기린다는 의미도 있지만, 그보다는 뿌리 있는 연구 전통의 확립이라는 의지가 표명되어 있다.

2006년 5월
책세상 니체 전집 편집위원회 위원장 정동호

제1부

니체의 삶과 사상

● ● ● 정동호

1. 삶

니체, 프리드리히 빌헬름은 1844년 10월 15일 라이프치히 가까이에 있는 농촌 마을 뢰켄의 목사관에서 루터교 목사 카를 루트비히 니체 Karl Ludwig Nietzsche와 역시 목사 집안의 프란치스카 욀러Fran-ziska Oehler 사이에서 첫 아이로 태어났다. 할아버지 프리드리히 아우구스트 루트비히 역시 지방 감독을 지낸 목사였다. 상처한 그는 미망인 에르트무테 도로테아 크라우제를 아내로 맞아들였는데, 이 미망인 역시 라이헨바흐 지방의 저명한 목사의 딸이었다. 두 오빠도 목

정동호는 서강대 철학과를 졸업하고 독일 프라이부르크 대학에서 니체 연구로 박사 학위를 취득했다. 현재 충북대 교수로 재직하고 있으며, 책세상 니체 전집 편집위원장을 맡고 있다. 《니이체 연구》 등을 썼고, 책세상 니체 전집 13 《차라투스트라는 이렇게 말했다》, 17 《유고(1884년 초~가을)》 등을 옮겼다.

사였다. 할아버지와 이 미망인 사이에서 니체의 아버지가 태어났다. 그 역시 훗날 목사 집안 출신인 프란체스카 욀러와 결혼했다. 그리고 이들 사이에서 니체가 태어났다.

할아버지 니체는 신학과 관련된 책을 여러 권 냈을 뿐만 아니라 틈틈이 사냥을 즐겼던 활달한 인물이었다. 이와 달리 아버지 니체는 여린 마음에 감상적 기질을 지닌 인물이었다. 음악을 좋아했으며 특히 피아노를 즐겨 쳤다. 어머니 니체는 건강하며 상냥한 여인이었다. 그러나 당시 목사 집안의 딸들이 대체로 그러했듯이 특별히 교육을 많이 받지는 못했다. 니체가 두 살이 되던 1846년에 여동생 엘리자베트 Elisabeth가, 그로부터 두 해 뒤에 남동생 요제프Josef가 태어났다.

한적한 시골 목사관의 생활, 그러나 조용하지도 단란하지도 못했다. 일찍이 남편과 사별한 할머니가 집안의 어른으로서 군림하고 있었다. 고집이 세고 완고한 여인이었다. 그리고 결혼을 하지 않은 두 손위 고모 아우구스테와 로잘리가 얹혀살고 있었다. 목사관의 안주인은 응당 니체의 어머니여야 했지만, 실제로 모든 것을 쥐락펴락했던 것은 할머니였다. 그리고 두 고모가 이 할머니의 비호 아래 집안일과 교회 일을 떠맡다시피 했다. 니체 어머니의 몫은 없었다.

어려서 아버지를 잃고 어머니와 누이들의 보살핌을 받고 자란 니체의 아버지도 그들 앞에서 무력했다. 그들의 그늘에서 벗어나지 못한 것이다. 거기에다 두 고모는 기회가 있을 때마다 니체의 어머니를 못살게 굴었다. 이런 환경에서 니체 어머니는 최소한의 자리를 지키기 위해 절망적인 고투를 해야 했다. 때때로 집안에 불화가 일었다. 그럴 때 니체의 아버지가 할 수 있었던 것은 고작 서재에 들어가 문을 잠그고 식음을 폐하면서 발설할 수 없는 분을 삭이는 정도였다. 어린 니체는 이 모든 것을 민감하게 받아들였다. 특히 그는 그의 아버지에게서 가장으로서 가정 하나 제대로 건사하지 못하는 허약한 아버지의 이미지를 보았다.

이 점에 주목하는 학자들이 있다. 훗날, 일찍이 아버지를 여읜 니체는 부성 결핍에서 기인하는 갈등 속에서 모든 아버지의 아버지인 신(神)에 매달리게 되었다는 것, 신으로부터 아무 응답이 없었다는 것, 나서서 힘이 되어주지 못한 신에게서 생전의 무력한 아버지의 이미지를 보았고, 그런 신이라면 존재할 이유가 없다는 생각에서 끝내 신의 죽음을 선언하게 되었다는 것이다.

니체가 네 살이 되던 1848년은 혁명의 해였다. 유럽 도처에서 혁명이 일어났다. 프로이센도 예외가 아니어서 왕 프리드리히 빌헬름 4세가 폭동에 굴복하여 헌법 제정을 약속하게 되었다. 이것이 베를린 혁명인데, 당시 왕권을 신봉하고 있던 니체의 아버지는 이 혁명에 몹시 분개했다. 그의 정치 성향을 엿볼 수 있는 대목이다. 니체 또한 성장하여 시민 혁명을 비웃고 엘리트 정치를 표방하게 되는데, 이 점에서 그는 아버지를 닮았다.

이 시골 목사관에 연이어 불행이 닥쳤다. 1850년 니체의 아버지가 죽었다. 당시 공식적 사인은 뇌연화증이었지만, 오늘날의 한층 발전된 진단 기술로 미루어 뇌종양이었거나 뇌졸중 발작이었을 것이라고 믿는 전기 작가들이 많이 있다. 몇 달 뒤엔 남동생 요제프가 죽었다. 치아에 심한 경련이 있었다는 것 정도가 알려져 있을 뿐이다. 니체 나이 다섯, 그리고 여섯에 있었던 일이었다. 충격적인 사건으로서 소년 니체는 두고두고 이를 잊지 못했다. 아버지의 죽음으로 더 이상 뢰켄에 머물 형편이 못되자 남은 가족은 그곳 목사관을 비우고 할머니를 따라 나움부르크로 서둘러 이사를 갔다. 나움부르크는 뢰켄에서 하룻길도 채 되지 않는, 성곽으로 둘러싸인 유서 깊은 아담한 도시였다. 아버지와 어린 동생의 죽음을 뒤로 한 이 황망한 이사를 어린 니체는 심적으로 힘들어했다.

명실상부한 가장은 이제 할머니였다. 어머니로서는 뒤에서나마 함께 분을 삭일 수 있는 남편조차 없는, 그야말로 사면초가였다. 갈등은 계속되었다. 어린 니체는 승산 없는 싸움에 지쳐 있는 어머니를 보면서, 밖으로 무기력한 어머니의 안으로 향하는 본능적 과잉보호를 받으면서 불안한 유년 시절을 보냈다. 그는 집안에서 유일한 사내아이였다. 주변에는 늘 할머니, 두 고모, 어머니 그리고 여동생이 있었다. 모두 니체를 애지중지했지만, 그것이 오히려 니체에게는 짐이 되었다. 여기서 니체의 여성에 대한 애증 관계가 비롯된 것으로 보인다. 니체는 뒷날 여성 편향적인 대인 관계를 갖게 되었다. 주변에는 여성이 많았다. 그러면서도 그는 여성을 매도하는 듯한 언사를 일삼았다. 여성을 '암소'로 부른 적도 있고, 뛰어난 남성을 위한 자발적 제물로 비하한 일도 있다. 그래서 유례없는 반여성주의자로 지목되어 지탄을 받게 되지만, 여성에 대한 이 같은 이중적 관계는 어린 시절 그가 집안에서 한 여성 체험과 무관하지 않았던 것으로 보인다.

어려서부터 아주 영민했던 니체는 말 그대로 예사롭지 않은 아이였다. 이를 부담스럽게 생각한 할머니는 이사가 끝나자 니체를 그곳 소년 시민학교로 보냈다. 그를 평범한 아이로 키울 생각에서였다. 그러나 예상했던 대로 학교 분위기에 적응하지 못한 그는 결국 이듬해 그 학교를 그만두고 돔 김나지움 입학을 위한 예비 학교에 들어갔다. 그는 어느 정도 안정을 되찾았다. 이 무렵 그는 피아노 레슨을 받았다. 음악에 소질이 있어, 여덟 살이 되던 1852년부터 작곡을 시작해, 해를 거듭하면서 그 양을 늘려갔다. 처음에는 습작 정도였지만 이후 청소년기를 거치면서 많은 곡을 썼다. 간헐적이기는 하지만 아직도 니체 연주회가 세계 곳곳에서 열리고 있고, 또 음반도 여러 개 나와 있는 것으로 미루어 우리는 그의 음악적 재능이 상당했음을 짐작할 수 있다.

1854년에 니체는 돔 김나지움에 들어갔다. 공부에 열의를 보였다. 시도 썼다. 피아노 솜씨도 좋아졌다. 그 무렵 헨델의 〈메시아〉에 크게 감동했지만, 현대 음악은 별로 좋아하지 않았다. 집안에 변화가 왔다. 1855년에 고모 아우구스테가, 그리고 한 해 뒤인 1856년에 할머니가 죽었다. 니체는 니체대로 두통과 눈병으로 학교를 잠시 쉬었다. 그러나 상태는 호전되지 않았다. 몇 해 뒤에는 류머티즘에 카타르까지 와 병치레가 잦아지게 되었다. 그에게는 핀더Wilhelm Pinder와 크루크Gustav Krug라는 두 친구가 있었다. 가부장적 권위를 갈구했던 그는 아버지를 두고 있는 두 친구를 몹시 부러워했다. 할머니가 죽자 어머니는 어린 남매를 데리고 새로운 집으로 이사를 했다. 고모 로잘리는 함께 가지 않았다.

1858년 그는 마침내 나움부르크 어귀에 자리한 슐포르타Schulpforta에 입학했다. 철학자 피히테Johann Gottlieb Fichte와 역사가 랑케Leopold von Ranke 등을 배출한 바 있는 이름 있는 인문계 중

등학교였다. 이때부터 니체의 사상적 개화가 시작되었다. 눈이 좋지 않아 도수 높은 안경을 써야 했다. 핀더와 크루크와의 관계는 계속되었고, 새로 평생 친구가 될 파울 도이센Paul Deussen과도 사귀게 되었다. 훗날 교수가 되어 쇼펜하우어Arthur Schopenhauer 연구로 이름을 얻고, 쇼펜하우어 전집에 고대 인도 철학 관계 저술을 여러 권 내게 될 뿐만 아니라 쇼펜하우어 학회를 창립하게 될 바로 그 도이센이었다. 고전어에 역점을 둔 인문 교육을 통해 니체는 고전 일반에 대한 시야를 넓히고 인문학 전반에 대한 기반도 다져갔다. 수학에 문제가 좀 있었을 뿐, 니체는 전체적으로 발군의 실력을 발휘했다. 그는 학교에서 호메로스, 리비우스, 헤로도토스, 리시아스, 투키디데스, 단테 등을 읽었다. 이 무렵 권력 정치의 화신으로 알려진 마키아벨리를 알게 되었으며, 동고트족의 에르마나리크 왕을 비롯한 잔인무도한 북구의 전설적 영웅들에 매료되기도 했다. 니체는 특히 에르마나리크를 주제로 시도 쓰고 나중에는 오페라 각본을 구상하기까지 했다. 뭔가 심상치 않은 조짐이었다. 거기에다 1861년에는 포이어바흐Ludwig Feuerbach의 무신론에 접하게 되었다. 그는 크리스마스에 받았으면 하는 책 목록에 무신론의 성전이라고 할 수 있는 포이어바흐의 《그리스도교의 본질Das Wesen der Christentum》을 써넣기까지 했다. 이로써 피로 교회를 건설하고 지켜온 사도와 순교자들은 그에게서 멀어졌고, 그 자리를 마키아벨리, 에르마나리크, 포이어바흐와 같은 권력 지향적이거나 반동적인 인물이 대신하게 되었다. 변화의 조짐은 분명했지만 니체 어머니는 아들의 이런 변화를 인정하려 하지 않았다. 믿기지 않았기 때문이었는데, 그러면서도 불안해했다. 그러나 지켜볼 뿐, 그가 할 수 있는 일은 따로 없었다.

전혀 새로운 지적 체험도 있었다. 고대 인도 사상을 접하게 된 것이다. 마침 슐포르타에 인도 사상에 밝았던 두 교사, 카를 슈타인하르트Karl Steinhart와 카를 아우구스트 코버슈타인Karl August Kober-stein이 있어 가능했던 일이었다. 그렇다고 니체가 인도 사상에 특별한 그리고 일관성 있는 관심을 보였던 것은 아니다. 보다 가까이 다가갈 기회는 있었고, 이후 그 사상과 몇 차례 접촉하게 되지만, 그것이 전부였다. 이렇듯 거리를 둔 것이기는 했지만 이때의 접촉은 나름대로 그의 사상에 자취를 남겼다. 특히 불교와의 만남이 그래서 그는 훗날 그때그때 불교 사상을 다루게 된다.

이런 변화와 체험 속에서 니체는 어느 때보다도 성서에 예리한 비판을 가했다. 이는 예고된 것으로 문헌 비판적 안목의 결과이기도 했다. '나무랄 데 없는 모범 소년' 니체와 교회의 균열은 이렇게 시작되었다. 이 무렵에 '그리스도교 신에 대한 확신이 무너지면서 신과 같은 절대적 존재는 존재하지 않는다'는 것, '그리하여 그것에 바탕을 둔 모든 가치는 전도되어야 한다'는 것, '자연은 선과 악이라고 하는 도덕규범에서 벗어나 있다'는 것 등 훗날 니체의 핵심주제가 싹을 틔었다. 동아리를 만들어 예술과 문학에 대한 이해를 넓히기도 했다. 1860년 친구 핀더 그리고 크루크와 함께 만든 〈게르마니아Germania〉가 그것이었는데, 매달 글을 하나씩 발표한 후 서로 비판하도록 되어 있었다. 고전 음악을 선호하게 된 니체가 당시로서는 현대 음악이라고 할 수 있었던 바그너 음악에 가까이 다가서게 된 것도 이 동아리를 통해서였다. 이때 크루크의 역할이 컸다.

1864년에 슐포르타를 마치고 니체는 도이센과 함께 본 대학에 진학해 문헌학 수업을 시작했다. 신학 공부도 함께 했으나 신학 수업은 교회에 대한 그의 불안정한 관계를 더욱 흔들어 놓았다. 그의 어머니와 누이동생에게는 충격적인 일이었지만, 그는 교회를 공개적으로 비판하기 시작했으며 급기야 성찬식 참여를 거부하기에 이르렀다. 선언적 의미가 있는 행동이었다. 당시 풍파를 일으키고 있던 다비드 슈트라우스David Friedrich Strauss의 《예수의 생애*Das Leben Jesu*》를 읽은 것도 이 무렵이었다. 슈트라우스는 복음서에 나와 있는 예수의 언행은 신앙에 근거한 신화에 불과하다고 주장해 교회로부터 쫓겨난 '불순한' 신학자였다. 슈트라우스와의 이 만남도 니체에게 깊은 인상을 남겼다. 교회와의 관계, 이제 모든 것이 분명해졌다.

본에서의 생활은 암울했다. 친구도 거의 없었다. 변화를 갖기 위해 프랑코니아Frankonia라는 학생 단체에 가입했으나 오래 되지 않아 그곳에서도 탈퇴하고 말았다. 공허하고 유치해 보였기 때문이었다. 근근이 끌고 가던 신학 공부도 포기했다. 더 이상 그곳에 머물고 싶지 않았다. 라이프치히 대학을 생각해보았다. 집에서 가까운데다 친구 게르스도르프Gersdorff가 그리로 가겠다고 약속한 것도 니체가 결심을 굳히는 데 힘이 되어주었다. 마침 은사 리츨Friedrich Ritschl 교수가 라이프치히 대학으로 옮겨가게 되었다. 니체로서는 더 이상 본에 머물 이유가 없었다.

대학을 라이프치히로 옮긴 니체는 리츨의 지도 아래 문헌학 공부를 계속했다. 두각을 나타내어 학계의 주목을 받기 시작했는데, 특히 테오그니스 연구로 리츨의 칭찬을 받았다. 테오그니스는 귀족 사회의 붕괴를 개탄하는 한편 민중에 대한 경멸을 숨기지 않았던 기원전 6세기의 그리스 시인이었다. 그는 "귀족으로부터 귀족적인 것을 배울 수 있다. 변변치 못한 인간 사이에 섞인다면 품격을 잃게 될 것"이라고까지 했다. 니체는 테오그니스에게서 위풍당당한 귀족의 기품을 보았다. 학자들은 이때의 테오그니스 경험이 니체가 뒷날 쓴 《차라투스트라는 이렇게 말했다*Also sprach Zarathustra*》에 반영되었다고 본다. 거기에 지체가 높은 인간과 비천하기 짝이 없는 인간이 나온다. 인간을 이렇게 나누고 나서 니체는 차라투스트라의 입을 빌려 민중을 살아남아야 할 가치가 없는 짐승 떼로 매도했다. 지적인 것이기는 하지만 우리는 여기서 테오그니스적인 귀족주의의 일단을 본다. 이후에도 니체는 테오그니스 독서에 각별한 열의를 보였다.

라이프치히 생활은 니체에게 여러모로 삶의 전기가 되었다. 그곳에서 그는 두고두고 실랑이를 벌이게 될 쇼펜하우어의 철학을 접하게 되었으며, 평생을 교차하는 명암 속에서 갈등을 빚게 될 바그너를 만나 교류를 시작하게 되었다. 이후 니체 사상 전개에 심대한 영향을 끼치게 될 접촉이자 교류였다. 학자로서 삶의 기틀을 닦은 것도 그곳에서였다.

니체가 쇼펜하우어를 알게 된 것은 1865년 어느 고서점에서 우연히 그의 주저 《의지와 표상으로서의 세계*Die Welt als Wille und Vorstellung*》를 발견, 통독하면서부터였다. 쇼펜하우어는 이미 5년 전에 죽어 없었고, 노년에 어느 정도 명성을 누렸다고는 하나 그때만 해도 그렇게 유명하지 않았다. 니체는 곧 쇼펜하우어의 사상 세계에 빠져들었다. 보름 가까이 밤잠을 설쳐가며 그 책을 탐독했다. 그는 거기서 세계와 삶을 되비추어주는 거울을 발견했다. 질병과 치유, 지옥과 천국을 발견하기도 했다. 쇼펜하우어의 사상은 앞을 내다볼 수 없는 짙은 안개를 가르는 햇살과 같이 그의 정신세계로 파고들었다. 갈피를 못 잡고 있던 니체로서는 새롭고 경이로운 경험이었다.

쇼펜하우어의 글에는 깊은 체념과 부인 그리고 낙담이 서려 있었다. 그에게 세상은 한탄의 골짜기였고, 삶은 엿새의 노역과 하루의 권태로 되어 있는 고통 그 자체였다. 니체는 이 같은 염세적 기분에 깊이 동감했다. 물론 쇼펜하우어는 이 같은 기분에서 벗어나려 했고, 각방으로 그 길을 모색했다. 삶의 고통에서 벗어날 수는 없을까? 있다. 그는 잠시나마 삶의 고통을 잠재울 수 있는 것으로 예술을, 그 으뜸으로 음악을 들었다. 음악에 대한 이런 평가도 니체를 사로잡기에 충분했다. 그러나 예술의 효과는 지속적이지 못하다. 그래서 때가 되면 고통이 다시 고개를 든다. 여기서 쇼펜하우어는 고통에서 완전히 그리고 영원히 벗어날 수 있는 길을 찾게 되는데, 그는 그 길을 불교에서 말하는 고행을 통한 해탈에서 찾아냈다. 이렇듯 쇼펜하우어가 그리스도교 신의 은총에 매달리는 대신 불교적 해탈에 구원이 있다고 본 것도 니체의 마음에 들었다. 거기에다 쇼펜하우어의 이성주의에 대한 비판과 기존 도덕에 대한 냉소도 그에게는 아주 인상적인 것이었다.

인간 쇼펜하우어도 사표가 되기에 충분했다. 니체는 무엇보다도 그의 단순성과 정직성을 높이 기렸다. 그리고 진리에 대한 그의 비타협적인 헌신과 투쟁에서 영웅의 모습을 보기도 했다. 대상을 현상과 물자체로 나눈 칸트를 알게 된 것도 세계를 의지와 표상으로 나누어 다룬 쇼펜하우어를 통해서였다. 니체가 이러한 구분을 받아들인 것은 아니다. 그러나 칸트를 알게 되었다는 것은 그가 철학의 본령으로 한걸음 다가갔다는 것을 의미한다. 이렇게 해서 쇼펜하우어는 니체를 이끌어줄 '교육자'가 되었다. 이후 니체는 철학의 역사 일반에 대한 이해를 꾀하는 등, 나름대로 철학 문제에 몰두하게 되었다. 철학의 길에 들어선 것이다.

쇼펜하우어와의 만남, 그 열매 가운데 하나가 《음악의 정신으로부터의 비극의 탄생 *Die Geburt der Tragödie aus dem Geiste der Musik*》(이하 《비극의 탄생》)이었다. 그러나 쇼펜하우어에 대한 열광은 오래가지 않았다. 한때 그의 염세주의에 경도되었지만, 시간이 흘러 생을 긍정하고 그 의미를 고양하는 생의 철학자의 길을 가면서 니체는 염세주의를 극복의 대상으로 보게 되었다. 이렇게 해서 니체는 쇼펜하우어로부터 멀어졌다. 그러나 쇼펜하우어의 영향은 니체 자신이 생각했던 것보다 훨씬 광범위하고 깊었던 것으로 보인다.

바그너를 가까이서 알게 된 것은 1868년 가을이었다. 나이로 보아 니체에게 그는 아버지뻘이었는데, 마침 라이프치히에 살고 있던 자신의 여동생 오틸리에 브로크하우스 Ottilie Brockhaus를 방문하고 있었다. 리츨 교수 부인을 통해 그 여동생을 알게 된 니체는 어렵지 않게 바그너를 만날 수 있었다. 숙명적인 만남이었다. 고전 문헌학을 전공한 니체는 고대 그리스의 비극 작품과 그 세계를 높이 평가하고 있었다. 여기서 생의 무한한 환희와 긍정을 보았기 때문이었다. 그리스 비극은 말 그대로 강인한 족속만이 누릴 수 있는 최상의 예술로서, 그 정수리에 아이스킬로스가 있었다. 그러나 이 비극은 주지주의의 화신이자 희극적 철학자 소크라테스가 등장하면서 때 이른 종말을 맞았고, 그와 더불어 서구 문화는 동력을 잃고 몰락의 길로 치닫게 되었다. 전기가 마련되지 않는 한 서구 문화에 미래는 없다. 전기, 니체에게 그것은 비극의 세계를 되살리는 것이었다. 이 때 홀연히 나타난 새로운 아이스킬로스가 바로 바그너였다. 바그너 또한 열렬한 쇼펜하우어 추종자였다. 공통의 대부를 갖고 있었던 셈이다. 바그너는 새로운 우상이 되었다. 니체는 바그너에게 모든 것을 걸었다. 바그너는 바그너대로 니체의 재능을 높이 평가함으로써 화답했다.

그러나 이들 사이의 관계도 순탄치가 못했다. 시간이 흐르면서 그 관계는 애증 관계로 바뀌었고, 걷잡을 수 없는 파행으로 치닫게 되었다. 그러다가 10년을 가지 못하고 1876년 이후 서로 앙숙이 되면서 결국 파국을 맞고 말았다. 열광이 컸던 만큼 환멸도 컸다. 그러면 왜 이들은 서로에게 등을 돌리게 되었는가? 니체는 그가 말년에 낸 《바그너의 경우*Der Fall Wagner*》와 《니체 대 바그너*Nietzsche contra Wagner*》에서 그 전말을 자세하게 밝혔다. 바그너가 퇴화의 화신으로 본래의 모습을 드러냈다는 것이다. 즉 작품 〈파르지팔Parsifal〉에서 볼 수 있듯이 새로운 아이스킬로스, 바그너가 찬연했던 고대 그리스 문화에 등을 돌리고 그리스도교 신에 귀의하면서 새삼 신의 어린양이 되고 말았다는 것이다. 니체로서는 받아들일 수 없는 배신이었다.

그뿐이 아니었다. 바그너는 프랑스 사람들과 유대인을 증오했다. 그에게는 독일 밖에 없었다. 프랑스 등 라틴 문화를 높게 평가하는 한편 독일 문화의 후진성을 꼬집고 반유대주의를 경멸하고 있던 니체는 이를 유치한 민족주의로 받아들였다. 용서할 수 없는 일이었다.

바그너는 바그너대로 니체를 용서할 수 없었다. 니체도 변한 것이다. 그는 반계몽철학자 쇼펜하우어에게서 벗어나 계몽철학자 볼테르에게 기울어 있었고, 세계 시민주의적 안목을 키우고 있었다. 그러자 이번에는 쇼펜하우어의 충직한 사도이자 국수주의자 바그너가 발끈했다. 지극히 사적인 알력까지 끼어들었다. 전기 작가들에 의하면, 니체의 주치의가 환자에 대한 비밀을 엄수해야 한다는 본연의 의무를 버리고 니체로서는 수치스런 성적(性的)인 문제를 바그너에게 귀띔했고, 바그너가 나서서 니체에게 나름대로 충고를 했던 것이 그에게 심한 모멸감을 주었다는 것이다.

그러나 쇼펜하우어와의 충돌과 바그너와의 결별은 시간이 흐르면서 일어난 훗날의 일들이고, 라이프치히 학창 시절을 니체는 이들에 대한 열광 속에서 보냈다. 변화가 왔다. 철학에 대한 관심이 고조되면서 그만큼 문헌학에 대한 흥미를 잃은 것이다. 그는 원래 호메로스와 헤시오도스를 주제로 박사 학위논문을 쓸 생각이었다. 그러다가 데모크리토스와 칸트 등의 철학에 대한 이해가 넓어지면서 생각을 바꾸어 아예 철학에서 학위를 할까 하고 고심하게 되었다. 1867년 니체는 1년간 병역의 의무를 위해 입대하였다. 그러나 낙마하여 그 기간을 다 채우지는 못했다. 이런저런 곡절이 있었지만, 그는 여전히 뛰어난 문헌학도였다.

1868년 마침 스위스 바젤 대학에 문헌학 교수 자리가 하나 났다. 키슬링Adolf Kießling 교수가 함부르크 대학으로 자리를 옮긴 것인데, 그는 후계자를 물색하는 과정에서 리츨 교수에게 니체가 적당한 인물이 되는지 묻게 되었다. 리츨은 니체를 적극 추천했다. 그는 니체가 라이프치히의 모든 문헌학도의 지도자요 우상이라고 치켜세우면서 언젠가 독일 문헌학계를 이끌어 갈 인물이 될 것임을 예언할 수 있다고까지 했다. 본 대학의 우제너Hermann Usener 교수도 니체를 추천했다.

1869년 바젤 대학은 니체를 원외 교수로 초빙했고, 니체는 그것을 흔쾌히 받아들였다. 그때 그는 나이 스물넷의 학생이었다. 당시 바젤은 인구 3만 정도의 도시였고, 200명이 채 되지 않는 학생이 있었다. 니체는 '호메로스와 고전 문헌학'이라는 주제로 교수 취임 강의를 했다. 한 해 뒤에 그는 정교수가 되었다. 이후 그는 헤시오도스, 아이스킬로스, 소포클레스, 자연철학자들, 플라톤, 아리스토텔레스, 투키디데스에 그리스 문학사, 고전 문헌학을 주제로 강의와 세미나를 했다. 수강 학생은 두세 명에서 19명에 이르기까지 들쑥날쑥했지만, 당시 전체 학생 수를 고려해볼 때 적은 수효는 아니었다.

바젤에서의 삶은 그에게 새로운 도약의 발판이 되었다. 그는 신학자 오버베크Franz Overbeck, 법사학자 바흐오펜Johann J. Bachofen, 비교해부학자 뤼티마이어Ludwig Rütimeyer 등 저명한 학자들과 사귀게 되었다. 누구보다도 역사학자 야코프 부르크하르트Jacob Burckhardt를 알게 되었는데, 니체로서는 대단한 소득이었다. 그는 다윈의 진화론을 둘러싼 논쟁에도 참여했다. 마침 바그너가 가까운 트립셴에 오랫동안 체류하고 있었기 때문에 자주 그를 방문할 수 있었다. 그러나 모든 것이 좋았던 것은 아니다. 쇼펜하우어 그리고 바그너와의 실랑이가 시작되었으며, 좌절에 그의 명예를 크게 실추시킨 사건이 뒤따랐다. 좌절은 문헌학 교수 자리를 버리고 철학 교수가 되었으면 했던 꿈이 깨어지면서 니체가 맛본 것이고, 명예 실추는 초기 작품인《비극의 탄생》출간 이후 격한 논쟁에 휩싸인 일, 결국 문헌학자로서의 명성에 오점을 남기게 되면서 겪게 된 일이다. 초기 바젤 시절은 한 마디로 영욕의 시절이었다.

1870년에 니체는 프로이센-프랑스 전쟁에 참전했다. 그러나 이번에도 병을 얻어 한 해를 넘기지 못하고 바젤로 돌아오고 말았다. 때마침 바젤 대학에 철학 교수 자리 하나가 비어 있었다. 이미 철학에 기울고 있던 니체는 이참에 철학 교수가 되기로 마음을 먹고 1871년 그 자리에 지원했다. 지원서에서 그는 문헌학을 공부했지만, 그것은 철학을 할 마땅한 기회가 없었기 때문에 한 불가피한 선택이었다고 했다. 그러고는 평소에 철학에 관심이 많았으며, 주변 사람들도 그를 철학을 하는 사람으로 보아왔다고 했다. 사실이 그랬지만, 그 지원은 받아들여지지 않았다. 문헌학 쪽에서 보면 그 지원 자체가 신의를 저버린 행위였다.

1872년 초 니체는 북부 독일의 그라이프스발트 대학으로부터 교수직을 제의 받았다. 좌절 이후의 일이어서 내심 위로가 되었지만 정중하게 사양했다. 무엇보다도 바그너를 지척에 두고 떠난다는 것이 내키지 않았기 때문이었다. 학생들은 니체의 어려운 결단을 횃불 행진으로 감사하려 했다. 그러나 니체는 그것도 사양했다. 상처가 있었으나 그런대로 문제는 없었다. 그러나 같은 해《비극의 탄생》을 내면서 상황은 달라졌다.

이 작품에서 니체는 고대 그리스 비극 작품이 디오니소스 제식의 합창 가무에 그 기원을 두고 있다는 것, 그 속에 서로 다른 두 삶의 형태가 용해되어 있다는 것을 보여주려 했다. 여기서 아폴론적인 것과 디오니소스적인 것이 등장한다. 원래 이 두 개념은 셸링Friedrich Schelling으로부터 유래된 것으로서, 아폴론적인 것은 형식과 질서를 강조하고 스스로를 한정하여 다스리는 힘을, 디오니소스적인 것은 형식과 질서를 돌파하는 어둡고 무제약적 창조 충동을 가리켰다. 쇼펜하우어 철학에서 본다면, 이들에 대응하는 것은 표상의 세계와 의지의 세계가 될 것이다. 다른 말로 한다면 아폴론적인 것은 형상에 대한 관조가, 디오니소스적인 것은 인간 경험에 있어서의 의지가 될 것이다.

이상적인 것은 디오니소스적 도취와 아폴론적 균형의 결합, 즉 디오니소스적 근원 체험이 아폴론적 형식 속에서 구현되는 것이다. 이런 구현에서 탄생한 것이 아이스킬로스와 소포클레스 등의 비극 작품이다. 고매하며 강건한 의지를 소유한 자는 비극적 운명을 참고 견디어내며 그 과정에서 창조하는 자신의 힘에 기쁨을 느낀다. 니체는 여기서 생에 대한 무한한 긍정을 보았다.

이 책에서 니체는 바그너의 음악극을 아폴론적인 것과 디오니소스적인 것의 통일체로 보았다. 그를 그리스 비극 작가의 반열에 올려놓은 것인데, 바그너로서는 그 이상의 찬사가 없었다. 그리스도교를 소크라테스적 정신의 또 다른 전형으로 규탄하여 그리스도교에 대해 비판의 포문을 연 것도 이 책에서였다. 그런가 하면 이 책에 우리가 성취해야 할 이상적 인간을 가리키는 위버멘쉬Übermensch의 형용사인 위버멘쉬리히übermenschlich라는 말이 나온다.

그러나 아폴론적인 것과 디오니소스적인 것의 관계는 흥미롭고,

그 발상 또한 새로웠지만 다분히 상징적이어서 처음부터 상상에 의존할 수밖에 없는 주제였다. 그만큼 애매하고 또 고증을 통해 학적으로 뒷받침될 수 있는 것도 아니었기 때문에 엄격한 자료 섭렵과 비판적 안목을 생명으로 하는 문헌학의 주제로서는 적당한 것이 못 되었다. 책이 나오자 학계는 차갑게 반응했다. 은사 리츨도 개탄했으며 우제너도 나서서 "이런 글을 쓰는 사람이라면 문헌학자로서는 죽은 것이나 다름없다"고 혹평했다. 누구보다도 빌라모비츠 묄렌도르프Ulrich von Wilamowitz-Moellendorff라는 청년 학자가 집요하게 물고 늘어졌다. 비판의 골자는, 니체가 역사적 자료를 엄격하게 다루지 않았고 시대감각 없이 많은 것을 뒤죽박죽으로 해놓는 등 학자로서의 기본 덕목조차 갖추지 못했다는 것이었다. 문헌학자 니체의 패배는 분명했다. 상황이 이렇게 되자 한때나마 학생들도 그를 외면했다. 비전문가인 바그너 등이 나서서 니체를 옹호했지만, 실효를 거두지 못했다. 니체 자신도 훗날 자기반성적 변명을 했다. 니체는 물러설 수밖에 없었다. 공방은 이렇게 끝났고 그는 일단 물러섰지만, 이 책은 철학자 니체의 탄생을 예고하는 작품으로서 의미를 지닌다. 그리고 디오니소스적인 것과 아폴론적인 것으로 시작하는 대립이 이후 니체 사유의 기본 범주가 된다는 점에서 니체 철학에서는 지나칠 수 없는 의미를 지닌다.

이 어려운 시기에 부르크하르트가 있어 그나마 힘이 되었다. 그는 엄밀한 고증과 사료 선택의 객관성을 강조한 랑케와는 달리 물리적 요인에 정신적 요인을 앞세우고, 사료의 정확성보다는 사료가 표현하고 있는 것들이 얼마만큼 시대정신을 잘 드러내는가에 보다 역점을 두었던 역사학자이자 랑케의 과학성에 예술성을, 그리고 사실의 복원에 사회적 탐구를 맞세운 역사학자였다. 부르크하르트의 이 같은 역사 이해와 모색은 실증주의적 과학 지상주의를 비판해온 니체의 취향에 부합하는 것들이었다. 거기에다 부르크하르트 또한 쇼펜하우어를 높게 평가하고 있었기 때문에 당시 니체로서도 접근이 쉬웠다.

니체가 바젤 대학에 부임했을 때 부르크하르트는 나이 50을 갓 넘긴, 아버지 세대의 교수였다. 바그너와의 경우도 그랬지만, 아버지 세대에 대한 니체의 경도를 부성 결핍에서 기인하는 것으로 해석하는 니체 전기 작가들도 있다. 이들을 곧 가까워졌다. 니체는 부르크하르트를 존경했다. 서로에게 영향을 끼쳤다고 하지만, 보다 영향을 많이 받은 것은 니체였다. 니체에게 끼친 부르크하르트의 영향에 무엇보다도 르네상스에 대한 평가와 지적 귀족주의적 면모가 있다. 부르크하르트는 르네상스에서 가장 특징적인 것을 '개인의 완성' 즉, 다재다능한 천재에서 파악했다. 이런 천재가 바로 르네상스 만능인으로서 15세기 피렌체의 알베르티Leon Battista Alberti와 같은 인물이다. 레오나르도 다 빈치와 미켈란젤로도 르네상스 만능인의 전형이다.

니체는 이 르네상스 만능인에 크게 고무되었다. 그는 소크라테스 이후 기력을 잃고 쇠잔해가고 있는 서구 문화가 르네상스에 이르러 활력을 되찾았다고 보았다. 르네상스는 강건한 고전적 이상을 각성시킨 사건이요 새로운 가능성이었다. 그의 위버멘쉬상(像)도 이 르네상스 만능인과 무관하지 않은 것으로 보인다.

뛰어난 개인의 역할을 강조한 부르크하르트는 자연스레 지적 귀족주의를 표방하게 되었다. 그는 근대 대중인간에 있어서의 우민화 경향을 비문화적 경향으로 비판하고는, 문화를 지키고 창달하기 위해서는 소수의 선택된 인간, 즉 엘리트가 출현해야 한다고 보았다. 이 부분에서 니체는 부르크하르트와 의기투합했다. 일찍부터 테오그니스를 높게 평가해온 니체도 대중을 경멸하고 있었다. 그는 대중의 등장을 퇴화의 징후로 받아들였고 반역사적 역풍으로까지 간주하여 시민 혁명을 조롱하고 신문과 같은 대중매체를 단죄하고 있었다.

그러나 시간이 흐르면서 이들 사이에 틈이 벌어졌다. 상대의 받아들일 수 없는 부분이 서로의 시야에 들어온 것인데, 무엇보다도 부르크하르트로서는 니체가 모든 존재의 본질로 파악하고 있던 '힘에의 의지'를 인정할 수가 없었다. '문화에의 의지'를 내세우고 있던 그는 정치적인 힘을 문화적 발전을 저해하는 가장 큰 적대 세력으로 뿌리치고 있는 터였다. 여기서 그는 니체의 마키아벨리즘을 경계하게 되었다. 니체는 니체대로 부르크하르트의 조용한 학자적 삶을 일종의 가면으로 보게 되었다. 바그너에 대한 평가에서도 이들은 갈렸다. 이때만 해도 니체에게 바그너는 여전히 새로운 희망이자 우상이었다. 그러나 부르크하르트는 속물근성과 상업주의를 들어 바그너를 신랄하게 거부하고 있었다. 그 무렵 바그너는 과격한 국수주의자에 반유대주의의 기수가 되어 있었고, 이 점을 노련한 부르크하르트는 꿰뚫어 보고 있었다. 결국 1873년 이후 니체와 부르크하르트 사이의 관계는 소원해졌다.

같은 시기에 다윈의 진화론을 알게 되었는데, 그것도 니체에게는 매우 의미 있는 사건이었다. 다윈의《종의 기원》이 나온 것이 1859년, 니체가 바젤에 오기 10년 전의 일이었다. 곳곳에서 찬반 격론이 일었는데, 대학 도시 바젤도 예외는 아니었다. 니체는 가까이에서 진화 논쟁을 추적했다. 다윈의 진화론은 인간이 달라지지 않는 한 인간에게 미래는 없다고 본 니체를 크게 고무했다. 인간 진화에 대한 믿음을 주었기 때문이다. 이 믿음은 그의 위버멘쉬상 형성에 결정적인 영향을 끼치게 된다. 그러나 철학자 니체는 1880년대에 와서 다윈의 진화론을 자신의 철학적 관점에서 재평가하게 되면서 '반다위니즘'의 기치를 들게 된다. 반다위니즘이라고 했지만, 이는 다윈의 진화론에 대한 그의 철학적 응답이었을 뿐, 그로써 그가 진화론 그 자체를 거부한 것은 아니었다.

좌절과 명예 실추와 같은 곡절이 있었고 강의실 밖에서의 이 같은 편력이 있었지만 강의는 계속되었다. 훗날 당시 수강생들은 니체를 아주 성실했던 교수로 기억했다. 그러나 그는《비극의 탄생》이후 학계의 주류에서 밀려나 있었다. 쫓겨난 기분이었다. 그는 '시류에 반하는'이라는 뜻에서 이 기분을 '반시대적인' 것으로 받아들였다. 여기에 자신의 악극을 위해 극장을 세우려는 계획을 포함해 바그너가 기획하고 있던 '위대한 사업'이 난관에 부딪치자, 니체는 세상의 몰이해를 이리저리 개탄하지 않을 수 없었다. 적수가 필요했다. 그래서 그는 문헌학에서 그가 살았던 시대에 대한 비판으로 눈길을 돌렸다.

병치레가 잦아졌다. 주로 목덜미의 대상포진, 위통, 장 질환, 두통 등이 그를 괴롭혔다. 1872년 니체는 바이로이트로 가 바그너를 방문했다. 그는 그곳에서 말비다 폰 마이젠부크Malwida von Meysenbug

라는 여성을 알게 되었다. 마이젠부크는 1848년에 있었던 혁명에 가담한 후 오랫동안 런던에서 망명 생활을 해야 했던 바그너 추종자였다. 니체는 그에게서 모성을 느꼈다. 그러나 바그너와의 관계는 전과 같지 않았다. 불화의 조짐이 보였다.

니체는 시대 비판의 일환으로 《반시대적 고찰Unzeitgemässe Betrachtungen》을 시작해 1873년에 1권 《다비드 슈트라우스, 고백자와 저술가David Strauss, der Bekenner und der Schriftsteller》를 마쳤다. 여기서 신학자이자 철학자였던 슈트라우스가 비판의 제물로 등장한다. 《예수의 생애》라는 저작을 통해 소년 니체를 일깨운 바 있던 바로 그 슈트라우스였다. 그때만 해도 니체는 그의 반그리스도교적 입장에 동감했었다. 신학을 포기하고 교회를 버렸던 슈트라우스가 이제 와서 새로운 종교를 끌어들여 범신론을 펴는가 하면, 자연과학을 바탕으로 이 세계는 이성적인 것으로서 좋다는 낙천주의를 표방하고 나선 것이다. 니체로서는 도저히 받아들일 수 없는 변신이었다. 이런 슈트라우스에게서 니체는 교양 속물의 전형을 보았다.

니체가 마침 《다비드 슈트라우스, 고백자와 저술가》를 쓸 무렵 독일은 프랑스와 벌인 전쟁에서 승리했고, 모두가 승리에 고무되어 있었다. 더불어 문화적으로도 프랑스를 압도하게 되었다는 자신감이 팽배해 있었다. 이것은 착각이다. 오히려 무력의 승리 속에 문화의 패배가 있을 수 있기 때문이다. 문화라는 것이 이때 다양한 삶의 표현 속에 드러나 있는 예술적 양식의 통일을 가리키는 것이라면, 독일은 승전에도 불구하고 온갖 양식이 뒤섞여 있는 '야만 상태'를 벗어나지 못하고 있다고 니체는 보았다. 이런 야만 상태를 부추기고 있는 것, 그것이 바로 교양속물의 손에서 놀아나고 있는 교육이다.

《삶에 대한 역사의 공과 *Vom Nutzen und Nachteil der Historie für das Leben*》라는 표제를 달고 1874년에 나온 2권에서는 삶〔生〕이 전면에 등장한다. 니체는 이전에 그리스 음악극, 소크라테스와 비극 작품, 디오니소스적 세계관을 주제로 일련의 강의를 한 바 있다. 이성주의에 대한 반발과 생의 충동에서 오는 환희 등 생철학자 니체의 사상적 단서를 확인할 수 있는 강의였다. 문제는 생이었고 역사는 이 생에 어떻게 기여할 수 있는가 하는 것이 주제였다.

니체는 역사를 기념비적인 것과 골동품적인 것, 비판적인 것으로 나누고는 이들 각각의 공과 과를 저울질했다. 공과 과라고 했지만 이때 니체가 주로 문제 삼은 단연 과였다. 그에 따르면 기억을 바탕으로 하는 역사적 지식은 망각 속에서 번창하기 마련인 생을 위협한다. 기념비적 역사를 보자. 거기에는 발분케 하는 힘과 고무 격려하는 힘이 있지만, 그런 역사는 어디까지나 위대하거나 적어도 위대한 것을 추구하는 사람들의 것이다. 문제는 위대한 것이 아직 가능한가 하는 것인데, 유감스럽게도 이에 대해 역사는 아무것도 말해주고 있지 않다. 여기서 우리는 다른 역사 고찰에 눈을 돌리게 되는데, 그것이 바로 골동품적 역사 고찰이다. 그러나 여기에도 위험이 도사리고 있다. 화석화된 과거의 인물에 대한 신앙이 생에 적대적으로 작용할 수도 있기 때문이다.

따라서 골동품적 역사도 대안이 되지 못한다. 우리는 그런 역사를 돌파해야 한다. 어떻게 돌파할 것인가? 역사의 비판적 기능이란 것을 생각해볼 수 있다. 이렇게 하여 역사의 비판적 고찰이란 것이 등장하지만, 문제가 있기는 마찬가지다. 우리 자신이 온갖 오류와 혼란으로 점철된 과거의 유산이어서 그런 과거의 족쇄에서 벗어난다는 것이 불가능하기 때문이다. 그렇다면 달리 길이 없을까? 있다. 길은 소수의 선택된 인간, 앞으로 등장할 자연적 본능을 지닌, 그리하여 '내게 생을 달라, 그러면 그것으로부터 문화를 창출해내리라'고 당당히 나서서 말하는 세대에 있다. 그러면 누가 그들에게 생을 줄 것인가? 그들 자신의 젊음이다. 이런 선택된 인간과 세대가 나서서 인간을 문약하게 해온 장식적 문화를 극복하여 옛 그리스 문화에 이르는 길을 터야 한다.

니체의 메시지는 분명하다. 생이 역사에 봉사하도록 되어 있는 것이 아니라 반대로 역사가 생에 봉사하도록 되어 있다는 것이다. 그리고 과도한 역사와 역사의식은 그 자체로 병이 된다는 것이다. 니체는 처방도 내놓았다. 그것은 비역사적인 삶, 역사에서 벗어날 수 있는, 즉 망각할 수 있는 힘과 역사를 뛰어넘어 영원한 것을 조망할 수 있는 시야다.

다음 해에 세 번째 《반시대적 고찰》인 《교육자로서의 쇼펜하우어 *Schopenhauer als Erzieher*》가 나왔다. 이 무렵 쇼펜하우어에 대한 니체의 관계가 전과 같지는 않았으나 여전히 그를 추종하고 있었다. 여기서 니체가 쇼펜하우어에게서 주목한 것은 그의 철학이라기보다는 인간 쇼펜하우어, 그러니까 그의 비타협적인 정직성과 세상의 비참함에 눈을 뜬 사람들을 명랑하게 하는 명랑성, 그리고 항구성으로 표현되는 그의 인간됨이었다. 이런 철학자의 경우, 그냥 읽는 것만으로는 부족하다. 후사가 되어 그가 간 길을 가야한다. 헤겔풍의 관념적 낙천주의에 반기를 들었다는 점에서도 쇼펜하우어는 슈트라우스의 순진한 낙천주의에 비판적이었던 니체에게 스승의 면모로 다가왔다.

1976년에 출간된 네 번째 《반시대적 고찰》의 표제는 《바이로이트의 리하르트 바그너*Richard Wagner in Bayreuth*》였다. 1876년에 씌어진 것으로, 그 사이에 세월이 많이 흐른 것은 아니지만, 바그너에 대한 니체의 관계는 애증과 경쟁의식 속에서 불투명하게 전개되고 있었다. 관계를 개선하려고 니체와 바그너 모두가 애를 썼지만 허사였다. 몇 년 전만 해도 바그너는 니체에게 독일 문화를 쇄신할 인물이었다. 그는 바그너의 음악에서 그리스도교 이전의 독일 문화로 복귀할 수 있는 길을, 적어도 비그리스도교적인 세계관이나 인생관으로 안내할 수 있는 길을 보았었다. 그러나 이제 모든 것이 달라졌다. 앞서 언급했듯이 바그너는 마각을 드러냈고, 그러면서 그는 열광의 대상에서 냉혹한 분석의 대상으로 전락하고 말았다. 더불어 그의 음악은 해체적 요소로 본래의 모습을 드러냈고, 바이로이트 또한 독일 문화의 성지가 아님이 분명해졌다. 인간 바그너, 음악가 바그너, 작가 바그너가 따로따로 눈에 들어오면서 생긴 변화다. 이 변화를 반영하고 있는 것이 이 작품이다. 원래 1875년에 8장까지 쓰고는 남겨두었던 것인데 1876년에 첫 번째 바이로이트 축제가 열리게 되자 서둘러 나머지 부분을 완성했다.

이 무렵 니체는 작곡도 하고 음악회에도 갔다. 물론 대학에서의 강의도 계속되었다. 늘 그랬듯이 독서량도 많아 바젤 대학 도서관을 빈번히 출입했다. 그는 이 시기에 공자를 읽었거나 적어도 그의 철학에 대해 알고 있었던 것으로 보인다. 그가 1875년 바움가르트너

Marie Baumgartner라는 여성에게 공자에 관련된 문헌을 선물했던 일로 미루어 그런 추정이 가능하다. 그 해에 쾨젤리츠Heinrich Kö-selitz가 대학에 들어왔다. 그는 성실한 제자로서 이후 니체를 많이 도왔다. 읽어내기 힘든 니체의 원고를 정서해주기도 했고, 나름대로 중요하다고 판단한 문헌들을 소개했는가 하면, 책 이름을 지을 때 아이디어를 제공하기도 했다. 뿐만 아니라 니체 유작의 출판에 관계하는 등 끝까지 니체에게 헌신적으로 봉사했다. 이름이 별로 좋지 않다 하여 니체는 그에게 페터 가스트Peter Gast라는 예명을 지어주었고, 그렇게 불렀다.

이런 일이 있었다. 같은 해가 되겠는데, 어떤 여학생이 바젤 대학 박사 학위 과정에 지원했다. 당시로서는 도전적인 지원이었다. 여성에게는 고등 교육을 받을 능력이 없다는 것이 지배적인 분위기였기 때문이다. 심지어 부르크하르트조차 그렇게 생각하고 있었다. 그러나 니체는 여성에게도 대학의 문호를 개방해야 한다고 항변했다. 그의 의견은 소수의 의견이었고, 그 여학생의 입학은 허가되지 않았다. 아직도 니체를 유례없는 반여성주의자로 보고 있는 사람들이 적지 않은데, 생각해볼 일이다.

이런 일도 있었다. 같은 해 봄, 니체는 요양차 제네바로 갔다. 그곳에서 리가 출신의 홀란드 여성 마틸데 트람페다흐Mathilde Trampe-dach를 알게 되었다. 니체가 보기에 더없이 이상적인 여성이었다. 그래서 그는 서둘러 청혼을 했다. 그러나 받아들여지지 않았다. 소극이라고 하기에는 상처가 컸다. 일이 이렇게 되자 니체는 한층 더 깊이 내면으로 물러서게 되었다.

1870년대 중반에 이르면서 니체의 건강은 눈에 띄게 나빠졌다. 그때까지 소소한 병고가 떠나지 않았지만, 상황은 보다 심각해졌다. 증세도 아주 다양하게 나타났다. 죽은 아버지가 나타나 그를 데려가는 악몽에 시달리기도 했으며 경련으로 죽게 될 것이라는 예감으로 불안해하기도 했다. 두통에 소화 장애까지 왔다. 더 이상 강의를 한다는 것이 불가능하게 되자 니체는 1876년에 1년간 병가를 얻어 이탈리아 등지에서 요양을 했다.

요양 중에도 저작 활동은 계속되었다. 그의 사상에 변화가 왔다. 염세주의자 쇼펜하우어와 낭만주의자 바그너에게 기대할 것이 더 이상 없었다. 이들에 대한 환상에서 깨어나면서 니체는 냉철하고 비판적이며 분석적인 경향을 보이기 시작했다. 더불어 그리스 종교와 형이상학 그리고 예술이 누리고 있던 지배적 지위는 무너지고 실증 과학에 대한 신뢰가 두드러졌다. 학자들은 이 시기를 가리켜 실증주의적 시기라고 부른다. 니체 사상 전개를 세 시기로 나눌 때 이야긴데, 이전의 시기가 낭만주의적 또는 형이상학적 시기, 이후 《차라투스트라는 이렇게 말했다》로 시작되는 마지막 시기가 예언자적 또는 차라투스트라 시기다. 이 시기 구분에 논란의 여지가 있다. 그러나 니체의 사상이 성격을 달리하며 전개되었다는 데에는 이의가 없다.

이른바 두 번째의 시기, 그러니까 실증주의적이었던 것으로 불리는 시기는 1876년에서 1878년 사이에 쓴 《인간적인 너무나 인간적인*Menschliches, Allzumenschliches*》과 함께 시작되었다. 무엇보다도 소크라테스에 대한 평가가 달라졌다. 이전까지만 해도 소크라테스는 니체에게 주지주의의 화신으로서 그리스 비극 문화의 생명력을 고갈시켜 서구 문화 전체를 빈사 상태로 내몬 장본인이었다. 그에 대한 니체의 비판은 가혹했다. 그러다가 그의 주지주의적 인식과 비판적이며 분석적인 능력을 높이 평가하게 되면서 니체는 그에게 보다 관대해졌다. 소크라테스가 아이러니와 해학을 향유한 자유로운 정신으로 거듭난 것이다. 역사에 대한 이해에도 변화가 왔다. 일찍이 니체는 역사를 뛰어넘는 절대 진리를 꿈꾸고 있었다. 그러던 그가 이제 그것에서 벗어나 구체적인 역사의 현실 속에서 인간과 문화를 이해하고 표현하기 위해 노력하게 된 것이다.

이런 변화를 시사하듯 니체는《인간적인 너무나 인간적인》을 프랑스 계몽철학자 볼테르에게 헌정했다. 이는 반계몽주의적 철학자 쇼펜하우어를 추종하고 있던 바그너에게《비극의 탄생》을 헌정했던 것과 극명한 대조를 이루는 일이었다. 이 작품은 '자유로운 정신을 위한 책Ein Buch für freie Geister'이라는 부제를 달고 나왔다. '현혹' 그리고 관념론의 미망(迷妄)에서 벗어난 정신을 위한 책이라는 의미로서, 니체 자신의 쇼펜하우어와 형이상학의 미혹으로부터 그리고 바그너풍의 심미적 관점으로부터의 해방을 상징적으로 보여주는 부제다.

표상의 세계를 산출하는 것, 즉 세계의 본질로서 의지를 든 쇼펜하우어의 형이상학도 설 자리를 잃고 말았다. 현상 저편에 있다는 본질의 세계를 거부하게 된 것인데, 이것은 동시에 칸트의 누메논noumenon에 대한 거부를 의미한다. 도덕적 범주도 마찬가지여서 니체는 선과 악이라는 것이 그 자체로 존재하는 자립적 가치가 아니라고 보게 되었다. 형이상학적 예술가의 길도 포기했다. 이로써 니체는 인식하는 자, 즉 철학자가 되어 바그너풍의 몽환적 예술가와 음악가에 맞서게 되었다. 그는 계몽주의적 사상가가 되었으며 그의 철학은 오히려 회의적 합리주의의 성격을 띠게 되었다. 이것은 디오니소스적인 비합리주의와의 결별을, 아폴론적 합리주의 세계로의 진입을 뜻한다.

글에도 변화가 왔다. 프랑스 철학자들이 즐겨 썼던 잠언풍의 글을 선호하게 된 것인데, 여기에는 기술적 이유도 있었다. 이 무렵 니체는 한곳에 머물지 못하고 수시로 거처를 바꾸어야 했고 그런 환경에서 논리적 연관을 염두에 두고 어떤 주제를 천착한다거나 긴 글로 자신의 생각을 펴나간다는 것이 가능하지 않았던 것이다.

자연과학에 대한 니체의 관심도 깊어갔다. 고전 인문 교육을 받고 문헌학 교수가 된 니체였지만, 그는 일찍부터 자연과학 일반에 깊은 관심을 보여왔었다. 학창 시절인 1868년 그는 그 해에 읽겠다고 다짐한 책의 목록을 만든 일이 있다. 그 목록에는 헬름홀츠Hermann von Helmholtz의《힘의 보존에 관하여Über die Erhaltung der Kraft》와《자연력의 상호 작용에 관하여Über die Wechselwirkung der Naturkräfte》가 들어 있었다. 문헌학 교수직을 제안받기 전, 로데 Erwin Rohde라는 친구에게 함께 화학을 공부하면 어떨까 제의하려 한 일도 있었다. 뒷날 이야기지만, 1881년 오버베크에게 보낸 편지에서 생리학과 의학에 전념하고 있다고 밝힌 바도 있다. 살로메Lou Andreas-Salomé 등과 파리로 가 의학 공부를 할 계획을 세우기도 하였다고 한다.

니체의 건강은 호전될 기미를 보이지 않았다. 1879년 한 해에만 발작이 118차례나 왔다. 격한 두통에 간질이나 히스테리의 전조라고 할 수 있는 아우라 현상이 나타났으며, 수명(羞明)에 메스꺼움, 담즙 구토 등이 뒤따랐다. 교수직을 수행한다는 것이 더 이상 가능하지 않았다. 이에 그는 1879년 대학에 사직원을 내고 물러났다. 그때 그의 나이는 34이었다. 대학은 그에게 3,000프랑의 연금을 약속했다. 니체는 이후 10년을 긴 방랑으로 보냈다. 한 곳에 머물지 못하고 여름에는 맑고 건조한 대기를, 겨울에는 쾌적한 온기를 찾아 알프스를 남북으로 넘나들며 그때그때 거처를 정했다. 그 가운데서 니체는 여덟 해 여름을 알프스의 깊은 산속 실바프라나 호반의 작은 마을 질스마리아Sils-Maria에서 글을 쓰면서 보냈다. 친지와의 관계는 자연히 소원해졌다. 이 방랑 생활 동안 그는 고독한 삶의 절정을 맛보았다. 우주 내의 모든 것은 영원히 회귀한다는 영원회귀를 통찰한 것도 방랑 생활 초기 실바프라나 호숫가에서였다.

영원회귀의 통찰, 그것은 우주론적 개안으로서 니체 후기 사상의 전개에 결정적 의미를 갖게 되는 사건이었다. 로버트 마이어Robert Mayer의 에너지 보존의 법칙을 알고 나서의 일이다. 그러나 니체가 개략적으로나마 에너지 법칙을 알게 된 것은 1868년 전후의 일로 보인다. 그때 만든 책의 목록에 앞서 든 헬름홀츠의 두 책이 들어 있던 점에서 그런 추정이 가능하다. 이후 랑에Friedrich Albert Lange, 카스파리Otto Caspari, 첼너Johann Karl Friedrich Zöllner 등을 통해 에너지 법칙에 이르는 길을 넓혀갔던 것으로 보인다. 그러다가 1880년 가스트를 통해 마이어의 에너지 보존의 법칙에 접하게 되었다. 이듬해 가스트는 니체에게 마이어의《열역학Mechanik der Wär-

me》이란 책을 보냈다.

에너지 보존의 법칙에 따르면 에너지는 그 형태에서 끝없이 변형된다. 그러나 그 총량에는 변화가 없다. 일정량의 에너지의 끝없는 변형, 이것이 우주 안의 모든 것은 엄밀한 의미의 소멸이나 생성 없이 늘 제자리로 돌아오게 되어 있다는 니체의 영원회귀의 이론적 토대가 된다. 니체는 이 법칙에 힘입어 자신의 우주론을 완성하지만, 그 순간은 특이한 경험이었다. 1881년 여름에 있었던 일이다. 그는 늘 그랬듯이 실바프라나 호숫가를 걷고 있었다. 마침 물가에 피라미드 모양의 육중한 바위가 있어 그곳을 지나게 되었다. 바로 그 순간 우주 속의 모든 것은 끝없이 오고 간다는 저 심오한 영원회귀의 사상이 떠올랐다.

대학을 떠난 후 니체에게는 투병 생활과 집필 말고는 할 일이 따로 없었다. 이 무렵 그는 도덕의 문제를 놓고 많은 시간을 보냈다. 특히 그리스도교 도덕이 문제로 떠올랐다. 다행이 건강이 어느 때보다 좋아졌다. 쾌유의 조짐이 보였다. 교수직으로부터의 해방과 호전의 기미가 뚜렷한 건강은 그에게 보다 많은 시간과 마음의 여유를 주었다. 오랜만에 그는 행복했다. 활력을 되찾은 니체는 집필에 매진, 《아침놀*Morgenröthe*》(1880~1881)을 시작으로 《즐거운 학문*Die fröh- liche Wissenschaft*》(1881~1882), 《차라투스트라는 이렇게 말했다》(1883~1885), 《선악의 저편*Jenseits von Gut und Böse*》(1884~ 1885), 《도덕의 계보*Zur Genealogie der Moral*》(1887)를 연이어 냈다. 대단히 왕성한 저술 활동이 아닐 수 없었다.

《아침놀》은 니체 사상에서 전기가 되는 작품이다. 원래의 제목은

《보습Phlegschar》이었는데 가스트의 제안에 따라 《아침놀》로 바꿨다. 이 무렵 니체의 전의는 많이 누그러졌다. 보다 긍정적으로 세상을 보게 된 것이다. 《인간적인 너무나 인간적인》에서만 해도 니체의 공격은 전방위적인 것이었다. 그러나 격한 공격에도 불구하고 그 공력 목표가 하나가 아니었던 만큼 거기에는 어수선하며 명료하지 못한 데가 있었다. 그러다가 어둠을 뒤로 동녘이 밝아오면서 주변 풍광이 또렷하게 눈에 들어오듯 표적이 분명해졌다. 해뜨기 전 기분 그대로 신선했고, 모든 것이 명료해졌다. 이렇게 해서 공략의 표적이 된 것은 그동안 도덕의 탈을 쓰고 서양 정신을 학대해온 도덕적 편견들이었다.

니체는 플라톤과 함께 생에 적대적인 도덕이 등장, 자연 충동을 억눌러 생에 충만해 있는 생동감을 고갈시킴으로써 생 자체를 피폐하게 했고, 이로 인해 인간은 왜소한 존재로 전락하고 말았다고 보았다. 이런 뜻에서 종래의 도덕은 인간 왜소화의 원리이자 생에 대한 무자비한 만행이다.

1882년 초 니체는 《즐거운 학문》을 썼다. 제목만으로도 시사해주는 것이 많은 작품이다. 그해 1월 그는 지중해 연안의 제노바에 와 있었다. 그곳에서 그는 그의 생에 있어서 가장 밝고 아름다운 1월을 맞고 있었다. 상승의 기운이 이어졌다. 이제는 생각이 아니라 행동이었다. 즐거운 학문이란 원래 프로방스 시인들이 스콜라 철학과 거리를 두기 위해 썼던 표현인 'gaya scienza'에서 또는 기쁜 소식을 의미하는 'gaya saber'에서 유래한 말이었다. 니체는 이 'gaya scienza'에서 가인(歌人)과 기사 그리고 자유로운 정신의 통일체를 떠올렸다.

하나같이 니체 취향에 맞는 것들로서, 그의 도덕 및 문화 비판은 예서도 계속되었다. 그 비판에 따르면, 시민 혁명의 기운 속에 대중의 손에 떨어져 있는 유럽 문화는 이미 몰락의 길로 들어섰다. 이제 문화를 감독하고 선도할 수 있는 인간이 출현해 쇠진해 있는 문화에 다시금 생기를 불어넣어주어야 한다. 이것이 미래를 책임질 '좋은 유럽인'에게 주어진 과업이다. 니체는 여기서 대중 정치의 산실인 의회주의를 경계하고 국정을 농간하는 대중에 대한 경멸을 분명히 했다. 기왕의 지적 귀족주의의 면모를 한층 노골화하게 된 것이다. 《차라투스트라는 이렇게 말했다》에 앞서서 영원회귀 사상이 선을 뵌 것도 이 작품에서였다.

그 해 봄 니체는 로마로 갔다. 그곳에서 마이젠부르크를 통해 루 살로메를 만났다. 러시아 출신으로서 매우 진취적인 여성이었다. 과학의 시대 한복판에서 자신의 영원회귀 교설이 제대로 수용되기는 어렵다고 판단하고 있던 무렵이었다. 그 자체로는 검증 가능한 과학 이론이 아니었기 때문이었다. 그에게 필요했던 것은 이 심오한 사상을 이해하고 전파할 사도였다. 그런 그의 앞에 나타난 것이 바로 살로메였다. 그러나 살로메는 니체의 사상과 기대를 이해하지 못했다. 실망스런 일이었지만 그에게 크게 문제가 되지는 않았다. 이미 그를 깊이 사랑하고 있었기 때문이다. 그래서 청혼을 했는데, 이번에도 일은 뜻대로 되지 않았다. 살로메는 니체에게 호감을 갖고 있었지만 결혼 상대자로 생각하고 있지는 않았다. 거기에다 니체의 여동생까지 끼어들면서 일이 더욱 꼬였다. 결국 이들은 헤어졌으며, 이런저런 일로 어머니 그리고 누이동생과도 틈이 벌어졌다.

니체의 떠돌이 삶은 계속되었다. 1883년 2월 그는 라팔로에 머물고 있었다. 그곳과 질스마리아에서 《차라투스트라는 이렇게 말했다》의 1부와 2부를, 다음 해 니스에서 3부를, 그리고 그 해 말과 이듬해 초 멘토네와 니차에서 4부를 완성했다. 원래 그는 1880년대 들어 자신의 사상의 대단원이 될 주저를 구상, 그것에 '힘에의 의지Wille zur Macht'라는 제목을 붙일 생각을 하고 있었다. 사정이 여의치 않자, 주제를 달리해보기도 하고 내용을 바꿔도 보았지만 진척이 없었다. 그는 결국 1888년에 주저 집필을 포기하고 말았다. 《차라투스트라는 이렇게 말했다》는 원래 이 주저로 독자를 안내하는 길잡이 몫을 하도록 되어 있었다. '힘에의 의지'라는 니체 철학의 대성전의 행랑채로 마련된 셈이었다. 그러던 것이 주저가 포기되면서 《차라투스트라는 이렇게 말했다》는 그의 철학의 본체가 되고 말았다.

《차라투스트라는 이렇게 말했다》의 핵심 주제는 영원회귀, 위버멘쉬, 그리고 가치의 전도다. 이 책에는 신의 죽음에 대한 선언도 나오며 대중문화에 대한 비판도 예리하게 그 모습을 드러낸다. 니체는 이후에도 여러 권의 책을 더 썼지만, 그 내용에서 《차라투스트라는 이렇게 말했다》를 크게 벗어나지는 않았다. 이런 의미에서 《차라투스트라는 이렇게 말했다》를 니체 철학의 전부라고 말하는 사람도 있다. 니체 자신도 이 작품의 의미를 강조하여, 그것 앞뒤에 씌어진 작품들이 어떤 식으로든 이것에 기여하도록 되어 있는 것으로 간주했다. 특히 그는 바로 앞에 씌어진 《아침놀》, 《즐거운 학문》을 《차라투스트라는 이렇게 말했다》의 입문서 내지 주석서로, 바로 뒤에 쓴 《선악의 저편》은 그것을 풀이해주는 작품으로 보았다.

차라투스트라는 원래 고대 이란의 배화교의(拜火敎) 창시자로서 음역 과정에서 조로아스터로 더 잘 알려지게 된 인물이다. 《차라투스트라는 이렇게 말했다》에서는 니체의 대변인으로 나온다. 왜 니체가 그를 내세웠는지에 대해서는 이론이 분분하다. 많이 이야기되고 있는 것은 그가 선과 악을 모든 것을 지배하는 두 원리로 파악한 최초의 인물이었고, 선과 악이 니체의 핵심 관심사 가운데 하나였다는 것 정도다.

《선악의 저편》은 잠언과 산문으로 되어 있는 작품으로서 잠언풍의 글로서는 마지막 작품이, 산문풍의 글로서는 가장 난숙한 경지의 작품이 된다. 니체는 이 작품에서 생에 적대적인 종래 최고 가치와의 결별, 새로운 도덕을 위한 기초를 마련하려 했다. 무엇보다도 현대에 대해 총체적인 비판을 가했다. 먼저 당시에 만연해 있던 평등주의를 비판했다. 무차별한 계량적 평등은 인간의 상승의 기운을 꺾는다. 이러한 의미에서 평등을 기치로 내건 당시의 이른바 민주 혁명과 기세 등등하던 사회주의 운동은 반역사적 해악이다. 이 혁명과 운동의 배후에서 역사의식이 없는 무리 인간을 부추겨 날뛰게 만든 것이 바로 그리스도교다. 수직적 위계를 거부한다는 점에서 당시의 학문도 한통속이다. 거짓 관념론도 마찬가지다. 이제 능력 있는 대인(大人)이 출현, 평등주의라는 거대한 흐름을 역류시켜 수직적 위계를 되찾아야 한다.

도덕 비판에서도 니체는 그 강도를 더해갔다. 그는 여기서 주인의 도덕과 노예의 도덕을 등장시켰다. 주인의 도덕은 경외심과 영웅주의, 노예의 도덕은 그 반대로 원한의 감정과 평등주의에 대응하는 도덕이다. 노예의 도덕은 마땅히 극복되어야 한다. 그러기 위해서는 무엇보다도 정치가 달라져야 한다. 사람도 달라져야 한다. 누구보다도 유럽인 이야기가 되겠는데, 이제 편협한 국수주의적 광신에서 벗어나 미래 세계를 떠맡을 저 '좋은 유럽인'이 되어야 한다.

이렇게 포문을 연 니체의 도덕 비판은 《도덕의 계보》에서 절정에 이르렀다. 그에 의하면 선과 악이란 자연적 가치가 아니라 개인적 이익을 관철시키려는 목적에 의해 날조된 반자연적 가치다. 원래는 '좋다', '나쁘다'라는 말이 있었을 뿐이다. 그것을 도덕화하여 선과 악이란 것으로 둔갑시킨 것이 그리스도교다. 증오의 화신인 그리스도교 사제들은 선과 악이라는 것으로 무장하고는 사람들을 한쪽으로 내몰아 다그치는 등 자신들의 지배력을 공고히 하려 했다. 여기서 다시 '좋다', 나쁘다'로 되어 있는 주인의 도덕과 '선'과 '악'으로 되어 있는 노예의 도덕이 문제가 된다. 그리고 원한이라는 개념이 등장한다. 원한은 강자에 대한 약자의 은밀한 시샘과 복수심이다. 약자들은 이런 감정으로 강자들에 맞선다. 이 경우 선과 악이란, 노예근성을 지닌 약한 자들이 체득해온 생존의 전략이자 술책이다. 원한의 감정에 이어 니체는 죄책과 양심의 가책과 같은 반자연적 감정의 허구도 파헤쳤다.

《도덕의 계보》이후 잠시 좋아졌던 건강이 다시 나빠졌다. 1888년 봄이 되자 니체는 알프스 남녘 토리노로 가 거처를 정했다. 몸은 여의치 않았지만 집필욕만은 여전해 이 해에도 니체는 많은 글을 썼다. 독서량도 대단했다. 좋은 소식이 있었다. 코펜하겐 대학에서 브란데스Georg Brandes가 '독일 철학자 니체'를 주제로 강의를 개설한 것이다. 300여 명 정도가 수강한 대단한 강의였다. 니체는 크게 고무되었다. 그의 세기적 명성을 예고하는 것이었지만, 그는 그로부터 1년을 넘기지 못하고 발병해 온전한 의식을 잃음으로써 그 자신은 그 명성을 제대로 누리지 못했다. 발병하기까지 채 1년이 남지 않은 마지막 시기에 니체는 늦게 가을걷이에 들어간 농부처럼 글을 쓰고 이미 쓴 글을 편집하여 책으로 내는 일에 전념했다. 이렇게 해서 그가 완성한 것이 《바그너의 경우》, 《우상의 황혼*Götzen-Dämmerung*》, 《안티크리스트*Der Antichrist*》, 《이 사람을 보라*Ecce Homo*》, 《니체 대 바그너》 등이다.

《바그너의 경우》에서 바그너는 현대 유럽의 퇴화를 대변하는 인물로 등장한다. 니체 자신도 시대의 아들로서 퇴화의 그늘에서 벗어나 있을 수는 없었지만, 그것에 저항해왔다는 점에서 바그너와는 다르다고 말한다. 원래 니체가 퇴화의 철학자로 지목했던 사람은 염세주의 철학자 쇼펜하우어였다. 그런 그를 받아들여 음악을 병들게 한 사람이 바그너라는 것이 니체의 주장이다. 니체에 따르면 바그너에게서 볼 수 있는 예술의 연극으로의 전환 그 자체가 생리적 퇴화의 표현이다. 거기에다 바그너에게는 부분을 통합하여 하나의 유기체로 조직하는 능력이 결여되어 있다. 그런데도 바그너는 대중적 성공을 거두었다. 바그너의 성공, 문화적 몰락의 징후가 아닌가.

니체는 이 바그너에 비제Georges Bizet를 맞세웠다. 그에게는 비제야말로 그 자신을 풍요롭게 한 작곡가이자 좋은 유럽인을 위한 천재적 작곡가였다. 니체가 처음으로 비제의 〈카르멘〉을 들은 것은 1881년 제노바에서였다. 그는 그 작품에 열광했고, 이후 비제와의 대조

속에서 바그너에 대한 비판의 수위를 높였다. 비판의 골자는 앞에서 든 것 말고도 음악가 바그너가 배우가 되고 어릿광대가 되었으며 그의 예술 또한 사술(詐術)이 되고 말았다는 것 등이었다.

《바그너의 경우》가 출판되자 독자들은 니체의 바그너 비판을 어떻게 받아들여야 할지 혼란스러웠다. 니체는 여전히 바그너주의자로 알려져 있었기 때문이었다. 이에 니체로서는 그 비판이 갑작스런 것이 아니었으며 일찍이 그와의 결별이 시작되어 새로울 것이 없다는 것을 밝힐 필요를 느꼈다. 그래서 그는 1888년 말 일의 전말을 밝히기 위해 그동안에 써두었던 글의 일부를 발췌하여 《니체 대 바그너》라는 제목으로 내놓았다. 글을 발췌하는 과정에서 부분적으로 다시 손을 대기도 했다. 그는 이 기회에 바그너와의 결별이 이미 1876년 바이로이트 축제 때 시작된 것임을 밝히고 있다. 책 제목이 말해주듯 니체는 바그너를 자신의 대척자로 설정, 생명의 힘을 고갈시켜 끝내 생을 궁핍하게 하는 퇴화적 존재로 비판하고는, 그에게 넘치는 힘으로부터 폭발하는 디오니소스적인 것을 맞세웠다. 그리고 그 자신은 스스로를 디오니소스적 철학자로 이해했다. 여기서는 편의상 《바그너의 경우》와의 연관해서 소개하고 있지만, 순서로 본다면 맨 마지막에 씌어진 것이 이 작품이다.

《우상의 황혼》은 바그너의 4부작 오페라 〈니벨룽의 반지〉의 완결편인 '신들의 황혼'을 패러디한 것으로서 여기서 우상은 그때까지 통용되고 있던 진리를 가리킨다. 그런 진리가 황혼을 맞고 있다는 것으로서 니체의 형이상학, 언어 그리고 예술 비판은 절정에 이른다. 그는 무엇보다도 철학자 특유의 두 성벽을 비판한다. 하나는 역사적 감각의 결핍, 생성의 표상 자체에 대한 증오, 이집트주의에 대한 편향, 그리고 감각에 대한 불신과 적대감이다. 다른 하나는 처음과 끝의 혼동, 가장 보편적인 것을 맨 앞에 두는 오류다. 이런 비판에 두 세계 이론에 대한 비판이 더해진다. 저편의 또 다른 세계를 상정하는 것, 니체에 따르면 그 자체가 이미 퇴화의 조짐이다. 이어 한때 복권되었던 소크라테스가 다시 퇴화 현상으로 등장하며, 생의 본능에 대적하는 반자연적 도덕이 규탄된다. 그리고 인간 사육과 순화가 거론된다.

주저를 위해 써두었던 글 가운데 일부를 끝손질하여 니체는 《안티크리스트》를 시작했다. 그는 그것을 원래 계획 중이었던 '모든 가치의 전도Umwertung aller Werte'의 1권으로 생각하고 있었다. 그러다가 그것을 '모든 가치의 전도' 그 자체로 간주하게 되었다. 그때까지만 해도 책이름은 '안티크리스트, 모든 가치의 전도'였다. 시작은 무엇이 좋으며 무엇이 나쁜가 하는 것이었다. 힘을 증대시키는 것은 좋으며 반대로 힘을 약화시키는 것은 나쁘다. 힘을 증대하려는 의지, 즉 힘에의 의지가 없는 곳에는 하강이 있을 뿐이다. 그는 이어 연민과 연민의 종교 그리스도교를 비판한다. 그리스도교에 대한 비판은 현실 세계 거부적인 저편의 세계에 대한 비판으로 이어진다. 그리스도교는 단연 퇴화의 종교다. 그런 종교에 불교도 있지만 원한의 종교가 아니라는 점에서 불교는 그리스도교와 다르다.

니체는 나아가 그리스도교 발생의 역사를 파헤쳤다. 그에 따르면 이스라엘 역사는 자연적 가치를 전도시킨 반역의 역사다. 그리고 이런 가치의 전도를 끝까지 밀고 간 것이 바로 그리스도교다. 그리스도교에 대한 니체의 비판은 비타협적인 것이었지만, 그러나 역사상 인물 예수에 대한 평가는 달랐다. 어느 때보다 우호적이었다. 니체에 의하면 예수에게는 죄라든가 벌과 같은 반자연적 족쇄가 낯선 것들이었다. 그런가 하면 예수는 하늘나라는 마음속에 있다고 함으로써 그 나라의 현세적 의미를 강조했다. 거기에다 정작 예수에게는 원한의 감정이 없었다. 이 점에서 그는 붓다와 닮았다. 이러한 예수의 가르침이 잘못 이해되고 해석되었다. 그 결과 그리스도인들은 죄의식 속에서 참회하는 삶을 살고 내세에서의 구원을 위해 현세를 저버리는 것을 최고의 덕목으로 삼게 되었으며, 최후의 심판과 같은 것을 끌어내어 그리스도교를 원한의 종교로 만들었다. 누구보다 이에 앞장섰던 사람은 사도 바울이었다.

이렇게 볼 때, 역사상 진정한 그리스도인은 예수 한 사람뿐이다. 그리스도를 따른다는 사람들이 많이 있지만, 그런 사람들은 예수의 언행을 따를 의사도 용기도 없는 아류에 불과하다. 그 예수는 십자가에 못 박혀 죽었고 그와 함께 그의 복음 또한 죽었다. 니체는 이 《안티크리스트》에 대해 자부심이 대단했다. 그리하여 이 책의 출간을 세계사적 의미를 지닌 사건으로, 책이 출간된 날을 모든 그릇된 가치가 전도되는 날, 그리스도교가 종말을 고하는 날, 새로운 시대를 여는 기원으로까지 받아들였다.

《이 사람을 보라》는 니체의 자전적 작품이다. 이 작품을 쓸 무렵 니체는 어느 정도 이름이 나 있었다. 그러나 그의 삶과 사상을 두고 말이 많았다. 제대로 이해되지 않은 채 사람들의 입에 오르내린 것인데, 대체로 그를 경계하는 분위기였다. 비난의 목소리도 곳곳에서 들렸다. 러시아는 아예 그의 글을 금지시켜, 반니체 입장을 분명히 했다. 이런 와중에 그로서는 자신의 삶과 사상의 전개를 분명히 밝혀둘 필요가 생겼다. 그래서 《이 사람을 보라》의 집필을 시작했지만, 그는 글을 마치고도 출판을 해야 할지 주저했다. 원고를 출판사에 넘겼다가 되찾아 와 다시 손을 대기도 했다. 머리말 다음에 "나는 왜 이렇게 현명한지", "나는 왜 이렇게 영리한지", "나는 왜 이렇게 좋은 책을 쓰는지"라는 제목의 글이 뒤따른다. 웃어넘기기에는 의미심장한 제목들이다. 이어 그는 《비극의 탄생》에서 《바그너의 경우》에 이르기까지 자신의 작품을 하나하나 소개하고 있다. 실로 그에 대해 많은 이야기를 해주는 그 자신의 생생한 증언으로서 자료적 가치가 크다.

여기서도 가치의 전도에 대한 요청이 계속되며 그리스도교 도덕에 대한 비판도 이어진다. 특히 니체는 그리스도교 도덕의 '발견'을 역사상 그 유례가 없는 재난으로 규정했다. 정치에 대한 비판도 있다. 허구 위에 서 있는 종전의 권력 구조는 무너져야 하며 전에 없는 전쟁이 일어나야 한다는 것, 그리하여 새로운 위대한 정치가 시작되어야 한다는 것이다. 책의 끝부분에서 니체는 디오니소스와 십자가에 못 박힌 자를 대립시키고 있다. 십자가에 못 박힌 자는 생을 부정하는 부정의 화신이다. 이와 달리 디오니소스는 생을 무한히 긍정하는 긍정 그 자체다.

지금까지 니체가 쓴 저작을 중심으로 그의 지적 편력을 살펴보았지만, 이들 저작이 전부는 아니다. 그는 이 이상의 분량의 유고를 남겼다. 유고는 일종의 지적 일기로서 니체가 그때그때 그의 노트에 기록해두었던 단상, 논평, 집필 구상 등으로 되어 있다. 이들 가운데 니체 작품에 수용된 것도 있고 뒷날을 위해 유보된 것도 있다. 이 유고는 니체 사상의 모태요, 요람으로서 중요한 가치를 지닌다. 이 가운데 극히 일부가 발췌되어 유고집의 이름으로 나온 일이 있다. 그러나이 유고집은 니체 철학을 제대로 이해하지 못한 사람들이 주제별로, 그것도 아주 조잡하게 만들어낸 것으로서 그 편집의 임의성과 원문훼손이 문제가 되어 처음부터 격렬한 유고 논쟁을 일으켜왔다. 그러나 나머지 유고가 공개되지 않았기 때문에 학자들로서는 궁한 대로출간된 유고집을 인용할 수밖에 없었다. 이로부터 많은 오해가 생겨났다.

유고 전부를 연대순으로 공개하는 것이 최선이었겠지만 그것도 뜻대로 되지 않았다. 니체의 유고에 대한 접근이 가능하지 않았기 때문이었다. 더더구나 바이마르가 동독 통치 아래 들게 되면서 반사회주의자 니체는 반동의 철학자로 지목받은 채 거의 금기시되어 있었다. 그러다가 2차 대전 후 공산 게릴라 전력을 갖고 있던 두 명의 이탈리아 학자 콜리와 몬티나리가 나서면서 일이 풀리기 시작했다. 동독 당국은 그들에게 니체 유고 열람을 허락했다. 이들은 곧 미공개 유고를포함한 새로운 니체 전집을 구상했고, 이렇게 해서 선을 뵌 것이 출판사 발터 데 그루이터에서 낸 《고증판 니체 전집Nietzsche Werke, Kritische Gesamtausgabe》이다. 지금까지 있었던 것 가운데 가장온전하며 방대한 것으로서 오늘날 국제 니체 연구를 선도하고 있는전집이다. 이로써 반세기에 걸쳐 분란을 일으켜온 유고 논쟁은 일단종식되었다. 21권으로 되어 있는 책세상판 《니체 전집》은 이 전집을정본으로 한 것이다. 아시아권에서는 일본과 한국에서만 그 번역본이 나왔다.

니체가 마지막 작품인 《니체 대 바그너》를 완성한 것은 1888년 12월 어느 날이었다. 곧 해가 바뀌었다. 그는 여전히 토리노에 머물고 있었다. 1월 초 그는 머물고 있던 호텔에서 나와 알베르토 광장으로 갔다. 그는 우연히 그곳에서 말에게 모질게 채찍질을 하는 마부를 목격하게 되었다. 곧바로 그에게 달려가 그만둘 것을 간청하며, 말의 목을 껴안고 눈물을 흘리다가 졸도하고 말았다. 지금까지 정설이 되다시피 한 사건의 전말이다. 그러나 전기 작가 가운데는 그 날짜와 그렇게 된 사정에 의구심을 품고 있는 사람도 있다. 이를테면 니체 전기 작가 얀츠Curt Paul Janz는 말에 얽힌 이야기도 믿을 만한 것이 못 되고, 그날 이후 니체가 친지들에게 보낸 마지막 편지를 들어 졸도한 날도 1월 7일이어야 한다고 주장한다. 아무튼 니체는 졸도하여 혼수상태에 빠졌다.

소식을 듣고 오랜 친구인 오버베크 교수가 바젤에서 달려왔다. 그는 서둘러 니체를 바젤로 데려가 그곳 정신병원에 입원시켰다. 정신과 의사 빌레는 진행성 마비로 진단했다. 1월 17일 니체의 어머니가 와서 그를 예나로 후송, 그곳 대학 정신병원에 입원시켰다. 니체는 때때로 발작을 했다. 주변 사람들에게 공격적인 적대감을 보이기도 했다. 사람들을 거의 알아보지 못했으며 글을 쓴다는 것은 생각할 수도 없었다. 36시간 혼수상태에 든 일도 있었다. 차도가 없자 이듬해 니체 어머니는 그를 퇴원시켜 나움부르크 집에서 돌보기 시작했다. 니체는 가끔 두서없이 피아노를 치고 노래를 불렀으나 그것마저 시간이 흐르면서 힘들어졌다. 병세는 거의 절망적이었다. 파라과이에 있던 여동생 엘리자베트가 돌아왔다. 그는 파라과이에 독일 식민지를 건설하기 위해 그곳으로 떠난 남편 베른하르트 푀르스터Bern-hard Förster와 동행했었는데, 일이 여의치 않자 남편은 그곳에서 자살을 하고, 홀몸이 되어 친정으로 돌아온 것이다.

엘리자베트는 영악한 사람이었다. 빈손으로 돌아온 그는 오빠 니체의 떠오르는 명성에 재빠르게 편승, 잇속을 챙기기 시작했다. 사사건건 간섭하여 페터 가스트가 시도하고 있던 《차라투스트라는 이렇게 말했다》 제4부의 출판을 방해했다. 4부 〈나귀의 축제〉에 나오는 독신(瀆神)적 내용이 검찰 측을 노엽게 할 수 있다는 이유에서였다. 이때만 해도 니체의 법적 후견인은 어머니였다. 1892년 페터 가스트가 니체 전집 출간에 들어가자, 그 작업을 중단시켰다. 그러고는 자신이 일을 맡았다. 당시 페터 가스트는 손으로 쓴 니체의 글을 읽어낼 수 있는 유일한 인물이자 나름대로 니체 사상을 추적한 충직한 추종자였다. 그에 비하면 엘리자베트는 동생이었을 뿐, 이도 저도 아니었다. 엘리자베트는 페터 가스트를 경계했다. 그가 니체에 대해 너무 많은 것을 알고 있었고, 그가 있는 한 마음대로 할 수 없었기 때문이었다.

1893년 엘리자베트는 어머니 집에 니체 문서 보관실을 세워, 음악의 밤을 열고 방문객을 접견하는 등 그곳을 자신의 사회 활동의 거점으로 삼았다. 환자 니체를 거의 유폐시킨 상태에서 벌인 행각이어서 개탄하고 허탈해했지만 니체 어머니로서는 속수무책이었다. 공간이 협소했다. 그러자 같은 해 9월 개축한 1층 공간으로 옮겨 문서 보관실을 문서 보관소로 확대 개편했다. 이제 남아 있는 것은 어머니로부터 니체 후견인으로서의 법적 권리를 빼앗는 일이었다. 엘리자베트는 집요했다. 어머니를 달래고 얼러 결국 뜻을 관철했다. 이렇게 하여 니체의 글 역시 엘리자베트의 소유가 되었고, 그와 더불어 모든 것이 그의 손에 있게 되었다. 이제 거칠 것이 없었다. 이후 그는 니체의 유서와 편지 등을 자신에게 이롭게 위조했는가 하면, 적지 않은 니체 장서를 팔아 치우기까지 했다.

1896년 그는 니체 문서 보관소를 아예 그 지역의 문화 중심 도시인 바이마르로 옮겼다. 전국적 무대로 나선 것이다. 바이마르는 괴테와 실러, 리스트 등이 활약했던 이름 있는 도시였다. 전국적 무대로 나선 것이다. 본격적인 '사업'을 위해서였다. 1897년 니체 어머니가 환자 니체를 남겨두고 죽었다. 그사이에 니체는 더욱 유명해졌다. 사람들은 니체를 보고 싶어 했다. 그러나 환자의 모습을 보여주고 싶지 않았던 엘리자베트가 이를 철저하게 막았다.

이런 상황에서 니체는 서서히 죽어갔다. 1889년 8월이 되면서 니체의 병세가 악화되었다. 카타르가 오더니 폐렴이 닥쳤다. 거기에다 뇌졸중 발작이 뒤따랐다. 니체는 의식을 잃었다. 때때로 손발을 떨고 색색거린 것이 전부였다. 가망이 없었다. 그러다가 25일 11시에서 12시 사이에 니체는 10년 동안의 절망적인 투병 생활 끝에 곤고한 삶을 뒤로하고 숨을 거두었다. 관은 바이마르에서 고향 마을 뢰켄의 교회 묘지에 있는 부모 무덤 곁으로 운구되었다. 그리고 28일 오후 4시 장지에서 장례식이 거행되었다. '적그리스도'를 위한 장례식에 시장과 친지들이 나와 조사를 했으며 그가 태어나 그곳을 떠날 때까지 들어온 교회의 종이 울렸다. 그리고 남성 합창단이 세 차례 진혼

곡을 불렀다. 그때 그의 나이 56이었다.

이렇게 니체는 죽었지만 사인을 두고 말이 많았다. 매독일 것이라는 주장이 우세했다. 니체는 학창 시절 유곽에 들른 적이 있다. 그때 성병에 감염되었고, 그것이 끝내 그를 정신적 파국으로 내몰았다는 것이다. 심인성 질환이었을 것이라는 주장도 나왔다. 그런가 하면 이미 소년 시절 두통에 발작 등 병치레가 잦았던 사실에서 유전적 질환이 아니었나 하는 의혹도 제기되었다. 바젤과 예나 정신병원에서 초기 진단에 실패했기 때문에 생긴 혼란이었다. 오늘날의 의학 수준이라면 보다 정확하게 진단했을 것이다. 최근에 새로운 연구 결과가 나왔다. 2003년 5월 독일의 한 민영 방송사 n-tv는 니체를 죽음으로 내몬 것은 매독이 아니라 뇌종양이었을 것이라는 보도를 냈다. 일부 학자들이 매독의 증상인 무표정한 얼굴이나 말더듬증을 환자가 보이지 않았다는 것을 근거로 내세워 이런 주장을 폈다는 것이다.

니체가 죽고 난 뒤에도 엘리자베트의 고약한 짓거리는 계속되었다. 니체 저작 출판에 사사건건 끼어들어 전문 학자들과 갈등을 빚었다. 시간이 흐르면서 니체는 더욱 유명해졌으며, 그의 글 또한 더욱 많이 읽혔다. 1차 대전에 출정한 많은 병사의 배낭 속에는 《차라투스트라는 이렇게 말했다》가 들어 있었다고 한다. 그 책은 여성이 남성에게 주는 약혼 선물로도 쓰였다고도 한다. 엘리자베트로서는 신분 상승을 위한 절호의 기회였다. 그는 마부에 시종을 거느렸다. 그리고는 궁중 여인들처럼 호화스런 마차를 타고 다니는 등 사치스런 생활을 시작했다.

나치가 등장하자 그는 호기를 맞았다. 니체는 곧 권력 정치의 이념적 대부가 되었으며 그의 '좋은 유럽인'에 대한 꿈은 유럽 종족, 특히 독일인에 의한 세계 지배라는 환상을 심어 주었다. 힘에의 의지는 물론 인간 사육에 대한 니체의 가르침도 깊은 인상을 남겼다. 하나같이 니체에 대한 오해에서 비롯된 것이지만, 사람들은 그렇게 믿었고 나치 지도자들 또한 그렇게 받아들였다. 그들은 그들대로 니체를 이용할 줄 알았고 엘리자베트는 그런 그들을 이용할 줄 알았다. 히틀러가 바이마르에 있는 니체 문서 보관소를 두 차례 방문했다. 그를 영접하면서 엘리자베트는 일약 유명해졌다. 니체 문서 보관소는 주목을 받게 되었고, 성지라도 되는 양 사람들의 발길이 끊이지 않았다. 히틀러의 방문은 계산된 것이었겠지만, 그의 의도된 니체 숭배 행각의 결과 니체는 나치즘의 원격 조정자로 각광을 받게 되었다. 히틀러는 거기에 그치지 않고 무솔리니까지 끌어들였다. 이 두 독재자의 언행은 두 나라에서는 무분별한 열광을, 그 밖의 나라에서는 근거 없는 혐오감을 일으켰다. 니체로서는 어처구니없는 일이었지만, 이런 작태를 저지할 만한 사람은 없었다. 그 결과 니체 철학이 곧 나치즘이라는 등식이 뿌리를 내렸고, 니체는 히틀러의 나치와 운명을 같이 하게 되었다.

니체는 어딜 보나 반나치 성향의 철학자였다. 그는 평소 편협한 독일 지상주의를 경계했다. 게르만 민족의 순혈주의에 민족 간의 피의 유대를 맞세웠고, 반유대주의를 경멸하여 규탄했다. 오늘날 니체와 나치즘 사이의 '불순한' 관계는 많이 해명되었고 그만큼 니체의 명예는 회복되었지만, 아직도 적지 않은 사람들의 뇌리에 정치적으로 왜곡된 니체 이미지가 남아 있다. 니체의 비극이다.

2. 사상

1) 생(명) : 처음이자 끝이다

철학사적 구분에 따르면 니체는 생(生)의 철학자이며 그의 철학은 생의 철학이다. 이때 생의 철학은 생을 자립적이며 자기 목적적인 것으로 받아들여 모든 인간 활동과 철학적 인식, 그리고 가치의 궁극적 토대와 근원으로 삼자는, 그리하여 초월적 이념이나 신앙으로부터 생을 객관화하여 받아들이려는 일체의 시도에 반대, 생을 그 자체로부터 파악하려는 철학을 가리킨다.

생Leben은 우리말로 삶이다. 그래서 생의 철학을 삶의 철학으로 옮기는 사람들이 있지만, 그렇게 되면 그것은 삶의 지혜나 책략을 일깨우고 터득시키는 철학 정도로 받아들여지기 쉽다. 그러나 우리가 여기서 말하는 생의 철학은 그런 지혜나 책략과는 거리가 멀다. 생의 철학에서 생은 일차적으로 생명을 가리킨다. 이 점에 유념하여 그것을 생명의 철학으로 옮기는 것이 바람직하지 않나 생각해볼 수 있으나 거기에도 문제가 있다. 그럴 경우 역사적 존재이자 사회·문화적 활동의 주체인 인간의 생을 단순한 생물학적 현실로 환원시키게 되고, 그렇게 되면 생의 철학은 생물학적 인간학이 되고 말 것이기 때문이다. 이러저러한 난점에서 그것을 생철학으로 옮겨 쓰고 있는 사람들이 있지만, 이 경우에도 생이 '가공되지 않은'이나 '살아 있는'이란 뜻으로 오해되는 등 그 의미가 제대로 전달되지 않는 어려움이 있다. 원어인 독일어로는 Lebensphilosophie, 이를 그대로 옮기면 생의 철학이 된다.

니체의 철학을 생의 철학이라고 했는데, 그의 철학이 생의 철학에 대한 일반적 규정에 부합하기 때문에 그렇게 부르는 것은 아니다. 그보다는 그의 철학과 같은 철학을 생의 철학으로 불러왔다고 보는 것이 옳을 것이다. 한 세대 이전에 쇼펜하우어가 있었고, 같은 세대에 딜타이Wilhelm Dilthey가 있어 생의 철학을 폈다고는 하지만, 그 기틀을 마련하여 생의 철학에 보다 결정적인 영향을 끼쳤을 뿐만 아니라 길을 튼 것이 바로 니체였기 때문이다. 이후 생의 철학은 여러 갈래로 나뉘어 발전해왔다. 그 가운데는 역사학에 정향된 것도 있고 생물학에 정향된 것도 있다. 그러나 그 갈래가 어떤 것이었든 생의 철학을 논할 때 그 본보기가 되고 있는 것은 단연 니체의 철학이다.

적극적이며 능동적인 것에 긍정적인 것을 앞세운 니체는 반동이란 말을 좋아하지 않았다. 반동이란 2차 운동으로서 소극적인 것, 수동적인 것, 부정적인 것이기 때문이다. 그러나 정신사적으로 볼 때 생의 철학은 새로이 등장하는 철학이 대체로 그렇듯이 반동의 철학이다. 그런데 반동은 반동을 불러온 바로 그것에 의해 촉발되는 운동으로서 그 반동 대상에 의해 방향 잡히고 성격 지어지게 마련이다. 생의 철학도 마찬가지여서 그것이 대항하여 싸운 그 지적 전통에 의해 방향이 잡히고 성격이 지어져왔다. 따라서 우리는 생의 철학이 거부한 그런 지적 전통을 통해 보다 명료하게 그 철학의 이념과 전개를 밝힐 수 있다.

생의 철학이라는 반동을 불러온 것은 무엇인가? 그것은 무엇보다도 생의 원천인 감각과 본능적 욕망 따위에 등을 돌리고 인간을 사유하는 존재로 단순화시켜온 이성주의와, 경험적 검증을 무기로 검증

이전의 구체적 현실인 생을 외면해온 실증주의 그리고 기계론적 방식에 대한 확신에서 생을 인과 법칙에 따라 도식화함으로써 사건의 경과를 마디마디 끊어놓아 '지속'이라고 하는 생의 흐름을 파괴해온 과학 지상주의 등이었다. 하나같이 생의 내적 에너지를 소진시켜온 근대의 산물로서 니체는 그런 것들을 생에 적대적인 것으로 규정했다.

일반적으로 생의 철학은 이런 것들에 대한 직접적인 반응이었지만, 특히 니체의 응수는 예리하며 신랄했다. 그는 당시 만연해 있던 이성주의 등에 대한 비판의 선두에 서 있었다. 다른 한편, 서양 정신사 전체를 시야를 두고 철학을 했던 니체는, 그와 같은 생에 대한 궁핍화와 왜곡은 뿌리가 깊어 이미 이천 년이 넘는 역사를 지니고 진행되어왔다는 사실에 주목했다. 생에 적대적인 세력의 역사가 두 세계 이론을 통해 세계를 완전한 저편의 것과 불완전한 이편의 것으로 나누어 목표를 저편 세계에 두고, 이편 세계에서의 생을 그 자체로 살아야 할 가치가 없는 것, 저편에 이르기 위한 과정이나 수단에 불과한 것으로 폄훼한 플라톤 형이상학과 그리스도교 도그마에까지 소급한다고 본 것이다.

근대 이성주의를 비롯한 실증주의와 과학 지상주의, 그리고 플라톤과 그리스도교의 두 세계 이론은 그 역사적 배경이나 이념에서 하나가 아니다. 그 논의 맥락도 다르다. 그러나 생의 의미를 왜곡해왔다는 점에서, 인간과 그 자신의 생 사이에 간극을 벌려놓아 생으로 하여금 그만큼 간접적 현실이 되어 낯선 것이 되도록 했다는 점에서, 즉 생에 적대적인 세력이라는 점에서 같다. 차이가 있다면 이성주의 등이 안으로부터 과육을 갉아먹는 벌레처럼 내부로부터 생의 힘을 빨아내어 그것으로 하여금 빈혈 상태에 이르게 했다면 플라톤의 형이상학과 그리스도교의 교의 등은 초월적 이념과 신앙을 통해 밖으로부터 그 힘을 증발시켜 죽음으로 내몬 점이 될 것이다. 니체는 이 두 적대 세력과 싸움을 벌였다. 하나는 시대정신과 벌인 수평적 싸움이었고 다른 하나는 역사를 거슬러 올라가면서 벌인 수직적 싸움이었다. 이 점에서 그는 하나의 전선을 갖고 실랑이를 한 여느 생의 철학자들과 달랐다.

서양의 전 역사를 통해 보다 폭넓고 깊게 생의 왜곡과 학대를 주도해온 것은 단연 플라톤의 형이상학과 그리스도교의 도그마였다. 그래서 니체는 일관성 있게 그리고 보다 심혈을 기울여 이들 형이상학과 도그마를 논박했다. 물론 그렇다고 당시의 이성주의 등에 대한 비판의 고삐를 늦춘 것은 아니었다. 니체는 가지를 치듯 이성주의 등을 공격했으며, 뿌리를 캐내듯 앞서 말한 형이상학 등과 일전을 벌였다. 그러나 이런 노력은 생의 복권이라는 하나의 과제에 수렴되면서 공통의 목표를 갖게 되었다. 그러면 니체는 이들을 어떻게 논박하고 비판했는가?

(1) 이성주의, 실증주의, 과학 지상주의는 생을 파괴한다

근대 이성주의는 이성을 인식의 원천으로, 그리고 모든 이론과 행동의 최종 권위로 삼자는 운동이었다. 이성주의자들은 이런 이념을 토대로 세계를 합리적으로 조직된 하나의 전체로 파악했으며, 그 전체를 이루고 있는 부분 하나하나가 논리적 필연성으로 연결되어 있다고 보았다. 그리고 이성에 대한 확신에서 '이성적이지 못한' 것들,

이를테면 감각적 경험 따위를 혼란스런 것으로 배척하고는, 자명한 공리에서 출발하여 엄밀한 논증에 따라 의심의 여지가 없는 진리를 추구하는 수학을 학문의 모범으로 삼았다. 그 전형이 데카르트다.

니체는 이 이성주의를 신랄하게 비판하였다. 그 비판에서 그가 무엇보다도 먼저 표적으로 삼은 것은 이성주의자들이 보루로 삼아온 이성 그 자체였다. 그러나 어떤 시각에서 비판하는가에 따라 그는 오성과 지성 그리고 의식을 함께 문제 삼았다. 이들은 근대 이성주의가 이성과 함께 정신적 능력이나 현상으로 내세운 것들이다. 물론 니체는 주어진 문맥 속에서 이들 개념을 구분해 사용했다. 그러나 늘 그 내용을 명확하게 한정해서 쓰지는 않았다. 같은 의미로 쓴 경우도 있다. 따라서 우리는 이들 개념이 쓰이는 연관과 내용에 주목해야 한다.

니체는 이성 비판에서 이성이란, 자기 근원적인 것도 자립적인 것도 되지 못한다고 하였다. 그것은 다른 것에 봉사하도록 되어 있는 도구에 불과하다고까지 했다. 그에 따르면, 인간을 이성적 동물로 정의하고 몸을 그 아래 두기도 하지만, 우리는 먼저 몸이다. 즉 우리에게 직접적으로 주어져 있는 현실은 무엇보다도 몸이다. 이성 따위는 그 다음이다. 말은 없지만 우리의 몸은 정직하며 지혜롭다. 생의 주체로서 가치를 산출하고 그 척도가 되는 것도 몸이다. 이 몸에는 그것 나름의 '이성적' 언어가 있고 논리가 있다. 따라서 우리는 무엇보다도 먼저 몸에 의해 규정되어야 한다. 그러면 이성주의자들이 내세우는 저 이성은? 그것은 오히려 그것만이 유일한 앎의 근원이자 척도가 된다는 독선에 빠져 보다 큰 질서인 몸을 거역해왔다는 점에서 일종의 반이성이다. 거기에다 이성이란 것은 몸이 진화하는 과정에서 생겨난 우연한 산물로서 처음부터 생에 기여하도록 되어 있는 보조 기관에 불과하다. 이에 니체는 몸을 '큰 이성'으로 불러 이성주의에서 말하는 도구적 이성, 즉 '작은 이성' 위에 두었다.

오성은? 오성은 대상을 감각적으로가 아니라 개념적으로 파악하는 능력을 가리킨다. 그런데 개념화를 포함한 인간의 정신 활동은 생하부에서 이루어지는 것으로서, 개념적으로 생을 파악하려는 것은 하위 개념에 상위 개념을 포섭시키려는 것과 다를 바가 없는 어리석은 일이다. 즉, 그것은 작은 그릇 속에 큰 그릇을 넣으려는 것과 다를 바가 없는 일이다. 잘라낸다거나 추상을 하지 않고는 불가능한 일이다. 이런 것은 생에 대한 도발이다. 오성은 이렇듯 파괴적이다. 오성은 거기에다 본능 판단에 대한 반응에 즉각적으로 제동을 걸기까지 한다. 이런 제동을 통해 그것은 자연적 본능을 위축시키며 끝내 생의 강건성을 훼손한다. 이런 오성이야말로 반본능적 만행이자 위협이 아닐 수 없다.

지성은? 이것은 비이성적인 것을 문제 삼을 때 이성주의자들이 그 맞수로 내세우는 일종의 변형된 이성이다. 따라서 이성에 대한 니체의 비판은 지성에 대한 비판에서도 유효하다. 지성 역시 다양한 욕구에 봉사하도록 되어 있는 도구에 불과하다는 것, 거기에다 무능력하기까지 해 잠시도 쉬지 않고 변화하는 이 지속의 세계를 포착하지 못한다는 것이다. 어디 그뿐인가. 보다 치명적인 것이 되겠는데, 지성에게는 자기비판 능력은 물론, 자신의 한계를 정할 능력이 없다는 것이다.

그러면 의식은? 깨어 있는 동안의 생생하며 강렬한 정신 작용을 가리키는 의식 역시 유기체의 진화 과정에서 발달된, 그것도 가장 늦게 발달된 진화의 산물이다. 모든 것이 의식 상태에서 이루어지는 것이 아니다. 보다 많은 것이 의식 이전에 일어난다. 이 의식 이전의 세계와 비교할 때, 의식은 해수면 위에 가까스로 모습을 드러내고 있는 빙산의 일각, 작은 얼음덩이와 다를 바 없다. 보다 근원적인 것은 깊고 어두운 물속에 잠겨 있는, 그 일각을 떠받치고 있을 뿐만 아니라 움직이고 있는 거대한 얼음덩이다. 물 위에 가까스로 떠 있는 이런 의식은 피상적일 수밖에 없다. 도구에 불과하다는 점에서도 의식은 이성, 오성, 지성과 같다. 뭔가 능산적으로 산출할 힘과 추진력도 갖고 있지 못하다. 이에 니체는 의식이 자력으로 해낼 수 있는 것은 아무것도 없다고 했다.

그런데 이성 따위가 이러한 한계와 무능력을 스스로 인정, 주어진 기능적 소임에 만족한다면 탓할 이유가 없다. 오히려 보조 도구로서 생에 기여하며 생을 보다 풍요롭게 할 수도 있을 것이기 때문이다. 문제는 그렇지 않다는 데에, 즉 오히려 그런 것들이 몸 위에 군림하여 전횡을 행사하려 든다는 데 있다. 이성주의는 작은 이성을 앞세워 계량적 합리성과 효율성을 강조, 큰 이성에 거역해왔다. 작은 이성의 반란으로서, 불행하게도 이 이성이 근대 이성주의 전통 속에서 승승장구해왔다. 그 결과, 이성에 대한 과도한 확신에서 추상의 정신이 난무하게 되었으며, 그런 정신의 횡포로 인해 생의 주체인 몸에서 살과 피가 모두 빠져나가게 되었다. 이것 역시 생에 대한 만행으로서 살아 있는 모든 것을 미라로 만들어버리는 이집트주의의 일면이다. 자신이 올라와 있는 나무의 밑동을 잘라내는 것과 같은 근시안적인 도발이기도 하다. 이런 이성은 자신을 떠받치고 있는 생을 피폐케 한다는 점에서 생을 비틀어 곱새기는 일종의 질병이다. 그래서 니체는 이성을 두고 좋게 말하여 수단이라고 했지만, 고작 기만의 수단에 불과하다고 했고, 의식을 두고는 의식의 증대가 인간에게 위험이 되고 병이 된다고까지 하였다.

실증주의는 실험과 관찰로 얻어진 사실만을 인간 인식의 원천으로 받아들이겠다는 근대 철학 운동의 하나였다. 이 운동을 선도한 콩트Auguste Comte는 인류나 개인은 신화의 허구적 단계에서 형이상학의 추상적 단계를 거쳐 인간 본래의 상태인 실증적 단계로 발전해 왔다고 했다. 실증적 단계에서는 주어진 것만이 현실로 수용되며 그 밖의 것, 즉 신화적인 것이거나 형이상학적 사변은 배척된다. 이렇게 되면 종교나 형이상학에 뿌리를 둔 종전의 철학은 대부분 설 자리를 잃게 된다. 이와 같은 실증주의 정신은 그에 앞선 과학 혁명에 힘입어 근대정신을 대변하게 되었고, 이른바 범실증주의를 만연시켜 철저하게 사실에 국한해 세계를 설명하도록 했다.

니체도 초월적 가정을 물리치고 주어진 이 구체적 세계에서 출발했다. 그리고 그에게는 흔히 실증주의적 시기라고 불리는 사상 발전 단계가 있었다. 이 점이 그때까지의 사변적 형이상학자와 달랐던 점이지만, 그렇다고 니체가 주어진 사실에 만족했던 것은 아니다. 주어진 사실이 전부라고 보지도 않았다. 그는 경험 가능한 개별 사실에서 벗어나 존재하는 것의 총체인 우주의 운행 원리를 밝혀내고, 존재의 내적 본질을 찾아내려 했다. 단순한 사실에 머무르는 대신 그 사실을 가능케 하는 사실 이전의 원리와 존재 근거를 찾아내려 했던 것인데,

이런 작업은 오히려 전통 형이상학적 관심의 소산으로서 실증적 이념과는 거리가 먼 것이었다.

실증주의 비판에서 니체는 실증주의가 그것이 보루로 하고 있는 사실이란 것을 확인할 길이 없다고 하였다. 그런데도 사람들은 확인할 수도 없는 사실이란 것에 집착해왔다. 그 자체가 난센스가 아닐 수 없다. 그는 한 걸음 더 나아가 아예 "사실은 존재하지 않는다. 해석이 있을 뿐"이라고 단언하기까지 했다. 그에 따르면 실증주의는 사실에 대해 아무것도 말해주지 못한다. 그것은 방법론의 하나일 뿐이다. 실증주의의 득세, 니체는 여기서 학문의 승리가 아니라 학문에 대한 방법론의 승리를 보았다. 본말이 전도된 것이다. 우려하지 않을 수 없는 풍조였다.

기계론은 일체의 자연현상을 원인과 결과라는 필연적 관계에 따라 설명하고 이 우주를 하나의 거대한 기계로 보는 입장이다. 실증의 정신과 함께 과학 만능의 정신을 고취해온 것으로서, 이후 베르그송 Henri Bergson 등에 의해 효과적으로 논박되기에 이르기는 했지만, 그 논박에서 선구적 역할을 한 것은 단연 니체였다. 기계론에 의하면 생물학적 현상은 따로 없다. 물리적 법칙이 있을 뿐이다. 따라서 세계 자체뿐만 아니라 그 안에 있는 모든 존재와 현상은 물리적 법칙으로, 즉 인과 법칙으로 설명된다.

인과 법칙, 그것은 자연을 지배하는 보편적인 법칙인가? 이것은 이미 흄이 제기한 물음이다. 니체의 대답은 분명하다. 보편적 법칙이기는커녕 일종의 허구에 불과하다는 것이다. 인과 법칙이 성립하기 위해서는 두 개 이상의 대상이나 사태가 전제되어야 한다. 원인과 결과가 상정되어야 하기 때문이다. 그런데 니체의 세계는 영원히 유전하는 지속의 세계이고, 이 지속은 정지 · 고정 · 분리시킬 수 있는 점들로 되어 있지 않기 때문에 불가분적이다. 마치 끊임없이 흐르는 물과 같다. 이런 흐름에는 A와 B, 즉 원인과 결과로 나눌 수 있는 계기들이 존재하지 않는다. 따라서 이 흐름을 여러 토막으로 정지시켜 놓고 보지 않는 한, 원인은 물론 결과 또한 생각할 수 없다.

그런데도 우리는 일상에서 원인과 결과를 통해 현상이나 사태를 보는 데 익숙해 있다. 너무 익숙한 나머지 좀처럼 그런 법칙의 타당성을 비판적으로 검토하는 일이 없다. 어떻게 이런 일이 가능한가? 인과 법칙-본능이란 것이 있기 때문이다. 이 본능은 문법적 구조와 심리적 요청을 바탕으로 한 습관의 산물이다. 니체는 주어와 술어로 되어 있는 모든 문장이나 진술에 원인과 결과에 대한 신념이 숨어 있다고 보았다. 이때 주어 부분이 행위를 야기하는 행위자(원인)가 되며, 술어 부분이 야기된 행위(결과)가 된다. 이런 언어활동을 반복하다 보면 알게 모르게 모든 것은 원인과 결과의 고리로 되어 있다고 믿게 된다는 것이다.

문법적 구조에서 기인하는 인과 법칙에 대한 믿음은 그렇고, 심리적 요청이란 낯선 것에 대한 두려움에서 기인하는 요청이다. 우리는 낯선 것을 두려워한다. 그래서 눈에 익지 않은 생소한 것과 마주칠 때, 그 속에 혹시 친숙한 옛 것이 있지 않나 찾게 된다. 용케 그런 것을 찾아내면 낯선 것에 대한 두려움은 그만큼 감소된다. 그리고 새 것이 옛 것에서 생겨났다고 믿게 된다. 이 경우 새 것이 결과가 되고 옛 것이 원인이 된다. 여기서 니체는 인과 법칙이란 경험을 반복함으로써 생기는 습관의 산물이자 마음속에 갖게 되는 주관적 신념일 뿐이라고 한 흄과 생각을 같이했다. 이렇듯 인과 법칙이 무너지면 그것을 토대로 한 기계론이, 나아가 그 위에서 인간의 생까지 과학의 눈으로 재단해온 과학 지상주의도 그 기반을 잃게 된다.

기계론은 코가 큰 그물과 같다. 그 코보다 큰 것은 건져내겠지만, 작은 것은 건져내지 못한다. 물은 아예 퍼 올리지도 못한다. 그러니 적게 건져내고 보다 많은 것, 보다 결정적인 것을 놓쳐버리는 것이다. 거기에다 원자론자들에게서 볼 수 있듯이 기계론은 운동은 설명하면서 그 운동의 근원은 밝혀내지 못한다. 또 미시적 관찰로 일관하는 나머지 부분 하나하나를 통일시키는 요소는 보지도 못한다.

(2) 두 세계 이론은 생을 왜곡한다

플라톤은 세계를 저편의 것과 이편의 것으로 나눴다고 했다. 완전한 이데아의 세계와 그것의 그림자에 불과한 현상의 세계로 나눈 것인데, 우리가 살고 있는 이 감각적 경험의 세계가 바로 현상의 세계다. 이 현상의 세계는 시간 속에 있는 덧없는 세계요 그만큼 불완전한 세계다. 그리고 그런 세계에 있는 것들 역시 하나같이 덧없고 불완전하다. 이와 달리 현상의 세계 저편에 있는 이데아의 세계는 고정불변할 뿐만 아니라 시간의 경과에 손상되지 않는 완전한 초감각적 세계다. 현상의 세계에 있는 덧없고 불완전한 개별자들은 저편의 이데아를 원형으로 하고 있다. 그 완전성을 부분적으로 나눠 갖고는 있지만, 완전 그 자체는 아니어서 이들 개별자들은 이데아를 동경하여 모방하기 마련이다. 이때 나눠 갖고 있는 것이 많으면 많을수록, 모방이 제대로 되면 될수록 개별자들은 이데아를 닮아 그만큼 완전해 진다.

그리스도교 또한 세계를 영원하며 부족함과 허물이 없는 저편의 하느님의 나라와 변화무쌍하며 온갖 부족함과 허물로 가득한 이편의 지상의 나라로 나누었다. 아담과 하와가 낙원에서 쫓겨난 이후, 타고 난 죄인인 우리가 살고 있는 이 지상의 나라는 갖가지 악과 죽음이 도사리고 있는 속절없는 세계, 그 자체로 아무 가치가 없는 세계다. 하느님을 모상으로 창조되었고, 그에 대한 신앙을 갖고 있지만 인간 이 자력으로 하느님의 성품을 나누어 갖는다거나 닮아간다는 것은 불가능하다. 이런 세계에 구원은 없다. 구원의 약속이 있을 뿐인데, 그 구원 여부는 전적으로 하느님에게 달려 있다. 우리가 할 수 있는 일은 구차한 이 땅에서의 죄스런 삶을 부인하고 하늘나라를 사모, 하느님의 은총에 매달리는 것이다.

이런 것들은 두 세계 이론의 전형이다. 하나는 형이상학적 이론이 고 다른 하나는 종교적 가르침이지만 니체는 세계를 이편의 것과 저 편의 것으로 나누고, 저편의 세계를 우리가 추구해야 할 이상이자 목 적으로 제시하고 있는 점에서 이들을 같은 것으로 보았다. 그는 그리 스도교를 민중을 위한 플라톤 철학이라고 했다. 그렇다면 플라톤 철 학은 철학의 옷을 두른 그리스도교가 될 것이다. 세계를 둘로 나눈 점에서 이들은 같지만, 추구해야 할 이상과 목적을 분명히 제시하고 있는 점에서, 즉 목적론적이란 점에서도 같다.

이원론과 목적론, 이들 이론에는 인간의 생을 전복시키려는 불순 한 음모가 도사리고 있다. 하나같이 이편 '거짓 세계'에서의 감각적 삶을 경계하고, 그런 삶을 대가로 완전하며 참된 저편의 세계를 소망하도록 가르쳐왔다는 점에서, 그럼으로써 이 땅에서 우리가 누리고 있는 삶에 등을 돌리도록 사주해왔다는 점에서 그렇다. 이런 음모 속에서 이 땅에서의 생은 죄스런 것으로 버림받기에 이르렀고, 그 과정에서 사람들은 자신들의 생을 멀리하면 할수록 구원이 가까워진다는 환상을 갖게 되었다. 사람들은 이렇듯 자신의 생을 부인하도록 교사되어왔다. 그 결과 생은 피폐해졌고, 산다는 것 자체가 면목 없는 일이 되고 말았다.

이런 두 세계 이론에 반대하여 니체는 우리에게 직접적으로 주어져 있는 구체적 현실은 우리가 살고 있는 이편의 세계뿐이라고 말한다. 이 세계에 불만을 가질 수 있고, 그리하여 저편의 또 다른 세계를 꿈꿔볼 수는 있겠으나, 세계를 그런 식으로 나눌 실질적인 기준이 있는 것은 아니다. 때때로 우리는 현실 세계에서의 궁핍한 삶을 보상해줄 수 있는 또 다른 세계를 머릿속에 그려본다. 그러나 그것은 우리의 꿈일 뿐, 우리에게 어떤 확신도 주지 못한다. 우리는 그것을 경험해보지도 못했다. 그것에 대한 기억이 우리에게는 없다. 이에 니체는 세계를 둘로 나눌 수 있는 범주가 우리에게는 없다고 했다. 아예 두 세계 이론을 뒤집어 이원론적 목적론에서 말해온 저편의 참된 세계가 실은 거짓된 세계이며, 거짓된 세계로 외면된 이편의 세계가 진정 참된 세계라고까지 했다.

한낱 가정에 불과한 저편의 세계에 대한 동경과 신앙에서 현실적 삶을 부인하고 학대하는 것은 인간의 자기기만이며 자기 배신이다. 이런 기만과 배신을 일삼는 자, 또 다른 세계를 꿈꾸는 자를 가리켜 니체는 "저편의 또 다른 세계를 신봉하는 자"라고 했다. 그러고는 그런 자들은 그들 자신이 알고 있든 모르고 있든 생명의 샘에 독을 타는 자들이라고 단죄했다. 니체의 길은 분명했다. 길은 저들을 죽음의 세계로 돌려보내고, 저편의 세계에 대한 미망에서 깨어나 천상의 음성이 아니라 이 대지의 음성에 귀를 기울이는 것이다. 그럼으로써 우리가 살고 있는 이 세계를 복권하고 이 땅에서의 생을 모든 인식과 가치의 궁극적 토대와 근원으로 그 지위를 회복시키는 것, 원래의 생을 되찾아 다시 시작하는 것이다. 다시 말해 생에 적대적인 이원론적 목적론을 극복하는 것이다. 여기서 우리는 묻게 된다. 되찾아야 할 본연의 생, 이성주의 등에 의해 파괴되거나 두 세계 이론에 의해 왜곡되기 이전의 생은 원래 어떤 것이었나?

(3) 생(명)은 약동하는 힘이자 기쁨의 샘이다

니체는 생의 철학자였지만, 생명이 있는 것과 없는 것을 질적으로 이원화시켜 놓고 본 이원론자는 아니었다. 그에 따르면 존재하는 모든 것은 에너지와 그 운동으로 환원된다. 그리고 보다 많은 힘을 증대하려는 의지를 본성으로 하고 있다. 이 점에서 유기물과 무기물의 절대적 구분은 없다. 그런 구분이 없는 만큼 생과 사의 절대적 대립 또한 소멸하고 만다. 이에 니체는 "죽음을 생명에 대립시켜 말하지 않도록 하자"고 말한다.

만약 모든 것이 에너지와 그 운동으로 환원되며, 그것이 전부여서 생물학적 현상이란 것이 따로 없다면 새삼 생명을 문제 삼을 이유는 없을 것이다. 생명에 대한 철학적 논의 또한 가능하지 않을 것이다.

그런데 니체는 생에서 출발해 생을 문제 삼은 생의 철학자가 아닌가? 이것은 어떻게 설명되는가? 에너지 세계에서의 생명, 그러나 이것은 큰 문제가 되지 않는다. 물질의 최소 단위로 원자를 인정하고 있는 오늘날의 세계에도 엄연히 살아 있는 것과 그렇지 못한 것 사이의 구분이 있지 않는가. 물질세계에서 살아 있는 것은 예외적인 것은 아니지만 그렇다고 무차별한 것도 아니다. 즉 특수한 것이다. 니체도 그렇게 보았다. 살아 있는 것을 죽어 있는 것의 특수한 경우로 본 것이다. 이 특수성의 단계에서는 생과 사는 분별된다.

그러면 이 특수성은 어떻게 규정되는가? 이것은 생명은 생명이 아닌 것과 어떻게 다른가 하는 것과 같은 물음이다. 오늘날 생물학에서도 생물과 무생물을 구분하는 데 어려움이 있다고 한다. 일반적으로 어떤 것이 생식과 생장, 대사, 운동, 적응 등을 할 때 생명체라고 부르고 거기에 인간의 경우 의식이 덧붙여지지만, 그런 것만으로는 생명체를 정의하기에 충분치가 않다는 것이다. 그 자체로는 생명이 없는 입자에 불과한 바이러스도 살아 있는 세포 속에 들어가면 빠르게 운동하고 증식하기 때문이다. 물론 생명체에 대한 일반적 정의는 있다. 같은 종류의 화학 물질로 되어 있고 같은 방식의 화학 반응을 하는 것을 생명체로 보자는 것이다. 그 기준이 어떤 것이든 살아 있는 것과 죽어 있는 것이 분별되는 순간 생과 사는 대립 관계에 들게 된다. 생명체의 특수성의 상실이 곧 죽음이기 때문이다.

생명체의 특수성 가운데 기능적 퇴화라는 것이 있다. 살아 있는 모든 것에서 볼 수 있는 현상이다. 이 점에서 인간도 다른 생명체와 다르지 않다. 그런데 인간에게는 특수한 것이 하나 더 있다. 생명 원리에 반하는 성향이 바로 그것이다. 자기 초월과 자기 파괴 그리고 자학의 성향을 가리키는데, 지금까지 생명의 의미를 왜곡하고 학대해온 것도 그런 것들이었다. 이점에서 인간은 자연적 본능에 따라 진화를 거듭해온 동물과 다르다. 그리고 거기에는 단순한 기능적 퇴화 이상의 위험이 있다.

반생명적 성향을 갖고 있는 인간은 자연적 질서를 뛰어넘으려 부단히 애를 써왔고, 온갖 초월적 이념이나 신앙으로 생을 억압해왔으며 자기 존재의 정당성마저 부인해왔다. 그 결과 인간의 생은 궁핍해졌고, 인간 또한 그만큼 왜소해졌다. 이에 대해 니체는 인간의 생은 자립·자족적인 것으로서 풍요하며, 순수하여 그 자체로 정당한 것이라고 항변한다.

생에 대한 보충적 설명이 필요하다. 앞에서 생의 철학을 생명의 철학으로 옮기는 것이 바람직하지 않다고 했다. 그렇게 되면 생의 철학이 생물학적 인간학이 되고 말 것이기 때문이라는 이유에서였다. 이때 인간은 역사적 존재로서 사회·문화적 활동의 주체라는 점이 고려되었다. 여기서 생물학적 생명과 인간의 생을 구분할 필요가 있다. 물론 독일어로는 모두 'Leben'이지만, 다양한 스펙트럼을 갖고 있는 개념이다. 일차적으로 생명의 의미가 있지만, 거기에는 사회·문화적 활동을 포함한 인간의 삶이라는 의미도 있다. 생명과 사회·문화적 활동을 아우르는 인간의 지속적인 삶, 우리말로는 생이 될 것이다. 다만 생명 현상 일반을 이야기할 때는 굳이 그것을 구분할 필요가 없을 것이다.

인간의 생 또한 힘을 향한 의지를 본질로 하고 있는 것으로서 결코 현 상태에 만족하지 않는다. 그것은 보다 많은 것을 쟁취하기 위해 쉼 없이 분투한다. 즉 성장하려 한다. 다윈은 생존을 위한 경쟁에 대해, 쇼펜하우어는 자기보존을 위한 욕구에 대해 말했지만, 니체에 따르면 이런 것들은 구차하기 짝이 없는 자구책이자 보신책으로 궁핍의 표현이다. 이미 생존하고 있는 것이 어찌 생존을, 이미 자기를 보존하고 있는 것이 새삼 자기보존을 원하겠는가. 이 점에서 다윈과 쇼펜하우어는 생명을 근본적으로 잘못 이해했다고 니체는 비판한다. 그에 따르면 생명 일반은 오히려 생존과 자기보존을 뛰어넘어 넘치는 힘을 만방에 떨치려 한다. 끝없이 자신을 극복해갈 뿐만 아니라, 다른 것들을 제압하여 자기 것으로 만들어가려 진력한다.

이런 생명을 두고 궁핍이니 뭐니 할 수 없다. 그것은 차고 넘치는 것으로서 밖으로 힘차게 뻗어가려는 '폭력'이다. 우리는 생명에서 생기를 느끼고 경이를 체험하게 된다. 그 같은 생기와 경이에서 오는 환희와 자기 확신, 생명은 한마디로 '기쁨의 샘'이다. 이런 생명은 그 생명력을 위협하는 모든 것에 철저하게 저항한다. 그리하여 사멸을 원하는 것들을 자신으로부터 떨쳐 버린다.

약동하는 생명의 힘을 우리는 우리 내부에서 매개 없이 직접 체험한다. 어느 때보다 힘이 넘칠 때 그런 체험을 하게 된다. 생기와 활력을 의미하는데, 그럴 때 우리는 상승의 기분, 만개의 기분을 느끼게 된다. 약동하는 생명, 그 힘과 힘에서 오는 기쁨을 우리는 생명의 세계 곳곳에서도 발견한다. 하늘 높이 힘차게 비상하는 독수리, 먹이를 향해 돌진하는 맹수, 거친 물을 거슬러 오르는 물고기에서, 그리고 척박한 땅속 깊이 뿌리를 내리고는 가지를 사방팔방으로 펼치는 나무, 밟고 밟아도 주저앉지 않고 몸을 솟구치는 억센 잔디 등에서 힘을 향한 생명의 지칠 줄 모르는 의지와 활력을 발견한다.

생명은 맑은 샘물처럼 투명하며 순수하다. 때가 묻지 않았다는 의미에서 그렇다. 그런 생명이 인간에 의해 오염되면서 원래의 모습을 잃고 말았다. 앞에서 생명이 밖으로 뻗쳐나가는 폭력이라고 했지만, 그렇다고 무소불위는 아니다. 저항도 있고 안과 밖에서 그것을 위협하는 것들도 있다. 그런 것들을 극복하지 않는 한 생명의 전개가 불가능하다. 이렇듯 생명 활동을 위협하는 것, 생명의 전개를 가로막아 무산시키는 것이 앞에서 말한 생에 적대적인 것들이다. 그런가 하면 그 반대로 생명의 전개를 북돋고 증진하는 것도 있다. 감각적 즐거움, 성취욕, 승부욕, 패기, 자긍심 등이 되겠는데, 이런 것들이 바로 생에 우호적인 것들이다.

돌이켜 보면 지난 2,500년의 서구 역사는 생에 적대적인 세력의 그늘 속에서 인간의 생이 제 모습을 잃은 불행한 역사였다. 특히 앞에서 이야기한 두 세계 이론과 이성주의의 폐해가 컸다. 생은 그런 것들의 그늘 밖에서 비로소 거침없이 자신을 전개한다. 이를테면 의식의 활동이 더없이 미미한 곳에서 생은 그만큼 온전하다. 오성 따위의 활동도 다르지 않다. 그런 정신적 능력에 기반을 둔 학문도 문제다. 개념을 농하는 학문에는 개념의 지진이란 것이 있어 땅을 뒤엎듯 생명을 뿌리째 뒤엎기 때문이다. 이런 의미에서 학문의 과도한 추구도 생명에게는 독이 된다. 과도한 역사의식도 생에 짐이 되기는 마찬가지다. 흔히 말하는 문화도 생에게는 해악이다. 여기서 니체는 생에 문화를 대립시켰다. 두 세계 이론을 포함한 이 같은 정신적 활동에 의해 생은 생기와 순수성을, 그와 더불어 인간은 자신의 존재를 정당화할 기반을 잃고 말았다.

그러나 우리에게 유일한 현실은 생이고, 그것이 전부다. 생은 자립적이며 자족적인 것으로서 그것이 존재해야 할 이유를 그것 밖에 따로 두고 있지 않다. 즉 그 존재를 정당화해 줄 그 어떤 초월적 권위도 자신 위에 두고 있지 않다. 들에 꽃이 그렇게 폈다 지고, 하늘을 나는 새가 그렇게 살다 죽어가는 것처럼, 인간의 생 또한 자연적 질서에 순응한다.

2) 생에 적대적인 종래 최고 가치는 전도되어야 한다
(1) "신은 죽었다"

이제 생은 그것을 왜곡해온 적대적 세력의 그늘에서 벗어나 제 모습을 되찾아야 한다. 니체는 생의 복권을 자신의 철학적 과업으로 삼았다. 그러고는 그것을 인류의 과제로 제시했다. 그러면 어디서 시작할 것인가. 먼저 지금까지 생을 학대하고 왜곡하여 결국 피폐하게 해온 적대적인 세력을 무력화해야 한다. 그런 세력을 앞에서 열거했지만, 니체는 그런 것들이 상징적으로 그리스도교 신에게 체현되어 있다고 보았다. 이에 그는 그런 것들을, 특히 생에 적대적인 초월적 이념과 신앙을 싸잡아 신으로 불렀다. 그러고는 그 죽음을 선언했다. "신은 죽었다." 이것은 저 죽음의 세력에 대한 죽음의 선언이다.

물론 그리스도교 전통 속에서 성장, 일찍부터 하느님과 실랑이를 해온 니체로서는 그리스도교 신이 문제였다. 그는 신에 대해 많은 글을 남겼는데, 그가 염두에 두었던 것은 대체로 하느님으로 보아 무방한 것들이다. 또 신의 죽음을 선언하면서 먼저 떠올린 것도 하느님이었을 것이다. 그러나 "신은 죽었다"고 했을 때의 신은 앞에서 이야기한대로, 초월적 이념과 신앙을 통칭하는 것으로서 하느님 그 이상이다. 아직도 우리 주변에는 이때의 신을 전적으로 하느님으로 받아들이고는 그의 죽음에 대한 니체의 선언에 분개하는 사람들이 있고 환호하는 사람들이 있다. 전적으로 틀린 것은 아니지만 편협한 해석이다. 물론 니체는 구체적으로 하느님을 문제 삼기도 했다. 그러나 그럴 때는 '그리스도교' 신이라는 단서를 붙여 그 의미를 보다 분명하게 한정했다.

신의 죽음은 역사적 사건이다. 역사상의 사건이란 뜻에서 그러한데, 신의 등장은 물론 신이 인간 위에 군림한 것도 역사 속에서의 일이고, 그가 계몽된 인간에 의해 반박되고 끝내 권좌에서 쫓겨나게 된 것 또한 그 역사 속에서의 일이기 때문이다. 역사를 뒤흔든 대사건이란 뜻에서의 역사적 사건이기도 하다. 니체에 따르면 서구 역사상 이보다 더 큰 사건은 없었다.

역사적 사건이긴 하지만 신의 죽음은 로마 제국의 멸망이나 한국전쟁과 같은 객관적 사건은 아니다. 그 죽음은 지극히 개인적 사건이다. 신앙이 개인적인 것이듯, 신의 존재 또한 개인적인 확신의 문제이기 때문이다. 신은 개인 속에서 태어나 성장하다가 늙어 그 수명을 다한다. 즉 신을 믿게 된 초심자에게서 신은 유아기를 맞는다. 신앙의 연조가 깊은 사람에게서 신은 청년기와 장년기를 맞는다. 그러다가 신앙이 흔들리면서 신은 기력을 잃게 되고, 끝내 신앙을 버린 사람으로부터 버림을 받아 죽음을 맞이하게 된다. 이것이 신의 일생이다. 그 죽음이 사람에 따라 이렇듯 들쑥날쑥하고, 곳곳에 갓 태어난 신이 있어 창창한 미래를 내다보고 있지만, 신의 죽음은 이제 거역할 수 없는 대세다. 니체는 이미 그 죽음의 그림자가 서구 역사 위에 짙게 드리워 있다고 보았다. 머지않아 신의 죽음은 역사적 현실이 될 것이다. 그리고 신의 죽음으로 인간은 신의 족쇄에서 벗어나게 될 것이다. 때가 되면 이 해방은 쟁취되겠지만, 그렇다고 생이 곧바로 제자리를 되찾게 되는 것은 아니다. 신을 잃은 자들에게 찾아오는 것, 그것은 해방의 기쁨과 새로운 시작을 위한 각오가 아니라 실향감, 고향 상실에서 오는 심리적 공황 상태다. 잠시 해방감을 맛보겠지만, 그것은 덧없이 짧다.

신은 우리에게 어떤 존재였나? 신은 우리가 그곳에서 나와 다시 그곳으로 돌아갈 고향이었다. 동시에 우리 존재의 존재 이유였으며 모든 가치의 원천이었다. 신은 태양과 같은 존재였다. 생명의 조건인 빛과 열의 근원이라는 점에서 그렇고, 인력으로 새끼 별들을 끌어주어 광활한 우주 속에서 미아가 되지 않도록 하고 있다는 점에서 그렇다. 그런 신이 죽어 없다. 빛이 사라지면서 어둠이 덮치고, 열기가 사라지면서 냉기가 뼛속까지 파고든다. 별들은 궤도에서 이탈하여 정처 없이 떠돈다. 이제 위도 아래도 없고 좌도 우도 없다. 정처를 잃게 되면서 우리는 왜 살아야 하는지 그 이유를 알 수 없게 되었다. 가치의 원천이 파괴되면서 무엇이 옳고 그르며, 선하고 악한지, 아름답고 추한지도 알 수 없게 되었다. 모든 것이 공허하며 무의미하다. 하이데거Martin Heidegger의 말대로 "옛 신들은 가고 새로운 신은 도래하지 않은 신이 없는 신들의 밤"이 온 것이다. 이것이 니체가《즐거운 학문》제3부 125에서 그려내고 있는, 신을 상실한 자들을 덮치는 허무주의적 정황이다.

여기서 우리는 묻게 된다. 신의 죽음의 대가가 고작 이것인가? 결국 이 허무주의를 맞이하기 위해 우리는 우리를 '지켜준' 신에 대항하여 싸웠고, 손에 '피'를 묻혔던가? 물론 아니다. 신으로부터의 해방과 생의 복권을 위해 우리는 싸웠다. 허무주의는 목표가 아니다. 신의 죽음과 생의 복권 사이에 등장하는 무정부적 정신 상태일 뿐이다.

허무주의의 의미는 그것이 새로운 것의 창조의 조건이 된다는 데 있다. 그 깊이와 충격에서 차이가 있겠지만, 우리는 우리 나름으로 그런 허무주의적 감정을 안다. 새집을 지을 때, 우리는 먼저 우리가 태어나 살아온, 이미 우리의 삶의 한 부분이 되어 있는 정든 옛집을 헐어낸다. 옛집이 헐리면서 우리는 우리 자신의 삶이 헐리는 듯한 기분에 휩싸이며, 빈터를 앞에 두고 허망한 감정을 갖게 된다. 이때 우리가 빠지게 되는 것이 허무주의적 정황이다. 그러나 새집을 짓기 위해서라면 달리 길이 없다. 그런 정황을 현실적인 것으로 받아들이되, 새집에 대한 희망 속에서 그것을 이겨내야 할 것이다. 이렇게 되면 허무주의는 극복된다. 이것이 니체가 신을 상실한 사람들에게 권하는 선택이다.

신은 죽었다. 그러면 비어 있게 된 그의 권좌는 어떻게 되는가? 계속 비워둘 것인가? 새집 그리고 허무주의 극복을 이야기했지만 그런 것만으로는 막연하여 아직 손에 잡히는 것이 없다. 누군가가 아니면 무엇인가가 그 자리에 올라 신이 지금까지 해온 역할을 해야 하지 않겠는가. 만약 비워둔다면, 신의 죽음은 대안 없는 파괴가 될 것이며 허무주의 극복 또한 공허한 덕담이 될 것이다. 니체가 도모한 것도 그런 것은 아니다.

그러면 누가 아니면 무엇이 비어 있는 옛 신의 권좌에 오르도록 되어 있나? 그 답을 니체의 글에서 찾아보게 되는데, 제일 먼저 떠오르는 것이 신의 죽음을 선언하면서 니체가 신이 없는 세계를 이끌 이상적 인간 유형으로 제시한, 그동안 초인(超人)으로 번역되면서 많은 오해를 불러일으켜온 위버멘쉬다. 니체는 차라투스트라의 입을 빌려 "신은 죽었다. 이제 위버멘쉬에 대해 이야기하자"고 했다. 이것은 새로운 신격에 대한 분명한 메시지가 아닌가? 그러나 아니다. 뒤에서 설명하겠지만, 위버멘쉬는 신이 없는 세계에서 거짓 없이 자신의 삶을 살아갈 용기 있고 정직한 인간, 다시 말해 우리 모두가 구현해야 할 이상일 뿐이다.

차라투스트라는? 신의 죽음을 반복하여 확인하고, 위버멘쉬가 되어 신을 극복해야 한다고 사람들을 가르친 것이 차라투스트라다. 그래서 차라투스트라를 생각해보지만, 그도 아니다. 그는 위버멘쉬에 이르는 길을 평탄케 하며 그런 이상을 대변하는 존재일 뿐이다. 예수의 길을 예비한 세례자 요한을 떠올리면 될 것이다. 그러면 니체 자신은? 물론 아니다. 그는 미망에서 깨어난 자, 신의 죽음을 터득한 자, 위버멘쉬의 출현을 역사적 과업으로 받아들인 자일 뿐이다. 그러면 누가 또는 무엇이 우리 존재의 이유가 되며 새로운 가치의 원천이 될 것인가? 니체의 대답은 분명하다. 그것은 우리가 태어나 살고 있는 이 땅, 이 대지다. 다른 말로 하면 이 자연이다. 우리는 이 대지의 부름을 받아 태어나 살고 있다. 그리고 그것으로 돌아간다. 그런 의미에서 그것은 우리가 떠나온 고향이자 언젠가 되돌아갈 고향이다. 우리 존재의 뿌리인 것이다. 존재 의미도 거기에 있다. 당연히 모든 가치는 이 대지에서 나와야 한다. 이 대지가 참과 거짓, 옳음과 옳지 않음, 좋음과 나쁨, 아름다움과 추함을 판단하는 판관이 되어야 한다는 것이다. 이제는 신이 아니라 대지다.

신의 죽음과 이 대지의 등극으로써 생에 적대적인 세력은 극복되고 생은 제자리를 되찾게 된다. 그리고 더불어 가치의 전도가 완성된다. 앞에서 보았듯이 이 가치의 전도는 총체적인 것이다. 그것은 형이상학적 가치뿐만 아니라 도덕적 가치, 미적 가치 모두를 포함한다. 따라서 지금까지 최고 가치로 군림해온 것 모두가 재평가되어야 한다. 이렇듯 총체적인 것이 니체의 가치 전도였지만, 그 가운데 그가 무엇보다도 심혈을 기울여 그 허와 실을 들추어낸 것은 선과 악을 축으로 하고 있는 도덕적 가치다. 그것은 우리의 실천적 삶을 안과 밖에서 지배해온 것이요, 그 때문에 그 누구도 그것으로부터 자유로울 수 없는, 그만큼 구속력을 갖고 있는 실제적 주제다. 니체는 죄와 양심의 가책이란 것도 함께 문제 삼았다.

(2) 선과 악, 자립적 가치인가

니체는 차라투스트라의 입을 빌려 선과 악처럼 위력적인 것을 이 땅에서 보지 못했다고 했다. 가히 폭력적이라 하겠는데, 그 힘이 거의 절대적이어서 그 틀을 깨고서는 그 누구도 가정에서나 사회에서나 온전한 삶을 살 수가 없다는 것이다. 실제 스스로를 도덕적 존재로 규정하는 한 인간에게 이 이상의 권위는 없다. 다른 한편 그 권위는 보다 근원적인 것으로서 생의 테두리를 훨씬 벗어난다. 즉 일상적 도덕규범 이상의 의미, 형이상학적 또는 종교적 의미까지 갖는다. 이는 선과 악을 우주 운행의 두 원리로 받아들이는가 하면 인류 역사를 그들 사이의 투쟁으로 설명해온 지적 전통을 두고 하는 말이다. 그 예를 우리는 어디에서보다 선의 신 아후라 마즈다와 악령 아흐리만을 등장시켜 선과 악의 투쟁을 우주적 원리로 설명한 조로아스터교, 광명(선)과 암흑(악)이 우주뿐만 아니라 인간의 삶을 지배한다고 가르쳐온 마니교에서, 그리고 천사(선)와 악마(악) 사이의 갈등 구조를 통해 인간의 역사와 구원을 그린 그리스도교에서 볼 수 있다.

어느 민족도 그 나름의 선과 악에 대한 뚜렷한 분별 능력과 확신이 없다면 생존할 수가 없다. 그리고 그 분별과 확신에서 개개의 민족은 다른 민족들과 달라야 한다. 그것이 민족의 결속과 힘의 응집을 가능케 하기 때문이다. 민족 간의 싸움에서 볼 수 있듯이 한 민족의 선은 다른 민족에게 악이 된다. 같은 종교를 갖고 있는 민족 사이의 싸움에서도 그렇다. 하느님의 뜻조차 그렇게 해석되어왔다. 이렇듯 자기만의 선과 악에 대한 판별 기준 없이 어느 민족도 자기주장을 할 수 없다. 그리고 그것은 배타적이면 배타적일수록 쓸모가 있다. 이렇게 되면 선과 악은 도덕적 규범을 넘어 생존의 조건이 된다.

일단 선과 악이 판별되면, 악을 퇴치하기 위해 저마다의 민족들은 목숨을 건다. 피조차 마다하지 않는다. 까마득한 옛날부터 때와 장소를 가리지 않고 퍼져 있던 구마(驅魔) 의식은 말할 것도 없고, 중세에 있었던 마녀 사냥, 한 치도 물러서지 않고 상대를 악으로 내몰아 처단해온 이단 논쟁에서 그런 예를 볼 수 있다. 이런 전통 속에서 선한 것은 귀감이 되어 만방에 예찬되지만 악한 것은 인륜에 반하는 것으로 간주되어 가차 없이 응징되기 마련이다. 이 같은 상벌이 정교해지고, 교육을 통해 조직적으로 전수되면서 눈에 보이지 않는 유령이 되어 절대 권력을 휘두르게 된다. 그렇게 되면 새삼 무엇이 왜 선하고 왜 악한지 묻는 행위 자체가 불손이 되고 불경이 된다.

선과 악에 대한 이와 같은 판별 기준은 집단과 집단, 개인과 개인 사이에도 적용되며 한 개인 내부의 상충하는 가치에도 적용된다. 그런데 이해관계에 따라 달라지는 것이 선과 악이라고 한다면, 선과 악은 그 자체로 존재하지 않는 것이 된다. 또 그렇게 되면 왜 내게 선인 것이 나의 적에게는 악이 되는지를 규정할 때 단순화된 이기주의적 기준만 남을 뿐, 그것을 일반화시킬 수 있는 토대는 무너지게 된다. 이런 기준으로는 선과 악이 인간 보편의 도덕적 규범으로서의 힘을 행사할 수가 없고, 또 개개 인간의 세세하며 미묘한 행동을 논리적으로 설명한다거나 규제할 수가 없다.

여기서 우리는 순서를 바꾸어, 먼저 선과 악은 원래 무엇이며 어디에 그 뿌리를 두고 있는지 그 유래를 물어야 한다. 그러고 나서 그런 것이 과연 있는지 여부를 물으면 된다. 평소에 이런 의문을 갖고 있는 니체의 독자라면, 니체가 제시한 가치의 전도라는 과업을 반쯤은 이해하고 있는 셈이 된다. 니체 자신도 어린 시절부터 이 문제와 실랑이를 해왔으며 그 자취를 그는 그의 글 곳곳에 남겨왔다. 그러나 명쾌한 답을 얻는 것은 그의 사상이 난숙한 경지에 이른 뒷날의 일이다.

선과 악은 무엇이며, 어디서 유래하는가? 어떻게 그 정체를 파헤칠까? 오늘날 선과 악은 철학만의 문제가 아니다. 그것은 이미 사회적 현상, 심리적 현상에 자연적 현상이 되어 있다. 그 길도 그만큼 여럿이다. 이들 분야에서는 선과 악을 보다 사실적으로 정의한다. 즉 있어 좋은 것, 바람직한 것, 이로운 것은 선이요, 있어 좋을 것이 없는 것, 바람직하지 않는 것, 해로운 것은 악이다. 이제 그 유래가 문제가 되겠는데, 이 부분에서는 서로 다르다. 정의 문제에서든 유래의 문제에서든, 주 관심사는 악이다. 선 자체는 특별히 문제될 것이 없기 때문이다. 선과 악에 대한 논의의 지평을 넓히기 위해서는, 고답적 철학 이론에 이들 분야에서의 논의를 간략하게나마 앞세우는 것이 좋을 것이다.

안네마리 피퍼Annemarie Pieper는 얼마 전에 선과 악을 주제로 《선과 악Gut und Böse》이라는 책을 내어 악의 근원을 명쾌하게 파헤친 일이 있다. 간략하게 정리하면, 오늘날 사회학에서는 악이 인간의 본성이 아니라 사회의 억압 구조에서 비롯되는 것으로 설명하고 있고, 심리학에서는 또 다른 억압 구조인 강요된 욕망의 포기에서 비롯되는 것으로 보고 있으며 자연과학에서는 선과 악을 자율적 도덕의 옷을 입고 나타나는 유전적 가용 수단에 불과한 것으로 간주하고 있다는 것이다.

선과 악에 대한 철학적 논의는 그 역사가 이보다 훨씬 깊다. 처음부터 문제되었던 것 가운데 하나가 선과 악의 문제였다. 가장 전형적인 것은 존재는 선하고 비존재는 악하다는 것, 정신은 선한 데 반해 물질은 악하다는 것이다. 형이상학적 기반 위에서의 논의다.

예를 들어, 유출설을 편 플로티노스는 존재의 근원을 신으로 불렀다. 신은 이때 완전하며 충만한 존재다. 이런 신에게서 악이 유래한다고는 볼 수 없다. 완전성과 충만성에 위배되는 일이기 때문이다. 그러면 악은 어떻게 설명되는가? 이때 이 물음에 해법의 길을 열어준 것이 유출설이다. 제일 먼저 신의 정신이, 다음에 세계 영혼이, 그러고 나서 살아 있는 자연을 거쳐 물질이 생성되었다는 내용이다. 일종의 존재 계열이 되겠는데, 이 계열에서 인간은 신의 속성과 물질 사이의 중간적 존재로서 서로 상반된 방향을 향하게 된다. 즉 정신은 존재의 근원인 일자로 상승하려는 데 반해 몸이 정신을 물질로 끌어내리려 한다. 여기서 선과 악으로의 성향이 갈린다.

그러나 악은 그 자체로 존재하는 어떤 본질적인 것이 아니다. 그것은 부정된 선일 뿐이다. 태양의 빛을 보자. 광원에서 멀어질수록 빛은 감소한다. 그러다가 어둠 속으로 빨려 들어간다. 빛의 감소와 어둠의 증대가 선의 감소와 악의 증대로 설명된다. 정도의 차이는 있지만 선과 악에 대한 이 같은 형이상학적 설명 방식은 이후 스피노자 Benedict de Spinoza, 라이프니츠Gottfried Wilhelm Leibniz, 셸링에 의해 계승되면서 유력한 방식으로 자리 잡아왔다.

그러나 니체는 이 같은 전통적 방식을 받아들이지 않았다. 사회학적, 심리학적, 자연과학적 방식은 당시 알려져 있지 않았으니 처음부터 고려 대상이 못되었다. 문헌학자이기도 했던 니체는 선과 악에 대한 의미론적 분석에 착수했다. 그는 무엇보다도 선과 악이란 '말'의 유래에 관심을 가졌다. 그는 '좋다'는 말에서 출발했다. 우리는 '좋다'는 느낌을 안다. 상승의 기분, 자기 확신과 긍지에서 갖게 되는 느낌이다. 이런 것은 고매한 기질의 인간에게서 확인되는 것들이다. 그 반대가 '나쁘다'는 느낌이다. 상승은커녕 나락으로 떨어질 때, 자신감을 잃을 때, 무력감에 수치심 따위를 가질 때 갖게 되는 것들로서 비천한 기질의 인간에게 익숙해 있는 것들이다. '좋음'과 '나쁨'이란 이렇듯 도덕 이전의 자연적 가치였다.

여러 언어에서 확인할 수 있듯이 '좋다'고 할 때 그것은 '정신적으로 고귀한 기질의', '정신적으로 특권적 위치에 있는' 등의 의미로서 신분을 나타내는 '고귀한', '귀족적인' 것에 그 기반을 두고 발전해온 개념이다. 그리고 '나쁨'이란 '비속한', '천민적인', '저급한' 것에서 유래하는 반대 개념이다. 니체는 여기서 '나쁨'을 가리키는 독일어 schlecht가 단순 소박함을 가리키는 schlicht와 같은 말이었다는 것을 환기시킨다.

도덕 이전의 자연적 가치인 '좋음'과 '나쁨'이 세습 성직자의 손에서 왜곡되기 시작하면서 일이 고약하게 되었다. 원래 그들에게는 '순수', '불순'이란 것이 신분의 표시였다. 거기에서 신분적 의미가 없는 '좋음'과 '나쁨'이 발전해 나왔고, 이것이 도덕화되면서 '좋음'은 '선'이 되고 '나쁨'은 '악'이 되었다. 이런 식으로 선과 악이라는 것을 생각해낸 것이 유대인들이었다. 증오의 화신인 유대 사제들은 나름대로 권력을 추구했고, 그 방편으로 도덕적 가치라는 것을 만들어내어 이렇듯 자연적 가치를 전복시켜 버린 것이다. 즉 고매한 인간이 표방해온 '좋음'과 '나쁨'이란 귀족적 가치를 '선'과 '악'이라는 비천한 인간의 노예적 가치로 바꿔놓은 것이다. 이런 역전 과정에서 고매한 귀족적 가치는 악한 것으로, 비천한 노예적 가치는 선한 것으로 둔갑하고 말았다.

니체는 여기서 도덕을 힘 있는 자들이 구현하는 주인의 도덕과 비천한 자들이 자구책으로 떠받들고 있는 노예의 도덕으로 나누었다. 예로부터 노예들은 주인인 강자를 시샘하고 증오, 은밀하게 복수심을 키워왔다. 그들은 지배적 지위에 있는 강자를 악한 무리로, 그리고 억눌려 있는 자신들을 선한 존재로 간주함으로써 자신들의 변변치 못한 존재를 정당화해왔다. '악'이란 이렇듯 강자에 대한 약자의 시샘과 증오의 도가니에서 나온 증오의 산물이다. 그런 약자의 전형이 역시 귀족적 가치인 힘과 그런 힘에 의한 지배를 증오하여 정죄하고는 겸손과 순종을 새로운 덕목으로 내세워 주인의 도덕에 재갈을 물려온 유대인들이다.

이때 노예들이 주인에게 품고 있는 감정이 르상티망ressentiment 이다. 르상티망의 사전적 의미는 '……에 대한' 원한, 한 또는 앙심이다. 이 말을 처음으로 쓴 사람은 뒤링Karl Eugen Dühring이었다. 그러나 그것을 체계적으로 다루어 그 의미를 드러낸 것은 니체였고 다시 그것을 계승하여 천착한 것이 셸러Max Scheler였다. 니체에 따르면 이 르상티망이 힘을 얻어 기세를 펴면서 도덕에서의 노예의 반란은 시작되었다. 불행한 일이었지만, 이 반란에서 노예 도덕의 화신인 사제 민족 유대인이 승리했다. 이 승리를 보다 견고하게 굳힌 것이 그리스도교다. 이것이 니체가 말하는 로마에 대한 유대의 승리, 귀족적 가치에 대한 천민적 가치의 승리다.

이로써 자연적 가치는 천민적 가치인 도덕적 가치로부터 막대한 타격을 받았다. 그러면 저들이 내세우고 있는 천민적 가치에는 어떤 것들이 있나? 선, 겸손, 순종, 인내, 용서 따위가 있다. 그러나 그 속을 들여다보면, 저들이 말하는 선이란 앙갚음할 수 없는 무력감에서 나온 구차한 변명이자 허울일 뿐이다. 겸손은 겁에 질린 저급함이, 순종은 증오하는 사람에 대한 어쩔 수 없는 복종이, 인내는 공격할 수 없는 약자의 무기력과 비겁이, 용서는 복수할 수 없는 무능력이 쓰고 있는 도덕적 탈일 뿐이다. 거기에다 저들은 '적에 대한 사랑' 운운함으로써 적에 대적할 수 없는 자신들의 무기력을 거짓 포용력을 내세워 미화해왔다. 오늘날 덕이란 다 이 모양이다. 덕을 의미하는 라틴어 virtus는 원래 사나이다움, 힘, 용기, 당당함 따위를 뜻했다. 그런데 노예의 도덕이 만연해 있는 오늘날 덕은 오히려 그런 것이 다 무뎌진 소심한 상태, 거세된 상태를 가리키지 않는가. 이 같은 노예 도덕이야 말로 인간 퇴화의 원리다.

여기서 니체는 자신에게 주어져 있는 철학적 과업을 다시 확인한다. 선과 악을 기반으로 한 도덕의 허울을 벗고, 원래의 생으로 돌아가 생에 우호적인 삶을 회복해야 한다는 것이다. 즉 선과 악이라는 도덕적 가치를 전도시켜야 한다는 것, '좋다' '나쁘다' 로 되어 있는 자연적 가치를 되찾아야 한다는 것이다. 이 경지가 니체가 말하는 "선악의 저편"이다. 이것은 니체가 선과 악을 어원학적으로 천착한 《도덕의 계보》이전에 낸 책의 이름이기도 하다. 선과 악의 저편은 도덕 이전의 순수하며 거짓 없는 사실 세계, 모든 것이 긍정되며 정당화되는 세계, 신적인 유회가 펼쳐지는 세계다. 신적 유회가 펼쳐지는 세계, 이것은 베단타 철학과 헤라클레이토스 철학에 나오는 것으로 니체의 자연관에 대한 이 두 철학의 영향을 엿보게 하는 대목이다.

선과 악의 저편을 이야기할 때, 우리가 주목하게 되는 것이 스피노자의 선악관이다. 니체에 앞서 스피노자도 자연을 도덕을 초월해 있는 것으로 보았다. 처음부터 그리고 아예 선과 악의 저편에 있다는 것이다. 그러나 우리에게는 엄연히 선과 악이라는 말이 있고, 그런 것들을 구분할 수 있는 나름대로의 안목이 있지 않은가. 그렇다. 스피노자에게도 선과 악이란 것은 있다. 다만 그런 것은 사물이 사람에게 미치는 영향을 논할 때 이야기고, 사물 자체에 적용되는 것은 아니다. 즉 자연 자체에는 악의도 선의도 없지만, 그 안에는 인간이 자신의 소질을 펼치려고 할 때 도움이 되는 것과 방해가 되는 것, 우호적인 것과 적대적인 것이 있다. 흔히 어떤 것을 선하다거나 악하다고 하는데 이를 두고 하는 이야기다. 니체의 것과 매우 흡사한 선악관이다. 니체는 일찍부터 스피노자를 잘 알고 있었다. 그를 헤라클레이토스, 엠페도클레스, 괴테와 함께 자신의 사상적 조상으로까지 생각하고 있었다. 스피노자가 니체에게 영향을 끼쳤다고 보도록 하는 단서다. 실제 니체는 스피노자가 말하는 자기보존 욕구에 반대했을 뿐 반목적론적 우주론과 도덕적 가치의 거부라는 점에서는 뜻을 같이했다.

선과 악을 계보학적으로 추적한 니체는 같은 방법으로 죄와 양심의 가책이란 것도 문제 삼았다. 죄를 의미하는 독일어 Schuld는 '빚을 지다'는 의미의 schulden에서 나온 말이다. 즉 그것은 원래 단순한 채무 관계에서 유래한 개념이었다. 채무자는 채권자에 대해 빌린 것을 상환할 의무를 진다. 제때 상환하지 못할 경우 벌이라고 하는 응분의 대가를 치르도록 되어 있다. 이런 채무 관계는 수직적으로도 형성되어 있어 우리는 조상의 은덕을 입고 있다고 생각하게 된다. 조상에게 빚을 지고 있는 것이다. 유지를 받든다거나 제례를 통해 그 은공을 되새긴다거나 다양한 방식으로 빚을 갚아보려 하지만 쉽지가 않다. 이런 조상 위에 조상의 조상인 신이 있다. 이렇게 하여 신은 인간의 최종 채권자가 되고 인간은 그 채무자가 된다. 그러나 신에 대한 빚은 인간이 처음부터 그것을 너무 높게 책정한 탓에 평생을 갚아도 남게 되어 있다. 이것이 우리가 계속해서 채무자로, 유죄인으로, 즉 죄인으로 남을 수밖에 없는 이유다. 이 죄를 우리는 내면화한다. 이렇게 내면화된 죄에 대한 의식이 바로 양심의 가책이란 것이다.

이렇듯 선과 악은 그 자체로 존재하는 것도, 하늘에서 떨어진 것도, 인간이 선택한 것도, 이미 있는 것을 뒤늦게 발견한 것도 아니다. 그것은 자연적 근거를 갖고 있지 않는 노예 도덕의 산물일 뿐이다. 이제 우리는 그런 가치의 족쇄에서 벗어나 도덕적 가식 이전의 세계, 자연으로 돌아가야 한다.

(3) "자연으로 돌아가라"

이 말은 원래 한 세기 전에 루소Jean-Jacques Rousseau가 한 말이다. 니체는 그를 잘 알고 있었고, 의도적으로 그의 이 말을 차용, 자신의 투쟁 표어로 삼았다. 그러나 그가 그 내용까지 받아들였던 것은 아니다. 받아들이지 않았을 뿐만 아니라 정반대의 길을 제시함으로써 그는 오히려 루소를 거부했다. 돌아갈 자연이 어떤 자연인가에 대한 이견에서 비롯된 갈등이었다. 섬세하며 퇴폐적인 문명에 지친 루소의 눈에 비친 자연은 문명 이전의 녹색 낙원이자 평화로운 동산이었다. 이 같은 낙원 속의 인간은 자연을 닮아 품성이 어질고 너그러웠으며 고귀했다. 복잡한 언어와 깊은 사유를 필요로 하지 않았기 때문에 그런 것들에서 비롯되는 온갖 기만, 위선, 알력과 고뇌를 몰랐으며 욕구도 단순해 어렵지 않게 충족되었고 사유 재산이란 것이 인정되지 않았기 때문에 소유를 둘러싼 싸움도 없었다. 모든 것이 풍요로웠고, 세계는 형제애로 가득했다. 에덴동산을 떠올리면 될 것이다. 이 낙원에서 자연의 축복을 받고 삶을 살아온, 문명 이전의 순수하며 정직한 인간을 루소는 "고귀한 야만인"이라고 불렀다. 그는 이와 같은 자연과 고귀한 야만인은 공허한 꿈이 아니어서 실제 라틴 아메리카의 원시림 속에 있다고 믿었다. 이렇듯 그에게 자연은 문명을 통해 잃은 것 모두를 보상해줄 수 있는 평화로운 안식처였다.

바로 이 부분에서 니체는 반발했다. 루소가 말하고 있는 그 같은 자연은 그 어디에도 없는, 미화된 자연에 불과하다고 본 것이다. 회칠한 무덤과 다를 바 없다. 루소에게 자연 상태에 대한 꿈을 심어준 것은, 신대륙을 탐험했던 탐험가나 전교에 나섰던 선교사들의 초기 경험에 의거한 보고서와 편지 등이었다. 당시 유럽 대륙에서 건너온 탐험가나 선교사의 눈에는 신대륙이 그렇게 보였다. 그러나 시간이 지나면서 그곳에 대해 보다 구체적인 지식을 갖게 되었고, 그 과정에서 그곳 자연이 아름답기만 한 동산이 아니라는 것과 저급한 단계에서의 것이기는 하지만 생존을 위한 투쟁이 적나라하게 전개되는 싸움터라는 것이 드러났다.

힘을 향한 의지를 존재의 본질로 본 니체는 처음부터 자연을 보다 많은 힘을 확보하여 지배력을 키우려는 의지들의 충돌로 편할 날이 없는 커다란 싸움터로 받아들이고 있었다. 자연은 평등과 박애를 모른다. 자연을 지배해온 것은 힘과 힘의 균형이다. 여기서 니체는 루소의 자연을 낭만적 감상에서 나온 허구로 보아 물리치게 되었다.

이 부분에서 우리는 정의의 기준은 오직 힘이며 힘에 의해 지배되는 자연에서는 힘이 곧 법이라고 강변한 고대 그리스의 칼리클레스를 떠올리게 된다. 그러나 니체의 자연관에 보다 가까운 것은 홉스 Thomas Hobbes의 자연관이다. 홉스에 따르면 자연 상태는 일종의 무정부 상태요, 피와 살이 난무하는 전쟁 상태다. 인간은 너나 할 것 없이 자신의 이익에 집착하는 이기주의자이고, 자연은 이런 인간을 경쟁심, 불신 그리고 명예욕과 같은 욕망이 싸움터로 내몬다. 인간은 인간에게 늑대다. 여기서 만인에 대한 만인의 투쟁이 격하게 전개된다. 지옥이 따로 없다. 이런 자연 상태를 홉스는 우려했다. 이에 그는 통치권을 확립하여 자연 상태에서 벗어나야 한다고 주장했다. 자연 속으로 돌아가라는 루소와 정반대로 자연을 벗어나 문명 세계로 진입하자는 것이다. 역시 자연에 대한 상반된 이해에서 비롯된 주장들이다.

니체는 홉스도 잘 알고 있었다. 그는 홉스의 자연관에 전적으로 동감했다. 그러면서도 홉스를 받아들일 수는 없었다. 그의 해법, 즉 통치권 확립을 통해 문명한 세계로 복귀하자는 것 자체가 자연적 생에 대한 반역이기 때문이다. 이렇게 해서 루소와 홉스에 대한 니체의 관계는 보다 복잡해졌다. 나름대로 정리하면, 자연을 싸움터로 본 점에서 니체는 홉스와 같았으나, 자연으로 복귀할 것을 권한 점에서는 루소와 같았다. 니체는 자연에 대한 평가에서 루소는 자연을 현실과 동떨어진 몽상적인 것으로 받아들임으로써 오히려 자연을 오해했다고 비판했고, 홉스는 자연을 제대로 이해하고는 있었지만 그것을 벗어날 대상으로 내몬 점에서 자연의 참된 가치를 외면했다고 비판했다. 이에 니체는 루소의 정신에 따라 자연으로 돌아가되, 그 자연은 오히려 홉스적인 것이어야 한다고 말한다.

인간은 자연의 산물이다. 여기서 의문이 생긴다. 반자연적이라든 가 생에 적대적이란 말을 위에서 했는데, 자연의 산물인 인간이 어떻게 자연적 질서를 거역, 반자연적일 수 있으며 생에 적대적일 수 있는가? 자연 속에서라고 한다면 역시 자연의 소산인 인간이 무엇을 하든, 그 결과가 어떤 것이든 자연적일 수밖에 없지 않은가? 자연으로부터의 인간의 일탈은 어떻게 설명되는가? 문명이란 것이 있지만, 그것도 크게 본다면 자연 속에서 구축된 자연의 또 다른 산물이 아닐까? 자연으로 복귀하라는 요구 이전에 대답되어야 할 물음이다.

자연에 대한 인간의 거역, 어떻게 가능한가? 니체는 인간에게 반자연적 성향이 있다고 보았다. 인간은 먼저 자연의 산물이다. 이점에서 인간은 창조물이다. 그러나 인간은 단순한 창조물에 그치지 않고 자신과 자신의 세계를 만들어가는 존재다. 이점에서 인간은 창조주다. 이것이 인간이 다른 생명체와 다른 점인데, 바로 여기에 갈등의 소지가 있다. 창조물로서의 인간과 창조주로서의 인간, 이것이 불가사의한 인간의 두 얼굴이다. 니체에게는 더 이상의 설명이 없다. 도리어 독자들에게 이 수수께끼를 이해하는가 묻고 있다.

자신과 자신의 세계를 만들어가는 창조주 인간은 반성적 존재다. 자신을 대상화하고 세계를 대상화한다. 대상화한다는 것은 이때 자신과 자신의 세계로부터 벗어나 외부에 입각점을 설정해 그것으로부터 자신과 세계를 바라본다는 것을 의미한다. 그런 객관화 능력이 없다면 인간은 자신과 자신의 세계를 만들 수가 없다. 이렇듯 인간은 자연 속에서 자연을 초월하고 자신을 초월한다. 여기에서 자기 소외가 일어난다. 이런 인간은 결핍 존재인 대자 존재이고 대자 존재인 한 그에게는 완성이란 것이 있을 수 없다.

인간은 미완의 존재다. 니체의 표현에 따르면 그 자리가 아직 확정되지 않은 동물, 그만큼 불확실한 상태에 있는 아주 복잡한, 인위적인데다 불투명하기까지 한 동물이다. 이와 달리 본능적 삶을 사는 다른 동물들은 단순하고 자연적인데다 투명하다. 모자람이나 넘침이 없을 뿐만 아니라 매사 확실해 실수할 일도 없다. 그래서 아주 강건하지만, 그렇지 못한 인간은 온갖 허물에 노출되어 있다. 온전한 존재가 못되기 때문이다. 이런 인간은 병들기 쉽고, 실제 깊이 병들어 있다. 거기에다 인간은 빨간 볼을 하고 있는 동물이기도 한데, 볼이 빨간 것은 수치심에서 자주 얼굴을 붉혔기 때문이다. 다른 동물들은 수치심을 모른다. 수치심을 아는 '도덕적' 존재인 이 인간이 만들어 낸 것이 문명이다. 그리고 판도라의 상자라도 되듯 이 반자연적인 문명으로부터 온갖 해악이 나왔다.

문명의 해악에서 벗어나 자연으로 돌아가자는 요구는 이렇게 설명되지만, 이때 자연이 어떤 상태의 것이며, 그런 상태로 돌아간다는 것이 과연 가능한가 하는 것은 또 다른 문제다. 이미 문명한 사회에서 태어나 살고 있는 인간에게는 자연 상태에 대한 기억이 없다. 기억을 더듬어가며 머릿속에 떠올려보지만, 이렇게 머릿속에 그려진 자연은 기실 문명에 지쳐 있는 인간이 투사한 이상향일 뿐이다. 그러니 기억에 호소할 것이 못된다. 다른 길, 즉 다음과 같은 소극적인 길을 생각해볼 수 있다. 양파 껍질을 하나하나 벗기듯 문명의 꺼풀을 하나하나 벗겨가는 것이다. 쉽고 효과적인 길 같지만, 이 경우도 문명의 눈에 들어와 있는 자연을 대상으로 하고 있는 것이어서 한계는 분명하다.

설혹 자연을 어떤 방식으로든 제대로 재현했다 하더라도 그것이 돌아갈 수 없는 세계라고 한다면 아무 의미가 없다. 여기서 묻게 된다. 자연으로의 복귀는 가능한가? 우리는 이미 돌이킬 수 없을 만큼 멀리 와 있는 것이 아닌가? 정작 루소도 이 부분에서는 비관적이었다. 그래서 학자들은 루소의 복락원에 대한 꿈은 죽음을 눈앞에 둔 불치병 환자가 병상에서 머릿속에 그리는 완전한 건강과 다를 바 없는 환상에 불과하다고 비판한다. 그의 자연은 또 다른 의미의 유토피아, 즉 그 어느 곳에도 없는 땅에 불과하다는 것이다.

그러나 니체는 달랐다. 그의 자연은 허구가 아니다. 그에 따르면 돌아갈 자연이 어떤 것인가 알아내기 위해 기억에 호소한다거나 소극적인 방법으로 그것을 재구성할 필요는 없다. 자연으로부터 많이 벗어나 있기는 하지만, 자연이 그리 멀리 있는 것이 아니기 때문이다. 여기서도 자연은 물리적 환경을 뜻하기도 하고 우리의 본성을 뜻하기도 한다. 물리적 환경으로의 자연은 미답의 원시림 속에 잘 보존되어 있다. 자연적 성질을 의미하는 본성도 억제되어 있어 그렇지 우리 내면에 살아 있다. 그런 것 가운데 하나가 자연적 충동이다. 이 가운데서 니체가 보다 역점을 둔 것은 인간 본성의 회복이었다. 물리적 환경으로서의 자연은 그 다음의 문제였다. 어떤 길이 있을까?

우리는 들개에게서 인간의 손에 순화된 집개 본래의 모습, 즉 자연 상태를 본다. 이 집개를 풀어 들판으로 보내면 시간은 걸리겠지만, 야성을 되찾아 들개로 돌아간다. 니체는 인간의 손에서 벗어나자마자 그렇게 된다고 했다. 그것이 들개의 자연이기 때문이다. 이 방식을 인간에게 적용하면 된다. 즉, 인간 스스로가 해야 할 일이지만, 그 동안 인간을 길들여온 형이상학적 이념이나 종교적 신앙, 도덕적 가식과 같은 족쇄를 벗어버리면 된다. 쉽지 않은 일이어서 주저하겠지만 역사상 그런 족쇄를 벗어버린 범례적 인간이 여럿 있어 그 길을 보여주고 있다. 원래 소크라테스 이전의 그리스인들은 가식 없이 자연적 성향에 충실했으며 자연적 삶을 있는 그대로 누렸다. 이후 플라톤이 등장하고 그리스도교가 등장하면서 인간은 자연 상태에 등을 지게 되었고, 그러면서 나락으로 떨어지게 되었지만 그때그때 새로운 희망을 일깨우는 인물들이 등장하여 불씨를 살려왔다. 이를테면 선과 악의 저편에서 만능을 구가한 르네상스인들, 강건한 몸에 굽힐 줄 모르는 의지로 힘을 만방에 떨친 카이사르, 비타협적 권력의 화신이었던 로마냐 용병 대장 체사레 보르자, 강건한 몸에 뛰어난 전사였던 나폴레옹이 그런 인간이었다. 또 로마, 아라비아, 게르만, 일본 등의 귀족, 호메로스 영웅들, 그리고 스칸디나비아의 바이킹도 있었다. 특히 니체는 이런 귀족과 영웅 등을 "금발의 야수"로 불러 루소의 저 "고귀한 야만인"에 맞세웠다. 힘에의 의지를 구현하고 있는 이 금발의 야수에게서 우리는 자연에 이르는 통로를 발견한다.

3) 자연, 그것은 힘에의 의지를 본질로 하는 세계다
힘에의 의지는 인간의 사유와 행위를 포함한 자연 속의 모든 활동은 보다 많은 힘을 얻기 위한 의지로 환원된다는 내용으로서 모든 존재자의 존재 본질이자 자연 현상을 가능케 하는 우주의 보편적 원리다. 니체에 앞서 세계의 본질을 의지로 파악한 것은 쇼펜하우어였다. 그는 그 본질을 탐색하는 철학자에게 세계는 의지로 주어진다고 했다. 그런데 이 의지는 세계의 형이상학적 원리로서 우리가 흔히 받아들이고 있는 '의식된 뜻'을 가리키지 않는다. 오히려 에너지에 가까운 개념이다. 그는 이 의지가 표상의 세계에서, 즉 시간과 공간 속에서 객관화되어 그 모습을 드러낸다고 했다. 계층적으로 본다면 의지는 자연의 단계에서 힘Kraft, 자력, 중력 등으로 객관화된다. 그리고 생명체 일반의 세계에서는 자기보존욕, 성욕 등으로 객관화되며 나중에는 자의식으로 객관화되는데, 그것은 인간에 이르러서의 이야기다. 그런데 이 의지는 목적을 갖고 있지 않은 끝없는 욕망에 불과하다. 그런 의미에서 그것은 맹목이다.

의지를 우주의 보편적 원리로 본 점에서 니체는 쇼펜하우어와 같았지만, 이 의지의 맹목만은 받아들일 수 없었다. 그는 쇼펜하우어가 의지로부터 그것이 무엇을 위한 것이며 무엇을 향한 것인지, 즉 지향 목표를 삭제하여 버림으로써 결국 그것을 공허한 것으로 만들었다고 비판했다. 니체에 따르면 그런 공허한 의지, 비어 있는 의지는 존재하지 않는다. 그에게 있어 의지는 힘을 의미하기도 하고 작용을 의미하기도 한다. 이런 의지는 항상 무엇을 위한 그리고 무엇을 향한 것이다. 목적을 갖고 있다는 것인데, 니체에게 있어 그 목적은 바로 힘이다. 이때 힘은 영향력이나 지배력의 증대를 통한 성장을 의미한다. 근본에 있어 의지는 힘에의 의지다.

힘에의 의지를 우리는 도처에서 확인한다. 앞에서 생명을 논하면서 생과의 연관에서 예를 든 바가 있다. 그러나 그런 의지는 무기물 세계에서도 광범위하게 확인된다. 질풍과 노도는 말할 것 없고, 천둥과 번개, 밀물과 썰물, 응결과 해체, 그리고 온갖 유형의 작용과 반작용에서 우리는 보다 많은 힘을 얻기 위한 의지들의 분투를 본다.

인간의 경우, 이 의지는 여러 형태로 그 모습을 드러낸다. 우선 우리 내부에 다양한 의지가 있어 자신들을 전개한다. 이를테면 눈은 보려 하고, 손은 잡으려 한다. 쇼펜하우어식으로 말한다면 오히려 보려는 의지와 잡으려는 의지가 객관화된 것이 바로 눈이요, 손이다. 이런 의지는 보편적인 것으로서 우리의 정치·사회적 삶에서도 체험된다. 우리는 외부의 제약에 저항을 하여 힘을 밖으로 펼친다. 다른 사람들에게 영향을 행사하려 하며, 가능하다면 지배하려 든다. 이때 힘에의 의지는 권력의지가 된다. 권력의지란 임의로 편집되어 출간되어 온 니체의 《유고집》에 붙인 일본식 번역어로서 우리에게 잘 알려져 있는 개념이기도 하다. 그러나 권력은 힘의 특수한 형태로서 하위 개념이다. 오랫동안 권력의지로 옮겨온 'Wille zur Macht'를 힘에의 의지로 바꾸고 그 아래 권력의지를 두는 까닭이 여기에 있다.

이 세계에는 무수히 많은 개별 의지가 있다. 모든 의지가 보다 많은 힘을 얻기 위한 것인 만큼 개별 의지 사이의 싸움은 불가피하다. 이 싸움에서 의지는 저항과 도전에 부딪치고, 그런 것들을 이겨내지 못하면 몰락할 수밖에 없다. 승패를 놓고 벌이는 싸움에는 이겨서 승승장구하는 것이 있고 져 자취 없이 사라지는 것이 있다. 힘겨루기에 의한 부침, 여기서 만물의 생성과 소멸이 설명된다. 니체에게도 싸움은 만물의 아버지가 된다.

그런데 오늘날 인간에게서 좀처럼 볼 수 없는 것이 승리를 쟁취하려는 투지와 전의다. 몰락이 두렵기 때문에 아예 싸움을 멀리한다. 심지어는 싸움을 반인륜적인 것으로 규정, 매도하고는 평화라는 그럴싸한 깃발을 내건다. 이런 자들은 모든 사람이 신 앞에서 평등하다고 주장한다. 그리고 이웃 사랑이란 은신처로 몸을 숨긴다. 하나같이 상승의 기운을 꺾고 모든 것을 평준화하여 끝내 강자들을 무력화시키려는 속셈이다. 니체는 이런 자들을 거세된 인간으로 보아 경멸했다. 그리고 저들이 주장하는 평등과 이웃 사랑이 강자의 틈새에서 살아남기 위한 구차한 술책에 불과하다고 비판했다. 불행하게도 오늘날 넘치고 있는 것이 그런 자들이다.

여기서 의문이 생긴다. 니체는 그런 자들을 경멸했지만, 약자들이 힘을 모아 강자를 무력화한다거나 제압하려는 것 자체가 힘의 논리에 의한 투쟁의 하나가 아닌가? 평등과 이웃 사랑이 저들에게는 힘의 증대를 위한 무기가 아닌가? 강자들에 대항하여 힘을 펼 수 없는 다수의 약자들이 인륜 따위를 무기로 힘을 합치는 것, 군집을 이루어 힘의 증대를 꾀하는 것은 또 다른 형태의 힘에의 의지가 아닌가? 강자들의 힘에의 의지와 약자들의 힘을 향한 이 같은 의지, 무엇이 다른가? 그런 약자들을 매도할 이유가 있는가?

있다. 강자의 경우 힘에의 의지는 자립적 원리로서 그들의 존재방식이다. 그러나 약자의 경우, 그것은 힘 자체에 대한 추구가 아니다. 생존을 위한 최소한의 자구책일 뿐이다. 그래서 생존이 보장되는 순간, 약자들은 보다 많은 힘이라는 목표를 시야에서 잃고 곧 주저앉고 만다. 생존이라는 기본적 욕구 충족으로 충분한 것이다. 여기에 상승이 있을 수 없다.

강자와 약자의 논리는 도덕에서의 주인과 노예의 논리에 대응한다. 자연적 순리는 약자에 대한 강자의 지배다. 처음에는 그랬다. 그러나 약자들은 강자의 지배를 순순히 받아들이지 않았다. 약자들은 비근한 저들의 도덕적 기강이란 것으로 결속해 강자를 밀어붙여 길들이려 했고, 늘 숨어서 복수심을 불태워왔다. 그러다가 강자가 허점을 보이기라도 하면, 잽싸게 덤벼들곤 하였다. 그러나 이런 반란이 성공한 일은 거의 없었다. 그럴 때마다 강자가 손을 써 약자의 도전을 분쇄했기 때문이다. 플라톤의《국가Politeia》에 나오는 트라시마코스는 이런 알력에서 정의는 늘 강자의 이해에 따라 결정되며 어떤 정치 체제에서건 지배자가 자신의 득실을 고려하여 자신에게 득이 되는 방향으로 법을 만든다고 했다. 역시 플라톤의《고르기아스Gorgias》에 나오는 칼리클레스도 흡사한 견해를 피력, 약자들의 반자연적 역모는 결국 분쇄되고 만다고 했다.

그러나 근대에 들어와서는 이야기가 달라졌다. 시민 혁명과 사회주의 운동으로 약자들은 승기를 잡았고, 이후 대중 시대를 등장시켰다. 대중은 보통 선거로 의회를 장악하면서 마침내 국정을 좌지우지하게 되었다. 끝내 힘에의 의지를 통한 인간 상승에 대한 기대는 평등주의 늪에 빠져 가라앉게 되었고, 인간은 진화의 대열에서 이탈하여 퇴화의 길로 들어서게 되었다. 여기서 평등주의란 물론 무차별한 계량적 평등주의를 가리킨다. 니체는 이런 세태를 크게 개탄했다. 그가 평등주의의 화신인 흔히 말하는 '민주화 운동'을 포함하여 사회주의 운동과 그것의 기수인 대중문화, 특히 신문을 매도했던 것도 이 때문이었다. 여기서 니체는 지적 귀족주의를 표방하게 된다. 수직적 위계는 다시 회복되어야 하며, 힘에의 의지는 제약 없이 구현되어야 한다.

4) "영원회귀"

(1) 모든 것은 영원히 회귀한다

힘을 향한 의지를 본질로 하는 모든 것은 상승에 상승을 꾀하고, 경쟁자와의 싸움 속에서 상승이 이뤄지기도 하지만, 그런 상승이 우주 전체의 상승을 가져오지 않는다. 승자가 있는 싸움에 필히 패자가 있듯이 보다 많은 힘을 얻기 위한 의지와 의지의 싸움에도 흥망이 있고 성쇠가 있다. 이런 우주에 절대적 상승은 물론 절대적 하강도 없다. 국부적으로 높낮이가 있겠지만, 전체를 놓고 볼 때 우주는 그대로다. 절대적 상승과 하강이 없는 이 우주의 운동에서 모든 것은 늘 제자리, 제 모습으로 돌아온다. 다른 가능성은 없다. 모든 것의 끝없는 회귀, 이것이 니체의 우주론이라 할 수 있는 영원회귀의 내용이다.

그러면 왜 우주 안에 있는 모든 것은 끝없이 제자리로 돌아오는가? 무엇이 이 영원한 회귀를 불가피하게 하는가? 그것은 우주 공간의 내적 구조와 시간의 영속성이다. 니체의 우주는 시간과 공간의 영역으로 되어 있는 이 물리적 우주다. 그러면 공간은 무엇이며 시간은 무엇인가? 먼저 공간을 보자. 공간은 실재한다. 공간을 이야기할 때 우리가 제일 먼저 갖게 되는 의문은 공간이 얼마나 큰가 하는 것이다. 무한한가? 유한한가? 철학적 사변에서는 공간이 무한하다. 그것이 일정한 크기를 갖고 있다고 할 경우, 그런 공간이 존재하기 위해서는 그보다 더 큰 공간이, 이 더 큰 공간이 존재하기 위해서는 그보다 한층 더 큰 공간 있어야 하기 때문이다. 이렇게 되면 공간은 끝없이 확대되며 '여기가 끝, 더 이상 갈 수 없다' 는 뜻의 경계를 상정할 수가 없게 된다. 그러나 자연과학에서는 이런 사변적 공간관을 받아들이지 않는다. 거기서는 물리적 법칙이 통용되는 영역을 공간으로 본다. 햇빛이 무한히 뻗어나갈 수 없는 것처럼, 어디엔가 빛과 어둠을 가르는 경계가 있는 것처럼, 물리적 법칙이 통용되는 공간에도 그런 경계가 있게 마련이다. 경계가 있는 한 공간은 유한하다.

이 유한한 공간의 크기를 결정하는 것은 무엇인가? 그것은 에너지다. 공간은 에너지와 에너지의 운동으로 되어 있기 때문이다. 비어 있는 공간은 없다. 그런데 이 에너지에는 보존의 법칙이란 것이 있다. 이것은 19세기 중반에 헬름홀츠, 줄James Joule, 마이어 등 몇몇 학자들에 의해 발견된 것으로서, 내용인즉 에너지는 그 형태에서 달라질 뿐 총량에서는 달라지지 않는다는 것이다. 총량에서 일정불변한 에너지가 공간의 크기를 결정한다. 니체는 이 에너지 이론을 수용, 공간을 유한한 것으로 받아들였다. 그러고 나서 그는 공간의 내용, 즉 에너지와 그 운동에 주목했다. 에너지는 끝없이 그 형태를 달리한다. 잠시도 쉬지 않고 운동을 한다는 것인데, 이 운동이 에너지의 본성이다. 물론 에너지 사이에 완전한 균형이 잡히면 운동은 멎고, 이 우주는 정지 상태에 들 것이다. 그러나 니체는 그런 일은 지금까지 없었고, 끝없는 운동이라고 하는 에너지 본성에 비추어 볼 때 앞으로도 없을 것이라고 보았다.

이 끝을 모르는 에너지의 운동에서 영원한 시간이 설명된다. 시간이 무한할 수밖에 없는 이유다. 철학에서 영원이란 시간 밖이란 의미와 끝이 없는 시간의 흐름이라는 의미로 쓰여 왔다. 시간 밖이란 의미의 영원은 아우구스티누스가 말하는 영원이다. 그러나 시간 또한 실재하는 것으로 본 니체에게는 시간 밖이란 존재하지 않는다. 따라서 그가 말하는 영원은 끝없는 시간을 가리킨다. 이렇듯 니체의 우주는 공간에서 유한하고, 시간에서 무한한 에너지의 운동으로 되어 있다. 당시 자연과학의 연구 성과를 그대로 반영하고 있는 시공간관이다.

유한한 공간에서의 에너지의 무한한 운동, 어떤 일이 일어날까? 우주 공간이 닫혀 있으니 우주 밖으로 벗어나는 것도 없고, 우주 밖에 아무것도 없으니 뭔가 새로운 것이 끼어들 여지도 없다. 우리가 생각할 수 있는 것은 존재하고 있는 것들의 영원한 운동 그 하나다. 그런데 그 운동이 일정한 크기의 공간 내에서의 운동이라면 그것은 돌고 도는 반복 운동, 즉 순환 운동일 수밖에 없다. 이런 운동의 궤적은 둥근 고리의 모습일 것이며 시간의 흐름 또한 마찬가지여서 자신의 꼬리를 물고 있는 뱀처럼 원환을 그리며 흐를 것이다. 이 같은 원환 운동에서는 과거, 현재, 미래라고 하는 시간의 세 계기가 그 절대적 의미를 잃게 된다. 지나간 과거라고 하지만 그것은 수없이 반복해서 겪게 될 미래가 되고, 미래라고 하지만 돌이켜 보면 이미 수없이 반복하여 겪은 과거일 것이기 때문이다.

이렇듯 니체의 영원회귀는 과학적 이론을 바탕으로 하고 있다. 그래서 명쾌한 데가 있지만, 너무 명쾌하다 보니 오히려 그것이 전부일까 하는 의구심을 갖게 되기도 한다. 심오한 뭔가가 있지 않을까 생각해보게 되는데, 실제 이런 명쾌한 자연과학적 해석을 경계하는 학자들도 있다. 니체는 철학자였고, 그의 영원회귀 또한 서양 형이상학 전통 속에서 논의될 성질의 것이라는 판단에서다. 이런 시각을 갖고 있는 사람들은 고전적 순환 이론과 니체 사이에 보다 깊고 직접적인 영향 관계가 있는 것이 아닐까 하는 의문에서 출발한다. 고전적 순환 이론이란 이때 고대 그리스의 순환 사상과 고대 인도의 윤회 사상을 두고 하는 말이다.

니체는 이들 사상도 알고 있었다. 고대 그리스 순환 사상에는 피타고라스의 영혼의 윤회, 헤라클레이토스의 철학을 계승한 스토아 철학자들의 순환에 대한 교설이 있다. 니체는 간헐적이긴 했지만 이들에 대해 언급했다. 그러나 내용에서는 유보적이었거나 냉소적이었다. 그리고 결정적인 순간 입을 다물었는데, 그나마 우리가 이와의 연관에서 관심을 갖게 되는 것은 영원회귀 교설이 아마 헤라클레이토스에 의해 개진되었을 수도 있었다는 그의 조심스런 진술 정도다.

고대 인도의 윤회 사상은 민간에 널리 퍼져 있던 믿음이었다. 니체가 이 윤회 사상으로부터 뭔가 받아들였다는 전거는 없다. 오히려 그의 영원회귀는 이 윤회 사상과 정반대의 길을 제시하고 있다. 즉 윤회 사상이 전생의 고통에서 벗어나기 위한 길로 해탈을 가르쳐온 데 반해 니체는 그것을 받아들여 자신의 존재 법칙으로 내면화해야 한다고 가르쳤다. 달리 말해 윤회의 굴레에서 벗어날 것을 권한 고대 인도의 가르침과 달리 니체는 회귀의 세계로 들어갈 것을 권한 것이다. 따라서 니체의 영원회귀의 단초를 고전적 순환 이론 등 전통 형이상학적 또는 종교적 기반 위에서 찾아보려는 시도의 토대는 취약하다.

물론 니체는 소박한 자연과학도가 아니었다. 당시 과학자들이 멈춘 곳, 즉 공간은 유한하고 시간은 무한하다는 시공간관에서 멈추지 않고, 오히려 거기서 출발해 우주 전체의 존재 방식과 운행을 사색했다. 그리고 영원회귀라는 그 자신의 우주론을 확립했다. 이때 그가 개입시킨 것은 과학적 사실이 아니라 논리였다. 공간이 유한하고 시간이 무한한 한 존재하는 모든 것의 영원한 회귀는 논리 필연적이라고 본 것이다. 이 점에서 영원회귀는 철학적 사상 또는 가르침이지 흔히 이야기하는 그런 과학적 이론은 아니다. 그러나 이 사실이 그의 영원회귀의 과학적 기반을 의심케 하지는 못한다. 그 바탕은 여전히 과학적인 것이었다. 영원회귀, 과학에 뿌리를 둔 철학적 우주론으로 보는 것이 합당할 것이다.

다른 한편, 니체의 영혼회귀가 과학적 토대를 갖고 있다고 하더라도 그것은 그 당시 이야기이고, 오늘날 수준에서는 재론의 여지가 있다. 니체에 따르면 무(無)는 존재하지 않는다. 그러니 그에게는 무와 유(有) 사이의 변증법적 전개가 있을 수 없다. 무로부터 생겨나는 것도, 무로 소멸하는 것도 있을 수 없다. 그런데 얼마 전에 이런 주장에 반하는 가설이 나왔다. 비렌킨Alexander Birenkin의 창생론이 그것인데, 이 이론에 따르면 '무로부터의 창조creatio ex nihilo'는 얼마든지 가능하다. 무라면 이때 시간과 공간은 물론 에너지도 존재하지 않는 상태를 말한다. 양자론에 따르면 아무것도 없는 진공 속에서 입자가 계속 태어나고 소멸하는데, 이것으로부터 무의 상태에서 작은 우주가 자연적으로 생겨난다는 것을 계산해낼 수 있다는 것이다.

그런가 하면 우주는 무로 소멸한다는 가설도 있다. 우주는 자체

중력을 이겨내며 팽창하고 있는데 이 과정에서 많은 에너지가 소모된다. 언젠가는 팽창을 멈추고 우주는 빠른 속도로 수축하면서 빅뱅의 반대 현상이 일어날 것이다. 이렇게 되면 우주는 다시 무로 돌아갈 것이다. 이는 호킹Stephen Hawking 등에 의해 뒷받침되고 있는 이론이다. 거기에다 에너지가 바닥날 수 있다는 이론까지 나왔다. 에너지는 파괴되지 않지만 에너지가 균등하게 분포된 정도를 가리키는 엔트로피가 높아질수록 우주가 서서히 정지 상태에 들게 될 것이라는 것이다. 이것이 열역학 제2의 법칙이다. 이렇게 되면 일정 크기의 공간 속에서의 끝없는 에너지의 운동으로 설명되는 니체의 우주론은 다시 검토되어야 할 것이다.

다시 검토되어야 할 여지가 있다고 해서 니체의 영원회귀가 과학적 의미를 잃는 것은 아니다. 과학은 지금까지 발전해왔고 앞으로도 발전해갈 것이다. 그것은 가설에서 출발해 늘 논(論)이나 설(說)로 끝났다. 독단을 경계하고, 검증의 여지를 남겨두기 위한 겸손한 방식이다. 과학은 이렇듯 자기 궤도 수정 능력을 갖고 발전을 해왔다. 그동안 실로 많은 가설이 있었고, 오류에 대한 수정이 있었다. 가설 사이에는 절대적 우위란 것이 인정되지 않는다. 검증을 통해 선택이 이뤄지겠지만, 선택된 것 역시 또 다른 검증의 대상이 된다. 절대란 자연과학에 존재하지 않는다. 그래서 브로노프스키Jacob Bronowski는 절대에 대한 신념을 갖는 순간 우리는 비극의 문을 열게 된다고 경고하고 있다. 과학적 탐색 과정에서 어느 때고 유효한 것은 그 방법의 과학성이다. 오늘의 과학적 성과도 내일 낡은 외투처럼 버림을 받을 수 있다. 그러나 그 정신만은 변치 않을 것이다.

니체는 영원회귀에 형이상학적 의미를 부여하는 등, 영원회귀를 가설 이상으로 받아들였다. 이 점은 자연과학이 받아들일 수 없는 부분이다. 그러나 여전히 주목을 끄는 것은 과학적 방식에 따라 우주와 우주의 운행을 파악하려 한 니체의 현실적 시각이다. 이 부분에서 니체는 소박한 자연과학을 뛰어넘고 있으며, 현실적 근거가 취약한 사변적 철학을 벗어나고 있다.

(2) 허무주의 : 운명을 사랑하라

영원회귀의 통찰, 이로써 우주는 온갖 베일을 벗고 적나라한 모습으로 우리 눈앞에 다가오게 되었다. 순간 우리는 광활하며 그 깊이를 알 수 없는 우주에 압도되고 만다. 경이 그 자체다. 그런데 그런 감정도 잠시일 뿐, 우리는 곧 허무주의적 정황이라는 헤어나기 힘든 수렁에 빠지게 된다. 같은 것의 영원한 회귀를 통한 반복에는 시작도 끝도 없다는 것, 그리하여 우리 존재의 뿌리는 잘려 있고, 추구해야 할 목표도 시야에서 사라졌다는 것, 무의미한 반복에서 오는 권태만 있을 뿐이라는 것을 터득하면서 갖게 되는 정황이다. 이런 정황에서는 무엇을 하든 달라질 것이 없다. 모든 것이 공허할 뿐이다. 이미 《구약》의 〈전도서〉 작가가 "모든 것이 헛되고 헛되다"고 노래한 그런 정황이다.

앞에서 신을 상실한 자들을 덮치는 정신적 공황을 허무주의라고 불렀다. 거기서도 짧은 해방감에 긴 허무주의가 뒤따른다고 했다. 같은 이야기인데, 그 맥락은 다르다. 즉 영원회귀의 통찰에서 기인하는 허무주의는 신의 죽음에서 기인하는 허무주의와 그 단서를 달리하는 또 다른 허무주의다. 학자들은 허무주의를 그 근원과 성격에 따라 크게 슬라브 허무주의와 우주적 허무주의로 나눈다. 앞의 허무주의는 '아니다'로 방향 잡혀 있는 반동적 허무주의요, 뒤의 허무주의는 '없다'〔無〕로 집약 표현되는 본래적 허무주의다. 영원회귀에서 파생하는 니체의 허무주의는 우주적 허무주의다. 그리고 신의 죽음, 신에 대한 거부에서 오는 허무주의에는 슬라브 허무주의의 성격이 뚜렷하다. 그러나 니체에게 있어 이 두 허무주의는 고향 상실이라는 하나의 접점을 갖고 있고, 그것을 통해 결국 하나의 허무주의로 귀착된다. 그러나 허무주의에 대처하는 방식에서는 크게 다르다. 신의 죽음에서 오는 허무주의는 새로운 가치 정립을 통해 극복된다. 이 경우 신의 죽음은 새로운 가치 정립을 위한 조건이자 쇄신된 미래를 건설하는 과정에서 거치지 않을 수 없는 중간 단계이고 그것에서 연유하는 것이 허무주의라면 오히려 환영해야 한다. 그러나 영원회귀에서 오는 허무주의는 그렇지가 않다. 그것은 궁극적인 것인데다 우주적인 것으로서 그 극복이 가능하지 않다. 이럴 때는 세 개의 길을 생각할 수 있다. 하나는 체념이다. 이렇게 되면 허무주의는 허무주의로 끝난다. 다른 하나는 초월적 이념이나 신앙에 힘입어 그것을 벗어나는 길이다. 그러나 우리 자신을 속이지 않고서는 그런 탈주에 성공하지 못한다. 그런 이념이나 신앙 자체가 허구이기 때문이다. 또 다른 하나는 영원회귀를 우주와 우리 자신의 존재 방식으로, 우리 자신의 운명으로 받아들여 사랑하는 길이다. 이것이 운명애amor fati로서 단연 니체가 권하는 길이다.

그런데 모두가 허무주의를 새로운 시작의 계기로 받아들일 수 있는 것도 아니고 그것을 자신의 운명으로 받아들여 사랑할 수 있는 것도 아니다. 많은 사람들은 그것을 이겨내지 못하고 파국을 맞는다. 이런 사람들에게 허무주의는 치명적이다. 그러나 강건하며 정직한 사람이라면 이야기가 달라진다. 이런 사람은 사실을 사실 그대로 받아들일 수 있는 개방성에 허무주의를 감내할 수 있는 용기를 지닌 사람, 그런 정황 속에서 자신의 존재를 정당화하는 사람, 웃음을 잃지 않은 채 영원한 회귀에 대해 '다시 한 번, 좋다'고 말할 수 있는 사람이다. 여기서 허무주의는 심약한 사람들의 무기력한 허무주의와 강건한 사람들의 강인한 허무주의로 갈린다.

운명애, 우리에게 아직 그럴 힘이 있는가? 우리는 허무주의를 맞이할 준비가 되어 있는가? 니체의 대답은 비관적이었다. 왜소해질 대로 왜소해진 오늘날 인간에게는 기대할 것이 없다. 다행이 희망은 있다. 인간이 달라지는 것이다. 거듭나는 것으로, 인간에게는 아직 그럴 가능성이 있다고 니체는 보았다.

거듭난 인간, 자연으로 돌아가 자연적 가치를 회복하고 힘을 향한 의지를 구현하는가 하면 영원회귀를 자신의 운명으로 받아들여 긍정할 수 있는 인간이 출현해야 한다. 이런 인간을 니체는 위버멘쉬라고 불렀다. 위버멘쉬는 지금까지 초인으로 그릇 번역되어 온 독일어의 Übermensch를 음역한 것이다. über에는 극복의 의미도 있고 위〔上〕의 의미도 있다. 니체는 이 위버멘쉬를 오늘을 살고 있는 우리가 구현해야 할 새로운 이상으로 제시했다.

5) 위버멘쉬 : 새로운 시작이다

위버멘쉬 문제와 함께 니체는 인간의 문제로 돌아왔다. 이상이라고 했지만, 위버멘쉬는 이 땅에서 구현이 가능한 현세적 대안이다. 그러나 위버멘쉬가 이 땅에 존재한 일은 아직 없다. 니체도 차라투스트라도 아니다. 니체는 인간이 달라져야 한다는 것을 깨달은 깨어난 자요, 차라투스트라는 그의 대변인이자 사도일 뿐이다.

위버멘쉬는 언젠가 재림하게 될 메시아가 아니다. 오직 '한 분'이신 구세주도 아니다. 그는 앞에서 살펴보았듯이 새로운 신도 신격도 아니다. 인간 한 사람 한 사람이 이 땅에서 구현해야 할 개인적인 이상이다. 아직까지 위버멘쉬가 존재한 일이 없지만, 앞으로는 무수히 많은 위버멘쉬가 등장해야 한다. 가능하다면 인간 모두가 위버멘쉬가 되어 새로운 삶을 시작해야 한다. 그럴 가능성이 아직 남아 있다. 니체는 인간을 하나의 가능성으로 보았다. 두 세계를 잇는 교량이기고 하고 두 탑 사이에 걸쳐 있는 밧줄이기도 하다고도 했다. 인간은 하나의 과정이라는 뜻이다. 불가에서 말하는 여래장(如來藏) 그대로다. 이렇듯 위버멘쉬는 초월적 존재가 아니다. 그런 그를 초인으로 옮길 경우, 초월적 존재로 오독될 수 있다. 그것을 음역할 수밖에 없었던 이유다.

그러면 어떻게 우리는 위버멘쉬가 될 것인가? 니체는 여기서 그 조건을 살펴보고 그런 이상의 구현 가능성을 검토해보았다. 이를 위해 그는 오늘의 인간에서 출발할 수밖에 없었다. 그것이 오늘날의 인간의 현안이기 때문이다. 오늘을 살고 있는 절대 다수의 인간은 자신의 가능성에 눈을 뜨지 못한 채 현실에 안주, 도태의 길을 걷고 있는 존재다. 니체는 이런 인간을 무리, 짐승 떼, 존재할 이유가 없는 존재 등으로 불러 매도했다. "비천하기 짝이 없는 자"로 부르기도 했다. 간혹 '이것은 아니다'라는 자각에서 대중적 삶을 버리고 구도의 길을 걷는 사람들이 있다. 미망에서 깨어난 사람들로서 니체는 그런 자들을 "보다 지체가 높은 자"로 불러 저 "비천하기 짝이 없는 자"들에 맞세웠다. 《차라투스트라는 이렇게 말했다》후반부에 소개되어 있는, 민중의 지배에 싫증을 느껴 왕권을 포기한 왕들, 신앙을 잃은 교황 등이 보다 지체 높은 인간들이다. 그러나 아직 위버멘쉬는 아니다.

그러면 위버멘쉬까지는 아니라고 하더라도 목표에 한층 가까이 다가간 인간은 없었는가? 니체는 지난 역사를 돌이켜 보고 나름대로 탁월한 인간들의 행적을 추적해보았다. 그런 인간들로 카이사르, 나폴레옹, 예수 그리고 괴테 등이 시야에 들어왔다. 하나같이 예사롭지 않은 뛰어난 인간들이었다. 그러나 니체는 이들 가운데 그 어느 누구도 위버멘쉬가 되기 위한 조건을 모두 충족하고 있지는 못했다고 판단했다. 이를테면 카이사르는 힘을 향한 의지를 만방에 구현한 용맹한 전사이자 도덕적 가식을 몰랐던 정직한 인간이었지만, 그에게는 고매한 정신이 결여되어 있었다. 예수는 고매한 정신을 지닌 순교자였지만 그에게는 현실 부정적 시선과 도덕적 자학이 있었다.

길은 없는 것일까? 인간이 달라지는 길 밖에는 없다. 그러면 어떻게 달라져야 하는가? 이때 그에게 빛을 던져준 것이 바로 다윈의 진화론이었다. 니체는 다윈의 이론을 남다른 관심을 갖고 추적했다. 그것이 진화를 통한 인간 쇄신의 가능성을 뒷받침하고 있다고 보았기 때문이다. 그가 다윈의 진화론을 알게 된 것은 바젤 시절의 일이다.

그 무렵 유럽의 다른 대학 도시에서 하나같이 그랬듯이 바젤에서도 진화 논쟁이 격하게 전개되고 있었다. 그는 곧바로 논쟁에 뛰어들어 나름대로 인간 진화의 가능성을 헤아려보았다. 이때 그가 무엇보다도 주목했던 것은 다윈이 진화의 메커니즘으로 들었던 것들, 이를테면 생존 경쟁과 사육이었다. 다윈에 의하면 생존 경쟁을 통해 자연선택이 일어난다. 이 선택에서 약자는 도태되고 강자만이 남게 된다. 경쟁은 계속되고 그렇게 되면 강자 가운데 강자가 남게 되고, 이 과정에서 생명체는 진화한다. 그리고 사육을 통해 인위선택이 이뤄지면서 우수 종이 집중적으로 양육된다. 원하는 형질을 가진 개체만을 기르기 위한 선택으로서, 생물 종에 커다란 변화를 가져온다. 인위선택은 사람이 형질을 결정한다는 점에서 자연선택과 다르다.

니체는 다윈의 진화론에 크게 고무되었다. 그리고 그것을 바탕으로 인간 진화를 구상했다. 그는 《차라투스트라는 이렇게 말했다》에서 원숭이-인간-위버멘쉬라는 진화의 도정을 회화적으로 그려낸 일도 있다. 벌레에서 인간으로의 진화, 그리고 그 인간이 목전에 위버멘쉬를 두고 있다고도 했다. 물론 니체가 원숭이로부터의 인간의 진화라는 통속 다위니즘을 받아들인 것은 아니다. 그러나 대중 앞에 서서 인간 진화의 당위를 역설할 때 그 이상의 효과적인 비유는 없었을 것이다. 비유는 비유일 뿐이라고 하더라도, 우리는 그의 새로운 인간상 형성에 끼친 다윈의 직접적이고 광범위한 영향을 곳곳에서 확인한다.

그러나 시간이 흐르면서 니체는 다윈의 진화론을 있는 그대로 받아들일 수 없게 되었다. 역사 현실적으로 인간의 미래를 문제 삼아온 니체에게 기계론에 바탕을 둔 생물학적 진화의 한계가 드러난 것이다. 그래서 그는 후반에 들어와 반다위니즘의 기치 아래 다윈을 조목조목 비판하게 되었다. 그러나 이런 비판은 다윈의 생물학적 이론에 대한 니체의 철학적 응수여서, 같은 지평에서 공방을 벌일 것은 못된다. 더더구나 생물학적 관점에서 볼 때 주목의 대상이 되지 않는다. 그러나 니체 철학 안에서는 그 의미가 매우 크다.

먼저 니체는 종의 진화에 반대하고 나섰다. 다윈에 있어서 진화는 종의 진화다. 니체에게도 더 바랄 것이 없는 것이 인간 종의 진화다. 그러나 그는 절대 다수의 인간 무리가 진화에 역행하며 퇴화의 길을 걸어왔다는 뼈아픈 반성에서 종으로서의 인간 진화에 대한 꿈을 버렸다. 진화, 그것은 어디까지나 선택된 개인의 진화다. 더불어 그는 생존 경쟁도 비판했다. 그의 한결같은 주장은 생이 추구하고 있는 것은 살아남기 위한 구차한 싸움이 아닌 보다 많은 힘을 향한 의지라는 것이다. 생존 경쟁은 힘에의 의지에 반하는 약자들의 제 몸 지키기로, 역시 퇴화의 징후라는 것이다. 그 밖에 가금화를 통한 순화도 비판했지만, 우리의 논의와 직접 연관이 없기 때문에 여기서는 논외로 하겠다.

다만 사육에 관해서는 보다 유연했다. 인간이라는 종의 진화를 기대하지 않았던 그로서는 당연한 일이었겠지만 그는 이제 개인의 진화에 주목하게 되었다. 그러나 그것이 어떤 것이든 인간 진화를 자연에 맡겨둘 수는 없다고 판단했다. 자연에 맡겨둘 경우 너무 장구한 시간을 요하는데다 얼마든지 그 진화가 우리의 목표에서 빗나갈 수 있기 때문이다. 여기서 니체는 인간 스스로가 인간 사육을 떠맡아야 한다고 주장하기에 이르렀다. 선택적 사육을 통해 인간을 고급화하자는 것이다.

이 같은 반론과 수용으로 니체는 다위니즘을 논박하고 교정·보완했다고 자부했다. 그러나 인간을 포함한 생명체의 진화에 대한 신념에서는 흔들림이 없었다. 또 논박을 하고 교정을 했다고 하지만 그것 역시 어디까지나 다윈의 이론 안에서의 것이어서 니체의 '반다위니즘'을 말 그대로 반다위니즘으로는 볼 수 없다.

니체의 위버멘쉬가 사유를 통한 인간 진화의 정점으로 받아들여지면서 격한 논란에 휩싸였다. 그것이 우생학적으로 해석되면서 파란을 일으켰는데, 혼인은 사랑에서가 아니라 보다 뛰어난 후사를 보려는 두 사람의 의지에서 이뤄져야 하며, 인간 진보에 걸림돌이 되는 저급한 인간은 도태시켜도 좋다는 윤리 강령을 의사들에게 마련해주어야 한다는 니체의 주장도 빌미가 되었다. 진의를 헤아려 보지 못한 오독의 결과지만, 나치가 훗날 이를 그들 자신이 자행한 인간 청소를 뒷받침하는 이념으로 내세우면서 세기적 분란을 일으켰다.

그러나 위버멘쉬에 이르는 길은 우생학적인 것이 아니라 정신적인 것이다. 앞에서 보았듯이 니체는 인간은 무엇보다도 몸이라고 했다. 그것이 흔히 우리가 말하는 '이성'보다 더 이성적이며 더 지혜롭다고도 했다. 이런 몸은 자연적 질서에 순응하는 것으로서, 생에 적대적인 반역을 꾀하지 않는다. 건강하여 그대로가 좋고, 그것으로 족하다. 문제는 니체가 작은 이성으로 불러 재갈을 물리려 했던 것, 정신적인 것으로 불리는 저 '이성'과 같은 것들에 있다. 인간을 왜소하게 만든 것, 거듭나지 않고서는 미래를 기약할 수 없도록 인간을 병들게 한 것이 그런 것들이다. 만약 그런 것들이 존재하지 않는다면, 그래서 인간이 몸일 뿐이라면 생으로부터의 일탈이나 자기 부인은 생각할 수 없을 것이요, 거듭나야 할 이유 또한 없을 것이다.

이렇듯 인간을 나락으로 몬 것은 몸이 아니라 정신이다. 문제는 정신에게 있다. 반성을 해야 하는 것도 정신이요, 자기 교정을 통해 위버멘쉬의 길을 터야 하는 것도 정신이다. 일말의 희망은, 이런 정신에게는 그런 반성의 능력과 자기 교정의 능력이 있다는 것이다. 정신이 걸어온 길이 생에 적대적인 것이었다는 자성은 물론 그것을 극복해야겠다는 결의 또한 정신적인 자성이자 각오다. 그리고 그 극복의 길은 좁지만 열려 있다. 정신의 자기반성과 교정을 통한 몸의 질서로의 복귀, 여기에 위버멘쉬에 이르는 길이 있다.

니체는《차라투스트라는 이렇게 말했다》에서 위버멘쉬에 이르는 길을 세 단계로 나누어 제시한 일이 있다. 제일 먼저 전통적 가치에 순종하는 낙타가 나온다. 여기서 낙타는 사후의 보상을 위해 기꺼이 이 땅에서의 자신의 생을 부인하고 고난의 짐, 즉 십자가를 지고 아무 생명이 없는 황량한 광야를 질주하는 인간을, 신을 신앙하여 그 앞에 머리를 조아리는 인간을 가리킨다. 보상으로 약속된 것은 하늘나라, 즉 맑은 샘물과 시원한 그늘이 있는 오아시스다. 질주를 하면서 낙타는 순간 자문해본다. 내가 지고 있는 짐은 무엇인가? 등 뒤에서 회초리를 휘둘러대며 나를 내몰고 있는 나의 주인은 어떤 분인가? 여기서 낙타는 잠시 발을 멈추고 뒤를 돌아보게 된다. 돌아보니 아무도 없다. 속은 것이다. 짐을 내려보았다. 허섭스레기였다. 여기서 낙타는 분노한다. 그리고 그 순간 사자로 변하여 포효한다.

사자는 자신의 세계를 갖고 있는 용맹한 짐승, 누구도 짐을 지울 수 없는 그 자신의 주인이다. 전통적 이념과 신앙 그리고 가치에 반발하여 용기 있게 '아니다'라고 말할 수 있는 짐승이다. 이 단계에서 주인(신)의 죽음이 성취된다. 사자가 두려워할 것은 이제 없다. 이렇듯 사자는 잃었던 자유를 되찾아 환호하지만 곧 허탈해하게 된다. 목표와 목적을 잃은 것이다. 해방, 그것만으로는 부족하다. 속박으로부터의 자유라는 소극적 자유만으로는 아무것도 할 수 없기 때문이다. '……을 위한 자유'라는 적극적 자유를 통해 새로운 시작을 해야 하는데, 사자에게 없는 것이 바로 그것이다. 사자가 할 수 없는 것, 그것을 어린아이는 한다. 어린아이는 자연적 삶을 누리는 순진무구한 존재로서 첫 운동이자 자력으로 도는 바퀴다. 이제 사자는 어린아이가 되어, 역사적 과업을 완수해야 한다. 이 세 단계 변화에 니체는 "정신의 세 변화"라는 제목을 붙였다.

그렇다. 위버멘쉬에 이르는 길은 정신이 가야 할 길이다. 그래서 정신적인 것으로 받아들이지만, 문제는 또 있다. 그것이 새로운 유토피아적 이상으로 받아들여지면서 또 다른 우려를 자아내고 있는 것이다. 모두가 위버멘쉬가 되어 생에 우호적인 삶을 살게 될 세계는 분명 유토피아적 세계다. 그러나 지금까지 유토피아가 하나같이 전체주의적 독선으로 치달은 나머지 디스토피아로 끝난 사실을 알고 있는 독자들로서는 위버멘쉬에 대한 꿈이 가져올 파국을 염려하지 않을 수 없다. 부분적으로 나치 시절에 경험했던 것도 그것인데, 인간 개조론이나 인간이 달라져야 한다는 근대 유토피아가 그 꿈을 향해 질주하는 과정에서 얼굴 없는 괴물이 되어 '개인'을 희생시켜왔다는 사실을 우리는 잊지 않고 있다. 완전한 평등을 이상으로 한 유토피아에 개인은 존재하지 않는다. 그래서 자먀틴Yevgeny Ivanovich Zamyatin의《우리들*My*》에 나오는 반항적 기술자 D-503은 수술을 받아 다른 사람들과 똑같이 되어야 했고 헉슬리Aldous Huxley의《멋진 신세계*Brave New World*》에 나오는 "야만인 존"은 죽어야 했다. 그리고 보니것Kurt Vonnegut의 〈해리슨 버거론Harrison Bergeron〉에 나오는 해리슨 버거론 또한 평등의 질서를 깰 만큼 출중하다는 단하나의 이유로 처형되어야 했다.

열등한 인간은 도태돼야 한다는 니체의 요구도 흔히 같은 맥락에서 이해되어왔다. 그러나 니체의 위버멘쉬는 전체주의적 이념이나 이상과는 거리가 멀다. 앞에서 이야기했듯이 위버멘쉬는 인간 한 사람 한 사람이 추구해야 할 개인적 이상이어서 다른 사람들에게 배타적일 이유가 없다. 다른 사람은 위버멘쉬가 되려는 사람들에게 장애가 될 때만 경계의 대상이 된다. 거기에다 위버멘쉬에게는 지금까지의 유토피아 사상과 달리 평등주의에 대한 꿈이 없다. 오히려 평등주의에 대한 혐오가 있을 뿐이다. 니체가 요구하는 것은 평등이 아니라 수직적 위계와 이른바 '거리두기의 파토스'다. 이 점은 인간 모두가 해탈을 해야 한다는 붓다의 가르침에는 전체주의적 배타성이 없다는 것과 같다. 무능력한 대중에 대한 니체의 격한 매도도 개탄 정도로 받아들여야 할 것이다.

위버멘쉬는 우생학적으로 사육된 인간이 아니다. 정신적으로 깨어난 인간이다.

제 2부

니체 유고 논쟁과 새로운 니체 전집

1. 머리말

니체는 1885년 3월 《차라투스트라는 이렇게 말했다》의 4부를 출판
한 후 한 편지에서 다음과 같이 말한다. "내가 누구인지 알아차리기
는 어려우리라……백 년만 기다려보자. 아마도 그때까지는 인간을
탁월하게 이해하는 천재가 나타나서, 니체라는 이를 무덤에서 발굴

이상엽은 성균관대 한국철학과를 3년 수료하고 독일 베를린 자유 대학교에서 철학 학
사, 석사, 박사 학위를 취득했다. 연세대학교에서 박사후 과정을 마친 후 현재 울산대학
교 철학과 교수로 재직하고 있다. 《허무주의와 극복인》이라는 주제로 박사 학위논문을
썼고, 《니체철학의 키워드》, 《니체의 역사관과 학문관》 등의 책을 썼다. 옮긴 책으로 책
세상 니체 전집 5 《유고(1872년 여름~1874년 말)》, 《문화과학과 자연과학》, 《문화학이
란 무엇인가》, 《문화철학이란 무엇인가》가 있으며, 〈니체, 도덕적 이상에의 의지로부터
형이상학적 세계 해석의 생성〉, 〈니체의 칸트 수용과 비판〉 등 다수의 니체 관련 논문,
〈매체의 변화와 해석학의 변형 필요성〉 등의 해석학 분야 논문, 〈아놀드 겔렌의 기술지
배적 보수주의 연구〉, 〈문화, 문화학, 문화철학〉 등의 문화철학 논문을 발표했다.

할 것이다."[1] 니체는 사람들이 자신의 말에 귀를 기울이거나 자신을 이해하기 위해서는 많은 시간이 필요하다고 생각한 듯하다. 그는 이해되기를 원했으나, 당시에 자신의 사상이 이해되지 못하고 있고 사람들과 자신이 단절되어 있다고 느꼈던 것으로 보인다. 니체가 1900년에 사망한 후 벌써 100여 년 이상의 세월이 흘렀다. 이제 우리는 니체를 잘 이해하고 있는 것일까?

니체는 그의 책을 읽는 독자들에게 다른 철학자나 사상가보다 훨씬 더 개인적 체험의 형태로 다가온다. 그는 직접 우리에게 근본적인 질문들을 던지고 자신의 생각과 대결할 것을 요구한다. 그는 우리의 도덕적 위선에 대해 생각해볼 것을 요구하고, 당연하게 믿고 있는 선입견들을 날카롭게 비판하면서 이로부터 해방되어야 한다고 말하며, 새로운 것에의 과감한 결단과 모험을 강조하기도 한다. 그의 사유가 개념에 얽매이지 않고 있다는 것, 그의 표현이 솔직하고 급진적인 성격을 띠고 있는 것도 매력적이다.

니체는 한동안 철학자로서보다는 '차라투스트라'의 시인이자 문필가로서 간주되었고 1930년 이전에 특히 그러했다. 그리고 그는 1930년대부터서야 비로소 철학자로서 읽혔다. 이때는 니체 철학의 정수를 파악하려는 뢰비트Karl Löwith,[2] 야스퍼스Karl Jaspers[3] 등의 철

---

1) Friedrich Nietzsche, *Sämtliche Briefe*, *Kritische Studienausgabe*, Bd. 7, G. Colli · M. Montinari (Hrsg.)(München · Berlin · New York, 1986), 27쪽.
2) Karl Löwith, *Nietzsches Philosophie der ewigen Wiederkehr des Gleichen*(Hamburg : Verlag Die Lunde, 1935).
3) Karl Jaspers, *Nietzsche. Einführung in das Verständnis seines Philosophierens* (Berlin · New York : Walter de Gruyter, 1936).

학자들의 시도가 있었지만, 한편으로 니체는 보임러Alfred Baeumler[4] 등에 의해 국가사회주의의 이론적 토대를 제공한 나치의 철학자로서 칭송되기도 했고, 다른 한편으로 루카치György Lukács[5]와 같은 마르크스주의자 진영에서는 반이성주의 철학의 대변자로 격렬하게 비판되기도 했다. 2차 대전이 끝난 후 니체는 새롭게 읽혔고, 1960년대부터는 탈근대적 사유와 삶의 방식을 예견한 포스트모더니즘의 선구자로서 간주되어 연구되기도 했다. 모든 위대한 철학자들처럼 니체도 여전히 우리 현대 철학의 담론에서 중심적인 위치를 차지하고 있다.

그런데 니체 철학의 수용사에는 하나의 특기할 만한 일이 있다. 니체의 유고가 자의적인 기준에 따라 편집되어 출간되었고 특히 니체의 주저로 알려져 있던 《힘에의 의지》는 니체 자신의 작품이 아니라 그의 누이동생인 엘리자베트 푀르스터 니체가 위조한 책이라는 것이다. 이러한 이유로 《힘에의 의지》는 20세기 최고의 위조 작품으로 일컬어지기도 한다.[6] 2차 대전 이후 니체의 저술에 대한 문헌학

---

4) Alfred Baeumler, *Nietzsche der Philosoph und Politiker*(Leipzig : Reclam, 1931).

5) Georg Lukács, "Nietzsche als Vorläufer der faschistischen Ästhetik"(1934), Georg Lukács, *Probleme der Ästhetik*, *Werke*, Bd. 10(Neuwied · Berlin : Luchterhand, 1969). 루카치의 니체 해석에 관해서는 김정현, 《니체, 생명과 치유의 철학》의 제1부 제3장 〈니체, 루카치 그리고 정치적 미학주의 담론〉(책세상, 2006), 80~105쪽을 참조하라.

6) 이에 관해서는 Wolfram Groddeck, "Falschung des Jahrhunders. Zur Geschichte der Nietzsche-Edition", *Du. Die Zeitschrift der Kultur*, Heft 6 (1988년 6월), 60~61쪽을 참조하라.

적 연구는 매우 제한되어 있었다. 한편으로 니체는 많은 사람들에 의해 국가사회주의를 정신적으로 준비한 사람의 하나로 분류되었다. 문필가인 오토 플라케Otto Flake는 니체를 뉘른베르크 전범 재판소에 세워야 한다고 주장하기까지 했다. 다른 한편 동독 바이마르의 니체 문서 보관소에 있던 니체의 유고 전체는 자유롭게 접근하기 어려운 상황에 놓이게 되었다. 이러한 상황에서 카를 슐레히타Karl Schlechta는 1954년부터 3권으로 된 니체 전집을 냈는데, 그는 《힘에의 의지》가 위조되었음을 밝히고 《힘에의 의지》를 해체하여 연대순에 따라 조각글로 배열해 출판했다. 이에 대해서 하이델베르크 대학의 철학자 뢰비트는 슐레히타의 새로운 전집에 관한 서평에서 《힘에의 의지》의 해체를 문제 삼아 이의를 제기하게 된다. 이로써 1950년대 말부터 니체의 유고를 둘러싸고 하나의 논쟁이 벌어진다. 기존의 유고들은 어떤 문제점을 지니고 있는지, 니체가 남긴 많은 유고들을 어떤 방식으로 출판하는 것이 좋은지, 니체의 유고는 어떤 의미를 지니고 있는지 등에 관해서 뜨거운 논쟁이 일어난 것이다.[7]

어떤 철학자를 이해하는 데 필수적인 전제는 그의 진정한 작품을 읽을 수 있는 조건을 마련하는 것이다. 어떤 철학자가 사망한 이후 편집자의 자의에 의해 그 철학자의 책이 위조된다면 우리가 그에게 접근하는 길 자체는 봉쇄되고 마는 셈이다. 그 책을 읽고는 그의 진

---

7) 니체의 유고를 둘러싼 논쟁에 관해서는 Wolfgang Müller-Lauter, " 'Der Wille zur Macht' als Buch der 'Krisis'", *Nietzsche-Studien* 24(Berlin · New York : Walter de Gruyter, 1995), 223~260쪽과 정동호, 〈니이체의 유고를 둘러싼 논쟁에 대하여〉, 《니이체 사상과 철학의 만남》(박영사, 1988), 25~36쪽을 참조하라.

정한 모습을 알 수 없기 때문이다. 바로 이러한 일이 니체에게서 일어났던 것이다. 게다가 이렇게 위조된 《힘에의 의지》가 1930년대에 그의 주저로 승인됨으로써 그에 대한 해석의 틀은 좁아졌고, 이제 니체는 권력의 쟁취와 적과의 투쟁을 주장한 '권력에의 의지'의 교조주의적 철학자가 된다. 따라서 우리가 니체를 어떤 관점에서 어떤 방식으로 읽든 간에 정본이라는 최소한의 조건이 마련되어야 할 필요성이 대두된다.

니체 유고 논쟁이 벌어진 후 재미있는 일이 일어났다. 1960년대 초 두 명의 이탈리아 학자, 즉 철학자인 콜리와 독문학자인 몬티나리가 새로운 니체 전집의 편집을 위해 발 벗고 나선 것이다. 그들은 원래 니체 전집의 이탈리아어 번역을 목표로 했지만 독일어 니체 전집이 불완전하다는 점을 인식한 후 차라리 아예 니체 전집 자체를 편집하여 출간하기로 계획했던 것이다.

이 글은 초창기의 니체 전집이 어떤 과정 속에서 출판되었는지, 출판 과정에서 니체의 누이동생은 어떤 조작과 위조의 작업을 감행했는지를 살펴본다(2. 니체 전집과 니체 문서 보관소의 역사). 그리고 니체가 《힘에의 의지》를 계획했다 포기하는 과정을 살펴보고(3. 니체의 《힘에의 의지》의 계획과 포기), 그럼에도 불구하고 《힘에의 의지》가 니체의 주저가 되는 배경을 추적해본다(4. 니체의 주저로서의 《힘에의 의지》). 그러고 나서 끝으로 유고 논쟁의 쟁점이 무엇이었는지(5. 유고 논쟁), 그리고 새로운 니체 전집의 의의는 어디에 있는지(6. 새로운 니체 전집의 의미—다양한 니체 해석을 위하여)에 대해서 간략하게 이야기하려 한다.

2. 니체 전집과 니체 문서 보관소의 역사

니체가 자신의 작품들을 스스로 출판하던 당시인 1871년에서 1888
년까지 그것들은 거의 팔리지도 읽히지도 않았다. 니체가 20년 동안
세 번이나 출판사를 바꾸어야만 했던 사실에서 추측할 수 있듯이[8] 그
의 책들이 성공을 거두지 못한 것은 별로 좋지 못한 출판사와 능력 없
는 편집자에게도 부분적으로 책임이 있다고 할 수 있다.[9] 예컨대 니체
는 슈마이츠너Schmeitzner 출판사의 사장과 특별한 문제가 있었다.
왜냐하면 슈마이츠너가 1880년부터 반유대주의자로서 적극적으로
활동했기 때문이다. 바그너의 책을 출간한 출판사인 프리취Fritzsch
가 파산한 후, 1874년 니체는 별로 잘 알지 못했던 슈마이츠너의 출
판 제의를 받아들였던 것이다.[10] 이후 니체는 슈마이츠너가 반유대
주의자로 공개적으로 활동하는 것을 못마땅하게 생각했음에도 불구
하고 1880년과 1881년 몇 번에 걸쳐 돈을 빌려주었는데 슈마이츠너
가 이 돈을 갚지 않아 소송까지 하게 되었고, 결국은 이로 인해 슈마

---

8) 니체의 책은 1871~1874년까지는 프리취E. W. Fritzsch 출판사에서, 1874~
   1886년까지는 슈마이츠너E. Schmeitzner 출판사에서, 1886~1888년까지와
   1892년에는 다시 프리취 출판사에서, 그리고 마지막으로 1888년과 1892~1910
   년까지는 나우만C. G. Naumann 출판사에서 출간되었으니 출판사가 세 번이나
   바뀐 셈이다.

9) E. Heftrich, "Zu den Ausgaben der Werke und Briefe von Friedrich Nie-
   tzsche", W. Jaeschke (Hrsg.), *Buchstabe und Geist*(Hamburg : Meiner, 1987),
   117~135쪽. 여기서는 118쪽을 참조하라.

10) M. B. Brown, *Friedrich Nietzsche und sein Verleger Ernst Schmeitzner*
    (Frankfurt am Main : Suhrkamp, 1987), 267~270쪽을 참조하라.

이츠너와 최종적으로 결별을 하기에 이른다. 니체는 1886년부터 자신의 책에 대한 관심을 불러일으키고자 서론과 서언들을 다시 썼고 이 새로운 판(版)으로 기존에 출간된 책들을 재출간했으나 실패를 맛보는 등 출판에 있어서는 성공하지 못했다. 정신 이상이 생기고 《우상의 황혼》이 출간된 이후인 1889년에야 비로소 그의 책에 대중들이 관심을 갖게 되었기 때문이다.[11]

1889년 1월 초 니체가 이탈리아 토리노에서 쓰러진 이후 니체 유고를 둘러싼 진기하고 놀라운 역사가 시작된다.[12] 니체 전집 출판의 역사는 광범위한 조작과 텍스트 위조가 자행된 왜곡의 역사라고 할 수 있다. 사실 이러한 일은 여느 철학자들에게서 흔히 일어나는 일이 아니다.

니체가 정신 착란을 일으킨 후, 우선 니체의 오랜 친구였던 오버베크와 니체의 제자이자 비서이며 동료였던 페터 가스트라는 예명의 쾨젤리츠는 니체 어머니의 부탁으로 유고의 관리를 맡게 되었다. 그들은 라이프치히의 C. G. 나우만 출판사와 협상을 한 후 아직 출간

---

11) R. F. Krummel, *Nietzsche und der deutsche Geist*, 2 Bde.(Berlin · New York : Walter de Gruyter, 1974/1983), 여기서는 Bd. 1, 101쪽 이하를 참조하라.
12) 니체 전집의 역사에 관해서는 Katrin Meyer, "Geschichte der Nietzsche-Edition", Henning Ottmann (Hrsg.), *Nietzsche-Handbuch, Leben, Werk, Wirkung*(Stuttgart · Weimar : Metzler, 2000), 437~440쪽 ; David Marc Hoffmann, "Geschichte des Nietzsches-Archivs", Henning Ottmann (Hrsg.), *Nietzsche-Handbuch, Leben, Werk, Wirkung*, 440~443쪽 ; Wolfram Groddeck · Michael Kohlenbach, "Zwischenüberlegungen zur Edition von Nietzsches Nachlass", *Text. Kritische Beiträge*, Heft 1(Basel, 1995), 21~39쪽을 참조하라.

되지 않았지만 완결되어 있던 작품, 즉 《우상의 황혼》과 《바그너의 경우》의 인도를 결정했다. 그리고 이들은 토리노, 질스마리아, 라이프치히에 있었던 수고 원본을 돌보고, 안전을 위해서 《안티크리스트》와 《이 사람을 보라》의 사본을 손수 완성한다. 이들은 이러한 후기 저작들을 인쇄하지는 않았다. 왜냐하면 이 저작들뿐만 아니라 특히 《안티크리스트》와 니체가 반복하여 언급했던 '힘에의 의지' 와의 연관 관계가 불명확하다고 보았기 때문이다. 쾨젤리츠는 출판인 C. G. 나우만이 계획한 전집의 틀 속에서 《반시대적 고찰》, 《인간적인 너무나 인간적인》, 《차라투스트라는 이렇게 말했다》, 《선악의 저편》, 《도덕의 계보》와 같은 중요한 작품들의 새로운 판본을 면밀히 검토했다. 그리고 이 다섯 권의 책들은 1892년에서 1893년에 걸쳐 출간되었다. 또한 《차라투스트라는 이렇게 말했다》1권부터 4권까지의 완전한 판본이 최초로 1892년 가을에 출간되었다.

1893년 9월, 니체의 누이동생인 엘리자베트는 파라과이에서 유럽으로 완전히 돌아온 즉시 오버베크와 쾨젤리츠를 유고의 관리에서 손을 떼도록 하고, 이미 시작된 전집의 출간을 중단시키고 저작권 양도 계약을 통해 어머니에게서 처분 권한을 빼앗았다. 이로써 엘리자베트는 1893년 니체의 저작권에 관한 모든 권리를 갖게 되었다. 그러고 나서 그녀는 1894년 나움부르크에 있는 어머니의 집에 니체 문서 보관소Nietzsche-Archiv를 설치하고 이를 독단적으로 운영하기 시작한다.[13] 1896년 엘리자베트는 오빠인 니체, 그리고 니체 문서 보관서와

---

13) 니체 문서 보관소의 역사에 관해서는 David Marc Hoffmann (Hrsg.), *Zur*

함께 바이마르로 이사한다.[14] 그리고 그녀는 쾨겔Fritz Koegel을 편집자로 선임하는데, 그는 1895년부터 1897년까지 12권으로 된 전집——8권의 책과 4권의 유고집——을 출판한다. GAK(*Gesamtausgabe unter der Leitung von Fritz Koegel*)로 약칭되는 이 전집이 니체의 두 번째 전집이 되는 셈이다. 물론 쾨겔은 쾨겔리츠의 텍스트 편집을 받아들이고 원래의 인쇄본을 그대로 사용했다. 이때 아직 유고로서 있던 《안티크리스트》를 최초로 출판했다는 것이 새로운 것일 뿐이다. 한편 이 문서 보관소의 독재자 엘리자베트는 세 권으로 된 니체 전기를 1895년에서 1904년에 걸쳐 출간하기 시작했는데, 이 전기는 니체를 마치 성인처럼 날조해 묘사하고 있다.

쾨겔은 엘리자베트와의 의견 충돌로 인해 그녀와 다툰 후 니체 문

Geschichte des Nietzsche-Archivs(Berlin : Walter de Gruyter, 1991)와 K. -H. Hahn, "Das Nietzsche-Archiv", *Nietzsche-Studien* 18(Berlin : Walter de Gruyter, 1989)을 참조하라.

14) 니체의 가까운 친구들은 바이마르의 니체 문서 보관소를 회의적으로 보았다. 로데Erwin Rohde는 이것을 가리켜 '어리석은 발명'이라고 했고, 오버베크는 엘리자베트와의 좋지 않은 경험 때문에 모든 공동 작업을 거부했고 니체와 교환했던 편지 등 니체와 관련된 자료를 엘리자베트의 니체 문서 보관소가 아니라 바젤 대학의 도서관에 유증했다. 이러한 배경 속에서 니체 연구는 바젤에서도 이루어졌고 바젤에서의 초창기의 니체 연구 상황을 잘 나타내주는 책으로는 C. A. Bernoulli, *Franz Overbeck und Friedrich Nietzsche*, 2 Bde.(Jena : Diederichs, 1908)를 꼽을 수 있다. 이것 때문에 오버베크가 사망한 이후 엘리자베트는 오버베크의 제자이자 유고 관리자인 베르노울리Carl Albrecht Bernoulli와 격렬한 싸움을 했고 1905~1908까지 소송을 벌이기도 했다. 이러한 과정에 엘리자베트는 자신의 기관을 강화하기 위해 1908년 문서 보관소를 위한 재단을 만들었다. 이 재단은 그녀의 조카인 욀러Richard Oehler의 통제 아래 있었다. 니체 문서 보관소는 계속해서 지지를 획득하기 위해 1926년 니체 문서 보관소 후원회Gesellschaft der Freunde des Nietzsche-Archivs를 결성하기도 했다.

서 보관소를 떠났다. 바이마르의 괴테 연구자이자 인지학(人智學)의 창시자인 슈타이너Rudolf Steiner는 그 당시 니체의 장서를 정리하는 등 니체 문서 보관소의 작업을 도왔는데, 그는 쾨겔이 떠난 편집자의 자리를 맡아달라는 제의를 거부했다. 엘리자베트는 니체 문서 보관소가 생길 당시 이미 오버베크와 쾨겔리츠 그리고 로데와 거리를 두었기 때문에 쾨겔과 결별한 후에는 어느 누구의 도움도 받지 못하고 완전히 고립된 상황에 처하게 되었다. 따라서 아직 문제 많은 《힘에의 의지》라는 책의 출판 작업은 아직 이뤄지지 않았다.

GA(*Großoktavausgabe*)로 약칭되는 그로스옥타브판 니체 전집(1899~1926년)은 니체 문서 보관소의 출판 작업에서 가장 중요한 결과물이다. 엘리자베트는 《힘에의 의지》 작업과 후기 니체 수고의 해독을 위해서는 쾨겔리츠의 협력이 필요했다. 그녀는 잔꾀를 써서 적대자였던 그를 니체 문서 보관소로 유혹했고 이 작업에 협력하도록 했다. 이로써 세 번째 전집이자 최초로 완결된 전집이 등장하게 된다. 1899년에서 1913년까지 처음에는 나우만에서, 나중에는 크뢰너Kröner 출판사에서 열아홉 권이 출간되었고 1926년에 목록집이 추가됨으로써 그로스옥타브판 니체 전집은 총 스무 권으로 세상에 나타났다. 자이델Arthur Seidel, 호르네퍼Ernst Horneffer, August Horneffer 형제, 그리고 쾨겔리츠가 작업에 참여한 핵심 인물이었다. 이 작업에서 최초로 니체의 문헌학적 저술뿐만 아니라 악명 높은 《힘에의 의지》가 편집, 출판된 것이 결정적으로 새로운 것이다. 이 그로스옥타브 판본은 편집에 직접 참여했던 호르네퍼 형제들[15])에게 조차도 올바르지 못한 편집이라고 비판받는 등 전문가들의 비판을 받았지만, 《힘에의 의지》는 수십 년 동안 니체의 사상을 체계적으로 보여주는 주저로서 간주되었다.

한편 니체의 서간집(1900~1909년) 또한 엘리자베트의 취향과 입장을 옹호하는 관점에서 정리되고 배열되었다. 그녀는 편지 내용을 생략하거나 위치를 바꾸고 수신인의 이름을 고치거나 은폐함으로써 자신이 사랑스러운 여동생이었고 또한 자신이 유고를 관리하는 것이 정당하다는 점을 증명하려 했다. 니체 전집의 문고판Taschen-Ausgabe (11권, 1906/1911)의 서언과 후기는 이러한 역할을 했고, 두 권으로 된 작은 니체 전기, 즉《어린 니체Der junge Nietzsche》(1912)와 《고독한 니체Der einsame Nietzsche》(1914)도 동일한 역할을 했다. 엘리자베트는 자신의 이익을 위해서는 니체의 전기도 왜곡했던 것이다.[16)

그로스옥타브판의 구성과 위조된 점을 살펴보면 다음과 같다.[17) 제1분야인 1~8권은 니체 자신이 출간한 작품들과《안티크리스트》, 《디오니소스 송가Dionysos-Dithyramben》를 담고 있다. 제2분야인 9~16권은 유고를 담고 있다. 9권과 10권(1903)은 홀처Ernst Holzer

---

15) August Horneffer, *Nietzsche als Moralist und Schriftsteller*(Jena : Diederichs, 1906)와 Ernst Horneffer, *Nietzsches letztes Schaffen*(Jena : Diederichs, 1907) 을 참조하라.

16) D. M. Hoffmann (Hrsg.), *Zur Geschichte des Nietzsche-Archivs*, 407~423 쪽과 579~713쪽을 참조하라.

17) 이에 관해서는 Mazzino Montinari, "Die neue kritische Gesamtausgabe von Nietzsches Werken", *Nietzsche Lesen*(Berlin · New York : Walter de Gruyter, 1982), 10~21쪽을 참조하라.

가 편집했는데, 1869년에서 1876년까지의 유고를 담고 있다. 11권과 12권(1901)은 호르네퍼 형제가 편집했고, 《인간적인 너무나 인간적인》에서 《차라투스트라는 이렇게 말했다》 시기까지의 유고를 담고 있다. 그런데 여기서는 조각글들이 부분적으로 연대순으로 배열되어 있다 해도, 많은 경우 철학, 형이상학, 도덕, 여자, 어린이 등과 같은 표제어가 붙어 있기 때문에 조각글들의 순수한 연관 관계가 깨져 있다는 점에서 문제가 있다. 13권(1903)은 쾨젤리츠와 아우구스트 호르네퍼가 편집했는데, '가치 전도 시기의 출판되지 않은 글'을 담고 있다. 이때 가치 전도의 시기란 1882/1883년에서 1889년까지의 시기를 뜻한다. 13권에는 《힘에의 의지》의 편집에 포함되지 못한 조각글들이 아무런 원칙 없이 자의적으로 포함되어 있는데, 이것은 커다란 문제가 아닐 수 없다. 그리고 이 조각글들은 연대순으로 배열되지 않았다. 14권(1904)은 쾨젤리츠와 엘리자베트가 편집했는데, 마찬가지로 《힘에의 의지》에 포함되지 않은 조각글들을 담고 있고 연대순이 아니라 체계적으로 범주화된 표제어 아래 배열되어 있다. 15권과 16권(1911)은 오토 바이스Otto Weiss가 편집했는데, 15권은 《이 사람을 보라》와 이른바 《힘에의 의지》의 1부와 2부를 담고 있다. 16권에는 《힘에의 의지》의 3부와 4부 및 바이스의 문헌학적 주해가 담겨 있다. 물론 바이스의 편집은 쾨젤리츠와 엘리자베트에 의해 편집되어 이미 문고본으로 출간된 《힘에의 의지》를 따랐기 때문에 《힘에의 의지》의 실제의 편집자는 쾨젤리츠와 엘리자베트다. 쾨젤리츠와 엘리자베트는 글들을 생략하거나 삽입하고 연관시킴으로써 글들을 자의적으로 분리하는 작업을 감행했다. 13권과 14권의 유고들은 15

권과 16권의 유고들과 동일한 수고에서 나온 것임에도 불구하고 그들은 이것들을 서로 분리해 다른 곳에 배열했다. 이와 같이 《힘에의 의지》라는 책은 쾨젤리츠와 엘리자베트 이 두 사람의 철학적·문헌학적인 불성실함 속에서, 그리고 범죄 행위나 다름없는 조작과 위조 속에서 탄생한 것이다. 새로운 《힘에의 의지》(1906/1911)는 그로스옥타브판본으로 이미 1901년에 출판되어 있던 최초의 《힘에의 의지》를 대체했는데 이 과정에서 일어난 일은 너무나 어처구니가 없다. 몬티나리가 밝혀낸 바에 따르면,[18] 1901년의 첫 번째 판본은 단지 483개의 아포리즘만을 담고 있지만, 나중의 1911년의 판본은 1067개의 아포리즘으로 확장되었다고 한다. 더구나 첫 번째 판본의 483개 중에서 17개는 사라져버렸다. 그리고 더욱 기이한 일은, 엘리자베트가 몇 개의 유고 조각글을 단지 자신의 전기 속에만 발표했다는 것이다. 제3분야인 17~19권과 문헌학 선집은 니체의 문헌학적 저술과 바젤 시기의 강의록(선집)을 담고 있다. 20권은 욀러Richard Oehler의 색인 작업을 담고 있다.

그로스옥타브판은 많은 문제가 있는 판본이었지만 무자리온판 *Musarion-Ausgabe*(MA)(1920~1929)은 물론이고 이후에 나온 모든 판본의 토대가 되었다. 이 무자리온판은 다음과 같은 점에서 그로스옥타브판과 다르다. 먼저 무자리온판은 1858년에서 1868년 사이에 씌어진 니체의 유년 시절의 저술을 최초로 출간했으며 문헌학적

---

18) Mazzino Montinari, "Die neue kritische Gesamtausgabe von Nietzsches Werken", 15쪽.

저술들을 수고와 비교해서 교정했다. 그리고 알려져 있지 않았던 〈씌어지지 않은 다섯 권의 책에 대한 다섯 개의 머리말Fünf Vorreden zu fünf ungeschribenen Büchern〉과 〈진리의 파토스에 관하여Über das Pathos der Wahrheit〉를 출간했다. 그러나 무자리온판은 이외에는 아무런 검토 없이 모든 자료를 그로스옥타브판에서 가져왔다. 따라서 철학적 유고와 관련해서 보면, 무자리온판은 그로스옥타브판과 동일한 것이고, 그렇기 때문에 불완전하고 신뢰할 수 없는 것이다.

니체의 후기 유고의 편집은 텍스트에 대한 인위적인 간섭, 즉 글을 생략하거나 첨가하는 등 텍스트의 조작과 위조에 기반하고 있는데, 이것은 문헌학적으로 정당화될 수 없는 것이다. 그리고 이러한 문제가 발생한 것에 대해서는 누이동생인 엘리자베트와 쾨젤리츠에게 전적인 책임이 있다. 이러한 유고의 출판과 관련해 니체 문서 보관소의 출판 행위를 둘러싸고 비판적인 논쟁이 이미 20세기 초부터 벌어지기도 했다. 니체의 글들을 연대순으로 배열할 것인가 아니면 '체계적으로' 배열할 것인가의 문제, 편집상의 글에 대한 관여, 즉 생략, 축약, 합성, 제목 달기 등이 정당한지의 문제가 이 논쟁에 속한다. 니체의 유고 편집이 많은 문제점을 지니고 있고 《힘에의 의지》가 니체의 철학적 주저로서 학문적으로 유지될 수 없다는 것은 이미 1906~1907년에 호르네퍼 형제들에 의해서 입증되기도 했다. 오늘날의 시각에서 보면 유고를 당연히 수고에 맞게 완전하게 재현하는 것이 타당하고 추가적인 체계화 작업을 하지 않는 것이 올바른 것이다. 이러한 원칙이 니체 문서 보관소의 편집에서는 지켜지지 않았던 것이다.

니체의 책은 1차 대전 중에 병사들이 배낭 안에 넣어 다니면서 읽을 정도로 상당히 많이 팔려나갔다. 예컨대 전쟁 중에 출판된 《차라투스트라는 이렇게 말했다》는 150,000권 이상 팔렸다고 한다. 한편, 엘리자베트는 1921년 자신의 75번째 생일에 예나 대학 철학과에서 명예박사 학위를 받았다. 그렇지만 주위 사람들의 네 번의 청원(1908년, 1911년, 1914년, 1922년)에도 불구하고 엘리자베트는 노벨문학상을 타는 데는 성공하지 못했다. 1920년대에 슈펭글러Oswald Spengler, 셸러Max Scheler, 만Thomas Mann, 뵐플린Heinrich Bölfflin, 하이데거, 롤랑Romain Rolland과 같은 지식인들이 니체 문서 보관소와 가까운 관계를 유지하고 있었다. 히틀러는 1932년 1월31일에 이곳을 방문했고 엘리자베트는 그를 열렬히 환영했다.[19]

니체 문서 보관소는 1930년에 메테Hans Joachim Mette와 슐레히타의 주도 아래 역사적-비판적 판본*Historisch-Kritische Ausgabe* 니체 전집을 만들기로 했다. 그리고 니체 문서 보관소는 이러한 작업의 결과로 1933년에서 1942년 사이 C. H. 베크Beck 출판사에서 다섯 권의 전집과 네 권의 서간집을 출간했으나 이 작업은 지속되지 못하고 2차 대전 와중에 중단되고 만다. 이 판본은 니체 문서 보관소의 수고 보존 상황 및 지금까지의 니체 유고의 출간에 관한 완전한 정보를 담고 있고, 엘리자베트의 편집 행위에 대한 조심스러운 비판도 담고 있다. 그리고 이 판본은 니체의 유년 시절의 글들과 1869년까지의 초기 글들을 담고 있다는 점에서 새로운 성과를 올리기도 했

---

19) D. M. Hoffmann, "Geschichte des Nietzsches-Archivs", *Zur Geschichte des Nietzshes-Archivs*, 442쪽을 참조하라.

다. 그러나 역사적-비판적 판본 니체 전집이 1942년 중단됨으로써 니체 유고의 비판적 출판이라는 기획은 또 중단된다. 이것은 1954년에 슐레히타에 의해 시도되기도 하지만, 완전한 형태의 편집 기획과 출판은 1960년대 초부터 독일 사람들이 아닌 이탈리아 사람들에 의해서 비로소 이루어진다.

3. 니체의 《힘에의 의지》의 계획과 포기

니체의 유고는 그가 누구인지를 보여주는 거울과도 같다. 그리고 그의 유고는 매일의 생각을 솔직하게 기록하고 있는 지적 일기다. 이 지적 일기에는 여러 직관적인 생각, 이론적인 작업, 개념의 구성, 독서 흔적과 그 발췌, 편지의 고안, 저술의 계획이나 제목 등이 담겨 있다. 이러한 니체의 유고를 살펴보는 데는 크게 두 가지 방식이 존재한다. 하나의 방식은 이것들이 작품에 사용될 측면을 중시하지 않고 이러한 수고 자체를——물론 과정 중에 있다 해도——통일적인 니체의 사유를 표현하고 있는 것으로서 이해하는 것이다. 다른 하나의 방식은 니체의 문학적 의도, 다시 말해 그의 출판 계획을 중심에 두고 유고를 이해하는 것이다. 따라서 이러한 방식은 그의 유고를 작품의 준비 단계와 관련해 살펴보고 그 작품의 생성 과정을 추적하며 재구성하는 것이다.

몬티나리는 《힘에의 의지》라는 작품을 저술하려 했던 니체의 계획이 어떻게 생겨나고 또 포기되었는지를 추적했다.[20] 여기서는 그의 연구 결과물을 간단하게 서술하고자 한다. 니체는 '힘에의 의지'라는 주제에 대한 논의를 이미 1880년부터 시작하고 있지만, 책 제목으로 '힘에의 의지'를 처음 언급한 것은 1885년 8월의 수고에서였다. "힘에의 의지/모든 현상에 대한 새로운 해석의 시도/프리드리히 니체"[21]라고 씌어 있다. 니체는 이때부터 1886년 초까지 《선악의 저편》의 작품을 구상하고 있었고 또한 "열 권의 새로운 책 제목"[22]을 쓰고 있는 것으로 보아 여러 권의 책을 함께 구상하고 있었던 것처럼 보인다. 몇 주 뒤 《선악의 저편》이 출간되었고, 니체는 계속해서 새로운 계획을 고안해나간다.

니체가 1886년 여름 질스마리아에서 세웠던 계획은 "힘에의 의지, 모든 가치들의 전도의 시도"라는 제목 아래 총 네 권으로 구성된 책을 집필하는 것이다. 그리고 니체는 다시 1887년 3월 17일 니차에서 "힘에의 의지"에 관한 새로운 저술 계획을 세운다. 이때 그는 제1권은 "유럽의 허무주의", 제2권은 "최고 가치들에 대한 비판", 제3권은 "새로운 가치 정립의 원칙", 제4권은 "훈육과 사육"이라는 제목으로 책을 쓸 것을 계획한다. 이 니차 계획은 매우 중요한 의미를 갖는다. 왜냐하면 쾨젤리츠와 엘리자베트가 이 계획을 근거로 삼아 《힘에의 의지》를 편집했기 때문이다. 그 사이 《도덕의 계보》를 출간한

---

20) Mazzino Montinari, "Nietzsches Nachlaß von 1885 bis 1888 oder Textkritik und Wille zur Macht", *Nietzsche Lesen*, 92~119쪽을 참조하라.

21) Friedrich Nietzsche, *Kritische Gesamtausgabe*, Werke VII/3, 39 [1] (Berlin · New York : de Gruyter, 1974), 349쪽.

22) Friedrich Nietzsche, *Kritische Gesamtausgabe*, Werke VIII/1, 2 [73] (Berlin · New York : de Gruyter, 1972), 92쪽.

니체는 1887년 가을부터 "힘에의 의지"를 집필하는 데 집중한다. 이 작업은 결실을 보았고, 1888년 2월 중순경에 374개의 글이 만들어지고 여기에 표제어가 붙었으며 각각의 글들은 네 권으로 분리되어 원래의 저술 계획에 맞게 네 개의 로마 숫자가 붙여져 정리되었다. 니체는 네 개의 주요 모티브, 즉 허무주의, 가치의 비판, 가치의 전도, 영원회귀를 자신의 계획 속에서 계속해 유지해나갔다.

니체는 "힘에의 의지"의 저술과 관련해서 그때까지 자신이 작업한 결과에 만족하지 못했다. 따라서 그는 1887년 가을부터 1888년 여름까지 "힘에의 의지" 구상과 구상의 변경에 집중적으로 전념한다. 그리고 마침내 그는 '1888년 8월의 마지막 일요일'인 8월 26일에 "힘에의 의지"에 관한 최후의 계획을 기술하고 있지만,[23] 곧이어 1888년 9월 3일 그때까지 줄곧 계획해왔던 "힘에의 의지"를 결국 포기한다.[24] 그리고 그는 "힘에의 의지"를 "모든 가치의 전도"라는 제목으로 고쳐 쓰고, 그때까지 쓴 글들을 출판하려는 계획을 세운다. 결국 "모든 가치의 전도"는 어떤 의미에서 "힘에의 의지"와 같은 내용이라고 할 수 있다. 하지만 이것도 니체는 포기하고 만다. 그런데 중요한 것은 니체는 이미 "힘에의 의지"라는 책을 위해 써놓았던 글들을 이제 《우상의 황혼》과 《안티크리스트》로 출간하려 했고, 그가 사망한 후 바로 그와 같이 출간되었다. 그리고 그 나머지는 유고로서

---

23) Friedrich Nietzsche, *Kritische Gesamtausgabe*, *Werke* VIII/3, 18 [17] (Berlin · New York : de Gruyter, 1972), 337쪽.

24) Mazzino Montinari, "Nietzsches Nachlaß von 1885 bis 1888 oder Textkritik und Wille zur Macht", 114쪽 이하를 참조하라.

남겨진다. 따라서 니체가 남긴 글들을 살펴보면, 《힘에의 의지》라는 책은 실체가 존재하지 않는 셈이다.

한편 니체 유고의 위조와 관련해서 다음과 같은 기이한 점이 발견된다. 즉 쾨젤리츠와 엘리자베트가——우리가 위에서 살펴보았듯이 니체가 쓰기를 포기한——《힘에의 의지》를 자의적으로 편집해 출간한 것이 근본적으로 잘못된 일이지만, 그들은 《힘에의 의지》를 편집하면서 니체가 자신의 조각글을 분류했던 틀조차도 전혀 따르지 않았다는 점이다. 그들은 374개의 글 중에서 104개는 《힘에의 의지》를 편집하는 데에 포함시키지 않았다. 그들은 더욱이 104개의 글 중 84개는 전혀 출간하지 않았고 다른 20개는 앞서 말했듯이 13권과 14권에 싣고 있다. 게다가 그들은 나머지 270개의 글 중 137개의 글을 자의적으로 변형시켜 편집했다.[25]

4. 니체의 주저로서의 《힘에의 의지》

1930년대에 들어서야 비로소 독일에서는 니체의 철학 전체를 해석하려는 시도들이 등장했다. 이러한 관심을 가진 저자들은 무엇보다도 니체의 근본 사유가 무엇인지, 니체 사유에 내적인 통일성이 있는지에 관한 물음을 던졌다. 그리고 니체의 '체계적인 주저'를 다룸으

---

25) Mazzino Montinari, "Nietzsches Nachlaß von 1885 bis 1888 oder Textkritik und Wille zur Macht", 107쪽 이하를 참조하라.

로써만 이 물음에 대답할 수 있다는 생각이 싹트게 되었다. 이러한 생각이 고착화되는 데 결정적인 기여를 한 사람이 바로 보임러다. 이제 니체 철학의 해석과 그 영향사는 1970년대까지 거의 40여 년 동안 주저로 간주된《힘에의 의지》와 불가분의 관계에 놓이게 되었다.

니체는 1930년 이전까지 대체로 차라투스트라의 시인으로서, 문화철학자로서, 모럴리스트나 심리학자로서 간주되었다.[26] 그러나 이제 상황은 변했다. 디츠Gisela Deesz는 1933년 자신의 박사 학위논문에서 "지금까지 니체 해석은 니체가 스스로 생각했던 것처럼《차라투스트라는 이렇게 말했다》나《도덕의 계보》를 그의 위대한 업적으로 간주했"지만, 이제 "니체 해석에서 이러한 입장은 완전히 변화되었다"고 말하고 있다. 보임러가 '힘에의 의지'의 철학을 통해서 니체 철학의 형이상학적 배후를 드러내고자 했기 때문이다. 이제《힘에의 의지》에 정당성이 부여되기 시작했다.《힘에의 의지》가 철학적인 영향력을 발휘하게 된 것은, 보임러가 1930년 자신이 편집한 니체의 책에 붙였던 후기 및 서론과, 그의 1931년의 책《철학자이자 정치가로서의 니체Nietzsche der Philosoph und Politiker》 때문이었다. 이와 함께 보임러는 국가사회주의 시대에 가장 영향력 있는 니체 변호인이 되었다.

사실 니체는 국가사회주의의 정초자들에게는 낯선 인물이었다. 랑그레더Hans Langreder에 따르면, 제3제국에는 니체에 대한 통일

---

26) Gisela Deesz, *Die Entwicklung des Nietzsche-Bildes in Deutschland* (Würzburg : Triltsch, 1933), 9~39쪽을 참조하라.

된 평가가 없었다. 따라서 니체가 국가사회주의 이데올로기에 부합한다는 긍정적인 상이 있는가 하면 세계시민주의적이고 퇴폐적이고 개인주의적인 성향을 보인다는 부정적인 상도 존재했고 절충적인 입장도 있었다고 한다.[27] 보임러는 국가사회주의자들이 정권을 획득한 이후 베를린 대학의 '정치 교육'을 위한 교수직을 얻었고 나치 사상가가 되었는데, 보수혁명적 성향을 지닌 그는 제3제국에서 긍정적인 니체상을 만든 장본인이었다. 1930년대 초 보임러는 니체 저작의 편집자이자 해석가로서 존재한다. 당시는 니체에 관한 논쟁이 활발하게 일어난 시기였다. 왜냐하면 니체의 누이동생 엘리자베트가 갖고 있던 니체의 저작권이 소멸되면서 니체 저작의 출간이 자유로워졌기 때문이다.

보임러는 니체를 해석할 때 두 가지 가정을 전제로 하고 있다. 첫째, 니체 철학의 정수는 그의 유고에 담겨 있다는 것이고, 둘째, 니체의 저작을 올바로 평가하고자 하는 사람이라면 "니체가 시간이 없어서 하지 못했던 논리적 연결 작업을 스스로 떠맡아야만 한다"[28]는 것이다. 보임러는 니체가 서정적이며 단편적인 아포리즘의 철학자가 아니라 통일성을 지닌 체계의 철학자로 간주한다. 따라서 《힘에의 의지》는 '철학적 주저'로서 니체 철학의 통일성을 위한 토대가 되어

27) Mazzino Montinari, "Nietzsche zwischen Alfred Baeumler und Georg Lukács", *Nietzsche Lesen*, 170쪽 ; Hans Langreder, *Die Auseinandersetzung mit Nietzsche im dritten Reich. Ein Beitrag zur Wirkungsgeschichte Nietzsches*(Kiel : Dissertation, 1971), 65쪽 이하를 참조하라.
28) Alfred Baeumler, *Nietzsche der Philosoph und Politiker*, 14쪽 이하.

야 하는 것이다. 보임러는《힘에의 의지》가 니체의 진정한 주저라고 주장했고, 1906년의《힘에의 의지》판본의 선택과 배열을 자신의 판본에서 의심의 여지없이 그대로 받아들인다. 보임러는 1930년 "19세기의 가장 과감하고 중요한 철학 작품이 우리에게 주어진 것에 대해" "신중한 편집자들에게" 감사해야 한다고 말하고 있다.[29) 그렇기 때문에 그는 엘리자베트와 쾨겔리츠를 칭찬한다. 니체 여동생의 공명심이 '주저'를 요구했던 것 못지않게, 니체 철학의 통일성과 체계성에 대한 보임러의 의지도 '주저'를 강력하게 요구했던 것이다.

보임러는 완전히 무비판적으로《힘에의 의지》를 받아들인다. 그는 니체 철학의 통일성과 체계성을 위해 마침내 '차라투스트라'의 근본적인 사유인 '동일한 것의 영원회귀' 사상을 무시하고 이를 니체의 철학에서 사라지도록 하는 작업을 감행하기도 했다. 물론 보임러의 근본적인 관심은 니체 철학을 '영웅적 현실주의heroischer Realismus'의 철학으로서, 다시 말해 니체의 저작과 유고를 '게르만 민족'의 정치철학의 토대로서 정당화하는 것에 있다고 할 수 있다. 니체의 '전사의 본능'과 '게르만주의'에 대해 말하는 등 그의 니체 해석에는 전쟁을 선동하는 요소가 있다.[30)

하이데거는 1936~1937년 니체에 대한 자신의 강의에서 청중들에게 보임러의 크뢰너 문고판《힘에의 의지》를 읽을 만한 것으로 권

---

29) 이에 관해서는 Wolfgang Müller-Lauter, "'Der Wille zur Macht' als Buch der 'Krisis'", *Nietzsche-Studien* 24, 229쪽을 참조하라.
30) Mazzino Montinari, "Nietzsche zwischen Alfred Baeumler und Georg Lukács", 185쪽 이하.

했다.[31] 우리의 논의의 맥락과 관련해 중요한 것은 하이데거 역시 《힘에의 의지》가 니체의 주저가 되는 데 기여했다는 점이다. 하이데거는 보임러의 주장을 따랐다. 니체가 직접 출판한 것은 '항상 표면'이고 그의 진정한 철학은 '유고'에 담겨 있다는 주장이 그것이다.[32] 이 두 철학자에게 《차라투스트라는 이렇게 말했다》는 《힘에의 의지》라는 집Hauptbau의 현관Vorhalle 정도에 해당하는 것일 뿐이다.[33] 물론 하이데거는 보임러의 니체 해석과는 다른 해석의 길을 걸었다. 하이데거는 예컨대 보임러가 무시했던 '동일한 것의 영원회귀' 사상과 '힘에의 의지' 및 '모든 가치의 전도' 등 니체 철학의 모든 부분의 내적인 연관 관계를 살피고 이 사상들을 통일적인 관점에서 해석하려고 했다.[34]

5. 유고 논쟁

앞서 말했듯이, 호르네퍼는 《힘에의 의지》가 실제로는 존재하지 않는다는 것을 1907년에 입증했다. 이로 인한 논쟁과 함께 본질적으로 서로 다른 두 개의 물음이 생겨난다. 하나의 물음은 니체의 유고와

---

31) Martin Heidegger, *Gesamtausgabe*, Bd. 43(Frankfurt am Main : Klostermann, 1985), 13쪽.
32) Martin Heidegger, *Gesamtausgabe*, Bd. 43, 11쪽.
33) Martin Heidegger, *Gesamtausgabe*, Bd. 43, 15쪽.
34) Martin Heidegger, *Gesamtausgabe*, Bd. 43, 20쪽 이하를 참조하라.

그 철학의 의미에 관한 것이고, 다른 하나의 물음은 유고의 편집에 관한 것이다. 말하자면 하나는 '힘에의 의지'를 철학적 명제로서 다루는 물음이고, 다른 하나는 《힘에의 의지》를 작품으로서, '책'으로서 다루는 물음이다.

사실 '힘에의 의지'가 니체의 사유 전체에서 차지하고 있는 중요한 철학적 의미를 주장하면서도 동시에 니체가 이러한 이름으로 된 어떤 책도 쓰지 않았고 이러한 저술을 원하지도 않았다고 주장하는 것은 얼마든지 가능한 일이다. 그러나 호르네퍼 형제는 이 두 가지 서로 다른 사안을 혼동하는 데 일조했다. 그들은 니체 문서 보관소에서 활동했고 1901년의 최초의 《힘에의 의지》의 편집자이기도 한데, 니체의 체계적인 저작이 실제로 존재하지 않는다는 문헌학적 입증으로부터 니체는 그러한 체계적 저작을 저술할 수 없다는 니체의 무능력을 추론했던 것이다. 그들이 볼 때 니체는 체계적인 책을 쓸 만한 체계적인 사상가나 철학자가 아니었다.

1930년대에 니체 문서 보관소의 편집과 출판 행위는 문헌학적으로 유지될 수 없는 것이라는 비판을 받았다. 야스퍼스 외에도 특히 포다흐Erich F. Podach[35]는 수십 년 동안 니체 문서 보관소에서 간행된 다양한 판본과 국가사회주의 이데올로기를 비판했다. 그러나 니체의 유고를 둘러싸고 격렬한 논쟁이 일어난 것은 호르네퍼 형제가 니체의 유고에 대해서 문제를 제기한 지 50년 후인 1957년경이다.

---

35) Erich F. Podach, *Nietzsches Werke des Zusammenbruches*(Heidelberg : Rothe Verlag, 1961).

슐레히타는 이미 1954년부터 카를 한저Carl Hanser 출판사에서 니체 '작품'과 '유고'를 새롭게 편집한 니체 전집 세 권(1954~1956년)을 출간했다. 슐레히타의 이 전집은 물론 그 텍스트의 재료 자체는 이전의 판본과 동일한 것이었고 확장되거나 새로운 것이 없었지만, 최초로 1880년대 니체의 유고들을 연대순으로 배열함으로써 지금까지 이어온 《힘에의 의지》의 체계성을 해체했다.

그러나 SA(*Schlechta-Ausgabe*)로 약칭되는 슐레히타판본은 특히 다음과 같은 점 때문에 유고 논쟁을 불러일으켰다. 하나는 슐레히타가 니체의 유고를 편찬하는 과정에서 벌어진 엘리자베트의 다양한 조작과 위조를 자신의 '문헌학적 후기'[36]에서 입증했고, 유고를 연대순으로 배열 · 편집하면서 《힘에의 의지》라는 책을 최초로 해체했기 때문이고, 다른 하나는 니체 유고의 사용과 그 의미 자체에 대해서도 이론을 제기했기 때문이다. 니체가 쓴 《힘에의 의지》는 존재하지 않는다는 점을 그가 입증한 것은 좋았지만, 그는 이것을 넘어서서 더 많은 것을 주장했던 것이다. 그는 니체의 유고는 관심을 둘 만한 것이 아니고 별로 의미가 없다고 주장했다.[37]

슐레히타의 업적은 연대순으로 니체의 유고를 편집해 출간하고 이것이 타당한 작업임을 입증한 것이다. 물론 그는 니체의 모든 유고

---

36) Karl Schlechta, "Philologischer Nachbericht", *Nietzsche-Werke*, *Schlechta-Ausgabe*(1957)(München : Hanser Verlag, 1969), 1383~1432쪽을 참조하라.
37) Karl Schlechta, "Nachwort", *Nietzsche-Werke*, *Schlechta-Ausgabe*(1957), 1433~1438쪽을 참조하라. 또한 Wolfgang Müller-Lauter, "'Der Wille zur Macht' als Buch der 'Krisis'", 249쪽 이하를 참조하라.

를 찾아 엄밀히 검토하고 이를 연대순으로 편집하지 않았고, 단지 기
존의《힘에의 의지》를 풀어 연대순으로 편집하는 정도에 그쳤기 때
문에 자신의 작업을 완수했다고는 볼 수 없다. 여하튼 이 판본에 대
해 많은 언론의 보도가 있었고 이 판본을 통해 비로소 니체 문서 보
관소의 위조 행위가 대중들에게 널리 알려지게 되었다. 그러나 동시
에 이 판본에 대한 비판도 다양한 측면에서 일어났다.

뢰비트는 슐레히타의 의견에 반대했다. 그는 대체로 최초의 편찬
본《힘에의 의지》를 옹호하며[38] 유고가 연대순으로 정리되어 출판될
경우 니체 철학에 대한 시야를 가로막고 독자가 텍스트 부분들의 사
태적 연관성을 찾아야만 하는 어려움이 발생한다고 생각했다. 그리
고 문헌학적으로 완벽하고 정밀한 척도에 따른 출판은 니체 사유의
본질적인 것을 은폐시킬 것이라고 생각했다.[39] 사실상 뢰비트는 소
위 ‘주저’에서 니체의 아포리즘 전체가 대체로 체계적으로 나타나
있다고 보았다. 뢰비트는《힘에의 의지》를 무의미한 것으로 평가절
하 하는 것을 결코 받아들일 수 없었다.

뢰비트는 슐레히타를 비판한다. “니체가 설정하고 숙고한 문제로
서 힘에의 의지는 없다”는 “새로운 신화”[40]를 슐레히타가 전파시키고
있다며 그를 비판한다. 이에 대해서 슐레히타는 공개적으로 니체 자
신이 쓴《힘에의 의지》라는 책은 없다는 점을 강조하고, ‘힘에의 의

---

38) 보임러도 비슷한 비판을 했다. 그는《힘에의 의지》뿐만 아니라 스스로 1931년
   에 편집한 유고 발췌본《생성의 무죄》도 방어했다.
39) Karl Löwith, “Zu Schlechtas neuer Nietzsche-Legende”(1958), Karl
   Löwith, *Sämtliche Schriften* 6(Stuttgart : Metzler, 1987), 514쪽.
40) Karl Löwith, “Zu Schlechtas neuer Nietzsche-Legende”(1958), 515쪽.

지'라는 문제가 니체에게 존재한다는 것을 인정하지만 그렇다고 해서 뢰비트가 말하는 것처럼 니체가 '숙고한' 것으로 존재한다는 점에 대해서는 받아들일 수 없다고 주장한다. 여하튼 니체는 이 문제와 관련하여 명확히 내보일 만한 결과에 도달하지 못했다는 것이다.[41]

뢰비트는 '철학적 인식'과 '문헌학의 철저함' 사이의 불화를 강조하면서 유고 논쟁을 중단한다.[42] 하지만 뢰비트는 '힘에의 의지'는 단순한 제목이나 니체 문서 보관소의 발명품이 아니라 니체 철학을 그야말로 잘 나타내주는 총괄 개념이고 쓸데없는 것이 전혀 아니라고 말한다. 사실상 뢰비트는 '힘에의 의지'라는 철학적 주제와 《힘에의 의지》라는 책을 혼동하면서 이 문제를 다루고 있는 것처럼 보인다.

슐레히타의 적대자들, 즉 뢰비트, 판비츠Rudolf Pannwitz[43] 등은 유고의 가치 절하에 대해서 반대했으나 다시 두 개의 물음을 혼동했던 것이다. 하나의 물음은 유고 편집의 문제다. 이 문제와 관련해서는 슐레히타가 옳다고 할 수 있다. 왜냐하면 《힘에의 의지》는 없기 때문이다. 다른 하나의 물음은 유고의 철학적 의미에 관한 문제다. 니체가 직접 출간한 책보다 유고의 가치가 떨어진다는 슐레히타의 주장은 반론의 여지가 많다.[44] 니체 철학을 이해할 때 유고는 매우

---

41) Karl Schlechta, *Der Fall Nietzsche*(München : Hanser, 1958), 99쪽 이하를 참조하라.
42) Karl Löwith, "Rezension von Karl Schlechta, Der Fall Nietzsche"(1959), Karl Löwith, *Sämtliche Schriften* 6(Stuttgart : Metzler, 1987), 522쪽 이하.
43) Rudolf Pannwitz, "Nietzsche-Philologie?", *Merkur. Deutsche Zeitschrift für europäisches Denken* II(Stuttgart : Klett-Gotta, 1957), 1073~1087쪽을 참조하라.

중요한 의미를 지니고 있고 유고 속에 흩어져 있는 '힘에의 의지'에 관한 니체의 논의도 마찬가지로 매우 중요한 것이다.

모든 유고와 관련된 비판을 이겨낼 수 있는 비판적 니체 전집의 기획은 마침내 독일의 외부에서, 즉 이탈리아에서 콜리와 몬티나리에 의해서 이루어졌다. 이 비판적 니체 전집은 오늘날까지 타당한 것으로 평가되고 있다. 원래는 이탈리아와 프랑스의 출판사에서만 출간될 예정이었던 전집은 곧바로 독일로 확대되었다. 1967년에 첫 번째 《고증판 니체 전집*Nietzsche Werke, Kritische Gesamtausgabe*》 (KGW)이 출간되었고 1975년에는 첫 번째 《니체 서간 전집*Nietzsche Sämtliche Briefe, Kritische Gesamtausgabe*》(KGB)이 출간되었다. 그리고 1980년에는 《고증판 니체 전집》의 보급판(KSA)이, 1986년에는 《니체 서간 전집》의 보급판(KSB)이 출간되었다. KSA는 KGW와, 마찬가지로 KSB는 KGB와 동일한 판본을 토대로 한다. 콜리와 몬티나리는 니체의 작품과 편지를 완전하게 재현한다는 원칙 아래 자신들의 판본을 만들어나갔고 철학적 유고들을 최초로 완전하게 학문적으로 규명한다는 목표를 세웠다.[45] 《고증판 니체 전집》은 니체의 후기 유고를 모두 완전하게 출판했다. 몬티나리에 따르면, 《고증판 니체 전집》의 유고 편집에 대한 문헌학적 신중함은 《힘에의 의지》가 니체의 주저인가 아닌가에 관한 논쟁을 '쓸데없는 것'으로 만들었다

44) Eckhard Heftrich, *Nietzsches Philosophie, Identität von Welt und Nichts* (Frankfurt am Main : Klostermann, 1962), 273~275쪽과 290~295쪽을 참조하라.

45) Friedrich Nietzsche, *Kritische Studienausgabe*, Bd. 14(Berlin · New York : Walter de Gruyter, 1988), 15쪽 이하를 참조하라.

고 한다.[46] 하지만 1980년 여전히 국가사회주의자인 보임러가 편집한 악명 높은《힘에의 의지》는 12번째 판을 찍어냈다.[47]

6. 새로운 니체 전집의 의미―다양한 니체 해석을 위하여

새로운《고증판 니체 전집》은 진정한 니체에 접근할 수 있는 통로를 제공하고 있다. 우리는 이제 니체를 이해하고 해석하는 데 기본적이고도 필수적인 조건은 갖추게 된 것이다. 섬세한 검토를 거쳐 연대순으로 배열된《고증판 니체 전집》의 유고들을 읽는다는 것은 왜곡되지 않고 조작되지 않은 니체의 얼굴과 목소리를 마주하게 된다는 것과 같은 의미이다. 물론 니체의 얼굴을 어떻게 볼 것인지, 니체의 목소리를 어떻게 들을 것인지는 독자의 몫이다.

몬티나리가 주장하는 것처럼,[48]《고증판 니체 전집》은 다음과 같은 점에서 니체에 대한 심층적인 독해를 돕고 있다. 첫째, 우선 이 전집은 작품들을 유고와의 내적인 연관 관계 속에서 그리고 니체의 전체적인 사유의 발전 과정 속에 놓는다. 작품이 더 중요한지, 유고가 더

---

46) Mazzino Montinari, "Nietzsches Nachlaß von 1885 bis 1888 oder Textkritik und Wille zur Macht", 119쪽을 참조하라.

47) Friedrich Nietzsch, *Der Wille zur Macht. Versuch einer Umwertung aller Werte*, Ausg. u. geordnet von Peter Gast unter Mitwirkung von Elisabeth Förster-Nietzsche, 13., durchges. Auflage mit einem Nachwort von Walter Gebhard(Stuttgart : Körner, 1996).

48) Mazzino Montinari, "Nietzsche lesen", 3쪽 이하를 참조하라.

중요한지 하는 문제는 사실상 어리석은 물음일 것이다. 왜냐하면 작품과 유고는 서로 보충적이고 서로를 설명해주는 관계에 있기 때문이다. 물론 이것은 《고증판 니체 전집》의 경우에서처럼 유고를 연대순으로 읽을 때 가능한 것이다. 예를 들면, 우리는 《비극의 탄생》의 경우 서로 분리되어 있는 두 개의 사유 과정을 추적할 수 있다. 한편으로 '아폴론적인 것-디오니소스적인 것' 의 대립 항에 대한 설명과 다른 한편으로 소크라테스주의, 즉 에우리피데스의 '의식 미학' 에서의 비극의 죽음에 관한 설명이 그것이다. 우리가 《비극의 탄생》의 예비 작업을 살펴보면 이 책이 구상된 초기(1868년 초까지)에는 그리스 비극의 몰락의 모티브와 소크라테스주의와의 대결이 핵심이다. 비로소 1870년 여름에 씌어진 《디오니소스적 세계관*Die dionysische Weltan-schauung*》에서 그 유명한 아폴론적인 것과 디오니소스적인 것의 대립 항이 등장하고 있다. 이러한 두 가지 사유 방향의 융합은 니체가 최종적으로 서술한 것에서는 그리 성공적으로 이뤄지지 않았다. 다른 예를 들면, 1882년 가을부터 1884/1885년 겨울까지의 유고는 《차라투스트라는 이렇게 말했다》 4부의 보충적인 배경을 형성하고 있다. 이때의 조각글과 계획들은 이 책에 관한 어떤 코멘트보다 더 니체의 의도를 잘 나타내고 있다. 니체가 《이 사람을 보라》에서 자신의 차라투스트라를 10일 동안 창조한 것으로 말한 것은 우연이 아니다. 니체는 차라투스트라와 관련하여 이미 다양한 우화, 비유, 격언, 시적인 착상, 이야기의 틀, 개별적인 인물들에 대해서 이미 써놓았던 것이다. 그는 지속적으로 거의 매일 대개 산책길에서 자신의 생각을 작은 노트에 기록했고 그러고 나서는 좀 더 큰 노트에 옮겨 적었는데, 이는 어떤 특정한 계획 없이 써나갔던 것이다.

둘째, 《고증판 니체 전집》은 니체를 특히 그가 다룬 문헌들을 규명함으로써 그를 둘러싼 역사적인 상황을 알 수 있도록 해준다. 그를 보다 깊이 이해하기 위해서는 그가 던진 물음들을 역사적인 연관 관계 속에서 살펴보아야 할 것이다. 우리는 니체를 역사적으로 이해해야 하기 때문이다. 그렇기 때문에 그의 문헌들을 살펴보고 그가 대화했던 동시대인들을 알아보고 그가 현실적으로 관계를 가졌던 동시대의 개인들과 동료들을 살펴보는 등, 그의 역사적 배경을 살펴보는 것은 니체 연구에서 필수적이다. 니체는 예컨대 스탕달Stendhal, 에머슨Ralph Waldo Emerson, 도스토예프스키Fyodor Dostoyevsky, 톨스토이Tolstoi, 투르게네프Ivan Turgenev, 생트 뵈브Sainte-Beuve, 르낭Ernest Renan, 보들레르Charles Baudelaire, 발자크 Honoré de Balzac, 플로베르Gustave Flaubert, 상드George Sand 등과 대결했고 '동일한 것의 영원회귀'와 '힘에의 의지'에 대한 성찰을 위해 자연과학 책들을 읽기도 했다. 이 전집은 그가 어떤 정신사의 전통에 놓여 있는지, 또한 어떤 영향사의 흐름 속에 놓여 있는지를 알 수 있게 해준다.

《고증판 니체 전집》은 1970년대부터 새로운 니체 르네상스를 주도했다. 두 명의 이탈리아 학자의 열정과 정성이 담겨 있는 이 전집은 니체 철학에 대한 생산적인 작업이 생겨날 수 있는 기본적이고도 근본적인 기회를 제공했다. 이 전집을 통해서 우리는 니체에 대해 새로운 시각에서 접근하고 다양한 해석을 시도할 수 있게 된 것이다.

제 **3**부

제1장 현대 철학과 니체—유럽 전통 철학과 영미 분석철학

● ● ● 백승영

니체 철학과 현대 철학과의 관계는 크게 프랑스와 이탈리아와 독일 이라는 대륙적 수용과, 분석철학적 토대 위에서 진행된 영국과 미국 에서의 수용을 통해 살펴볼 수 있다. 이 두 경향은 1960년대 이전에 는 별다른 공통분모 없이 독자적으로 전개된다. 하지만 20세기 중·후반 미국과 서유럽에서 아주 강력히 전파되었던 포스트모더니즘은 유럽 대륙과 영미 철학이 공유할 수 있는 니체 논의를 제공한다. 문

백승영은 서강대 철학과와 동대학원을 졸업하고 독일 레겐스부르크 대학에서 철학 박사학위를 받았다. 현재 서울대 철학사상연구소 책임연구원이다. 《Interpretation bei Nietzsche. Eine Analyse》, 《Rüttler an hundertjähriger Philosophietradition》, 《니체, 디오니소스적 긍정의 철학》 등을 썼고, 책세상 니체 전집 15 《바그너의 경우·우상의 황혼·안티크리스트·이 사람을 보라·디오니소스 송가·니체 대 바그너》, 20 《유고 (1887년 가을~1888년 3월)》, 21 《유고(1888년 초~1889년 1월 초)》 등을 옮겼다. 논문으로는 〈가다머 실천철학 기획과 해석학적 계몽의 의미〉, 〈수수께끼와 실재 : 보드리야르의 경우〉, 〈도덕적 현상으로서의 해석학적 이해 : 가다머와 데리다의 논쟁을 중심으로〉 등이 있다. 제24회 열암학술상 및 제2회 출판문화대상을 수상했다.

화적 · 문학적 · 철학적 운동으로서의 포스트모더니즘은 사유의 단초나 이론의 단초를 니체 철학에서 발견해내며, 이로써 니체는 포스트모더니즘 운동의 시조라는 칭호를 얻게 된다. 하지만 이런 공통점은 1960년대 이후에나 발견되고, 그 이전에는 상이한 니체 수용의 양태를 보여주며, 게다가 각 나라마다 혼란스러울 정도로 다양한 논의 지평들이 형성된다. 이런 모습은 곧 니체 철학이 시대와 공간을 초월해, 여전히 '현대'의 철학이라는 점을 알려주는 증거라고 할 수 있다.[1]

1. 프랑스의 니체 수용사 및 니체 르네상스의 역사

프랑스는 니체 르네상스의 진원지이자 니체 르네상스가 만개한 곳으로, 다른 국가에서와는 비교가 안 될 정도로 니체 논의가 활발히 진행되고 있다. 니체의 고향인 독일조차 니체 철학에 대한 열광적인 수용 및 사상적 대결에서 프랑스에 선두를 내주었다고 할 수 있다. 프랑스와 니체는 인연이 깊다. 니체가 프랑스 문화에 대한 사랑과 존경

---

1) 프랑스, 이탈리아, 영미의 니체 수용사에 대한 정리의 기본 도식은 A. Recker-mann, *Lesarten der Philosophie Nietzsches, Ihre Rezeption und Diskussion in Frankreich, Italien und der angelsächischen Welt 1960~2000*(Berlin · New York, 2003) ; J. Le Rider, *Nietzsche in Frankreich*(München, 1997) ; W. Hamacher (Hrsg.), *Nietzsche aus Frankreich*(Berlin · Wien, 2003) ; H. Ottmann (Hrsg.), *Nietzsche Handbuch*(Stuttgart · Weimar, 2000)를 따른다. 그리고 실존철학과 해석학에 끼친 니체의 영향은 이 책 제3부 제2장 〈니체, 실존철학과 해석학〉에서 독립적으로 상세히 고찰된다. 따라서 여기서는 맥락상 관계있는 내용만을 서술하기로 한다.

을 열렬히 고백했다는 것은 잘 알려진 사실이며, 그의 철학이 전개되는 과정에 프랑스 문화와 프랑스 지성계는 중요한 역할을 했다. 예를 들어 볼테르의 계몽주의는 니체 철학이 실증적 단계로 진입하는 데 결정적 역할을 했고, 그의 철학적 주제 중에서 '데카당스', '유럽 허무주의', '문학적 염세주의 등은 프랑스 현대 문학을 통해 내용이 풍부해졌다.[2] 이 과정에서 니체는 고티에Théophile Gautier, 플로베르, 공쿠르 형제Edmond de Goncourt, Jules de Goncourt, 모파상 Guy de Maupassant, 보들레르 등을 알게 되었을 뿐만 아니라, 메리메Prosper Mérimée, 생트 뵈브, 텐Hippolyte Taine, 르낭 등에 대한 자신의 지식을 더 발전시키게 되었다. 무엇보다도 독일 제국의 정치권력이 빚어낸 문화의 퇴락을 고발하는 시대 비판가였던 니체가 프랑스 문화에 깊은 애정을 가진 것은 너무나 당연한 일이었다. 프랑스에 대한 니체의 애정에 프랑스는 '이유 있는' 응답을 한다. 그 이유는 정치적·문화적인 것이었으며, 이로 인해 프랑스는 니체가 살아 있을 당시 이미 니체 철학을 인지했으며, 어느 정도의 수준을 갖춘 지적인 대결을 벌이기 시작했다.[3] 이렇게 시작된 프랑스의 니체 수용은 현대에 이르러서는 니체가 없었다면 아마도 현대 프랑스 철학이 다른 길을 가고 있을 것이라는 판단이 들 정도로 진행되고 있

2) R. Bauer, "Decadence bei Nietzsche. Versuch einer Bestandsaufnahme", J. P. Strelka (Hrsg.), *Literary Theory and Criticism*(Bern · Frankfourt a. M. · New York, 1984), 35~68쪽.
3) 이에 대한 상세 연구는 G. Bianquis, *Nietzsche en France*(Paris, 1929) ; P. Boudot, *Nietzsche et l'au-delà de la liberté*(Paris, 1970) ; L. Rider, *Nietzsche in Frankreich* 등 참조.

다. 현대 프랑스 철학은 상당 부분 니체라는 기호 속에서 그리고 니체라는 기호와 연관하여 사유 실험을 전개하고 있기 때문이다.

프랑스의 니체 수용사는 크게 세 단계로 구분해볼 수 있다. ① 니체와의 첫 만남(1930년대 이전), ② 철학적 니체 읽기의 본격적인 등장(2차 대전 전후), ③ 포스트모던적 니체상의 성립(1960년대 이후).

1) 니체와의 첫 만남 : 예외적 독일인

프랑스 지성계는 1877년 네 번째 《반시대적 고찰》인 〈바이로이트의 리하르트 바그너〉가 번역되었을 때 니체 철학과 공식적으로 첫 만남을 가졌다. 하지만 이 책은 아주 소수의 독자만이 알아보았을 뿐, 대부분의 프랑스인은 니체를 철저하게 외면했다. 따라서 니체와 프랑스 지성계의 첫 만남은 실패로 끝났다고 볼 수 있다. 게다가 프랑스 바그너주의자들에 의해 형성된 '바그너주의자로서의 니체' 상은 니체를 정당하게 인식하는 것을 방해했다. "프랑스에서는 아직 아무도 니체를 알지 못한다"라는 비체바Thedor de Wyzewa의 1891년의 말은 그런 상황에 대한 적절한 설명이었다. 이 상황을 호전시킨 계기는 프랑스에서 저널리스트로 활동했던 독일인 알베르트Henri Albert의 작업과 그가 관여하던 잡지 《메르퀴르 드 프랑스Mercure de France》의 활동이었다. 알베르트는 《메르퀴르 드 프랑스》의 출판사를 통해서 니체의 저작들의 번역, 출판을 주선한다. 그 후 다른 출판사에서도 니체의 저작들이 번역되기 시작하여 1893～1907년까지 니체의 대부분의 저작들이 번역된다. 그 결과 니체는 사유가이자 문필가로, 그리고 프랑스 문화에 관한 한 괴테보다 더 주목받을 만한 "예외적인 독일인"으로 간주되기 시작한다.[4] 바로 이런 니체에게 지드André Gide와 발레리Paul Valéry가 매혹되었으며, 이렇게 해서 니체는 프랑스 문학 지평에도 쉽사리 들어갈 수 있게 된다.

여기서 니체가 프랑스 지성계에 쉽사리 수용될 수 있었던 이유를 좀 더 구체적으로 살펴볼 필요가 있다. 그것은 다분히 정치적·문화적 이유에서였다. 당시 프랑스 지성계는 독일의 지적 전통을 넘어서고, 빌헬름 황제와 비스마르크Otto von Bismarck의 독일을 넘어서는 프랑스 문화의 우월함을 입증할 필요가 있었다. 그들의 반(反)바그너 성향 역시 이런 맥락에서 유래한다. 프랑스 지성계의 이런 필요에 니체만큼 적절하게 부합하는 독일인은 아마도 없었을 것이다. 동시대 독일 문화와 독일 제국에 대한 니체의 가차 없는 비판, 바그너주의에 대한 니체의 혐오는 단연 주목의 대상이 된다. 니체 철학에서 처음에는 바그너주의자 니체를 발견했던 프랑스 지성계는 곧 반바그너주의자 니체상을 정립했으며, 이를 더욱 강화하여(이때 《메르퀴르 드 프랑스》의 역할은 결정적이었다) 프랑스 음악 비평과 니체를 연결하기에 이른다. 이제 니체는 앞서 지적했듯이, 괴테와 더불어 완벽한 '예외적'인 독일인이었다. 니체의 반독일적이고도 반바그너적인 미학 외에도 프랑스 지성계는 니체에게서 보들레르 유의 현대성 비판을 발견해내어,[5] 니체는 이제 '프랑스적인 너무나 프랑스적'인 사

---

4) P. Lasserre, *La Morale de Nietzsche*(Paris, 1917).

5) 니체는 보들레르를 처음에는 데카당스의 거장으로 판단했으나, 나중에는 민주주의와 사회주의가 갖는 사디즘에 대한 그의 비판에 동조한다. R. Kopp, "Nietzsche, Baudelaire, Wagner. A propos d'une définition de lq décadence", *Travaux de littérature, publiés par l'ADIREL*, Vol. I(Paris, 1988), 208쪽.

유가로 인정되기 시작한다. "프랑스에서는 아직 아무도 니체를 알지 못한다"는 비체바의 단언은 서서히 무색해지기 시작한다.

이런 상황을 대변하듯 니체에 관한 저술들이 아주 다면적이며 산발적으로 집필되기 시작한다. 니체에 관해 프랑스어로 씌어진 최초의 연구서는 니체를 비체계적인 사유가로 간주한 리히텐베르거Henri Lichtenberger의 책이었다.[6] 그는 여기서 개인주의, 귀족적 이상, 위버멘쉬 등의 주제에 집중한다. 니체의 개인주의는 슈티르너Max Stirner의 그것과, 귀족적 이상은 플로베르의 그것과 비교되었으며, 위버멘쉬는 데카당스에 대한 답변이자 인간 자신을 강화시키는 형상으로 받아들여졌다. 니체 철학의 주요 측면들에 대한 아마도 가장 교육적인 내용은 앙들러Charles Andler가 1908에서 1912년까지 펴낸 책들일 것이다.[7] 여기서 앙들러는 니체를 유럽 전체의 사유가로, 철학뿐만 아니라 문학에도 가까이 있는, 영역을 초월해 있는 존재로 묘사한다. 반면 대학의 철학자들은 니체에 대해 아주 보수적인 태도를 취한다. "니체는 1890년에서 1914년 사이에는 대학 철학에서 거의 등장하지 않는다. 니체에 대해서 대학이 모르고 있어서가 아니었다. 오히려 철학이라면 응당 그래야 할, '소개하기도 어렵고 사용하기도 어려운' 소위 '전문성'을 니체 철학이 갖지 않았기 때문이다"[8]라는

---

6) H. Lichtenberger, *La Philosophie de Nietzsche*(Paris, 1898).

7) C. Andler의 여러 권의 책들은 현재 갈리마르Gallimard 출판사에서 Nietzsche, *Sa vie et sa pensée*, Vol. 1~3으로 출간되어 있다.

8) L. Pinto, *Les Neveux de Zarathoustra. La réception de Nietzsche en France* (Paris, 1995), 38쪽. 강조는 필자가 한 것이다.

지적은 그 이유를 잘 보여준다. 니체가 대학의 전문적인 철학자가 아니라, 사유가이자 문필가이며 문화 이론가로 받아들여졌던 것이다. 하지만 니체 철학에 대한 심층적인 철학적 연구가 없었던 것은 아니다. 베르틀로René Berthelot는 베르그송의 반지성주의와 니체의 그것을 비교하며, 베르그송이 휴머니즘 철학을 유지한 반면, 니체는 결정론적 생물학에 승리를 안겨주었다는 결론을 내린다.[9] 그리고 푸이에Alfred Fouilée는 힘에의 의지 뒤에 숨겨진 허무주의와 잔인함과 정복 의지를 탄핵하는 전문적인 글을 쓰기도 한다.[10]

여기에 니체주의에 대한 정치적인 논의 지평도 열리기 시작한다. 니체의 반민주적 귀족주의가 주목받기 시작하는 한편, 사회주의와 니체 철학과의 연결을 꾀하는 독특한 작업들이 데루소Alexandre Marie Desrousseaux, 로베르티Eugene de Roberty, 조레스Jean Jaurès, 앙들러, 소렐Georges Sorel 등에 의해 진행된다. 특히 앙들러는 니체의 사유를 사회주의 사상으로 명명하는 것이 정당하다고, 니체가 유럽 노동자 계급을 주인 계급으로 만들고자 한 것이 그 결정적 증거라고 한다.[11] 사회주의자들이 니체에 대해 호의적이었던 반면, '악시옹 프랑세즈Action française'는 니체의 현대 비판과 민주주의 비판에 주목하여, 현대에 대해 반동적인 노스탤지어를 그에게서 발견해내

---

9) L. Pinto, *Les Neveux de Zarathoustra, La réception de Nietzsche en France*, 44쪽.

10) A. Fouilée, *Nietzsche et l'immoralisme*(Paris, 1902).

11) G. Bianquis, *Nietzsche en France, L'influence de Nietzsche sur la pensée francaise*(Paris, 1929), 95쪽.

며, 그 운동 속에서 니체를 대중화하려 한다. 니체의 민주주의 비판
은 예컨대 군주제 이념에 대한 표방으로 이해된다.[12] 여기에 유대주
의와의 관계에 주목하는 논의 경향도 가세한다. 하지만 어떤 통일적
인 니체상을 성립시키지는 못한다.

주목할 만한 니체 수용은 문학에서, 특히 지드와 발레리에게서 볼
수 있다. 지드는 니체에 대한 찬탄을, 그리고 미학적이고도 감성적인
《차라투스트라는 이렇게 말했다》와 니체의 그리스도교 비판에서 자
신이 받은 영향을 숨김없이 드러냈으며,[13] 발레리는 니체의 언어 비
판을 긍정적으로 주목하면서도, 그가 언어의 모순성을 간과한 점에
는 당혹스러워하기도 한다. 하지만 그는 니체 철학을 음악적·아이
러니적으로 읽어내어 데리다Jacques Derrida의 해체적 니체 읽기를
선취한다.[14] 이렇듯 1차 대전 이전에 이루어진 프랑스와 니체와의
첫 만남은 아주 다면적이면서도 긍정적인 수용의 모습을 보여준다.

1차 대전을 거치면서 프랑스의 니체 논의와 수용은 다른 양상으
로 전개된다. 이제 니체는 부정적 평가의 대상이 된다. 아이로니컬하
게도 니체와의 첫 만남을 가능하게 했던 바로 그 이유 때문이다. 이

---

12) C. Maurras, *Quand les Francaise ne s'aimaient pas. Chronique d'une renai-
   ssance, 1895~1905*(Paris, 1928) ; P, Lassere, "La Morale de Nietzsche",
   Mer-cure de France(Paris, 1902).

13) A. Gide, "Lettre à Angéle du 10 décember 1899", *Lettre à Angéle*(Paris,
   1900) ; P. Boudot, *Nietzsche et l'au-delà de la liberté. Nietzsche et les
   écrivaines francaise de 1930 à 1960*(Paris, 1970), Kap. IV.

14) P. Valéry, "Lettres et notes sur Nietzsche", M. Jarrety (Hrsg.), *Valéry, pour
   quio?*(Paris, 1987) ; M. Jarrety, *Valéry devant la littérature. Mesure de la
   limite*(Paris, 1991).

시기에 프랑스에서는 민족주의 감성이 활발해졌고, 반게르만주의가 프랑스 문화 저변의 기류였다. 바로 이것이 니체 철학 수용에도 영향을 미친 것이다. 그런데 첫 만남에서 프랑스 지성계가 '예외적'인 독일인으로서의 니체를 환영했다면, 이제는 '예외자'의 모습은 실종되고 '독일인'의 모습이 부각된다. 그래서 '독일'에 대한 무차별적이고 쇼비니즘적 비난들이 '독일인' 니체에게도 쏟아지기 시작한다. 이런 프랑스적 쇼비니즘 상황에서 알베르트는 니체의 독일 비판을 다시 강조하면서 그를 방어하려 하지만, 대세를 거스르기에는 역부족이었다. 심지어는 니체주의자였으며 니체를 '최고의 감수성을 지닌 정신'이라고 평하던 방다스Julian Bendas마저도, 이 시기를 거치면서 '배신한 글쟁이'의 대표적 경우로 니체를 매도한다. 니체가 정의에 대한 폭력의 우위를 말하면서 독일 민족주의에 봉사했다는 것이 그 이유다.[15]

이런 쇼비니즘적 대세는 오래가지 못한다. 1920년대 초부터 이미 변화의 조짐이 보이기 시작한다. 이후 니체에 대한 비판적 평가와 우호적 평가가, 즉 '그에게 빚진 것'에 대한 인정과 '그를 넘어서려는' 시도들이 다양하게 전개된다.[16] 이런 시도들이 진행된 1920~1930년대에 니체는 독일 정신의 고전적 인물로 확실히 각인되며, 진지한 니체 읽기가 활발해진다. 카뮈Albert Camus는 19세의 나이에 이미

---

15) L-A. Revah, *Julian Bendas. Un misanthrope juif dans la France de Maurras* (Paris, 1991).

16) P. Boudot, *Nietzsche et l'au-delà de la liberté. Nietzsche et les écrivains francais de 1930 à 1960*(Paris, 1970), 47쪽.

니체를 알고 있었으며,《비극의 탄생》에서의 아폴론적인 것과 디오니소스적인 것의 대립을 자신의 글 〈음악에 대한 시론Essai sur la musique〉에 사용하기도 한다. 1926년에는 니체를 딜타이나 지멜Georg Simmel, 후설Edmund Husserl과 비교하여, 기존 인식론의 틀을 완전히 깨는 '현대 철학자 니체'상을 제시하는 연구가 나오기도 한다.[17] 이에 더해 독일어로 씌어진 연구서들[18]과 무자리온판 니체 전집이 프랑스어로 번역, 출간된 것은 니체에 대한 긍정적 관심이 높아졌음을 보여줄 뿐만 아니라, 니체 연구 자체를 한층 진척시키는 계기가 된다. 이런 상황은 1차 대전을 거치면서 프랑스인들이 보여준 쇼비니즘적이고 무차별적인 '독일인' 니체에 대한 공격이 완전히 사라지게 되었다는 것을 보여주는 증거이기도 하다. 니체 철학과 데카르트 철학을 대립시키고, 니체를 라틴적인 미학주의로 이해하는 몰니에르Thierry Maulnier의 글은 이런 상황의 산물이다.[19]

2) 철학적 니체 읽기의 본격적 등장

1930년대 후반부터 1960년대 이전까지 프랑스에서는 니체 수용의 두 번째 장이 열렸다. 이 시기에 철학적인 니체 논의가 본격적으로 시작된다. 이 장을 연 사람은 바타유Georges Bataille다. 바타유

---

17) B. Groethuysen, *Introduction à la philosophie allemande depuis Nietzsche* (Paris, 1926).
18) E. Bertram, *Nietzsche, Versuch einer Mythologie*(Bonn, ⁸1965) ; L-A. Salomé, *Friedrich Nietzsche in seinem Werken*(Wien 1894).
19) T. Maulnier, *Nietzsche*(Paris, 1933).

는 경제적 합리주의나 정치적 혹은 미적 합리주의에 개인이 종속되는 것에 반발하면서, 그런 반발자로서의 니체상과 이성의 역사로서의 헤겔주의를 종식시키는 니체상을 성립시킨다.[20] 그리고 바타유에게 니체는 무엇보다도 초현실주의 혁명, 마르크스 혁명, 프로이트 혁명 이후 이 혁명들보다 더 급진적인 '모든 표상 방식의 전회'를 이룬 철학자로서 경탄의 대상이 된다. 바타유의 작업과 동시에 이 시기의 니체 이해를 대표하는 작업은 르페브르Henri Lefebvre의 것이다. 그가 남긴 수많은 글 중에서 《니체Nietzsche》는 바타유의 경탄이 아니더라도, 단연 주목할 만하다.[21] 여기서 르페브르는 니체를 파시즘이나 나치즘과 연관 짓는 시각으로부터 해방시키고, '니체 대 마르크스'라는 대립 구도가 무의미한 것임을 드러내는 작업을 한다.

  1940년대의 블랑쇼Maurice Blanchot에게 니체 철학은 유기적이고도 논리적인 총체성의 재현 작업을 파괴해버리는 것, 중심 파괴, 불연속과 파편화에의 성향 등을 중심 주제로 하는 철학이며, 바로 그 때문에 무한한 오해의 대상이자 잘못 이해될 수밖에 없는 철학이다.[22] 블랑쇼의 이와 같은 니체 이해는 1960년대에도 그대로 이어져, "그의 철학을 성찰하는 것은 곧 철학의 종말을 성찰하는 것과 같다"[23]는 단언이 등장한다. 이런 이해는 니체의 영원회귀 사유를 의미의 순환과 존재 역사의 종말을 의미하는 것으로, 바로 이 점을 보여

---

20) G. Bataille, *Sur Nietzsche, Volonté de chance*(Paris, 1945).

21) H. Lefebvre, *Nietzsche, Editions sociales internationales*(Paris, 1939).

22) M. Blanchot, "Du coté de Nietzsche", *La Part du feu*(Paris, 1949), 278~289쪽.

23) M. Blanchot, *L'Entretien infini*(Paris, 1969), 211쪽.

주는 것을 니체 철학의 진정한 의미로, 니체의 파편적 글쓰기를 비통일적 사유에 유일하게 적합한 글쓰기 형식으로 판단하게 한다.[24]

　물론·프랑스 실존철학에서도 니체는 결정적인 인물이다. 예를 들어 마르셀Gabriel Marcel은 신의 죽음에 대한 니체의 선언을 현대인의 존재적 토대 상실과 형이상학적 근원자-신에 대한 거부를 적절하게 표현한 것으로 받아들였다.[25] 또한 카뮈는 니체를 일찌감치 수용하여 부조리에 관한 1940년대의 사유에서 도스토예프스키와 더불어 니체의 허무주의 진단을 출발점으로 삼으며,《반항적 인간L'Homme Révolté》(1951)에서는 니체의 소위 국가 사회주의적 관점과 대결을 벌였다. 그리고 사르트르Jean-Paul Sartre는 니체의 형이상학 비판 및 도덕 비판이 자신에게 해방적인 영향을 주었음을《파리Les Mouches》(1943)를 통해 명백히 하지만,《생 주네Saint Genet》(1952)에서는 영원회귀 사유를 조소의 대상으로 삼으면서 니체와의 단절을 보여준다.[26]

3) 니체 르네상스

　프랑스의 니체 수용 및 사상적 대결은 무엇보다도 1960년대 이후 진행된 세 번째 단계에서 진면목을 찾아볼 수 있다. 1960년대 이후 프랑스의 니체 논의는 니체 철학을 이해한다는 측면에서나, 철학함 및 철학적 사유의 내용은 무엇이어야 하는지를 재성찰하고 결정한다

---

24) M. Blanchot, *L'Entretien infini*, 223쪽.
25) G. Marcel, *L'homme problématique*(Paris, 1955).
26) 이 책 제3부 제2장 〈니체, 실존철학과 해석학〉 참조.

는 측면에서 아주 핵심적인 역할을 한다. 프랑스를 지배하던 실존주의, 현상학, 마르크스주의, 심리 분석 등에서 행해진 철학적 숙고와 답변은 점차 실망을 안겨주고 있었다. 이런 상황에서 새로운 대안이 모색되는 것은 당연한 일이었다. 그 대안으로 떠오른 것이 바로 니체의 철학이었으며, 니체 철학은 프랑스의 지적 전통에 새로운 길을 연다. 현대 프랑스 철학은 상당 부분 니체와의 연관 아래 사유 실험을 전개한다. 물론 리오타르Jean-François Lyotard처럼 칸트의 《판단력 비판*Kritik der Urteilskraft*》과의 연계 속에서 사유 실험을 전개하는 경우가 없는 것은 아니지만, 니체가 없었더라면 프랑스 현대 철학은 아마도 다른 길을 가고 있을 거라는 판단은 결코 과언이 아니다.

니체가 프랑스 철학에 길을 제시한 것은 무엇보다도 보편적 구속력을 지닌 합리성에 대한 첨예한 비판을 통해서였다. 포스트모더니스트이거나 포스트모더니즘과 유사한 사유를 전개한 프랑스 사유가들은 니체 철학의 이런 면을 고려한 사유 실험을 진행시켜, 차이에 대한 감수성이나 파악할 수 없는 것을 견디어내는 인간 능력에 대한 강조를 통해 '포스트모더니즘 이론의 선구자'라는 니체상을 성립시킨다. 그런데 여기서 간과할 수 없는 점은, 만일 프랑스에 니체를 수용할 토양이 미리 마련되어 있지 않았더라면, 니체가 그토록 큰 영향을 끼치지는 못했을 것이라는 점이다. 즉 베르그송과 발레리 그리고 사르트르가 형성해놓은 '합리주의로부터의 전회' 경향이 이미 존재했고, 니체는 이것을 더욱 강화시키고 가속화시킨 것이라고 보아야 한다. 고향 독일에서보다 프랑스에서 니체가 더욱 큰 영향을 발휘하게 된 것은 이런 이유 때문이기도 하다. 독일은 오랫동안 니체를 국가 사회주의와 연관시켜 이해했고, 전쟁 이후 독일에서는 슐라이어마허Friedrich Schleiermacher와 딜타이 그리고 가다머Hans-Georg Gadamer와 아펠Karl-Otto Apel과 하버마스Jürgen Habermas 철학이 주도권을 행사하고 있었기에 니체 철학의 자양분을 흡수할 토대가 마련되어 있지 않았다. 오히려 니체 철학과 이것의 프랑스 포스트모던적 극단화는 독일에서는 비교적 최근까지 아주 낯설고도 비합리적인 경향으로 치부되었다.

　새로운 철학 유형의 요구와 포스트모던적 합리성 비판의 맥락에서 진행된 프랑스의 니체 논의는 통일적인 하나의 그림을 그려내기 어려울 정도로 다양하게 전개된다. 그런데 프랑스에서 니체는 철학적·아카데미적인 문제 해결사로서뿐만 아니라, 예술적이고도 지적인 아방가르드 역할로서도 수용되었다는 특징을 지닌다. 니체가 철저히 자유의 목소리로, 그리고 적극적인 해방의 목소리로 받아들여졌기 때문이다. 그러면서 니체에 대한 공개적인 논의들이 아카데미 외부에서 자발적으로 이루어졌으며, 문화적 영역과 철학적 영역과 특수 학문 영역과 일상성과의 경계를 완전히 무너뜨려버리는 비정통적인 니체의 목소리는 아카데미 언어의 유희 속에 머무르지만은 않게 된다. 하지만 내용상으로 프랑스의 니체 논의들은 프랑스 현대 철학 일반과 아주 밀접하게 연관된다. 들뢰즈Gilles Deleuze와 클로소프스키Pierre Klossowski가 촉발시키고, 실질적으로 데리다와 그의 제자들이 확장한 니체 이해는 크게 두 종류의 프랑스적 니체상을 성립시켰다. ① 해체주의자 니체, ② 새로운 존재론자 니체. 이외에도 리쾨르Paul Ricoeur가 제시한 해석학자 니체상도 있다.[27]

(1) 차이의 철학으로서의 니체 철학 : 해체주의자 니체

해체론적 니체 수용은 반헤겔주의 철학으로 소급하는 들뢰즈, 루소주의와 니체를 연결시키는 클로소프스키, 구조주의 방법론을 적용하는 데리다, 그리고 이 세 사람과 유사한 논의를 보여주고 그 세 사람 사이에 위치하지만 그들과 호환될 수 없는 독특성을 보여주는 푸코Michel Foucault에 의해 형성된다.

1960년대에 이미 실존철학과 현상학 그리고 마르크스주의의 종합으로부터 거리 두기를 시작한 들뢰즈는 니체 철학을 헤겔주의와 변증법적 사유를 차이와 힘의 철학으로 전환시키는 철학으로 보려 한다. 그는 니체에게서 자신의 목소리, 즉 절대변증법에 대한 첨예한 대립의 목소리와, 동시에 비판적 경험주의와 차이의 반복을 말하는 목소리를 들을 수 있었다. 그가 들은 니체의 목소리는 곧 힘에의 의지 개념으로 표현된 반변증법적 목소리였던 것이다. 이를 설명하자면, 첫째, 니체의 철학은 힘에의 의지의 계보학이기에 반헤겔적이다. 힘에의 의지의 계보학은 유한한 다수의 힘의 역동적 운동이 생성으로서의 존재를 형성한다는 것을 말한다. 그리고 여기서의 존재는 전통 형이상학의 존재, 통일성과 동일성 원칙이 적용되는 존재가 아니다. 오히려 그 존재는 다양성과 차이와 운동을 보여주는 존재이며,

---

27) 리쾨르에 의하면 니체 철학은 하이데거의 실존론적 해석학이나 가다머의 언어적 해석학과는 다른 유형의 해석학을 성립시킨다. 즉 의미를 탈신비화하고 환영을 없애버리는 해석학적 과제에 충실한 '의심의 해석학'을. P. Ricoeur, *De l'Interpretation: Essai sur Freud*(Paris 1965). 자세한 것은 이 책 제3부 제2장 〈니체, 실존철학과 해석학〉 참조.

존재의 이런 특징은 바로 지속적인 차이를 만들어내는 힘에의 의지의 활동 때문에 가능하다. 이 힘은 다양성과 그것의 재산출의 근거이자 조형적 힘으로서 자신 속에서 차이가 나는 다양성 속의 통일성을 지속적으로 보여주기에, 이 힘의 종합적 성격은 변증법적인 다양성의 통일 원칙과는 다르다. 더 나아가 헤겔의 절대성 철학이 부정성 개념과 노동 개념을 강조하는 반면, 니체는 완전히 다른 유형의 순수한 긍정의 논리, 즉 디오니소스적 논리를 발전시킨다.

둘째, 힘에의 의지의 계보학은 들뢰즈 자신이 선호하는 비판적 경험주의의 모습을 보여준다. 힘에의 의지라는 운동의 역동적 동인이자 차별의 요소이며, 동시에 지속적인 변형의 근본 형상은 철저히 경험주의적이고 자연주의적이다.[28] 그것은 결코 경험의 합규칙성을 초월적인 질서라는 원칙으로 소급시키지 않는다. 셋째, 동일성에 대한 니체의 거부와 차이에 대한 니체의 긍정은 언어적 지평에서도 개념적 동일성에 대한 거부로 등장한다. 이런 생각을 그럴듯하게 만들기 위해 들뢰즈는 플라톤적 반복과 니체적 반복이 갖는 차이점을 제시한다. 플라톤적 반복이 반복의 동일성을 유지시키는 근원 모델, 즉 순수 이데아나 형상에 대한 모사라면, 니체적 반복은 차이라는 사유를 토대로 한다. 그리고 모든 사건이 그러하듯, 모든 표현 역시 니체에게서는 일회적이며 다른 표현들과 구별된다. 그래서 차이 없는 반복은 없으며, 반복하는 요소들은 일반적인 개념적 명명으로 포함될 수 없다. 차이만이 있을 뿐, 사유에는 아무런 동일성도 없다.[29] 넷째,

---

28) G. Deleuze, *Nietzsche et la philosophie*(Paris, 1962).

니체라는 기호 속에서는 철학 역시 변할 수밖에 없다. 통일성과 동일성 규칙의 의무를 지고 있던 철학은 이제 그 자체로 다양한 해석의 기술(技術)이라는 활동으로 변하게 된다. 이런 개방적 철학함은 정신적 자유를, 그리고 그 자유의 실현인 다양성을 확보할 수 있다. 이것은 곧 개인의 삶에 미적 · 비극적인 성격을 다시 각인시킬 수 있는 계기가 된다.

들뢰즈의 니체상은 프랑스에서의 니체 르네상스가 태동하는 데 실질적 기초를 제공했다. 하지만 '반변증법적 형식의 철학'으로서의 니체 철학을 보여주기 위한 그의 핵심 논거들은 니체 자신의 사유와는 무관하거나, 니체적 의미로는 받아들일 수 없는 것들이 포함되어 있다. 예컨대 힘의 능동성/수동성에 관한 그의 핵심적 논의는 니체에 의존하지도 않고, 그 자신이 근거 짓는 작업을 하지도 않는다. 하지만 그는 그것을 다시 인간의 의식과 무의식의 힘을 설명하는 방법적 도구로 사용한다. 또한 니체에게서 그가 말하는 '피지스의 존재론' 혹은 '경험적 · 비판적 물리학'을 발견하는 것 역시 니체를 넘어선 것이라고 하겠다.

바타유와 함께 사회학 콜레쥬Collége de Sociologie의 일원이었으며, 《즐거운 학문》과 하이데거의 《니체Nietzsche》를 프랑스어로 번역했던 클로소프스키는 아카데미 외부의 니체 논의를 대변한다. 그는 철학자가 아니라, 문필가이고 번역가이며 화가이자 시나리오 작가다. 그는 니체 철학의 내용에 집중했다기보다는, 우선적으로 니

---

29) G. Deleuze, *Différence et répétition*(Paris, 1968).

체 철학의 서술 방식에 최초로 집중했던 바타유의 모범을 따른다. 그래서 그는 첫째, 니체의 철학적 의도를 현대 문학의 가장 어려운 문제인 서술 방식과 직접적으로 연관시킨다. 니체는 언어적 재현의 규칙을 벗어나기에 명백한 표현적 의미를 지시하지는 않지만, 삶의 비재현적 이상을 지시하는 문체를 보여준다는 것이다. 그런 의미에서 니체의 서술 방식은 프루스트Marcel Proust나 조이스James Joyce의 서술 방식을 선구하는 것이며, 이런 문체를 클로소프스키는 '디오니소스적 에크리écrit'로 설명한다. 둘째, 그에게 니체는 엄밀한 의미의 철학자가 아니다. 그렇다고 진정한 예술가도 아니다. 니체는 사유와 언어와 역사를 개념적인 관계로 끌어들이지 않고, 오히려 복잡한 실험적 관계로 끌어들여 다양한 것을 산출해내는 사유가이며, 더구나 공적인 이론가이기를 거부하는 사적 사유가로서 '예술가-철학자'인 것이다.[30] 바로 그렇기에 셋째, 니체의 철학적 사유는 하나의 특정한 위치를 점유하는 것이 아니라, 무한한 폭발의 역학이 진행되는 지점이다. 따라서 니체의 사유에서는 철학적 이론화 자체가 거부된다. 이런 특징들 때문에 그는 영원회귀 사유를 가지고 소통적 사유의 지평을 확보하려는 니체의 노력은 '소모전'에 불과하다고 단언한다. 영원회귀 사유는 클로소프스키에게는 단지 프랑스 현대 철학의 중심 주제, 즉 근대적 주체의 해체를 예견하고 자아의 분산에 대한 경험을 말하고 있는 것일 뿐이다.[31]

---

30) J-N. Vuarnet, *Le Philosophe-artiste*(Paris Union Générale d'Editions, coll 10/18, 1977).

푸코와 데리다에게 니체는 기호 유희의 이론가이자 실천가, 그리고 투쟁의 이론가이자 실천가다. 이들에 의해 니체는 그들이 대변하는 '형이상학 이후의 철학'의 대표적인 선구자가 된다. 그러나 아이로니컬하게도 이것은 곧 니체 고유의 사유 윤곽이 결정적으로 흐려지는 계기로도 작용한다. "니체는 내게 일종의 계시였다. 나는 사람들이 내게 알려주었던 것과는 완전히 다른 사람이 거기 서 있는 것을 느낄 수 있었다."[32] 역사를 폭력의 무대로 고발하는 '고발자' 니체를 보는 푸코의 말이다. 그 역시 후설과 현상학을 배웠지만 들뢰즈와 마찬가지로 곧 이들에게서 등을 돌리며, 유럽의 합리성과 이성의 역사에 대한 독특한 사유를 전개한다. 푸코는 니체를 크게 세 가지 이유에서, 즉 이성의 역사에 대한 고찰, 계보학의 기능에 대한 파악, 해석의 기호에 대한 우위 상정에서 방법론적 · 내용적 모범으로 삼으며, 니체의 계보학 개념을 고고학 개념과 연결시키고, 계보적 방법론을 지식과 권력의 문제로 소급시킨다.[33] 니체의 방법론적 전제들을 모범으로 삼아 푸코가 전개한 유럽의 합리성과 이성의 역사에 대한 독특한 사유는, 이성의 역사는 늘 그 타자인 비이성과 함께 나타나는 이율배반적인 비극적 구조를 갖고 있다는 점에 관한 것이다. 푸코의 이런 사유는 니체의 정신 착란 경험에서 자극을 받은 《광기와 비이성 : 고전 시대에서의 광기의 역사*Folie et Déraison : Histoire de*

31) P. Klossowski, *Nietzsche et le cercle vicieux*(Paris, 1969).

32) M. Maumda (Hrsg.), *Foucault*(München 1998), 34쪽.

33) M. Foucault, "Nietzsche, la généalogie, I'historie", *Hommage à Jean Hyppolite*(Paris, 1971).

la folie á l'âge classique》(《광기의 역사》)에서부터 이미 예견되고 있었다고 할 수 있다.[34] 그리고 《지식의 고고학*L'Archéologie du savoir*》의 서문에는 니체에게서 받은 영향이 발전된 형태로 구체화된다.[35] 여기서 선보이는 반학문으로서의 역사 서술 개념, 즉 모든 종류의 형이상학적 절대성 요구에 대항하고 이성적 주체의 지배권에 저항하는 것, 이성의 역사가 지식의 고고학이라는 맥락에서 자신을 주제화하는 것, 지식고고학의 과제가 의미와 비의미 사이에서 나타나는 근원적 대립의 우연적이면서도 사실적인 변화를 파악해내고 이를 기록의 형태로 정돈한다는 것 등에 관한 그의 사유는 푸코 자신의 지적처럼 니체를 그의 방법론적 조상으로 인정하게 한다. 지식의 역사에 대한 푸코의 재구성이 변증법적 역사 개념에 대한 니체의 비판을, 그리고 유럽적-소크라테스적 이성의 역사를 심리 분석적으로 읽어내고, 그 역사를 비극 및 디오니소스-아폴론의 근원적 대립에 대한 거절로 파악하는 니체의 모범을 따른 것이기 때문이다.

니체의 두 번째 《반시대적 고찰》(《삶에 대한 역사의 공과》)을 모범으로 삼아 역사 이성에 대한 비판을 강화시킨 〈니체, 계보학, 역사〉에서는 계보학의 기능을 타진한다. 주지하다시피 계보학은 한 사태를 설명할 때 그 연원과 출처를 밝혀 설명하는 방식으로, 이때 형이상학적 최종 목적이나 근원이나 가정은 배제한다. 그래서 근원 역사학이 역사 형이상학으로서 역사 속에서 하나의 동일한 최초의 근원

---

34) M. Foucault, *Folie et dérasion : historie de la folie à l'age classique*(Plon, 1961).

35) M. Foucault, *L'Archéologie du Savoir*(Paris, 1969).

을 찾으려 하는 반면, 계보학은 개별자들과 우연들에서 연원을 찾으려 한다. 따라서 이것은 어떤 토대도 허용하지 않고, 오히려 토대를 동요시키고 분해해버린다. 그래서 푸코는 '니체와 더불어 그리고 니체 이후' 계보학이야말로 진정한 역사를 인식하는 방법론, 즉 지속성과 총체성이 아닌 사건들의 일회성과 이질성을 인식하는 방법론일 수 있다고 지적한다. 그리고 푸코의 초기 작품《니체, 프로이트, 마르크스》에서는 후기 구조주의 운동에서 논란이 되는 테제 하나를 니체의《도덕의 계보》에서 찾아낸다. 즉 프로이트, 마르크스와 더불어 니체는 "해석의 기호에 대한 우위"[36]를 정식화한다는 것이다. 그래서 이는 종결되지 않는 해석의 운동에 관한 철학이라는 현대 해석학의 요청을 선취하고 있다는 것이다.

만일 니체에게 자신과 가장 유사한 사유를 전개한 프랑스 철학자를 찾으라고 한다면, 아마도 푸코를 꼽을 것이다. 하지만 푸코 역시 들뢰즈와 마찬가지로 니체 철학에 충실하다고만은 할 수 없다. 이성과 역사에 관한 그의 해석이나 진리와 권력의 상호적인 연결에 대한 강조는 물론 니체의 유산이다. 하지만 역사가 순수한 사실과 폭력의 장소일 뿐이라는 것, 그곳에서의 지식의 활동은 믿을 수 없다는 것, 권력은 실제 권력 행위라는 것은 니체의 사유 단초를 발전시킨 것으로 보아야 한다.

많은 동시대인들과 마찬가지로 1960년대 프랑스를 지배하던 실존주의, 현상학, 마르크스주의, 심리 분석에 실망한 데리다는 소쉬르

---

36) M. Foucault, *Nietzsche, Freud, Marx*(Paris, 1967), 190쪽.

유의 구조주의 방법론과 '차연' 개념을 수단으로 삼아 근원 철학으로서의 존재론을 비판한다. 이것은 로고스 중심적 이성 전통으로부터의 탈출을 꾀하는 해체주의 운동의 맥락에서 이루어진다. 《차연—철학의 여백*La différance. Marges de la philosophie*》에서 《에프롱—니체의 문체*Eperons. Les styles de Nietzsche*》을 거쳐, 《오토비오그라피—니체의 교육과 고유명사의 정치학*Otobiographies. L'enseignement de Nietzsche et la politique du nom propre*》에 이르기까지 데리다에게 니체는 모범에 그치는 것만도 아니고, 하이데거나 레비나스Emmanuel Levinas, 프로이트와 동등한 중요성을 갖는 존재도 아니다. 니체는 데리다가 그 자신과 동일시할 정도로[37] 데리다에게 단순한 모범 그 이상이었으며, 결정적 인물이었다. 그런데 그가 니체에 접근하고, 자신과 니체를 동일시하기까지 하는 이유는 자신이 전개하는 해체주의의 근본 특징을 그에게서 발견해내고 싶었기 때문이다. 즉 그는 '해체론의 진정한 선구자' 니체의 얼굴을 그리고 싶어 한다. 그리고 이 얼굴로 하이데거가 제시했던 '최후의 형이상학자 니체'상을 대체하고 싶어 한다. 이 의도는 여러 곳에서 확인된다. 《에프롱》에서 데리다는 하이데거의 환원주의적 니체 해석과는 달리 니체를 조각내어 읽고자 한다. 그리고 '반여성주의자 니체'상을 '사유의 여성화' 전략과 '진리의 여성화 전략'을 통해 와해해버린다.[38] 그러나 하이데거의 니체 해석에 대한 데리다의 가장 첨예한 비

---

37) E. Behler, *Derrida-Nietzsche, Nietzsche-Derrida*(München-Paderborn, 1988).

38) J. Derrida, *Eprons. Les styles de Nietzsche*(Paris 1978).

판은 1984년 독일 문화원에서 가다머와 벌인 논쟁을 통해 등장한다.

이 논쟁에서 데리다는 하이데거에서 가다머로 이어지는 형이상학적 니체 이해가 니체 철학을 망친 주범이라고 단언한다.[39] 형이상학적 니체 읽기와는 달리 데리다는 니체에게서 불연속적이고 잠언적인 글쓰기, 관점적, 비결정적, 탈중심적, 반체계적, 모순적, 시적인 얼굴만을 보고 싶어 했기 때문이다. 그 결과 데리다에게 니체 철학은 탈형이상학적 사유와 해체론적 과제를 이행하는 것이며, 니체의 글 자체는 이 과제를 실천한 예이자 니체 자신의 과제에 대한 알리바이일 뿐이다. 그래서 니체 철학은 존재 역사적·형이상학적·체계적인 방식이 아니라, 구조주의적·문자학적·해체적 방식으로 읽혀야 하며, 이런 읽기를 통해서야 비로소 니체 철학의 본 모습이 드러난다고 데리다는 생각한다. 이런 이해 방식은 니체 철학의 과제인 '디오니소스적 긍정'을 단지 오류도 진리도 없는 기호 세계에 대한 긍정으로, 니체 철학의 여러 내용을 단지 형이상학적 욕구를 종식시키기 위한 수사학적 장치로, 니체의 언어를 총체적 의미가 부재하는 차이들의 놀이터인 텍스트로 축소해버린다. 더 나아가 니체 철학의 형식과 과제를 의도적으로 무시하여 니체 철학의 과제 자체를 무의미한 것으로 만들어버린다. 차이의 유희에 주목하는 데리다는 결국 자신의 고유한 텍스트마저 태워버리고, 자신의 걸음의 흔적마저 지워버리는 철저한 '해체주의자 니체'를 선보인 것이다.

데리다가 제시한 기호의 유희론자 니체상은 데리다의 제자들인

---

39) P. Forget, *Text und Interpretation*(München, 1984).

포트라Bernard Pautrat, 레이Jean-Michel Rey, 코프만Sarah Kof-man, 르냉Thierry Lenain 등에 의해 기호의 유희를 '체계화'시키는 자로서의 니체상으로 이어진다.[40] 그 출발점은 플라톤적·아리스토텔레스적 전통에 대항하고, 니체와 바타유로 소급되는 데리다의 메타포 이론이다. 플라톤과 아리스토텔레스에게 메타포는 그 자체로는 형상적이지 않은 진리를 형상적으로 제시하는 기능을 한다. 반면 니체와 바타유에게서 메타포는 차이에 대한 표현 형식으로, 즉 기호로서 등장한다는 것이다. 이런 입장의 근거를 찾기 위해 포트라와 레이, 코프만은 니체의 초기 작품에 주목하여, 니체가 메타포 형식으로 자신의 입장을 표현하고 구현하려 했던 텍스트들을 찾아낸다. 심지어 포트라와 코프만은 이런 니체적 메타포 사유의 발전사를 보여주려는 작업을 하기도 한다. 특히 포트라는 1876년 이후의 니체가 보여준 다양한 서술 방식에 주목하고, 클로소프스키의 모티브를 이어받아, 니체가 사용한 비개념적인 언어는 언어 이전의 충동 자극이 현재화된 것으로 이해한다.

이렇듯 들뢰즈와 클로소프스키에 의해 촉발되고, 실질적으로 데리다와 그의 제자들이 확장한 '차이의 철학자'로서의 니체상은 현혹적이기는 하지만 낯설고도 편중된 시각으로 인해 프랑스에서도 많은 문제가 제기되었다. 그것은 바로 앞서 지적했듯이 '힘에의 의지'와

---

40) B. Pautrat, *Versions du soleil, Figures et systéme de Nietzsche*(Paris, 1971) ; J-M. Jey, *L'enjeu des signes. Lecture de Nietzsche*(Paris, 1971) ; S. Kofmann, *Nietzsche et la métaphore*(Paris, 1972) ; T. Lenain, *Pour une critique de la raison ludigue. Essai sur la problématique nietzschéenne*(Paris, 1993) 등 참조.

'영원회귀'와 '가치의 전도'와 '디오니소스적 긍정'이 엮어내는 니체 사유의 총체가 과연 임의적으로 산출된 기호들의 의도 없는 유희만을 구현시키는 현대적 저술 형식을 촉발시킨 것인가, 혹은 니체가 전통 형이상학과 자신의 철학을 차별화하면서도 여전히 내용 있는 철학을 구성하고 있는 것이 아닌가, 니체의 저술에는 이른바 '이론'의 목소리가 있는 것이 아닌가 등에 관한 의문의 형태로 제기된다. 이런 의문들은 니체의 철학에서 ① 독특한 형태의 존재론, 즉 현대에도 여전히 의미 있는 형태의 '차이의 존재론'에 대한 체계적인 작업을 찾아내게 한다. 동시에 ② 심리학자와 자유의 교육자로서의 니체상, ③ 차이의 존재론이 아니라, 완전히 새로운 유형의 존재론으로 가는 길에 서 있는 니체상을 등장시키기도 한다.

'차이의 존재론자'로서의 니체상은 부도Pierre Boudot, 고야르 파브르Simone Goyard-Fabre, 게렝Michel Guérin, 라뤼엘François Laruelle 등에 의해 제기된다. 이것은 바타유, 들뢰즈, 데리다와의 사상적 공감대 위에서 니체의 존재론을 하이데거의 형이상학적 평가에 대립적인 것으로 이해한다. 즉 니체의 차이의 존재론은 동일성으로 수렴되지 않는 일자(一者), 늘 존재하지만 분열하고 있는 일자에 관한 것이라는 것이다. 이런 니체 이해는 부도에 의해 시작되며, 고야르 파브르는 니체의 '이중성의 존재론'에서 차이와 반복이라는 존재자들의 비극적 구조가 '창조와 선택'의 형식으로 등장한다고 한다. 게렝은 대립자들의 존재론에 '반실재론 철학의 극단'이라는 위계를 부여한다.[41] 이런 해석들은 들뢰즈의 철학에서 아주 복잡한 형태로 재등장하기도 한다.

차이의 존재론자로서의 니체상과는 달리 니체 철학에서 새로운 존재론으로 가는 길을 찾아내는 경향도 있는데, 그라니에(Jean Granier[42])가 그 대표적 경우다. 그는 니체 철학의 존재론적 지평을 하이데거가 제시한 형이상학의 완성체라는 니체 이해와 대립적이면서도 동시에 데리다적 의미에서의 에크리라는 해석과도 대립적인 것으로 보는, 오늘날에도 여전히 유효한 관점을 제시한다. 그라니에가 던진 질문, 즉 니체가 만일 다양성 속에 존재하는 하나의 근거라는 형이상학적 사유를 포기한 것도 아니고, 단절되지 않는 과정을 옹호한 것도 아니라면, 도대체 니체의 존재론의 정체는 무엇인가라는 질문은 오늘날 다양한 답변을 얻게 된다. 그 답변들은 니체 철학이 오히려 '하이데거 이후의 존재론을 완성'한 형태인가 혹은 '칸트 이후의 초월 철학'으로 이해할 수 있는 것인가라는 논의 지평에서 주어진다. 그리고 그라니에와는 다른 방식으로 니체 철학을 존재론으로 이해하려는 경향도 존재한다. 쥐랑빌Alain Juranville은 니체 철학을 피지스physis의 존재론으로 보았으며,[43] 알튀세Louis Althusser의 영향을 받은 마르크스주의자 키니우Yvon Quiniou는 니체 철학을 유물론적 실천의 존재론으로 제시하려 한다.[44] 아르Michel Haar는 그라니에의 반하이

41) P. Boudot, *Nietzsche en miettes*(Paris 1973) ; S. G-Fabre, *Nietzsche et la conversen métaphysique*(Paris, 1972) ; M. Guérin, Nietzsche. Socarte héroique(Paris, 1975).
42) J. Granier, *Le probléme de la vérité dans la philosophie de Nietzsche*(Paris, 1966).
43) A. Juranville, *Physique de Nietzsche*(Paris, 1973).
44) Y. Quiniou, *Nietzsche ou l'impossible immoralisme. Lecture matérialiste*

데거적 동인과 발라디어Paul Valadier의 디오니소스주의, 그리고 데리다와 블롱델Eric Blondel의 언어 중심적인 작업 방식을 이어받아, 니체의 철학을 가상 산출의 존재론으로 규정하는 모델을 제공하려 한다.[45] 그리고 니체를 존재론적 야심을 지닌 초월 철학의 맥락에서 하나의 이론으로 읽어내려는 시도는 특히 블롱델과 아르에게서 특징적으로 나타난다. 이들은 니체 철학에서 '비경험적 삶'을 주목하면서, 무한한 활동성을 보여주는 이 삶은 차이와 기호 속에서(해석들과 메타포 형식들 속에서),[46] 그래서 가상이라는 형식 속에서 자신을 드러내는 것으로 이해한다.[47] 이외에도 아생Paul-Laurent Assoun이나 코르망Louis Corman 등에 의해 제시된 '심리학자' 니체상과 '자유의 교육자'로서의 니체상도 있다.

이렇듯 1960년대 이후 프랑스의 니체 르네상스는 철학의 종말 및 새로운 시작, 주체의 죽음, 계보학의 패러다임, 진리 이념의 해체 등의 주제와 관련되어 있다. 이 경향은 이미 1972년 〈오늘날의 니체?Nietzsche aujour'hui?〉라는 독일과 프랑스의 니체 연구가들이 대거 참여한 콜로키움에서 확연히 입증되었다. 그리고 최근의 프랑스어권의 작업들을 보면 니체가 여전히 중요한 역할을 하고 있음을 알 수 있다. 아르, 바디우Alan Badiou, 키니우, 르냉 등의 작업이 이

(Paris, 1993).

45) M. Haar, *Nietzsche et la métaphsique*(Paris, 1993).

46) E. Blondel, *Nietzsche. le corps et la culture. La philosophie comme généa-logie philologique*(Paris, 1986).

47) M. Haar, *Nietzsche et la métaphsique*(Paris, 1993).

런 상황을 잘 대변해주고 있다. '프랑스에서는 아직 아무도 니체를 알고 있지 않다' 라는 1891년의 단언은 현대라는 시점에서는 신화 같은 옛 이야기가 되어버린 것이다.

2. 독일에서의 니체 수용 및 니체 르네상스의 역사

독일에서의 니체 철학의 영향사 및 수용사 역시 프랑스에서처럼 세 시기로 나눌 수 있다. 첫 시기는 1880년대부터 1910년대까지로, 이 때에는 니체 철학에 접근하는 경향과 이에 냉담하게 거리를 두는 경향이 공존한다. 독일 철학을 대변했던 강단 철학, 예컨대 후설 유의 현상학, 빈델반트Wilhelm Windelband와 리케르트Heinrich Rickert 등의 신칸트학파, 그리고 딜타이와 하르트만Eduard von Hartmann 의 철학에서 니체는 철저하게 무시된다. 반면 젊은 철학자들, 예컨대 지멜, 릴Alois Riehl, 리히터Raoul Richter, 바이힝거Hans Vaihinger, 클라게스Ludwig Klages 등에게서 니체는 비판적인 질문을 던지는 철학자로 받아들여졌다. 두 번째 시기는 대략 1930년대부터 1950년 대까지로, 이때에는 니체 철학에서 이론적인 종합성을 찾아내려는 노력이 보임러, 야스퍼스, 뢰비트, 하이데거, 루카치 등에 의해 이루어진다. 세 번째 시기는 1960년대부터 현재에 이르는 시기로서, 매우 다양한 해석들이 혼재되어 있다. 그리고《고증판 니체 전집》을 편찬한 몬티나리와 콜리의 문헌학적 작업으로 독일의 니체 르네상스 역시 실질적으로 가능해졌다.

1) 철학적 논외 대상으로서의 니체

1888년 덴마크의 예술사가이자 문학사가이며 문화비판가였던 브란데스는 니체 철학을 코펜하겐 대학에서 처음으로 강의한다. 그는 니체 철학에서 주인 도덕과 노예 도덕과의 관계, 그리스도교의 동정 도덕에 대한 니체의 접근 등 주로 윤리적·정치적 영역에 주목하여 귀족들의 능동적 주인 도덕 대 대중들의 질투의 도덕 사이의 대립을 강조하면서, 니체의 철학을 귀족적 급진주의로 이해한다(1889년에는 〈귀족적 급진주의. 프리드리히 니체에 대한 글〉을 쓰기도 한다). 하지만 이것은 예외적인 경우였으며, 그것도 외국의 경우였다. 독일에서 니체는 철학자라기보다는 일종의 예술적 사건이자 문학적 사건으로 받아들여졌다. 이러한 이해 경향은 니체의 예술 관련 텍스트나 아포리즘적 서술 양식, 그의 격렬한 시대 비판이나 현실과의 단절 시도 등에 의해 고무되었고, 니체라는 철학자 개인의 '삶과 작품의 통일성'에 의해 자극받았다. 정열적이고 주저하지 않고 때로는 폭력적이기까지 하며 결국은 스스로를 파괴해버리는 데에 이르는 지적 실존, 생산적인 정신 속에 내재하며 스스로를 좌초시키고야 마는 심연성, 스스로 선택한 좌초에 놓여 있는 삶의 의미. 예술가들은 니체에게서 이러한 것들을 보았으며, 정신 착란으로 이어지는 그의 비극적 종말에서 예술가들은 자신의 운명을 보았다. 니체의 병증은 위대함으로 이해되었고, 예술가 개개인의 의미 부여를 통해 니체에게서 미적 계기들이 발견되었으며, 니체의 삶 자체가 예술 작품으로 간주되었다. 이렇듯 니체가 예술적 사건으로 받아들여지고 그의 개인적 삶에 지나친 관심이 집중된 것은 독일에서 니체에 대한 철학적 논의를 어렵게 만든 이유 중의 하나다.

물론 대학 철학은 그에 대해 침묵했다. 당시 대학 철학은 빈델반트나 리케르트 등의 신칸트학파가 주도권을 행사하고 있었고, 철학은 엄밀한 학문이어야 한다는 후설의 선언이 전체적인 동의를 얻고 있었다. 또한 딜타이는 해석학 운동을 준비하고 있었고, 하르트만은 쇼펜하우어와 헤겔 철학의 종합을 선보이고 있었다. 이러한 독일의 주류 강단 철학은 니체 철학이 보여주는 예외성과 급진성과 비체계성과 비합리성을 이해할 수 없었다. 하지만 그 와중에서도 젊은 소장 철학자들은 니체를 서서히 주목하기 시작한다.

니체 철학을 진지한 연구의 대상으로 삼은 최초의 책은 1895년에 나온다. 슈타이너는 이 책[48]을 통해 니체의 주요 사유에 대한 설명과 니체 사유의 발전 과정 및 본능과 충동에 대한 니체의 입장을 비판적으로 고찰하려 한다. 하지만 그는 독특하게도 심리학적 · 병리학적 관점을 적용하여 니체 철학의 주요 개념들을 억압 표상을 위한 것으로, 니체 철학 전체를 파괴충동의 소산이자 진리 충동을 결여하는 병적인 철학으로 진단한다. 이보다 더 주목할 만한 작업은 바이힝거의 《가정의 철학Philosophie des Als Ob》과 《철학자로서의 니체Nietzsche als Philosoph》,[49] 그리고 릴의 《프리드리히 니체. 예술가와 사유가Friedrich Nietzsche. Der Künstler und der Denker》[50]를 들

---

48) R. Steiner, *Friedrich Nietzsche, Ein Kämpfer gegen seine Zeit*(Weimar, 1895).

49) H. Vaihinger, *Philosophie des Als Ob*(Berlin, 1911) ; H. Vaihinger, *Nietzsche als Philosoph*(Berlin, 1902).

수 있다. 《가정의 철학》의 단초, 즉 인식과 행위와 종교의 근거로서
의 허구들, 그리고 이 허구들이 삶에서 수행하는 기능은 니체 철학과
아주 유사한 면모를 보이며, 이 책에는 칸트와 니체의 철학을 다룬
부록이 수록되어 있다. 이 내용은 아마도 바이힝거가 1889년부터 니
체의 저작을 읽기 시작한 것과 무관하지 않을 것이다. 《철학자로서
의 니체》에서 바이힝거는 좀 더 구체적인 니체상을 선보인다. 그에
게 니체는 다윈주의의 영향 아래 쇼펜하우어의 철학을 긍정적인 것
으로 변화시킨 철학자다. 이런 평가에는 위버멘쉬와 영원회귀의 긍
정 등과 같은 니체 철학의 목표를 간과하지 않는 동시에 그의 사유가
갖는 내적 연관들을 무시하지 않는 연구 방법이 적용되어 있다. 릴의
《프리드리히 니체. 예술가와 사유가》는 니체를 뛰어난 문체를 지닌
문필가이자 문화철학자로 등장시킨다. 이외에도 아이슬러Rudolf
Eisler의 인식론적 · 존재론적 연구,[51] 그리고 클라게스의 심리학적
연구[52] 등도 주목할 만하다. 심리학자이자 철학자였던 클라게스에게
니체는 '심리학'을 예비한 자다. 니체의 심리학은 의식층을 직접적인
대상으로 삼는 심리학이 아니라, 의식층의 피상성을 지적하고, 그 밑
에 결코 사변적인 영민함으로는 도달할 수 없는 어두운 심층이 있다
는 것을 지적한다. 그런 의미에서 니체는 19세기의 강단 심리학과는

---

50) A. Riehl, *Friedrich Nietzsche. Der Künstler und der Denker*(Stuttgart,
   1897).
51) R. Eisler, *Nietzsches Erkenntnistheorie und Metaphysik. Darstellung und
   Kritik*(Leipzig, 1902).
52) L. Klages, *Der Geist als Widersacher der Seele*(1929~32), *Sämtliche
   Werke*, Bd. I(Bonn, 1969).

완전히 다른 유형의 심리학을 선보인 최초의 심리학자다.

이외에도 슈펭글러는 시대에 대한 자신의 문제의식에 니체의 통찰이 반영되어 있으며, 더 나아가 니체의 통찰을 자신이 완성시킨 것이라고 이해한다.[53] 전체적으로는——특히 그리스도교 도덕과 관련해서——니체와 대립적 입장에 서 있는 셸러는 창조적 힘의 충동과 느낌에 대한 니체의 주목에 대해서는 비판적인 재작업을 했다고 할 수 있다. 특히 〈도덕구조에서의 원한Das Ressentiment im Aufbau der Moralen〉에서는 니체의 주요 주제들이 전개되고 있으며, 니체와의 직접적인 대결을 벌이기도 한다.[54] 지멜은 니체 사유의 모순적 성격에도 불구하고, 그 모든 것을 하나로 묶는 체계화된 니체상, 즉 생철학자 니체상을 제공한다.[55]

2) 철학자 니체상의 부각

'철학적 논의 대상으로서의 니체상'은 20세기에 들어, 특히 1930년대부터 그 구속력을 완전히 상실해간다. 이제는 오히려 니체 철학의 여러 측면이 주목을 받아 이론가이자 철학자로서의 니체상이 본격적으로 성립되기 시작한다. 우선 드레브A. Drew, 릴, 호르네퍼, 에발트Oskar Ewald 등의 도덕적 관점 및 다윈주의 관점에서의 해석

---

53) O. Spengler, *Der Untergang des Abendlandes. Umrisse einer Morphologie der Weltgeschichte*, Bd. 1(Wien, 1918).

54) M. Scheler, "Das Ressentiment im Aufbau der Moralen", *Vom Umsturz der Werte*(Leipzig, 1912).

55) G. Simmel, *Schopenhauer und Nietzsche*(Berlin, 1907).

그리고 독일 낭만주의와의 관련성을 지적해내는 해석이 등장하고, 여기에 보임러의 이데올로기적 해석도 가세한다. 보임러는 파편적 니체 읽기를 벗어나 체계적인 니체 읽기를 시도했지만, 전체로서의 의지를 나타내는 것이 정의라고 주장하고, 강자의 지배권과 약자의 노예적 실존을 정당화하며 종족적 무력 사용을 옹호하는 니체상을 만들어낸다.[56] 이렇게 해서 보임러는 니체를 정치 교육자로 정식화하고, 그를 국가 사회주의와 연결시킬 가능성을 제시한다. 하지만 보임러의 해석과 니체의 여동생 엘리자베스 푀르스터 니체의 나치즘의 이념가로 니체를 부각시키려는 노력에도 불구하고, 나치 이론가들은 니체에게서 자신들에게 유리하거나 이용 가능한 것만을 차용할 뿐이었다. 1930년대 후반의 니체 연구는(특히 뢰비트, 야스퍼스, 하이데거의 연구는) 이데올로기적 니체상에 대한 대안 찾기의 형식으로 이루어졌다고 해도 과언이 아니다.

니체 철학에 대한 독일에서의 진지한 '철학적' 연구는 뢰비트와 야스퍼스, 그리고 하이데거에 의해 이루어진다. 특히 뢰비트와 하이데거는 '체계적'인 니체상의 정립을 의식적으로 모색한다. 먼저 뢰비트는 니체 논의에 오랫동안 영향을 끼친 내용 있는 니체 이해를 제공한다. 그는 니체 철학의 핵심을 존재 전체 속에 있는 인간 존재의 의미에 관한 물음으로 이해한다. 그래서 영원회귀 사유는 니체의 진정한 가르침이며, 이것의 인간학적·우주론적 기능은 그 물음에 답을 주는 것이다. 그런 의미에서 영원회귀 사유는 무신론적 종교의 대

---

56) A. Baeumler, *Nietzsche. Der Philosoph und Politiker*(Leipzig, 1931).

체물인 동시에 물리적인 형이상학의 내용을 구성한다. 그리고 바로 이 내용이 근대 인간과 전체 자연과의 결합을 가능하게 한다.[57] 뢰비트의 이런 니체 읽기는 앞서도 지적했듯이 독일의 나치즘과 연관된 이데올로기적 니체상에 대한 대안적 성격이 짙다고 할 수 있다.

야스퍼스의 니체 읽기는 '철학자'로서의 니체상의 지반을 굳히는 계기가 된다. 그에게 니체는 독일의 실존철학을 가능하게 했던 철학자며, 니체 철학을 읽어내는 야스퍼스의 관점은 따라서 실존철학적 관점에 의존한다. 야스퍼스는 특히 니체의 삶과 철학의 통일성에 주목한다. 니체의 삶에 대한 이해가 니체의 근본적 사유들, 즉 인간, 진리, 역사, 현대라는 시대, 위대한 정치, 세계 해석, 근원 등에 대한 사유를 이해하기 위한 조건이라는 것이다. 이 사유들이 그의 삶의 맥락 속에서 형성되었기 때문이다. 또한 야스퍼스는 기존의 니체 읽기가 니체의 사유들 중에서 특정 부분에 집중한 것이 잘못된 것이라고 판단한다. 더불어 니체의 철학을 체계화하려는 노력에도 그는 엄중한 경고를 한다. 니체 철학은 '일반적'인 의미의 철학적 체계화를 허용하지 않는, 끝없는 반복과 모순들이 지속적으로 전개되는 장소이기 때문이다. 따라서 니체의 주저를 찾으려는 노력 역시 무의미하다. 하지만 그는 그 끝없는 반복과 모순들의 전체가 삶과 사유의 실존적 의미를 보여주고 있다고 생각한다. 일반적 의미의 체계화 작업을 거부함에도 불구하고, 야스퍼스는 실존철학자 니체에게서 현대 유럽의

---

57) K. Löwith, *Nietzsche's Philosophie des ewigen Wiederkehr des Gleichen* (Hamburg, 1986).

비판적 이론가의 모습을 구성해낸다. 더불어 서양 철학의 역사를 '로고스'와 '너 자신을 알라'의 지배권에 의해 특징지어지며 헤겔에 이르러 정점에 이르는 시기와, 이성의 권위 및 여타의 모든 것들의 권위가 몰락하는 시기로 구분할 때, 니체야말로 두 번째 시기를 여는 철학자로 이해된다.[58] 이런 적절한 관점에도 불구하고 야스퍼스는 아쉽게도 니체의 '디오니소스적 긍정의 철학'의 정점과 귀결점을 주시하는 데 실패한다. 아마도 그가 니체 철학에서 특정 입장이나 특정 세계상을 제공하지 않으면서도 철학함 그 자체에 의해 전복되는 근대성을 찾고 싶어 했기 때문일 것이다.

하이데거가 1936～1946년 동안의 연구에서 거둔 성과[59] 만큼 니체 철학에 대한 향후의 논의에 결정적 영향을 끼친 연구는 없었다. 그 이유는 첫째, 하이데거에 의해 니체는 철학자로서 명예 회복을 하게 된다. 하이데거가 니체를 독일 최후의 철학자로,[60] 그리고 유럽 최후의 형이상학자이자 유럽 형이상학의 완성자로, 즉 유럽 철학의 전통에 획을 긋는 철학자로 인정했기 때문이다. 둘째, 하이데거는 야스퍼스와는 달리 니체 철학을 통일적인 구조로 체계화했기 때문이다. 그의 니체 읽기의 이런 특징은 유럽 대륙뿐만 아니라 영미 니체

---

58) K. Jaspers, *Die geistige Situation der Zeit*(Berlin · New York, 1931) ; K. Jaspers, *Vernunft und Existenz*(Batavia, 1935) ; K. Jaspers, *Nietzsche und das Christentum*(München · Zürich, 1946).

59) 이 연구 성과는 M. Heidegger, *Nietzsche* Ⅰ · Ⅱ(Pfullingen, 1961)에 집약되어 있다.

60) M. Heidegger, *Die Selbstbehauptung der deutschen Universität*(Frankfurt a. M., 1933), 13쪽.

읽기에도 직간접적인 영향을 끼치게 된다. 그래서 하이데거의 니체 읽기가 보여준 특징에 동조하거나 비판적 거리 두기를 하거나, 아니면 이를 완전히 극복하거나 혹은 다른 대안을 제시하거나 하는 경향들이 그 수를 헤아릴 수 없을 정도로 등장한다. 물론 하이데거의 니체 읽기는 철저히 그 자신의 형이상학적 관심에 의해 이루어진다. 그에 의하면 니체의 형이상학은 의지의 형이상학으로서 전통 유럽 철학을 그 정점에 이르게 하여 완성된 것이다. 그런데 그는 유럽 철학의 완성자로서의 구체적 모습을 니체 철학 전체가 아니라 유고집인 《힘에의 의지》에 집중하여 찾아내고자 하며, 존재를 망각한 형이상학자의 얼굴과 형이상학과 허무주의 극복이라는 '야심 차지만 실패한' 프로그램을 수행하는 철학자의 얼굴을 니체에게 부여한다.

존재를 망각하는 형이상학자 니체상을 제시할 수 있는 근거로 하이데거는 《힘에의 의지》에서 표현된 '힘에의 의지' 개념과 '같은 것의 영원회귀' 개념의 내적 연관성을 지적한다. 이 두 사유는 서로 연결되어 존재자의 기본 성격을 표현하며, 이것으로부터 형이상학자로서의 니체라는 통일적 이해가 가능해진다. 그리고 '힘에의 의지'와 '같은 것의 영원회귀'의 종합이 존재자의 기본 성격을 표현하는 한, 비록 니체는 존재자의 존재에 대해 사유하고 있지만, 존재 자체를 은폐시켜버렸던 유럽 형이상학의 전통에서 예외적인 것은 아니다. 따라서 니체의 형이상학에서도 여전히 존재의 진리는 표명되어 있지 않다. 오히려 니체의 '의지'의 형이상학은 힘에의 의지를 무조건적이고 전도된 완성된 주체성으로 제시하면서, 존재 망각의 정점에 이른다. 이렇듯 하이데거는 니체를 마지막 플라톤주의자로 설명하면서 존재 역사로서의 유럽 형이상학의 역사를 종결짓고 싶어 한다. 니체 형이상학의 이런 특징을 하이데거는 위버멘쉬 개념을 매개로 허무주의 주제와도 연결시킨다. 위버멘쉬가 지상에 대한 무조건적인 지배를 목적으로 하는 인간인 한에서, 그리고 사물들과 인간을 통제할 수 있으며 총체적으로 기계화하고 자동화하는 존재인 한에서, 니체의 허무주의 극복 프로그램은 오히려 허무주의를 완성시키고 정점에 이르게 하는 프로그램에 불과하다.

하이데거의 이런 니체상은 그것이 갖는 관점의 편협성 및 일면성으로 인해, 니체 철학에 대한 정당한 이해라고 보기는 어렵다.[61] 특히 하이데거의 1950년대 이후의 니체 철학에 대한 연구는 1940년대의 연구보다 더욱 니체 철학으로부터 멀어진다.[62] 하지만 이때에도 1940년대에 보여주었던 니체 읽기의 핵심 과제는 그대로 유지되며, 하이데거의 니체 읽기 전체의 형식상(!)의 완결성은 어떤 니체 연구자에게서도 찾아보기 어려울 정도의 높은 수준을 보여준다.

'체계화된 니체'를 위한 작업은 루카치에게서도 이루어진다. 루카치는 힘에의 의지를 비합리주의의 총괄 개념으로 이해하면서, 이것과 자본주의 그리고 국가 사회주의 형태로 전개된 제국주의와의 내적 유사성을 말한다.[63] 이것은 루카치의 이데올로기적 관점이 반영된 것으로, 이탈리아에서의 이데올로기적 니체 수용에 큰 영향을 미친다.

61) 백승영, 《니체, 디오니소스적 긍정의 철학》(책세상, 2005), 396~415 참조.
62) M. Heidegger, "Wer ist Nietzsches Zarathustra?", *Vorträge und Aufsätze*, *Gesantausgabe*, Bd. 7(Pfullingen, 1954), 97~122 참조.
63) G. Lukács, *Die Zerstörung der Vernunft*(Berlin, 1955).

3) 프랑크푸르트 학파와의 만남

니체의 해석과 수용에 있어서 프랑크푸르트 학파만큼 첨예한 내부적 대립을 보여주는 경우는 드물다. 비판 이론 1세대인 아도르노 Theodor W. Adorno와 호르크하이머Max Horkheimer 사이에서나, 이들과 비판 이론 2세대인 하버마스 사이에서도 그 갈등은 발생한다. 호르크하이머는 사유의 전개 과정에서 상이한 니체상을 보여주기도 한다. 반면 아도르노는 비판 이론가들 중에서 비교적 일관적이면서 긍정적인 니체상을 제공한다.

니체를 통해서 '탈이데올로기적인 사회주의'라는 프로젝트를 추진하는 아도르노에게 니체는 '가장 일관된 계몽가'의 얼굴로 등장한다.[64] 물론 그 역시 초기에는 니체를 클라게스나 슈펭글러가 그러했듯이 비합리주의자로, 그리고 보임러와 로젠베르크Alfred Rosenberg와 루카치가 그러했듯이 파시즘의 선구자로 이해했다. 하지만 1930년대 중반 《도덕의 계보》를 비판 이론의 기본 텍스트로 받아들이면서 그런 니체상은 곧 사라지며, 아도르노는 점점 더 니체를 비판 이론이 많은 것을 수용해야 할 철학자라고 생각한다. 아도르노의 이런 생각은 1930년대 후반 〈바그너 시론Die musikalische Monographien. Versuch über Wagner〉에서부터 명백해진다. 이 글에서 아도르노는 히틀러와 바그너 음악과의 관계를 분석하여 히틀러가 바그너 음악 속에서 자신의 정치적 이념을 인식할 수 있었던 이유를 비판적으로

---

64) Th. W. Adorno, *Ästhetische Theorie, Gesammelte Schriften*, Bd. 7, Tiede-mann u.a.(Hrsg.)(Frankfurt a. M., 1970), 418쪽.

고찰한다. 그의 이런 작업에 니체의 바그너 비판은 범형의 역할을 한다.[65] 1940년대에 들어서면서 니체를 사회 비판 이론으로 끌어들이려는 아도르노의 시도는 보다 분명해진다. 이때 아도르노는 마르크스를 넘어서서 좀 더 발전되고 확장된 계몽 개념과 사회주의 개념을 찾으려 하고 있었다. 그것도 단기적인 유물론에서가 아니라 이데올로기 비판과 미학에서. 그의 이런 시도에 니체는 좋은 모범이 된다. 니체의 사회주의 비판과 민주주의 비판이 사회주의와 민주주의가 이데올로기화되는 과정을 밝혀주기 때문이다. 이런 방식으로 아도르노는 '마르크스 혹은 니체'가 아니라, '마르크스뿐만 아니라 니체와 더불어' 마르크스 이후에 전개되는 비판적 의도를 구현하려 한다. 이것은 또한 '계몽 대신 니체', '니체에 반하는 계몽'이 아니라 '니체와 함께 하는 계몽'의 길을 찾는 과정이기도 했다. 그리고 이 과정은 《계몽의 변증법Dialektik der Aufklärung》에서 구체적으로 모색되어, 헤겔 이후 계몽의 변증법을 이해하는 몇 안 되는 철학자로서의 니체상이 성립된다.[66]

호르크하이머는 《계몽의 변증법》에서는 아도르노의 니체상에 많이 접근하지만, 니체에 대해 아도르노와는 다른 생각을 지속적으로 갖고 있었다. 1930년대의 그에게 니체는 단적으로 '지배 계급의 철

65) Th. W. Adorno, *Die musikalischen Monographien, Versuch über Wagner, Gesammelte Schriften*, Bd. 13(Frankfurt a. M., 1970).
66) M. Horkheimer · Th. W. Adorno, *Dialektik der Aufklärung. Philosophische Fragmente*(Amsterdam, 1947), *Gesammelte Schriften*, Bd. 3(Frankfurt a. M., 1981), 59쪽.

학자'[67]였다. 니체의 철학적 목표가 프롤레타리아 양성이 아니라 유토피아적인 귀족 양성이었기에 니체는 시대의 고민에 역행하는 '사이비 시대인'에 불과했다. 또한 니체는 경제 법칙에 대한 무지로 인해 실패한 역사 이론을 제공한 자이기도 했다.[68] 이후 호르크하이머는 니체에 대해 지속적으로 이중적인 태도를 취하게 된다. 매료의 탄성과 비판적 회의를. 즉 그는 한편으로는 니체의 심리학적 영민함, 반형이상학적 급진성, 반시민적인 철저함 등에 대해 경탄하면서도, 다른 한편으로는 반계몽적 · 반민주주의적 · 반사회주의적인 모습 등에 대해서는 거리를 둔다. 하지만 적어도 초기의 사이비 시대인이라는 관점을 지양하고, 니체를 역사적 관점에서 파악하여 헤겔과 마르크스, 쇼펜하우어와 더불어 19세기의 독일의 위대한 사상가로 인정한다. 특히 산업화나 정치와 관련된 니체의 분석은 현대 사회의 전체적인 흐름에 대해서도 여전히 유효하다고 평가한다. 물론 호르크하이머에게 니체는 프로이트에 앞서 현대의 심리학을 정초하는 자이기도 하다.

이런 차이점에도 불구하고 《계몽의 변증법》에서 아도르노와 호르크하이머는 니체에 대해 상당히 근접한 견해를 제시한다. 아도르노는 여기서 니체를 클라게스나 슈펭글러 등이 제시한 문화 파시즘의 맥락으로부터 완전히 탈출시킨다. 그에게 니체는 계몽의 변증법을

---

67) M. Horkheimer, *Dämmerung, Notizen in Deutschland*, W. Brede (Hrsg.), zus. mit : Notizen 1950～1969(Frankfurt a. M., 1974), 248쪽.
68) M. Horkheimer, *Kritische Theorie. Eine Dokumentation*, A. Schmidt (Hrsg.) (Frankfurt a. M., 1968), 89쪽.

이해하고 있는 철학자며, 지배에 대한 계몽의 이중적인 관계에 대해서뿐만 아니라, 역사의 근본 원리로서의 계몽의 이중성에 대해 명백히 인지하고 있는 선구자다. 더불어 아도르노와 호르크하이머가 도구적 이성 비판의 형태로 발전시켰던 사유는 《도덕의 계보》에서 제시되었던 인식과 도덕 비판 그리고 도덕 역사에 관한 연구의 필요성을 받아들이고, 이를 실제로 전개시켰던 것이라고 할 수 있다. 그래서 실제로 《도덕의 계보》는 이들에게 비판을 위한 직접적인 모델 역할을 했던 것이다. 물론 《계몽의 변증법》에서도 호르크하이머와 아도르노가 견해차를 좁히지 못한 지점이 없다고는 할 수 없다. 아도르노가 파시스트적 광신주의와 니체가 무관하다고 선언한 반면, 호르크하이머는 계속해서 니체에게서 지배와 이성과의 동일성을 보았던 것이다.

그런데 《계몽의 변증법》 이후 호르크하이머가 보여준 후기 사유는 아이로니컬하게도 니체에게서 직접적인 영향을 받았으며, 니체 자신보다 더 철저하게 니체적 행보를 보여준다. 그것은 칸트와 쇼펜하우어와 마르크스와 니체에 대한 숙고인 《이성의 부식Eclipse of reason》에서부터 이미 나타나기 시작한다. 여기서 그는 변증법적 · 사변적 숙고가 아니라 회의적 · 계몽적 숙고를 선보이며, 니체보다 더 급진적인 사유를 펼치다가 결국에는 더 이상 사유 자체를, 그리고 철학 자체마저도 신뢰하지 않게 된다. 그에게 철학은 진리를 말하지 않는다. 칸트도 니체도 마르크스도 그리고 어느 누구도 진리를 말하지 않는다. 니체에 의해 동요된 호르크하이머의 비판 이론은 이렇게 해서 반철학적 철학함이라는 특징을 갖게 된다.

반면 아도르노는 《미니마 모랄리아*Minima Moralia*》[69]나 《미학 이론*Ästhetische Theorie*》이 보여주듯 니체에 의해 동요되었지만, 결코 반철학적 철학함으로 빠지지 않는다. 니체의 이데올로기 비판, 문화 진단, 미적 현대에 대한 입장 등을 모범으로 삼는 그에게 니체의 동요를 일으키는 체계 비판 및 철학은 오히려 비판 이론이 추구하는 미학 이론 형성에 결정적 역할을 하는 것으로 받아들여진다. 니체의 반형이상학적 철학이 미학과 예술철학을 대안으로 제시한 것이기 때문이다. 아도르노의 이런 입장은 일관된 계몽가 니체, 그리고 반변증법적·패러독스적 미학주의라는 니체상을 제공했지만, 니체 철학과의 비판적인 거리 두기에는 실패한 것이라고 할 수 있다.

로고스에 의한 힘에의 의지의 억압을 질책하는 방식을 사용하여 존재론적 전통을 넘어서는 철학[70]이라는 니체상을 갖고 있는 마르쿠제Herbert Marcuse는 니체 철학에 이중적인 입장을 취한다. 니체의 진단과는 달리 로고스는 힘에의 의지를 억제했다기보다는 오히려 자유롭게 해준 것이고, 힘에의 의지가 오히려 시간을 초월하는 힘을 행사할 수 없는 갇혀 있는 상태에 있어서, 니체의 철학은 결국 폐쇄된 원으로 귀결될 뿐이며, 결코 진보를 이루어낼 수 없다는 것이다.

비판 이론 2세대인 하버마스에게 니체는 '반계몽을 극단화시키는 자'에 불과하다.[71] 그의 초기 사유를 담은 논문 〈인식과 관심Erkennt-

---

69) TH. W. Adorno, *Minima Moralia. Reflexionen aus dem beschädigten Leben*(Stuttgart, 1956).

70) H. Marcuse, *Triebstruktur und Gesellschaft*(1957), *Schriften*, Bd. 5(Frankfurt a. M., 1979), 105쪽.

nis und Interesse〉에서 보여주었던 이중적 태도, 즉 인식과 관심의 관계에 니체가 주목한 것을 긍정적으로 평가하는 동시에 니체를 반계몽의 변증가로 바라보는 태도는 17년 후《현대성의 철학적 담론 *Der philosophische Diskurs der Moderne*》에서는 니체로부터의 완벽한 거리 두기로 변화한다. 그에게 니체의 영향을 받은 아도르노와 호르크하이머의 후기 사유는 아주 위험한 데리다 유의 철학처럼 보인다. 그래서《현대성의 철학적 담론》에서는 니체를 전기와는 다른 맥락에서, 위험한 반계몽의 맥락에서 새롭게 고찰하게 된다. 니체 철학은 이제 "포스트모던적 이성의 혼란으로의 전환점"[72]일 뿐이다. 니체가 주체 중심적 이성에 대한 내재적 비판을 포기하고 이성의 타자를 제시함으로써, 계몽의 변증법과 결별하고 포스트모던적 이성 비판으로 진입하는 길을 열어준다고 생각하기 때문이다. 또한 니체가 근대에서 상실된 통일성의 회복을 예술에서 찾고, 개별화와 동일성을 포기하는 주체의 자기 망각 및 자기 상실 상태인 디오니소스적 상태에서 희망을 찾으려는 디오니소스적 메시아주의를 제시한다고 생각하기 때문이다. 이런 니체 이해는 니체 철학에서 철학적인 자기비판의 힘이 결코 상실되지 않는다는 점이나, 니체의 이성 비판이 갖는 함의 등을 무시한 결과라고 할 수 있다.

---

71) J. Habermas, *Der philosophische Diskurs der Moderne*(Frankfurt a. M., 1985), 145쪽.
72) J. Habermas, *Der philosophische Diskurs der Moderne*, 104쪽.

4) 니체 철학 읽기의 전환점 : 미타슈와 《고증판 니체 전집》의 발간

독일뿐만 아니라 니체 읽기의 역사 전체에서 중요한 사건은 하이데거의 니체 연구 외에 1950년대의 미타슈Alwin Mittasch의 연구[73]와 《고증판 니체 전집》의 발간이었다. 미타슈는 니체 철학의 생리학적이고 생물학적이며 물리학적 요소들을 문헌학적 작업을 통해 밝혀냈다. 이를 통해 니체 철학에 대한 자연과학적·자연철학적 접근이 비로소 가능하게 되어 힘에의 의지 개념이 기계적인 세계 설명 모델에 대한 니체식 답변이며, 질료에 대한 힘의 승리라는 자연과학적 성과에 힘입고 있다는 사실이 비로소 인식된다. 이 연구 성과는 니체의 생기존재론을 단순한 사변적 고찰이 아니라, 실증적 성격을 띤 '경험적 형이상학'으로 이해하게 해주는 결정적 단초가 된다. 미타슈의 연구 성과 못지않게 니체 연구의 방향을 제시해 준 사건은 《고증판 니체 전집》의 출간이었다.[74] 콜리와 몬티나리의 이 문헌학적 성과는 독일에서의 '니체 르네상스' 역시 가능하게 했다고 해도 과언이 아니다. 이후에 니체 철학에 대한 총체적이고 역사적이며 비판적인 연구들이 진행되기 시작했기 때문이다. 하이데거의 니체상에 대한 심층적이고도 비판적인 논의 역시 이 전집 발간 이후 더욱 활성화된다.

---

73) A. Mittasch, *Nietzsche als Naturphilosoph*(Stuttgart, 1952).
74) 이 글의 '3. 이탈리아에서의 니체 수용과 니체 르네상스의 역사' 참조.

5) 니체 르네상스의 현재

현대 독일에서의 니체 논의는 아주 복잡한 양태를 띠고 있다. 먼저 니체를 생철학자로 규정하는 셸러나 지멜의 입장을 따르는 이해 경향, 하이데거의 니체 해석에 우호적인 이해 경향, 그 반대로 하이데거의 니체 해석을 벗어나는 핑크Eugen Fink 유의 이해 경향, 니체 철학에서 해석학을 발견해내려는 이해 경향, 니체 철학과 심리 분석, 니체 철학의 사회학적 적용 가능성을 타진하는 이해 경향, 니체 철학과 페미니즘의 연결을 꾀하는 이해 경향 등 이루 셀 수 없을 정도다. 이 중에서 가장 주목할 만한 것은 핑크 이후 새롭게 전개된, 하이데거 해석에 반하는 '체계적 철학자 니체'상의 성립이다.

핑크는 니체 철학에서 힘에의 의지 개념과 영원회귀 개념의 대립적 성격 및 그것이 이루어내는 통일성을 지적하면서, 니체의 철학을 '형이상학에 구속되어 있으면서도 그것으로부터 해방'이 동시에 이루어진 철학이라고 선언한다.[75] 즉 니체의 철학은 전통 형이상학과는 다르지만, 여전히 제일 철학으로서의 존재론으로 체계화할 수 있다는 것이다. 핑크의 이 작업은 뮐러 라우터의 작업과 더불어 탈하이데거적 니체 해석 전통의 시작을 알리는 신호탄이라고 할 수 있다. 뮐러 라우터는 니체 철학을 '대립성의 철학'으로 규정한다. 니체 철학의 주제 자체가 대립성 혹은 모순이며, 실제로 니체 철학 속에서 대립 관계와 모순 관계가 존재한다는 것이다. 이런 니체 이해를 위해 그는 힘에의 의지 개념에 주목한다. 그는 힘에의 의지가 단수가 아니

---

75) E. Fink, *Nietzsches Philosophie*(Stuttgart, 1973), 179쪽.

라 늘 다수로서만 존재할 수 있으며, 그 의지들이 대립적이면서도 역동적인 유희의 장을 형성한다는 점을 밝혀낸다.[76] 힘에의 의지에 대한 뮐러 라우터의 이런 심층적 연구는 무엇보다도 힘에의 의지 개념이 중심이 되는 존재론적 니체 연구에 새로운 길을 제시해주었다고 할 수 있다. 이후의 연구들이 힘에의 의지의 구조와 기능에 관한 상세하고도 발전된 논의를 제공할 수 있었던 것은 뮐러 라우터가 보여준 '힘에의 의지의 복수성Pluralität' 덕분이다. 이런 맥락에서 1990년대에 등장한 게르하르트Volker Gerhardt의 교수 자격 논문[77]은 주목할 만하다. 그는 힘에의 의지 개념의 형성사에서부터 시작하여 힘에의 의지의 작용 법칙 및 구조들에 대한 구체적인 해명 작업을 통해 니체의 철학이 어떻게 '생성의 존재론'으로 정당하게 읽힐 수 있는지를 밝혀낸다. 그래서 하이데거가 제시한 것과는 다른 의미의 '존재론자' 니체상을 확인한다. 하지만 그의 입장은 영원회귀 사유와 힘에의 의지 개념 사이의 내적 연관을 간과하고 있다는 한계를 갖기도 한다. 하이데거의 해석에 반하는 존재론자로서의 니체상은 관념론적 이성 철학에 대한 니체의 비판과 형이상학 비판이 이성 비판과의 연관에서 동시에 진행된다는 점을 밝혀내는 듀리치Mihailo Djurić의 작업을 통해서도 구체화된다.[78] 체계적 철학자 니체상은 플라이셔

---

76) W. Müller-Lauter, *Nietzsche. Seine Philosophie der Gegensätze und die Gegen-sätze seiner Philosophie*(Berlin · New York, 1971).

77) V. Gerhardt, *Vom Willen zur Macht. Anthropologie und Metaphysik der Macht am exemplarischen Fall Friedrich Nietzsches*(Berlin · New York, 1996).

78) M. Djurić, *Nietzsche und die Metaphysik*(Berlin · New York, 1985).

Margot Fleischer의 작업에서도 모범적으로 이루어진다. 그녀는 니체의 초기 사유부터 후기 사유에 이르기까지——일반적으로 철학적 문맥으로 편입시키지 않는 〈디오니소스 송가〉에 이르기까지——총체적으로 고찰하여, 니체 철학을 '형이상학 이후의 인간학'으로 제시한다. 그러면서 형이상학과 논리학의 비판가이자 절대 도덕의 해체자 니체의 면모를 구체화한다.[79]

니체의 철학을 해석학 맥락에서 이해하려는 경향도 있다. 이 경향은 '해석' 개념이 니체 철학을 이해하기 위한 중심 개념이라고 인정하는 뢰비트와 야스퍼스에게서 이미 시작되었다. 그러나 뢰비트는 해석 개념과 힘에의 의지 개념과의 연관성을 배제하며, 딜타이 유의 생철학적 범주 속에서 니체를 이해한다.[80] 또한 해석 개념을 니체 사유의 철학적 원리로 보는 야스퍼스는 힘에의 의지를 해석에의 충동으로 여기기는 하지만, 해석 개념의 내용과 기능에 대한 충분한 분석을 결여하고 있다.[81] 뮐러 라우터에게서야 비로소 해석과 힘에의 의지와의 내적 연관성 및 이 연관이 해석 개념을 이해하는 데 결정적인 기능을 한다는 것이 강조된다.[82] 그의 니체 읽기는 현대의 다양한 니

79) M. Fleischer, *Der 'Sinn der Erde' und die Entzauberung des Übermenschen. Eine Auseinandersetzung mit Nietzsche*(Darmstadt, 1993).
80) K. Löwith, *Auslegung von Friedrich Nietzsches Selbst-Interpretation und von Nietzsches Interpretationen*(München, 1923).
81) K. Jaspers, *Nietzsche. Einführung in das Verständnis seines Philosophierens*(Berlin, 1936).
82) W. Müller-Lauter, *Nietzsche. Seine Philosophie der Gegensätze und die Gegensätze seiner Philosophie*(Berlin · New York, 1971).

체 논의를 여는 장이 되었으며, 더불어 해석학적 연구 동향을 자극시킨다. 해석학자 니체상을 정립하는 데는 니체를 해석학적 존재론자로 규정한 그라니에 이후, 오스트리아 철학자 피글Johann Figl의 역할이 컸다. 그는 해석을 니체 철학의 철학적 원리로, 그리고 니체를 해석 이론가로 간주한다.[83] 피글의 논의를 발전시켜 독일의 호프만 John Nepomuk Hofmann은 니체 철학의 인식 이론적인 주요 개념들을 해석학의 논의 지평으로 직접 끌어들여 니체 철학을 해석학으로 구현해낸다.[84] 이런 논의들은 하이데거-가다머 전통의 해석학이 성립시켰던 '해석학적 논외의 대상으로서의 니체'상에 교정을 요구한다. 하지만 니체 철학을 해석학적 논의의 장으로 끌어들이는 데에 신중하거나 이를 반대하는 입장도 있다. 아벨Günter Abel, 시몬Josef Simon, 슈테그마이어Werner Stegmaier 등이 대표적이며, 니체와 해석학과의 관련에 대한 논의는 여전히 진행 중이다.[85]

이외에도 다양한 니체 이해들이 등장한다. 그중에서 니체 철학에 대한 의미론적 접근을 하는 시몬,[86] 역사의 진행에 따른 형이상학적

---

83) J. Figl, *Interpretation als philosophisches Prinzip. Friedrich Nietzsches universale Theorie der Auslegung im späten Nachlaß*(Berlin · New York, 1982).

84) J. N. Hofmann, *Wahrheit, Perspektive, Interpretation. Nietzsche und die philosophische Hermeneutik*(Berlin · New York, 1994).

85) 자세한 것은 이 책 제3부 제2장 〈니체, 실존철학과 해석학〉 참조 ; 백승영, 《니체, 디오니소스적 긍정의 철학》, 518~545 참조.

86) J. Simon, "Sprache und Sprachkritik bei Nietzsche", M. Lutz-Bachmann (Hrsg.), *Über Friedrich Nietzsche. Eine Einführung in seine Philosophie* (Frankfurt a. M., 1985), 63~97쪽 ; J. Simon, "Der gewollte Schein. Zu

질문 방식과 그것에 기초한 진리 문제 해명 방식의 변경을 플라톤, 아우구스티누스, 쿠자누스, 니체의 예를 통해 주장하는 틸만Borsche Tilman,[87] 니체를 현대 문명을 진단하는 문화 비판가이자, 계몽의 자기 지양을 통해 계몽을 완성시킨 계몽 이론가로 이해하는 로어모 저Günter Rohrmoser,[88] 그리고 독일에서는 거의 예외적으로 니체 철학에서 정치철학의 모습을 체계화한 오트만Hennig Ottman[89]이 주목할 만하다.

여기에 니체로부터 출발해 고유한 철학적 입장을 발전시키는 경향도 가세한다. 이 경향의 대표적인 예는 카울바흐Friedrich Kaulbach와 아벨이다. 카울바흐는 니체 철학에서 실험적 철학함의 방식을 발견해내고, 니체적 의미의 코페르니쿠스적 전회의 내용을 데카르트 및 칸트와의 비교를 통해 설명하면서, 이성이라는 판관자가 힘에의 의지에 자리를 내주는 과정을 밝혀낸다.[90] 후에 그는 이 모티브를 더 발전시켜 니체와 헤겔에게서 '관점주의Perspektivismus 철학'의 모티브를 찾아낸다.[91] 해석주의Interpretationismus 철학자 아벨은 니체에 대

Nietzsches Begriff der Interpretation", M. Djurić · J. Simon (Hrsg.), *Kunst und Wissenschaft bei Nietzsche*(Würzburg, 1986), 62~74쪽.

87) B. Tilman, *Was Etwas ist. Fragen nach der Wahrheit der Bedeutung bei Platon, Augustin, Nikolaus von Kues und Nietzsche*(Bonn, 1992).

88) G. Rohrmoser, *Nietzsche als Diagnostiker der Gegenwart*, M. Grimminger (Hrsg.)(München, 2000) ; G. Rohrmoser, *Nietzsche und das Ende der Emanzipation*(Freiburg, 1971).

89) H. Ottman, *Philosophie und Politik bei Nietzsche*(Berlin · New York, 1987).

90) F. Kaulbach, *Nietzsches Idee einer Experimentalphilosophie*(Köln · Wien, 1980).

한 연구를 거쳐 자신의 고유한 해석적 관념론 혹은 '유사-초월적 해석주의 철학'[92]을 발전시킨다. 그에게 니체는 '해석주의자'이며, 그런 의미에서 니체는 자신이 전개하는 해석주의 철학의 선구자다. 힘에의 의지라는 역동적 해석 작용이 모든 존재의 근본적 생기 사건으로 이해되기 때문이다.[93]

3. 이탈리아에서의 니체 수용과 니체 르네상스의 역사

니체 르네상스는 이탈리아에서도 발생했다. 물론 그 범위와 영향력 측면에서 프랑스나 독일 그리고 영미를 능가하는 정도는 아니다. 하지만 이탈리아의 니체 수용은 여타 국가들과는 다른 독특한 모습을, 특정한 니체상들이 부각되고 사라지는 경향이라기보다는 두 가지 상이한 이해 방향이 지속적으로 갈등하고 병존하는 모습을 보여준다. 이탈리아에서는 한편으로는 문화적 · 정치적 문맥에서 이해된 이데올로기적 니체상이 수용의 첫 시기부터 있었고, 이것이 2차 대전을 거치면서 좌파 지성인들에 의해 더욱 강화되었으며, 다른 한편으로 이런 이데올로기적 니체상을 수정하고 그것에 대립하는 문헌학적 이

---

91) F. Kaulbach, *Philosophie des Perspektivismus. Wahrheit und Perspektive bei Kant, Hegel und Nietzsche*(Tübingen, 1990).

92) G. Abel, *Interpretationswelten. Gegenwartsphilosophie jenseits von Essentialismus und Relativismus*(Frankfurt a. M., 1993).

93) G. Abel, *Nietzsche. Die Dynamik zur Willen zur Macht und die ewige Wiederkehr*(Berlin · New York, 1984).

해 경향이 공존하고 있었다. 이탈리아의 니체 수용사 역시 프랑스나 독일에서처럼 세 단계 정도로 구분할 수 있다.

1) 첫 만남과 이데올로기적 니체

이탈리아에서는 1898년에 이미 《선악의 저편》이, 그리고 다음 해에는 《차라투스트라는 이렇게 말했다》가 번역되었고, 그 이전에도 크고 작은 번역들과 니체 해석들이 이미 있었다. 그런데 이때 등장한 니체 관련 최초의 해석들은 주로 위버멘쉬와 힘에의 의지 개념에 집중되었으며, 위버멘쉬는 주로 생물학적이고도 영웅적 의미로, 힘에의 의지는 주로 현실정치와 관계된 것으로 받아들여졌다. 이 개념들을 종족이나 피, 무력 사용이나 아나키즘적 정치 이데올로기와의 연관 지었던 것이다. 이렇듯 니체와의 첫 만남에서부터 이미 니체 철학은 정치적 · 문화적 · 이데올로기적 성격을 띠는 것으로 이해된다. 이런 상황을 누구보다도 잘 대변하고, 이런 상황을 누구보다도 고무시켜 니체라는 이름을 귀족적 미학의 대명사로 대중화시킨 사람이 바로 단눈치오Gabriele D'Annunzio다. 1892년 단눈치오는 나폴리의 신문에 니체에게서 받은 감동을 담은 글을 게재한다. 여기서 니체의 위버멘쉬는 단눈치오 자신의 이상인 귀족적 · 미학적 혁명가라는 의미로 파악되고, 조국에 대한 민족주의적 · 제국주의적 숭앙이라는 맥락에서 이해된다. 그리고 1894년에 발간된 《죽음의 승리Trionfo della morte》는 니체에 대한 총체적인 오해의 불길을 일으킨 화약의 역할을 했다. 남성적 위버멘쉬의 영웅시, 그 여성적 대립자는 관능적 쾌락 욕구와 남성을 삼키려는 욕구가 현현된 존재라는 것, 그리고 남성의 권력 추구와 여성의 감각적 욕망과의 근본적 대립. 그의 니체 이해로 인해 등장한 이런 주제들은 당대의 문학적 주제로도 유행할 정도였다. 1895년에는 위버멘쉬와 민족주의 그리고 종족주의를 중심으로 한 니체 이해를 담은 《바위의 처녀Le vergini delle rocce》가 출간된다. 여기서 로마의 재건을 꿈꾸고 권력을 추구하는 역사의 영웅은 차라투스트라의 형상과 유사하게 묘사되었다. 단눈치오의 이러한 니체 이해는 숙명적이었다. 이탈리아의 파시즘이 '힘에의 의지=전쟁에 이르는 무자비한 폭력'이라는 그릇된 니체 이데올로기를 만들어냈기 때문이다.

이외에도 조콜리Ettore G. Zoccoli와 오레스타노Francesco Orestano는 니체의 정신 병력을 매개로 천재의 수수께끼 같고 다의적인 의미를 전면에 부각시키며,[94] 파피니Giovanni Papini는 니체를 혁명가의 상징으로 이해하기도 한다.[95] 베르사노A. Bersano나 카스틸리오니Manlio Castiglioni는 니체와 다위니즘과의 연관에 주목한다.[96]

---

94) E. G. Zoccoli, *Friedrich Nietzsche, La filosofia religiosa, la morale, l'esthetica*(Turin, 1898) ; F. Orestano, *Le idee fondamentali di Nietzsche del loro progressivo svolgimento*(Palermo, 1903).

95) G. Papini, *Il crepuscolo dei filosofi*(Mailand, 1906).

96) A. Bersano, "Di alcune derivazioni elleniche del pensiero di Nietzsche", *Classici e neolatini* 2~3(1909), 291~300쪽 ; M. Castiglioni, *Il poema eroico di Nietzsche*(Turin, 1924).

2) 철학적 니체상과 이데올로기적 니체상의 본격적 갈등

니체 철학에 대한 진정한 의미의 '철학적' 주목은 하이데거와 야스퍼스의 니체 해석이 이탈리아에서 유명세를 치르면서 시작된다. 이후 수많은 철학적 니체상이 성립되는데, 이는 주로 하이데거와 야스퍼스의 흔적을 따르는 철학자들에 의해 이루어진 실존론적 니체 해석을 따르는 것이었으며, 티시Silvio Tissi와 지우소Lorenz Giusso 등이 대표적이다.[97] 이것은 1930년대 이후 니체를 국가 사회주의와 연관시켜 읽어내려는 경향에 대한 대안적 성격을 띤다. 예컨대 진화론적 맥락 속에서 니체의 위버멘쉬를 국가 사회주의적 이념에 근거하여 인간의 잔인한 면으로 해석해내는 스카다오니Francesco Scardaoni의 니체상에 대립되는 성격을 띠는 것이다.[98] 하이데거-야스퍼스의 흔적이 형성한 해석 전통 중에서 코스탄치M. T. Costanzi는 니체의 사유를 아우구스티누스적·프란체스코적인 신비주의의 빛 아래서 조명한다. 이렇게 해서 니체는 위대한 그리스도교 사유가로 이해된다.[99] 그리고 비스푸리Ennio Bispuri는 니체와 동양적 사유의 관계에 집중한다.[100] 이외에도 마르크스주의적 관점을 적용하면서 반피Amtonio Banfi는 니체에게서 절대적으로 긍정적인 의미의 실존을 확인하고,[101] 파치Enzo Paci는 이성을 독단으로부터 해방시키

---

97) S. Tissi, *Nietzsche*(Mailand 1926) ; L. Giusso, *Leopardi, Stendal, Nietzsche*(Neapel, 1933).

98) F. Scardaoni, *Nietzsche e lo spirito dell' avvenire*(Mailand, 1945).

99) M. T. Costanzi, *Meditazioni inattuali sull'essere e il senso della vita*(Rom, 1953).

100) E. Bispuri, *Nietzsche. Il volto nascosta dell'Oriente*(Rom, 1980).

는 니체를,[102] 칸토니Remo Cantoni는 새로운 윤리적 가치를 추구하는 니체상을 선보인다.[103]

2차 대전 후에도 문화적 · 정치적인 니체 논의와 이 논의에 대항하는 실존론적 · 존재론적 니체 이해 사이의 갈등은 여전히 존속한다. 이런 상황은 물론 독일에서 수입된 니체 해석들의 직 · 간접적 영향에 의해 구성된 것이다. 이데올로기적인 니체상은 마르크스주의 관점이 적용된 루카치의 니체 해석에서 전적으로 영향을 받았다. 반면 실존론적 · 존재론적 니체 이해 경향은 뢰비트-하이데거-야스퍼스-핑크의 영향을 받았다. 특히 하이데거 철학의 적극적 수용은 이탈리아에서도 니체 철학의 '철학적' 위상을 상승시키는 효과를 발휘한다.

3) 포스트모던 해석학자 니체와 문헌학적 탐구 대상으로서의 니체

1960년대 이후 전적으로 프랑스의 영향을 받은 니체 해석 전통이 생겨난다. 반헤겔주의적이고 구조주의적인 경향을 띤 이 전통은 1960년대 이후 이탈리아에서의 니체 논의의 한 축을 이룬다. 그 대표적 경우는 바티모Gianni Vattimo다. 여기에 독자적인 니체 이해를 보여주는 경향도 가세한다. 그것은 바로 문헌학적 · 역사적 니체 해석으로, 《고증판 니체 전집》의 편집자인 콜리와 몬티나리가 이에

---

101) A. Banfi, *Friedrich Nietzsche*(Mailand, 1934).
102) E. Paci, *Introduzione a Friedrich Nietzsche, Scelta dalle opere*(Mailand, 1940), 1~108쪽.
103) R. Cantoni, *Crisi dell'unomo*(Verona, 1948).

속한다.

바티모는 단순히 하이데거와 가다머 철학의 맥락에서가 아니라, 프랑스 구조주의의 관점에서 니체를 재해석하여 포스트모던 해석학자 혹은 '약한 사유pensiero debole'[104]의 해석학자 니체상을 성립시킨다. 이것은 리오타르가 자신의 포스트모더니즘을 전개하는 데 니체에게서 별로 얻을 것이 없었다고 주장했던 것과는 대조적으로, 니체를 단적으로 포스트모더니즘 선구자 그 자체로 이해한 결과다. 니체가 포스트모더니즘의 선구자일 수 있는 이유는 첫째, 니체가 존재론적 관점에서 단일성-존재 개념을 파기하고, 존재를 행위 사건으로서, 스스로 활동하는 힘에의 의지로서 말하기 때문이다. 둘째, 니체의 사유는 형이상학적 전통과는 차별화된, 인간 실존의 다른 가능성을 제공하기 때문이다. 셋째, 니체가 형이상학적이지 않은 예술적 진리나 수사적 진리를 말하기 때문이다. 이런 세 가지 요소를 가지고 니체는 절대적 가치 속에서 모든 것의 마지막 근거를 찾으려는 필연성으로부터 인간을 해방한다. 더불어 포스트모던 시대에서의 고정성을 유동적 형식으로 용해하는 일을 니체는 이미 선취하고 있는 것이다.

니체를 이렇게 포스트모더니즘의 선구자로 이해함으로써 바티모는 니체 사유를 다시 '약한 사유의 해석학'으로 규정하게 된다. 이것은 전통적인 하이데거-가다머 유의 해석학이 아니라, 포스트모던적 사유 경향을 제시하는 포스트모던 해석학이다. '약한 사유'란 형이

---

104) G. Vattimo, *Jenseits vom Subjekt, Nietzsche. Heidegger und die Hemeneutik*(Graz · Wien, 1986) ; G. Vattimo, *Il pensiero debole*(Milano, 1983) ; G. Vattimo, *Das Ende der Moderne*(Stuttgart, 1990).

상학적 전통을 해석학적으로 약화시키는 프로그램으로, 니체는 이를 인도하는 철학자로 파악된다. 니체가 명증한 진리 원칙과 확실성 요구로부터 거리를 두며, 인간의 실재 연관을 논리 중심적 사유의 궤도로부터 자유롭게 하면서 동시에 유희적 연관으로 이끌어가는 사유를 제시했기 때문이다. 그런데 포스트모던적 사유 경향을 반영한 바티모의 이런 니체 이해는 곧 변화를 겪는다. 그것은 '급진적 철학함'과 '체계적인 니체 해석의 방식' 그리고 '해석학'이라는 세 가지 코드에 의해 그가 포스트모더니즘과의 비판적인 거리 두기에 성공하면서 이루어진다. 물론 이 과정에서 바티모는 여러 단계의 니체 이해를 보여준다. 마르크스주의 전통에서부터 시작하여 반하이데거적인 형이상학적 니체 이해를 거쳐, 형이상학이 상실된 시대에 철학적 사유의 의미에 대한 중점적 논의에 이르기까지. 여기서 특히 주목할 만한 니체 이해는 소위 바티모의 '후기' 사유에 등장하며, 여기서 프랑스 포스트모던 전통과의 완전한 거리 두기가 비로소 완결된다.[105] 이때 제시된 니체상이 바로 '해석학적 존재론자'로서의 니체상이다. 이 니체상에 의하면 니체 철학은 차이를 결코 그 자체로 근원적 실재성이라고 이해하지 않는다. 오히려 그것은 에너지 넘치는 활동을 하면서 역사 속에서 구체화되는, 더 이상은 차별화되지 않는 유희 속에서 개시되는 '사건'을 보여주는 철학이다. 그리고 이런 사건에 대한 진술은 곧 존재의 의미에 관한 적절한 진술이다. 또한 이는 소피스트주의와 수사학, 근대의 도덕주의와 미학 그리고 19세기 생철학의 모티브들을

---

105) G. Vattimo, *Nietzsche. Eine Einführung*(Stuttgart · Weimar, 1992).

연결시켜 강화시킨, 실존에 대한 적절한 숙고가 된다. 이런 숙고의 내용을 끌어가는 중심 개념으로 바티모는 힘에의 의지 개념을 든다.

　바티모가 제시했던 '약한 사유'의 해석학자로서의 니체상은 니체의 사유를 현대적인 해석학에 알맞은 것으로 보여주고, 해석학의 내용을 풍부하게 해준다는 장점이 있다. 그가 제시한 포스트모던적 해석의 주체는 약화된 주체다. 이 주체는 단지 '약한' 해석학적 유효성만을 주장할 수 있을 뿐이다. 그 주체가 근거의 폐기라는 해석학적 경험을 하고 있기 때문이며, 이 경험이 '강력한 형이상학적 근거 짓기'를 더 이상은 허용하지 않고, 어떤 경우에도 해석 작용의 역사적이고 유한한 조건들 속에 있는 '약한 해석학적 근거 짓기'만을 허용하기 때문이다. 하지만 바티모의 이런 작업은 해석학적 측면에서 비판적으로 검토되어야 한다. 그가 하이데거뿐 아니라 가다머도 니체에 의해 '시작되었다는' 이 포스트모던 해석학 속으로 밀어 넣었기 때문이다. 또한 니체 철학의 관점에서도 비판적으로 검토될 필요가 있다. 니체의 계보적 사유가 바티모가 구상하는 해석학의 모범은 될 수 없으며, 위버멘쉬 역시 해석학적으로 약화된 주체와 동일시될 수는 없기 때문이다.

　콜리[106]는 니체의 철학을 철학적 합리성이 시적이고도 신화적인 모습으로 상승된 것으로 이해한다. 니체 철학이 추구하는 디오니소스적 지혜 때문이다. 디오니소스적 지혜는 철학적 합리성을 대신하

106) G. Colli, *Distanz und Pathos, Einleitungen zu Nietzsches Werken. Mit einem Nachwort von M. Montinari*(Frankfurt a. M., 1982) ; G. Colli, *Nach Nietzsche*(Frankfurt a. M., 1980).

는 것으로, 그 자체로는 말해질 수 없는 실재의 근거에 대한 표현 양식을 자신 속에 갖고 있다는 의식이다. 이런 지혜에의 추구를 콜리는 초기 사유에서부터 후기 사유까지 이어지는 니체의 철학적 문제의식으로 이해한다. 표현될 수 없는 실재의 배경에 대한 비교적(秘敎的)esoterisch인 경험을 표현할 수 있는 이 지혜는《비극의 탄생》에서는 음악을 매개로 표현된다. 즉 음악적 엑스터시 속에서 세계의 불협화음이 디오니소스적인 근원 쾌감의 형태로 전율과 도취로서 긍정된다는 것이다. 그리고《반시대적 고찰》에서 이 지혜는 헤라클레이토스의 사유를 통해,《즐거운 학문》에서는 지식의 오류적 성격과 이 점에 대한 통찰의 형태로 드러난다. 하지만 콜리는《차라투스트라는 이렇게 말했다》에서야 비로소 니체는 그가 추구했던 시적·신화적인 디오니소스적 지혜에 도달할 수 있었다고 생각한다.《차라투스트라는 이렇게 말했다》가 합리적 체계성을 거부한다는 것만으로도 충분한 이유가 된다. 합리적 체계성에 대한 거부는 곧 비극적 인식 획득과 유희적·예술적 자기규정이 상호 교환되고 투쟁하는 삶의 현실에 대한 긍정이기 때문이며, 이 사실에 대한 인식이 곧 디오니소스적 지혜이기 때문이다. 이런 맥락에서 콜리는 니체의 후기 사유를 디오니소스적 지혜에 의해 수행된 작업과 구별된다고 이해한다. 니체의 후기 사유는 힘에의 의지 개념을 방법적 원리로 하여, 모든 것을 힘에의 의지의 현상으로 설명하려는 방법론적 환원주의다. 이는 곧 철학적 체계화 작업을 의미한다. 그래서 콜리는 니체가 본래의 의도를 상실해버리고, 그것과 무관하게도 일종의 객관적 형이상학을 추구하는 잘못된 길로 들어선다고 생각한다.

콜리의 제자인 몬티나리[107]는 니체에게서 완벽한 계몽가이자 합리주의자의 얼굴을 본다. 즉 니체는 헤겔이나 마르크스와는 완전히 거리를 두면서도 상승된 합리성의 형식을 보여준다는 것이다. 니체가 계몽가이자 합리성의 철학자이기에 몬티나리는 니체 사유에서 시적인 형식이나 시적 내용을 갖는 것들과는 의식적으로 거리를 둔다. 합리성의 철학자 니체는 우주론을 구성하려는 통일적이고도 일관된 동기를 갖고 있다. 그리고 이 동기는 영원회귀와 위버멘쉬의 조합에서 잘 드러난다. 그리고 계몽가 니체는 새로운 인류라는 유토피아적 상을 제시하면서도 모든 유형의 초월성 형식을 거부하기에 결코 종결되지 않는, 모든 것을 의문시하는 정신적 자유의 지평을 우리에게 지속적으로 요구한다. 물론 니체의 철학적 프로그램은 몬티나리에 의하면 좌초한다. 힘에의 의지 개념이 갖는 보편 존재론적 지평과 극단적 회의주의라는 인식론적 지평이 서로 모순되는 상황을 연출하기 때문이다. 그럼에도 불구하고 몬티나리는 계몽가 니체의 위치는 결코 흔들리지는 않는다고 생각한다.

이런 주요 흐름 외에도 니체의 사유를 개인의 구체적인 해방이라는 정치적 의미로 파악하는 경우도 있으며,[108] 니체의 허무주의를 하이데거적 관점이 아니라, 파르메니데스의 관점을 적용해서 읽어내는 연구도 있다.[109] 이외에도 문학적·미학적으로 니체를 읽어내는 시

---

107) M. Montinari, *Nietzsche Lesen*(Berlin · New York, 1982) ; M. Montinari, *Friedrich Nietzsche. Eine Einführung*(Berlin · New York, 1991).
108) M. Cassiari, *Krisis. Saggio sulla crisi del pensiero nagativo da Nietzsche a Wittgenstein*(Mailand, 1976).

도도 있다.

4. 영국과 미국에서의 니체 수용사와 니체 르네상스

영국과 미국에서 니체는 유럽 대륙에서 수용된 것과는 다른 양상으로 수용된다. 프랑스와 이탈리아가 니체 철학을 이미 그의 생존 당시에 만났다면, 미국은 2차 대전 이후에야 비로소 니체와 만날 수 있었으며, 이 만남은 이후 영국으로 이어진다. 처음에 미국 사회에서 니체를 주목한 것은 정치적 · 문화적 측면에서였다. 니체는 주로 독일의 '국가 사회주의'나 '파시즘'이라는 이름과 더불어 거론되거나, 미국 사회의 자명한 가치들, 예컨대 민주적 실용주의와 자유주의 그리고 미국 사회의 개인적 · 사회적 규범들의 객관성을 문제 삼는 철학자로 거론되었다. 이런 상황에서 니체는 정치적으로는 무책임한 자, 도덕적으로는 비합리주의와 주관적 임의성을 변호하는 선동가로 받아들여질 뿐이었다. 이렇듯 '진지한' 철학자로서의 자격을 의심하는 것은 니체의 '철학적' 사유에 대한 '철학적' 관심을 방해했다. 하지만 카우프만Walter Kaufmann과 단토Arthur Danto의 철학적 니체 읽기는 이런 상황을 완전히 반전시킨 계기가 되었으며, 이후 영미 철학에서 니체에 관한 진지한 논의는 다각적으로 전개된다. 그 논의 영역

---

109) E. Severino, *Essenza del nihilismo*(Brescia, 1972) ; E. Severino, *L'anello del ritorno*(Mailand, 1999).

은 인식론과 존재론이라는 이론철학에서부터 시작해, 교육철학과 문화철학을 거쳐 윤리학과 정치학이라는 실천철학에 이르기까지, 더 나아가 개인의 삶에 구체적으로 적용될 수 있는 삶의 지침에 이르기까지 방대하다. 이 논의들을 간략하게 도식화하면 다음과 같다. ① 체계적으로 논의 가능한 인식 '이론'――대응적 진리 이론correspondence theory of truth에 대립적인 니체 인식론――을 니체 철학에서 규명하려는 경향 ② 니체 철학을 탈이론화하려는 경향 ③ 니체 철학을 철학적 삶의 기술에 관한 모델을 제공하는 것으로 제시하려는 경향 ④ 니체 철학의 실천철학적 함축을 도출해내려는 경향. 이 각각의 경향들은 또한 상이한 관점과 상이한 내용들을 포함하고 있다. 영미에서의 니체 논의들이 이렇듯 활발하게 진행되어 영미식 니체 르네상스를 꽃피운 것은 분석철학 경향이 지배적인 그곳에서도 니체 철학이 현대에 필요하고도 적절한 철학적 활동으로 받아들여졌다는 점을 입증하는 것이다. 이는 미국적 현대라는 시점에서 의미 있는 철학적 질문에 니체 철학이 내용 있는 답변을 하고 있다는 점을 인식한 결과라고 할 수 있다.

1) 미국에서의 '철학적' 니체 수용의 시작 : 첫 만남과 인식 이론가 니체

니체의 정체성에 대한 의구심을 해소시킨 사건은 1950년, 《니체―철학자 · 심리학자 · 안티크리스트》의 출간이었다.[110] 카우프만

---

110) W. Kaufmann, *Nietzsche. Philosopher, Psychologist, Antichrist* (Princeton,

의 이 책을 통해 니체는 비로소 미국에서 '철학적'으로 논의할 수 있고 논의해야 하는 철학자로 등장한다. 카우프만은 이 책에서 니체의 철학을 첫째, 힘에의 의지 개념을 방법론적 원리로 사용한 철학적 일원론이자, 둘째, 단순한 실존주의가 아니라 볼테르 계몽주의의 세례를 받은 실존주의이며, 셋째, 비극적 소크라테스주의로서 19세기 현대의 허무적인 위기를 진단하면서 유럽의 자명성과 규범적 토대를 의문시하여 새로운 인간의 모습을 제시하는 철학으로 제시한다. 한편 이 연구는 미국적 사유로 수용하는 것이 비교적 용이한 경험적 개념인 힘에의 의지 개념에 집중하며, 영원회귀 사유나 위버멘쉬 등의 까다로운 사유들은 부차적으로만 다룬다는 한계를 갖기도 한다.

카우프만 이후 단토는 니체 철학에 대한 이론적 연구를 촉발시킨 작업을 한다. 그는 《철학자로서의 니체*Nietzsche as Philosopher*》[111]에서 니체 철학을 일상언어 철학에서 이루어진 형이상학 비판 및 언어적 전회를 선취했다고 소개한다. 니체가 보여준 과도한 수사적 표현과 시적 표현을 논변의 형태로 재구성하고 체계적으로 명료화하는 단계를 거친 이 작업은 다음처럼 정리해 볼 수 있다. 첫째, 니체는 언어의 문법적·논리적 구조를 실재 해석의 단초로 삼게 하는 논리적 분석의 모범을 보여준다. 둘째, 니체는 반대응설적·실용주의적 지식론을 제공한다. 이와 동시에 셋째, 니체는 인간의 사유가 갖는 자율적인 의미 산출 작업을 중시하는 예술적 생산성을 강조한다. 하지만 단

1950).

111) A. Danto, *Nietzsche as Philosopher*(New York · London, 1965).

토의 니체 이해는 카우프만의 해석과 마찬가지로 힘에의 의지 이론에 집중한 것으로, 바로 그 때문에 일면적인 성격을 지닌다. 이것은 영원회귀 사유 등과 같은 난해한 내용보다는 인식론적 논의들을 철학의 핵심으로 받아들이던 영미 철학의 관심을 반영한 것이기도 하다. 그리고 단토는 니체가 제공하는 풍부한 자료들을 임의적으로 선택하여, 형이상학 비판의 총체적 맥락을 간과하며, 제임스William James 유의 실용주의 지식론과 니체의 관점주의적 실용론과의 차이를 구별하지 못한다는 한계를 갖는다. 더 나아가 그의 연구에는 예술적 활동으로서의 지식 개념에 대한 인식론적 고찰이 미비한 단계에 머물러 있을 뿐이다.

그럼에도 불구하고, 단토의 니체상은 니체에 관한 인식론적 논의에——특히 대응설 비판과 관계해서——불을 붙이며, 1960~1970년대의 미국의 논의는 그가 제공한 논의 지평 위에서 움직였다고 해도 과언이 아니다. 그리고 현재까지도 '미국적인' 니체 철학 논의, 즉 니체 철학에 대한 인식론적 논의와 니체 철학의 정체성에 대한 논의의 원류 역할을 하고 있다. 먼저 니체가 어떤 유형의 지식을 받아들이고 거부하는지를 묻는 인식론적 논의에는 다양한 방법적 절차를 통해 다양한 대답이 제공된다. 예컨대 윌콕스John. T. Wilcox와 그림Ruediger Hermann Grimm은 현대 인식론과 메타 윤리적 관점을 가지고, 그리고 브리질Daniel Breazeale은 문화 비판적 모티브를 가지고 참여한다. 그리고 니체 철학의 정체성 논의는 단토가 형성해놓은 인식론자 니체상에 대한 비판적 담론이라고 할 수 있다. 즉 여기서는 니체의 철학의 핵심을 인식론 또는 지식론으로 말할 수 있는지,

과연 무엇이 니체의 진정한 철학적 관심인지가 문제시되며, 이후의 여러 탈인식론적 니체 이해 경향들은 이 물음에 대한 응답이다.

단토가 열어놓은 '니체의 인식론'이라는 쟁점은 윌콕스가 발전시킨다.《니체에서의 진리와 가치*Truth and Value in Nietzsche*》[112]라는 책에서 윌콕스는 니체의 철학을 비인지주의Anti-cognitivism이자 메타윤리적인 것으로, 인식론과 메타윤리 사이에 내재적 관계를 성립시키는 철학으로 이해한다. 윌콕스의 이런 니체상은 첫째, 니체 철학의 중요한 면은 바로 그 근저에 놓여 있는 지식 개념이며, 이 지식 개념은 힘에의 의지 이론과 도덕 판단 분석 및 그리스도교 도덕 비판에서 공통적으로 나타난다는 것, 둘째, 이 지식은 객관성과 초월 철학적 진리 요구와 형이상학적 요구를 포기하는 힘에의 의지의 내적 기능이라는 것, 따라서 셋째, 이 지식은 인간의 심층적인 격정과 이성과 경험에서 나오는 인간적 해석이자, 가치 평가적 해석이라는 것 등을 주요 내용으로 성립되며, 결과적으로 객관성을 포기하면서도 허무적이지 않은 지식과 인간의 진리를 주장하는 것으로 이해된다. 이런 지식을 구성해내는 합리성이야말로 지식과 인간의 자기 긍정과 가치 평가 사이의 관계를 해명하려는 현대적 의미의 메타윤리학에 기여할 수 있다. 윌콕스의 이 작업은 니체 철학을 인식론적-대응설적인 맥락에서 읽어내는 것에 대한 대안적 성격을 띠며, 동시에 카우프만처럼 경험적 합리론의 전통에서가 아니라, 전적으로 실천적

---

112) J. T. Wilcox, *Truth and Value in Nietzsche. A Study of His Metaethics and Epistemology*(Ann Arbor, 1974).

인 맥락에서 니체 철학을 이해해야 한다는 점을 주장하는 것이다.

　니체의 인식론을 가장 현대적인 지식에 대한 논의로 확장시키면서 니체 철학의 핵심을 인식론으로 고정시키는 작업은 그림에 의해 진행된다. 《니체의 인식론*Nietzsche's Theory of Knowledge*》[113]에서 그림은 힘에의 의지 이론과 그것과 연관된 지식론 사이의 관계를 명백하게 밝혀내면서, 특히 니체의 지식론을 현대 분석철학의 인식론적 쟁점에 대해 수준 높은 대답을 제공하는 것으로 이해한다. 즉 그림에 의하면 니체의 지식론은 콰인Willard Van Orman Quine의 자연주의적 전체론naturalistic Holism의 요구에 맞는 것일 뿐만 아니라, 더 나아가 콰인의 그것을 미적 자유와 개방성이라는 관념에 의해 보완한다. 이런 방식으로 니체는 전체에 대한 형이상학적 이론이 만들어내는 논리적 순환성 혹은 수행적 모순 혹은 자기 지칭의 문제를 의식적인 개방성과 실용적 유용성으로 해소해버린다는 것이다. 그림의 이런 작업은 니체의 철학을 콰인의 '도그마 없는 경험주의'를 기초로 재구성하려는 시도다. 그림은 자신의 작업에서 1880년대에 씌어진 니체 유고들을 영미에서 최초로 폭넓게 사용했으며, 이 점은 주목의 대상이 된다. 하지만 니체 사유의 핵심을 인식론적인 것으로 확정지을 수 있는지의 문제, 더 나아가 현대에 알맞은 논의 형태로 재구성하는 것이 과연 니체 자신의 철학적 의도를 압축하거나 왜곡시키는 것은 아닌지라는 회의를 불러일으킨다.

　니체 철학의 핵심을 인식 '이론'이 아니라 문화 비판적인 것으로

---

113) R. H. Grimm, *Nietzsche's Theory of Knowledge*(Berlin · New York, 1977).

제1장 현대 철학과 니체—유럽 전통 철학과 영미 분석철학　235

이해하는 브리질의 관점은 바로 이런 회의를 반영한다.[114] 이 관점은 니체 철학을 역사적으로 읽고, 이런 읽기를 배경으로 그의 지식론을 고찰하기 위해 선택된 것이다. 브리질에 의하면 니체의 지식론은 소크라테스주의와 그것의 이론적 낙관주의에 의해 규정된 당대 문화를 비판하는 것이다. 그리고 그 비판이 초래할 수 있는 인식론적 허무주의 상태를 극복하기 위해 수사적 지식을 제공한다. 수사적 지식은 객관주의와 확실성 요구를 넘어서는 예술적·창조적 성격을 지니며, 이것만이 현대라는 조건 속에서 가능한 지식이다. 이렇게 해서 브리질은 지식이라는 이론적 개념과 문화라는 실천적 개념 사이의 내적 연관성을 확보하려 한다. 그리고 이 내적 연관이 바로 니체 철학의 '체계성'을 형성한다고 지적한다. 브리질은 이렇듯 니체 철학이 전적으로 실천적 관심에 의해 진행되며, 바로 그 때문에 허무적이지 않은 새로운 문화의 가능성을 찾으려는 노력이 순수한 인식론적 관점에 앞서는 것이라고 이해한다. 하지만 오로지 수사적 지식에 의해서만 인식론적 허무주의가 극복된다고 하는 브리질의 입장 역시 니체 철학의 관점적 합리성과 관점적 실용성 주장을 무시하는 단면적 니체 읽기라고 하겠다.

2) 탈이론화 작업과 해체론의 니체

카우프만, 단토, 그림, 윌콕스, 브리질은 니체에게서 다른 무엇보

---

114) D. Breazeale, *Introduction to : Friedrich Nietzsche, Philosophy and Truth. Selections from Nietzsche's Notebooks of the Early 1870's* (Atlantic Highlands, 1979), XVII~LIII쪽.

다도 지식에 대한 '이론'이나 진리 '이론'을 찾아내는 집중적 작업들을 했고, 이것들은 광범위한 반향을 불러일으켰다. 이런 경향과는 달리 니체 철학의 사유들을 학적 또는 일상언어적으로 정위된 철학이라는 좁은 의미에서 탈출시켜, 그런 의미의 이론화 작업의 대상으로 삼지 않으려는 이해 경향들이 나타난다. 하이데거의 니체상에 대한 대안을 찾아보려는 시도의 일환인 매그너스Bernd Magnus의 작업이 대표적 경우다. 니체 철학을 '이론'으로 구성하려는 작업들이 힘에의 의지 개념에 집중했다면, 매그너스의 탈이론화 작업은 영원회귀 사유에 초점을 맞춘다. 그의 초기 입장은《니체의 실존적 명령 *Nietzsche's Existential Imperative*》[115]에 잘 나타나 있는데, 그는 특이하게도 하이데거의 세계-내적-존재In-der-Welt-sein 개념을 차용하여, 첫째, 영원회귀 사유는 위버멘쉬라는 특정 유형의 세계-내적-존재를 특징짓는 것이며, 둘째, 이 사유는 철학적 이론이 아니라 단지 '신화'일 뿐이며, 바로 그 때문에 문학적 형식으로 등장한다. 셋째, 따라서 이는 경험적이고 논리적인 증명 가능성과는 무관하며 원칙적으로 규범적이면서도 존재론적 의미를 갖고, 동시에 윤리적 명령이 아니라 실존적 명령으로서 규범성을 획득한다. 그런데 매그너스는 니체 철학의 탈이론화 작업을 선언했음에도 불구하고 여전히 부분적으로는 이론적 작업을 계속한다. 그것은 넷째, 그가 니체의 지식에 관한 사유를 '온건한 회의주의'로 구성해내는 데서 잘 나타난

---

115) B. Magnus, *Nietzsche's Existential Imperative*(Bloomington · London, 1978).

다. 니체의 온건한 회의주의는 확실성과 명증적 진리에 대한 데카르트적 · 초월 철학적 · 현상학적 · 논리적 · 경험적 탐구를 지양하여, 지식에 대한 진리 요구를 완화시킨다. 그래서 지식을 문장들 사이의 내적 정합성에 정초하는 것으로 제시한다. 물론 매그너스의 이런 이론 구성은 정당한 니체 이해라고 보기는 어렵다. 그것이 니체가 말하는 관점적 실용성과 그 함축을 간과하기 때문이다. 물론 매그너스 자신도 후에 이 입장을 철회한다.[116] 하지만 이는 기존 철학 이론과 지식론의 요구를 급진적으로 해체해버리는 그의 작업 방식이 변화했기 때문일 뿐이다. 이제 그에게 니체의 모든 가르침들은 일종의 '자기소비적 관념들self-consuming concepts'로서, 그 형성 과정에서 이론적 의미를 상실하고 오로지 삶의 지평을 확대하고 삶의 지평에 집중하도록 하는 관념들일 뿐이다.

매그너스의 이 작업이 1970년대까지 유지된 니체 철학에 대한 인식론적 해석 경향을 해체론적 니체 해석으로 전환시키는 촉매제 역할을 한다. 여기에 폴 드 만Paul de Mann[117]과 예일 학파의 오하라Daniel O'Hara, 하트만Geoffrey Hartman, 밀러J. Hillis Miller, 블룸Harold Bloom은 니체 사유에서 전개된 급진적 개방성이 철학적 측면에서 무엇을 의미하는지를 밝혀보려 한다. 이것은 니체의 철학을

116) B. Magnus, "Self-Consuming Concepts", *International Studies in Philosophy* 22(1989), 49∼57쪽 ; B. Magnus, "Nietzsche and Postmodern Criticism", *Nietzsche-Studien* 18(1989), 301∼316쪽.
117) P. de Mann, "Genesis and Genealogy in Nietzsche's 'The Birth of Tragedy'", *Diacritics* 2(1971), 44∼53쪽.

이론 구성 작업에서 해방시키는 것으로서 니체에게서 수사적 철학을 끄집어내어, 철학을 문학의 파트너로 만드는 작업이다. 이를 위해 드만은《비극의 탄생》을 해체론 운동이 구현된 텍스트로 읽어내어, 이론과 시와 수사 사이에 존재하는 간격을 언어의 조형적·수사적 성격을 통해 해소시킬 수 있는 동기를 부여한다. 그의 이런 연구는 '해체의 유희 속에 있는 니체'상을 모색하는 알더만Harold Alderman과 크렐David Farrell Krell에 직접적인 영향을 끼친다. 알더만은 《니체의 독Nietzsche's Gift》[118)]에서 《차라투스트라는 이렇게 말했다》를 대상으로, 창조적 활동으로서의 철학적 사유 활동, 이 사유 활동의 유희적 성격, 유희에 의한 개방성 및 삶의 영역 속에서의 개방성 확보 등의 측면들을 이끌어낸다. 더 나아가 《차라투스트라는 이렇게 말했다》가 위버멘쉬를 통해 급진적인 자유라는 인간적 자유의 이상을 보여주는 텍스트라고 단언한다. 반면 크렐은 해체론적 니체 읽기의 다양한 예를 보여준다. 먼저 형이상학 비판을 포함한 니체 철학 전체가 하이데거의 읽기와는 달리 시적이고도 유희적인 비극적 지평에서 이해되어야 한다는 것[119)]에서 출발하여, 니체의 계보적 사유는 어느 하나로 자신의 입장을 확정하지 않는, 상승적 사유와 하강적 사유의 회귀적 운동이라고 이해한다. 동시에 그는 니체 철학에 미국적인 여성주의 담론의 장에서도 유효한 여성에 대한 담론이 포함되어 있음도 지적해낸다.[120)] 철학적이라기보다는 문학적으로 고무된

118) H. Aldermann, *Nietzsche's Gift*(Athen, 1977),

119) D. F. Krell, *Nietzsche and the Task of Thinking. Martin Heideggers Reading of Nietzsche*(Ann Arber, 1971).

이런 니체 읽기는 캐로Adrian Del Caro, 샤피로Gary Shapiro, 링기스Alphonso Lingis 등에 의해서도 이루어지며, 그중에서 철학적으로 의미 있는 작업은 샐리스John Sallis의 작업이다. 그는 니체의 글이 '이론'이 아니라 오히려 변증법적 매개가 불가능한 대립적인 힘들의 지속적 교차를 보여줄 뿐이기에 종결되지 않는 과정의 표현일 뿐이라는 것을 《비극의 탄생》을 예로 들어 설명한다.[121]

3) 삶의 기술에 관한 철학적 모델

니체 철학은 삶의 기술로서의 철학 개념을 주제화하고 실현시키는 것으로 이해되기도 한다. 먼저 헬러Peter Heller는 해체론적 니체 읽기 경향의 외부에서 문헌학적 엄밀성을 가지고 니체를 연구한 문학 이론가로서, 《인간적인 너무나 인간적인》 II부 〈혼합된 의견들과 격언들〉의 분석을 통해 니체의 철학적 의도는 확실성 형식을 거부하는 삶의 양의성에 적합한 사유를 보여주는 것이라고 진단한다. 니체의 이런 의도는 후에 자유정신 및 위버멘쉬라는 형상을 통해 구현되며, 여기서 헬러는 개념적 의미를 가지려 하지 않는 명랑한 삶, 즉 디오니소스적 특징을 지니는 삶을 포착해낸다.[122] 헬러보다 한걸음 더

---

120) D. F. Krell, *Postponements. Woman, Sensuality, and Death in Nietzsche* (Bloomington · Indiana, 1986).

121) J. Sallis, *Crossings. Nietzsche and the Space of Tragedy*(Chicago · London, 1991).

122) P. Heller, 'Von den ersten und letzten Dingen', *Studien und Kommentar zu einer Aphorismenreihe von Friedrich Nietzsche*(Berlin · New York, 1972).

나아가 네하마스Alexander Nehamas와 로티Richard Rorty는 미적
이고도 아이러니적인 실존이라는 이상적인 포스트모던적 삶의 모델
을 제공하는 니체 철학을 선보인다. 이것은 문학 이론적 · 문화 이론
적으로 니체 철학을 읽으면서 가능했으며, 이로써 니체 철학은 '이
론' 구성 작업으로부터 완전히 자유로운 철학으로 등장하게 된다.

먼저 네하마스는 니체 철학의 목적을 전통 철학에 맞서는 이론적
내용을 제공하는 것이 아니라 세계를 예술 작품의 일종으로, 그리고
문학적 텍스트 유형으로 고찰하게끔 하는 것에서 찾는다. 그래서 니
체의 관점주의나 힘에의 의지 혹은 영원회귀 사유 등 그 어떤 사유도
이론일 필요가 없으며, 이론으로 고찰되어서는 안 된다. 이렇게 해서
네하마스는 니체가 단지 절대적 개별화를 옹호하는 급진적 자유주의
의 목소리를 내고 있을 뿐이라고 단정한다.[123] 로티에게 니체는 철학
적 이론가로서는 비판의 대상이 되지만, 동시에 그는 로티 자신이 모
색하는 새로운 철학에 자극을 주는 선구자적 인물로 경외의 대상이
된다. 로티는 현대라는 조건에서 철학이 더 이상 공적 영역을 지배하
는 합리성이나 지식 중심적인 문화 건설을 위한 이론적 정초 작업을
할 필요는 없다고 생각한다. 오히려 우연성과 공적 합리성 및 그에
의거한 규범이 인간의 개인적 삶과 인간의 자기 창조를 방해하는 현
실에서 철학은 인간의 자기 창조와 개인성의 실현을 모색해야 하며,
이것을 위해서 철학은 '시화된 문화poeticized culture' 건설의 맥락

---

123) A. Nehamas, *Nietzsche. Life as Literature*(Cambridge Mass · London, 1985).

으로 편입되어야 한다. 오로지 시화된 문화의 건설만이 개인의 자기 창조라는 이상을 실현시킬 수 있는 유일한 대안이며, 바로 이것이 철학의 역할이다. 그렇다면 철학은 더 이상 공적 영역이 아니라 사적 영역을 담론의 대상으로 해야 한다. 따라서 로티는 공적 영역을 지배하는 산정 가능한 규범성이나 공유되는 믿음들이나 유대성과는 종류가 다른 영역을 탐구의 중심으로 삼으면서 철학의 고유한 이론적 권능을 약화시킨다.

그래서 로티는 《우연, 아이러니, 유대성*Contingency, Irony and Solidarity*》[124] 5장에서 니체를 거론할 수밖에 없었다. 니체에게서 로티는 객관적·일반적인 진리 요구에 대한 거리 두기, 개인의 자율적 삶에 대한 강조를 주목한다. 객관적·일반적인 진리 요구를 포기한다는 것은, 로티가 주장하는 인간 삶과 지식의 우연성을 인정하는 전제다. 더 나아가 니체가 주장한 개인의 자율적이고도 영웅적인 삶, 자기 창조적인 삶은 로티가 말하는 시적 문화 창달의 주체인 개인의 삶의 이상과 맞닿아 있다. 그런데 로티는 니체를 전적으로 자신의 모범이라고 생각하지는 않는다. 니체가 아이러니적인 삶의 이상을 말하면서도 그런 이상의 보편적 유효성을 여전히 주장하고 있다고 생각하기 때문이다. '힘에의 의지' 이론가로서 니체가 그 자신의 관점주의를 망각해버렸다고 생각하기 때문이다. 그런 공정하지 않은 이유를 들어 로티는 니체가 역설적으로 아이러니한 이론가의 모습을 보여줄 수밖에 없었고, 그것이 니체의 한계였다고 평가한다. 로티의

---

124) R. Rorty, *Contingency, Irony and Solidarity*(Cambridge, 1989).

이런 니체 읽기는 현대라는 조건에서 이상적인 삶의 가능성을 타진해보려는 기획의 일환이다.

지금까지 소개한 영미의 니체 논의들은 '인식론자 니체'와 '미적 생산성의 사유가'로서의 니체라는 두 가지 상이한 상들로 유형화된다. 전자는 체계적으로 의미 있는 니체의 지식론을 찾으려는 것이고, 후자는 니체 철학에서 미적이거나 혹은 해석학적으로 규정된 실재의 도입로를 찾아보려는 시도였다고 할 수 있다. 이 두 유형은 각각 니체 철학을 '이론'으로 읽어내려는 방식과 탈이론적으로 읽어내려는 방식에 의해 가능했다.

4) 철학적 이론가로서의 니체의 재등장

니체를 문화적 · 문학적 이론으로 읽어내거나, 삶의 기술(技術)로서 읽어내는 탈이론적 읽기와는 달리 니체 철학을 다시 '이론'적 가르침으로 읽어내려는 경향도 있다. 이것은 카우프만과 단토가 제시했던 '힘에의 의지 이론가로서의 니체상'의 영향을 받은 것이다. 먼저 철학적 '이론'으로부터 니체의 철학을 해방시키려는 의도가 있기는 했지만, 여전히 이론 적합적 내용을 갖는 철학이라는 결론을 이끌어내는 슈리프트Alan D. Schrift[125])는 니체의 철학을 해석적 존재론으로 규정한다. 그에 의하면 니체는 첫째, 해석 개념을 동원해서 독단적인 진리 주장을 파기하는 동시에 내용 없는 상대주의와도 결별

---

125) A. D. Schrift, *Nietzsche and the Question of Interpretation, Between Hermeneutics and Deconstruction*(New York · London, 1990).

하며, 둘째, 관점주의와 힘에의 의지 이론을 종합해 해석 작용의 무한한 활동을 요구한다. 이런 의미에서 슈리프트의 작업은 니체의 철학을 해석학적 담론의 장으로 포섭한, 영미에서는 유일한 작업으로서 주목을 요한다.

니체 철학을 인간학적으로 재형성된 형이상학 혹은 우주론으로 이해하려는 시도는 샤흐트Richard Schacht와 몰스Alistair Moles가 주도한다. 샤흐트[126]는 니체 철학이 존재자 전체에 관해 숙고하는 형이상학적 의도에 충실하지만, 하이데거가 비판했던 존재신학적 근본 형식을 갖지 않은 다른 유형의 형이상학을 제공한다고 주장한다. 즉 원칙적으로 인간학적이고 우주론적으로 정위된 새로운 형식의 형이상학을. 그에게 니체는 결국 '형이상학적 야심가'였던 것이다. 몰스[127]는 니체에게서 새로운 유형의 철학 이론을 발견한다. 즉 그는 힘에의 의지 개념이 결코 형이상학적인 것이 아니라, 비극적 지혜라는 고대적 개념과 역동적 과정이라는 근대적 사고가 절묘하게 융합된 개념이고, 바로 이 개념이 이중적이고도 독특한 디오니소스적 자연 개념을 제공하며, 더 나아가 인간과 세계 전체도 이런 디오니소스적 자연성을 공유한다고 본다. 이렇게 해서 몰스는 샤흐트의 우주론적 · 인간학적 니체상과 매그너스의 실존론적 니체상 사이에서 균형을 잡으려 한다. 반면 리처드슨John Richardson[128]은 니체 철학을 하나의

---

126) R. Schacht, *Nietzsche*(London · Boston · Melbourne · Henley, 1983).

127) A. Moles, *Nietzsche's Philosophy of Nature and Cosmology*(New York · Bern · Frankfurt a. M., 1990).

128) J. Richardson, *Nietzsche's System*(New York · Oxford, 1996).

체계적 존재론으로 이해한다. 그것도 아리스토텔레스-플라톤의 형이상학 전통을 현대적 조건 속에서 발전시킨 내재적인 체계이며, 그 자체로 정합적이면서도 진리일 수 있는 이론의 형식으로 존재자의 기본 구조를 명료히 하려는 이론이다.

샤흐트와 몰스와 리처드슨이 니체 철학에서 존재와 자연 및 인간의 근본 성격에 대한 우주론적·존재론적 입장을 찾아냈다면, 니체 철학이 갖고 있는 인식론적 단초에 다시 집중하는 경향도 있다. 클라크Maudemarie Clark와 스택Georg J. Stack이 이런 유형인데, 클라크[129]는 니체 철학에서 체계적이면서도 현대와 관련되는 것들에 집중한다. 또한 그는 해체론적 니체 읽기를 '좌파적' 니체 읽기로 단정하면서 그것이 니체의 초기 사유에 집중하고 있음을 지적해낸다. 더불어 그는 니체 후기 사유에 나타난 진리 및 지식 개념을 한편으로는 칸트와 연결하고, 다른 한편으로는 반실재론과 연결시킨다. 특히 퍼트넘Hilary Putnam과 로티의 반실재론적 인식론 및 존재론과의 연결을 통해 클라크는 삶에 대한 긍정을 말하는 니체의 철학이 인식론적 차원에서 어떻게 이해될 수 있는지를 보여준다. 클라크와는 달리 스택[130]은 니체 철학에서 역사적·체계적 단초를 강조하는데, 이것은 니체 철학을 현대적 관점에서 재구성하려는 시도가 아니라, 오히

129) M. Clark, *Nietzsche on Truth and Philosophy*(Cambridge · New York · Melborne, 1990) ; M. Clark, "Language and Deconstruction. Nietzsche, de Man, and Postmodernism", C. Koelb (Hrsg.), *Nietzsche as Postmodernist, Essays Pro and Contra*(Albany, 1990), 15~34쪽.

130) G. J. Stack, *Nietzsche, Man, Knowledge and Will to Power*(Colorado, 1994).

려 19세기라는 역사적 관점에서 읽어내려는 시도다. 그래서 그는 니체의 지식론이 형성된 배경을 탐구하며, 칸트 인식론에 대한 니체의 비판, 신칸트학파의 허구주의 및 다윈의 진화론과의 연계에 집중한다. 더 나아가 니체의 관점주의는 해체론자들이 말하듯 '새로운' 니체를 위한 변호 개념이 아니라, 오히려 미적이고도 생산적인 실재와의 관계 맺음을 표현해주는 것으로 이해한다.

반면 하바스Randall Havas와 새들러Ted Sadler에게 니체의 지식론은 다르게 나타난다. 이들은 진리와 지식에 대한 기존의 인식론적 개념에 대한 대안으로서 니체의 지식 개념을 고찰한다. 이들에 의하면 니체의 지식 개념은 문화 비판적 야망에서 확인된다. 하바스는 이에 대한 증거로 계보적 비판가 니체, 그리고 소크라테스적 합리성이 각인시킨 현대 문화와 철학에 비극적 진리 의지와 비극적 문화를 제공하는 니체를 제시한다.[131] 반면 새들러는 니체의 사유를 관점적 이론으로 보는 것은 일면적 오해라고 단언한다. 오히려 그에게 니체의 철학은 첫째, 신의 죽음 이후 절대적 토대를 찾고 싶어 하는 인간적 열망의 표현이다. 같은 맥락에서 둘째, 니체의 철학은 삶의 진리를 보여주는 철학이며, 이것은 관점적인 규제를 받지 않는 직관적 사유에 의해서만 가능하다. 셋째, 절대성에 대한 열망은 제일 원인causa prima의 무한성이나 초월적 형이상학적 존재를 넘어서는 무한성으로서, 이것은 곧 지식과 능력에 대한 인간적 관점이 결코 손댈 수 없는

---

131) R. Havas, *Nietzsche's Genealogy. Nihilism and the Will to Knowledge* (New York · London, 1995).

진리의 단초를 찾으려는 노력의 일환이다. 그래서 새들러는 니체 철학을 인간의 삶을 구원하는 철학적 진리를 찾으려는 것으로 규정한다.[132]

5) 실천철학으로서의 니체 철학

영미의 니체 논의들이 인식론과 존재론 그리고 문화 이론적인 경향만 보여준 것은 아니다. 니체 철학을 실천철학으로 이해하려는 경향도 존재한다. 이것은 크게 윤리학과 교육 이론과 교양 이론, 그리고 심리학·정신분석학 및 정치학 맥락의 논의로 다시 구분해볼 수 있다. 물론 이런 논의들이 니체 철학에 대한 총체적 해석일 수는 없다. 그럼에도 불구하고 이는 현대라는 조건 속에서 니체 철학이 어떤 실천적 의미를 지니며, 어떤 기능을 할 수 있는지의 문제를 고려해보는 것이라고 하겠다.

현대 윤리학의 맥락에서 제시된 니체상은 먼저 기존의 지배적 도덕, 즉 일반화가 가능한 규칙 체계로서의 도덕에 대한 대안의 성격을 띤다. 이런 니체상 아래 다양한 내용들이 포함되어 있다. ① 니체 철학은 도덕 가치의 절대적 개별성을 주장하고, 일상적 삶의 규범에 반하는 엄격한 예외로서 덕 있는 태도와 운신을 주장하는 철학이지만, 도덕이라고 말할 수 있는 내용을 추론하기는 어려운 철학이다(풋 Philippa Foot).[133] ② 니체 철학은 개인의 사회적 삶을 가능하게 하

---

132) T. Sadler, *Nietzsche. Truth and Redemption. Critique of the Postmodernist Nietzsche*(London · Atlantic Highlands (N.J.), 1995).

133) P. Foot, "Nietzsches Immoralism", *Die Wirklichkeit des Guten. Moralphil-*

제1장 현대 철학과 니체—유럽 전통 철학과 영미 분석철학 247

는 도덕관을 제시하고, 개인의 관심을 무도덕이 아니라 상황 제약적인 도덕을 찾도록 유도하며, 동시에 기존의 도덕적 대립 범주들을 유효하지 않게 만든다. 그런 의미에서 니체 철학은 분석 윤리학의 작업 주제들을 변경시키는 선구자적 역할을 한다(베르그만Frithjof Berg-mann).[134] ③ 니체 철학의 중요성은 도덕의 다원적 성격을 분석해낸 것에, 그리고 전통 도덕의 요구와 그 근거 모형들을 최소화시켜 윤리 논쟁 자체를 완화시킨 데에 있다(윌리엄스Bernd Williams).[135] ④ 니체 철학의 업적은 규범적 요구와 도덕의 보편적 규칙성을 '현실 관련성'에 의해 최소화한 것이다(스콧Charles E. Scott).[136]

니체 철학을 현대 윤리학의 논의로 끌어들이는 두 번째 경향은 덕 윤리의 맥락에서다. 매킨타이어Alisdair MacIntyre는 니체의 도덕론에 대해 근대의 의무론적 윤리학과 도덕의 보편성 요구 자체를 무화시키려는 작업이라고 하면서도, 아리스토텔레스의 실천철학이 보여준 선에 관한 앎, 즉 덕 윤리와 관련된 '도덕에서의 본질적인 전제들'을 결여한 철학으로 평가한다.[137] 반면 솔로몬Robert C. Solomon

---

osophische Aufsätze, U.Wolf · A. Leist (Hrsg.)(Frankfurt a. M., 1997), 128~143쪽.

134) F. Bergmann, "Nietzsche and Anaytical Ethics", *Nietzsche, Genealogy, Morality, Essays on Nietzsche's "On the Genealogy of Morals"*, R. Schacht (Hrsg.)(Berkeley · Los Angeles · London, 1994), 76~94쪽.

135) B. Williams, "Nietzsche's Minimalist Moral Psychology", *European Journal of Philosophy* 1(1993), 1~14쪽.

136) C. E. Scott, *The Question of Ethics. Nietzsche, Foucault, Heidegger* (Blommington · Indianapolis, 1990).

137) A. MacIntyre, *After Virtue. A Study in moral theory*(Notre Dam, 1984).

은 니체 철학이 덕 윤리로 이해될 수 있다는 입장을 취한다. 니체 철학에는 습관과 전통과 지식, 규범적 태도와 행위 사이에 성립하는 내적 관계가 인과율 범주 대신 거의 본능적으로 이루어지는 상호 작용에 의해서만 서술된다는 것이 표명되어 있고, 니체 철학이 합리성과 도덕성과의 근대적 대립을 벗어나 주인 도덕의 가치로 회귀할 것을 주장하기에 윤리적 공동체주의의 핵심 역시 그 철학 안에 있으며, 아리스토텔레스적인 실천의 도덕성과 낭만적인 예술적 창조성의 실천을 매개하는 내용도 있기 때문이라는 것이다.[138] 덕 윤리와 관련된 이런 논의와는 달리 니체의 도덕론에 대한 본격적인 비판적 평가도 있다. 먼저 클라크는 니체의 도덕론이 보편적 규칙에 의거해서 도덕을 확정하려는 것에 반대하는 동시에 도덕 현상을 원칙적으로 도덕 이전의 사회 계약이라는 관점에서 파악하기에, 도덕을 정치 문제로 수렴시켜버리는 것이라고 단정한다.[139] 또한 번스타인John Andrew Bernstein은 니체 철학이 단지 불평등만을 심화시키고 그래서 진정한 윤리적 고찰을 거부하는 철학이라고 단언한다.[140]

니체 철학을 실천철학 지평에서 바라보려는 시도는 윤리학뿐만

---

138) R. C. Solomon, "A More Severe Morality. Nietzsche's Affirmative Ethics", *Nietzsche as Affirmative Thinker*(1986), 69~89쪽 ; R. C. Solomon, "One Hundred Years of Ressements. Nietzsche's 'Genealogy of Morals'", *Nietzsche, Genealogy, Morality*, R. Schacht (Hrsg.)(1994), 95~126쪽.

139) M. Clark, "Nietzsche's Immoralism and the Concept of Morality", *Journal of the History of Ideals* 27(1966), 549~574쪽.

140) J. A. Bernstein, *Nietzsche's Moral Philosophy*(Rutherford, 1987).

아니라, 교육 및 교양 이론에서도 등장한다. 개인의 주권성이나 신뢰성, 자기 배려 등에 주목하여, 니체 철학을 신의 죽음 이후의 인간 삶을 위한 교육 이론으로 제시하는 쿠퍼David. E. Cooper,[141] 삶의 이상인 실험적 창조성을 가능하게 하는 교육 이론이라고 파악하는 머피Timothy. F. Murphy,[142] 이와 유사하게 개인의 주권성을 교육하는 철학으로 이해하는 파버Claude Nicholas Pavur,[143] 인간 삶의 근원적 힘과 창조적인 자기 형성을 인간의 본성적인 형이상학적 활동으로 이해함으로써, 니체 철학을 일종의 교육학적 인간학으로 재정립하는 알로니Nimrod Aloni[144] 등이 대표적이다. 교육 및 교양 이론의 맥락에서 주목을 받았던 니체 철학에서의 개인과 개인성의 문제는 다시 문화 비판 영역으로 확대된다. 에런Daniel. R. Ahern은 니체 철학이 그의 당대에서 허무주의 현상을 치료했듯이, 여전히 병들어 있는 현대 문화에 치료적이면서도 교육적인 기능을 행사한다고 한다. 그래서 비극적이면서도 디오니소스적 문화를 건설할 수 있는 건강한 인간을 육성한다는 것이다.[145] 또한 니체의 교육과 교양 개념을 현대 문화를 위한 규범적 개념으로 삼는 경우도 있다(레빈Peter Levine).[146]

141) D. E. Cooper, *Anthenticy and Learning. Nietzsche's Educational Philosophy*(London · Boston · Melbourne · Henley, 1983).

142) T. F. Murphy, *Nietzsche as Educator*(Lanham, 1984).

143) C. N. Pavur, *How One Lets Nietzsche Becoming Who He Is. Interpreting Nietzsche as a Humanist*(Ann Arbor, 1990).

144) N. Aloni, Beyond Nihilism. Nietsche's Healing and Edifying Philosophy (Lanham · New York · London, 1991).

145) D. R. Ahern, *Nietzsche as Cultural Physician*(Pennsylvania, 1995).

146) P. Levine, *Nietzsche and the Modern Crisis of the Humanities*(Albany,

심리학적 · 심리 분석적 니체 이해로는 개인적 동기에 집중하는 틸 Leslie Paul Thiele[147]의 분석이 있다. 그는 니체 철학을 개인의 삶에 질서를 부여하는 규칙을 모색하는 작업으로 이해하면서, 그 속에서 영혼의 자기 형성과 위계화의 정치학을 찾아낸다. 틸과 마찬가지로 개인적 동기에 집중하는 파크스Graham Parkes[148]는 융Carl Gustav Jung의 심층심리학 관점에서 니체를 읽으며, 거기에 수준 높은 개인의 모습이 구현되어 있음을 밝혀낸다. 반면 골롬Jacob J. Golomb은 사회 · 문화적 동기로 니체를 읽어내어, 시대 진단적이고도 치료적인 야심을 갖고 있는 문화 치료자이자 문화철학자로서의 니체상을 성립시킨다. 그에 의하면 첫째, 니체의 심리학은 프로이트의 메타심리학을 선취하고 있으며(디오니소스적인 것으로서의 이드id, 아폴론적인 것으로서의 에고ego), 둘째, 그의 철학에서 심리학은 메타이론의 역할을 한다. 셋째, 니체에게서 개인적이고도 사회적인 삶의 이상은 원한 감정으로부터의 탈출이다. 유대인인 골롬은 이 세 번째 내용을 유대 민족의 현실과 연관시키기도 한다.[149] 또한 니체 심리학을 프로이트에서 융으로 이행하는 과도기적 이행 단계로 이해하는 샤펠Daniel

1995).

147) L. P. Thiele, *Friedrich Nietzsche and the Politics of the Soul*(Princeton, 1990).

148) G. Parkes, *Composing the Soul. Reaches of Nietzsche's Psychology*(Chicago · London, 1994).

149) J. J. Golomb, "Nietzsche's Enticing Psychology of Power", *Nietzsche as Affirmative Thinker*, Y. Yovol (Hrsg.)(Den Haag, 1986), 160~182쪽 ; J. J. Golomb, *Nietzsche and Jewish Culture*(London · New York, 1997).

Chapelle도 있다.[150]

영미의 정치학 영역에서는 니체 철학에 대한——독일, 프랑스, 이탈리아에서와는 달리——체계적인 담론이 이루어져 '정치 철학자' 니체상이 어느 정도 형성되어 있다. 니체 철학의 중심이 다름 아닌 정치학이며, 니체의 진정한 철학적 요구는 전적으로 정치적인 맥락에서 이해해야 한다는 생각이 동의를 얻었기 때문이다. 이런 경향은 1950~1960년대의 미국의 니체 이해 경향이 완벽히 반전된 것이라고 할 수 있다. 당시에는 국가 사회주의와의 연관성으로 인해 오히려 비정치적이거나 탈정치적인 맥락에서 니체를 바라보는 관점이 일반적이었다. 하지만 철학과 정치학 사이의 체계적인 연관을 논하려는 국제적인 추세를 배경으로 등장한 니체 정치학에 대한 관심은 '모든 가치의 전도Umwertung aller Werte'와 '큰 정치die große Politik'와 관련된 내용을 통해 더욱 증폭되어, '정치 철학자' 니체상을 성립시킨다. 이런 경향에는 무엇보다도 슈트라우스Leo Strauss의 니체 연구가 가장 큰 영향을 미쳤다. 그는 니체가 플라톤적 선의 이데아를 계보적 탐구를 통해 허구라고 밝혀냄으로써, 그리고 힘에의 의지 개념을 통해 토대 추구적이었던 철학의 관점을 대체해버림으로써, 근대적ㆍ고전적인 정치 철학의 전제 자체를 용해시켜버렸다고 본다.[151] 이후의 정치학ㆍ정치철학적 논의에서는 힘에의 의지 개념이 중심이 되어 과연 니체 철학이 급진적 민주주의의 토대가 되는 이론으

---

150) D. Chapelle, *Nietzsche and Psychoanalysis*(Albany, 1993).
151) L. Strauss, *A Study of Nietzsche*(Cambridge · London · New York · Melbourne, 1979).

로 적절한지의 문제가 고민되기도 하고(카리엘Henry S. Kariel),[152] 혹은 그것을 '경기Agon적 민주주의'의 형태로 읽어낼 수 있는지도 고민의 대상이 된다. 후자는 다시 니체의 경기적 민주주의가 평등보다는 차이를 강조하는지(하탑Lawrence. J. Hatab),[153] 아니면 칸트와 초기 롤스John Rawls의 '토대적 자유주의'에도 대립하고, 로티와 후기 롤스의 '반토대적 자유주의'와 대립하는 '정치적 경기Agon주의'인지(오언David Owen),[154] 그리고 명백하고도 동일한 목표의 구현을 포기하는 '급진적인 자유 정치론'(코널리William Connolly)인지,[155] 그것도 아니면 특히 (후기) 니체가 실천적·정치적 질서의 '근거 지워진 목표' 자체를 거부하는 것인지(콘웨이Daniel Conway)[156] 등의 상이한 형태로 진행되고 있다. 이 연구들은 모두 토대주의와 보편성의 지평에서 벗어난 현대성의 맥락에서 니체를 읽는 것이다.

반면 니체의 철학을 자유주의 정치 이론의 대안으로 이해하는 경향도 있다. 스트롱Tracy B. Strong은 니체의 정치론이 도리아적 폴리스 혹은 루소적 시민의 삶의 형식을 반영하고 있다고 하고,[157] 스턴

---

152) H. S. Kariel, *In Search of Authority. Twentieth Century Political Thought*(New York, 1964).

153) L. J. Hatab, *A Nietzschean Defense of Democracy, An Experiment in Postmodern Politics*(Chicago · LaSalle(Illinonis), 1995).

154) D. Owen, *Nietzsche, Politics and Modernity. A Critic of Liberal Reason* (London, 1995),

155) W. Connolly, *Political Theory and Modernity*(Oxford, 1988).

156) D. Conway, *Nietzsche and the Political*(London · New York, 1997).

157) T. B. Strong, *Nietzsche and the Politics of Transfiguration*(Berkeley · Los Angeles · London, 1975),

Joseph P. Stern은 니체에게서는 단지 구원론적·그노시스적인 동기만이 있어서 내용상으로는 공허한 도덕성이 지배할 뿐이라고 본다.[158] 그리고 이든Robert Eden은 니체 철학에는 악마적 개별성으로부터의 가능한 한 완전한 해방을 위한 전략만이 있다고 하고,[159] 디트와일러Bruce Detwiler는 미적 귀족주의를 위한 반민주적 변호인으로서의 니체상을 제공한다.[160] 로젠Stanly Rosen은 개인의 삶의 최고 규범에 대한 숙고와, 이 규범을 공적 영역에서 관철시키려는 토대적이고도 정치적인 숙고를 니체 철학에서 찾아내는데, 흥미롭게도 정치적 플라톤주의가 니체의 인식론적 허무주의에서 완성된다고 본다.[161]

이상이 영국과 미국, 독일과 프랑스 그리고 이탈리아에서 니체 철학이 어떻게 수용되어왔으며, 어떤 과정을 거쳐 현대 철학에서 '니체 르네상스'가 찬연한 빛을 내뿜게 되었는지에 대한 대략적인 소개다. 이 간략한 소개를 통해서도 이미 알 수 있듯이 니체 철학은 단순히 과거의 유물일 수 없다. 오히려 '현대적인 너무나 현대적'인 철학이며, 미래를 준비하는 자의 철학이다. 니체 철학에 대한 연구가 여

---

158) J. P. Stern, *Die Moralität der äussersten Anstrengungen*(Köln–Lövenich, 1988),

159) R. Eden, *Political Leadership and Nihilism. A Study of Weber and Nietzsche*(Tampa, 1984),

160) B. Detwiler, *Nietzsche and the Politics of Aristocratic Radicalism* (Chicago · London, 1990),

161) S. Rosen, *The Question of Being. A Reversal of Heidegger*(New Haven (Conn.) · London, 1993),

전히 다각적으로 진행되고 있는 것은 그것이 고갈되지 않은 자원을 갖고 있기 때문일 것이다. 현대가 던지고 또 미래가 던지게 될 물음에 대답해 줄 수 있는 자원을. "내가 누구인지 알아차리기는 어려우리라……백 년만 기다려보자. 아마도 그때까지는 인간을 탁월하게 이해하는 천재가 나타나서, 니체라는 이를 무덤에서 발굴할 것이다……이런 작품은 아주 수준 높은 것이어서 이해되기에는 시간이 필요하며, 정당하게 읽히기까지는 수세기가 필요하다"[162]라고 했던 니체는 '이 사람을 보라!'라며 자신을 주목하는 이 시대에 과연 어떤 웃음을 보내줄까?

---

162) F. Nietzsche, *Sämliche Briefe. Kritsiche Studienausgabe*, Bd. 7, G. Colli · M. Montinari (Hrsg.), 27쪽.

제2장 니체, 실존철학과 해석학

●●● 최성환

1. 니체와 실존철학

1) 실존철학과 '니체의 복음'

철학에도 분명히 유행이 있다. 그런 의미에서 오늘날 실존철학의 경기(景氣)는 없다. 그러나 실존철학은 20세기 중반까지 엄청난 파급 효과를 가져온 영향력 있는 사조였다. 실존철학은 두 차례에 걸친 세계 대전의 쓰라림을 맛본 서구인들이 정치, 사회, 과학 등의 '외적인' 진보에 깊이 실망을 느끼고 개인의 주관적인 '내면으로' 눈을 돌리는 과정에서 나타난 철학 사조다. 대부분의 실존철학자들은 니체

최성환은 독일 본 대학에서 〈딜타이의 체계사상〉으로 박사 학위를 받은 뒤 현재 중앙대 철학과 교수로 재직하고 있다. 〈문화해석과 해석문화〉, 〈칸트와 해석학〉 등의 논문을 썼으며 저서로는 《철학 오디세이 2000》(공저) 등이 있고 책세상 니체 전집 11 《유고(1880년 초~1881년 봄)》등을 옮겼다.

에 관해 언급하고 니체 철학을 실존철학의 연원으로 생각한다. 실존 철학의 참된 효시로 니체가 인정되는 이유는 어디에 있는가? 그것은 니체가 제시한 새로운 세계관이 전후의 서구적 상황에 다시 적용될 수 있다고 믿어졌기 때문이다. 실존철학은 실제로 '니체의 복음'을 생철학으로부터 물려받는다.[1] 그와 동시에 실존철학자들은 니체의 철학을 독일 파시즘의 이데올로기로부터 정화해야 할 필요성을 느낀다. 그들은 이렇게 정화된, 다시 말하면 실존철학적으로 재해석된 니체 사상을 '서구의 세계관'을 유지시킬 수 있는 마지막 무기라고 굳게 믿었다. 전후의 위기 속에 전통과 결별하면서 새로운 가치관이 정립되어야 할 필요성이 절실해졌을 때, '모든 가치의 변혁'을 옹호하고 '비합리주의적인 적극성'을 표방하는 니체 철학은 이 요구에 잘 부응할 수 있었다.[2]

이와 같이 니체 철학과 실존철학의 상관관계를 논하는 것은 철학의 영향사적 논의에서 자명한 부분으로 간주되고 있다. 그러나 막상 그 관계를 유심히 살펴볼 것 같으면 매우 복잡한 양상을 띠고 있다는 것을 알 수 있다. 먼저 니체 철학의 '정체성'에 대한 물음이다. 니체만큼 현대 철학의 다양한 주제에서 언급되는 철학자는 드물다. 따라서 니체 철학의 어떤 측면을 실존철학적으로 해석할 수 있는지는 그리 자명하지 않다. 우선 니체의 실존철학적 사유를 해명하기 위해서는 그와 쇼펜하우어와 키르케고르Søren Aabye Kierkegaard의 관계

---

1) O. F. Bollnow, *Existenzphilosophie*(Stuttgart, 1960), 11쪽 참조. 볼노는 실존 철학을 '생철학의 철저화'로 이해하고 있다.
2) 강대석, 《니체와 현대철학》(한길사, 1993), 187~188쪽.

를 규명하는 것이 중요하다. 주지하다시피 쇼펜하우어의 염세주의적 철학은 니체 철학의 출발점을 형성한다고 해도 과언이 아니다. 이러한 염세주의적 경향은 '반항과 회의의 철학', 그리고 '극복의 철학'으로 이어지는 지반을 형성한다. 니체 철학은 쇼펜하우어의 수동적인(생철학적인) 염세주의에서 출발해 자기 전복적 니힐리즘을 관통하여 키르케고르와 함께 능동적인(실존철학적인) 긍정의 철학, 생성의 철학으로 나아간다.[3]

2) 실존철학적 사유의 전형 : 키르케고르와 니체

서로 직접적인 영향 관계가 없음에도 불구하고 실존철학의 논의에 있어 뢰비트의 《키르케고르와 니체*Kierkegaard und Nietzsche*》(1933)와 야스퍼스의 《이성과 실존*Vernunft und Existenz*》(1935) 이래로 키르케고르와 니체는 항상 같이 묶여 다뤄지면서 실존철학의 선구자로 간주되고 있다. 우리에게 익히 알려진 키르케고르와 니체의 대립적인 성향에도 불구하고 그들이 공유하는 기본 노선은 그들이 시대에 대항하고, 몸소 시대의 운명으로 살았으며, 또 그 운명의 희생자가 되는 것을 마다하지 않았다는 것이다. 그들 이후로 철학은 '학문성을 지향하는' 사유의 엄밀성보다는, '현실적 물음에 충실하

---

3) 니체의 쇼펜하우어 비판에 대해서는 F. Decher, *Wille zum Leben—Wille zur Macht. Eine Untersuchung zu Schopenhauer und Nietzsche*(Würzburg, 1984), 51~58쪽 참조. 니체가 특히 문제 삼는 것은 쇼펜하우어의 의지 개념이 그 주장과는 달리 '순전히 공허한 말에 불과하다' 는 점이다. 이에 대해 프리드리히 니체, 《유고(1888년 초~1889년 1월 초)》, 백승영 옮김(책세상, 2004), 120쪽 참조.

는' 성실성을 더 큰 덕목으로 강조하기 시작했다. 지성의 정직성, 자신의 인생에서 보여주는 사상의 충실함, 허위와 부패에 대한 정열적인 고발, 그리고 진리로 믿는 것에 대한 진지한 헌신은 이 두 실존철학의 선구자가 세워놓은 불멸의 지표가 되었다.

물론 그들이 종교적 물음에 대해서 니체의 '강자의 도덕'과 키르케고르의 '쇄신된 기독교'라고 하는 정반대의 입장을 취하고 있다는 것은 잘 알려진 사실이다.[4] 종교적 사상가로서 키르케고르는 패러독스적 신앙이나 목적론적으로 정위된 목적합리성을 가지고는 해결될 수 없는 것에 대한 자각을 통해 '신 앞의 단독자'로서의 종교적 실존 자체에 최고의 위상을 부여한다. 그러나 니체는 키르케고르의 종교 이해의 틀을 극단화시켜 기독교가 이성 비판의 차원에서 더 이상 성립될 수 없음을 선언하게 이른다.[5]

기독교는 유럽인과 유럽 철학이 어떤 방식으로든 연관될 수밖에 없는 유럽의 정신적 뿌리를 유지시켜온 거대한 산맥과 같은 것이다. 기독교에서는 기본적으로 '신과 인간의 관계 정립'이 세계 이해의 핵심적 요소였다. 이것은 파스칼에서부터 키르케고르에 이르기까지 실존적인 인간상은 시종일관 그러한 절대자와의 관계를 통해서만 본연의 자기 자신을 되찾을 수 있는 종교적·도덕적 존재로 그려졌다는 사실에서 알 수 있다. 그러나 니체는 스스로 대지에 뿌리를 내릴 힘이 없는 어떠한 가공의 공상물도 존재할 가치나 이유를 전혀 갖지

---

4) 조가경, 《실존철학》(박영사, 1995), 42쪽.
5) G.-G. Grau, *Vernunft, Wahrheit, Glaube. Neue Studien zu Nietzsche und Kierkegaard*(Würzburg, 1997), 17쪽·137쪽 참조.

못한 것으로 보았다. 그는 기독교가 인간에게 부과한 엄청난 해악을 들추어내어, 기독교의 용도 폐기를 주장하며, 생물학적 존재로서의 인간이 기타 존재와의 비교에서 가지는 고유한 특성을 부각시키려고 했다.[6] 니체가 강조하는 '생'은 신이나 모든 초월적인 피안의 존재를 부인하고 자연적 세계에 내재하는 질서에 비춰진 직관된 '대지의 생'을 의미한다. 니체는 죄의식이나 양심의 가책은 의식의 상태요 이행(移行)의 양식에 불과할 뿐, 그러한 생 자체에 근원적으로 속하는 현상이라고 보지 않는다. 특히 니체는 도덕의 계보학적 현상학을 통해 전복되어야 할 대상을 '쟁기질'을 통해 뒤엎고 새로운 가치를 수립하려는 '가치 전도'의 기치를 내걸었다.[7]

궁극적으로 니체는 무신론이 완전한 승리를 거둘 때 인류를 그 죄의식으로부터 완전무결하게 구원하게 되리라고 전망하기도 했다. "무신론과 일종의 제2의 순수성은 상호 의존 관계에 있는 것이다."[8]

---

6) G.-G. Grau, *Vernunft, Wahrheit, Glaube. Neue Studien zu Nietzsche und Kierkegaard*, 43쪽 · 47쪽 참조. 니체가 인간을 생물학적으로 동물의 존재 양식과 평균화하려는 의도에서 인간의 본질에 대해 말한 것은 결코 아니었다. 오히려 동물로서의 인간이 내면에 갖고 있는, 단순히 동물적인 것의 범주로는 설명할 수 없는 어떤 것을 대조적으로 밝혀내려는 것이다. 동물로서의 인간을 넘어서는 새로운 인간상은 초인이라는 이상으로 그려졌고 그러므로 현실 속에 있는 인간은 동물과 초인의 중간에서 위험한 줄타기를 하는 셈이다.

7) G.-G. Grau, *Vernunft, Wahrheit, Glaube. Neue Studien zu Nietzsche und Kierkegaard*, 44쪽. '신의 죽음'은 지금까지 배척되어온 자연적 세계의 소생을 의미한다. 그러나 자연적 세계에 인간이 쉽게 적응할 수 없다는 것은 오랫동안의 결별의 기간을 생각할 때 너무나 당연한 것이다. 자연적 세계는 그 자체로 자명한 사실Faktum이 아니라 하나의 철학적 문제가 되었던 것이다.

8) 프리드리히 니체, 〈선악의 저편〉, 《선악의 저편 · 도덕의 계보》, 김정현 옮김(책세

《차라투스트라는 이렇게 말했다》에 나오는 '세계의 유아(幼兒)'는, 곧 그러한 제2의 천진난만의 상징이다. 니체는《선악의 저편》, 곧 전통적인 기독교 윤리와 도덕을 초월한 상태에서 그가 추구한 이상적 상태를 사유하려고 했다.[9]

순수하게 기독교적 시각에서 키르케고르도——칸트가 '정치적 교권주의'를 비판하듯이——제도화되고 타락한 현대의 기독교야말로 가장 긴급히 극복되어야 할 역사적 현실이라고 인식했다. 키르케고르는 객관적인 역사에 대해 비판적인 태도를 취했고 역사의 근원으로 되돌아가 이를 반복하려 했다. 이는 마치 '같은 것의 영원한 회귀'를 추구한 니체의 기본적 입장과 매우 유사하다. 다만, 키르케고르에게 있어서는 기독교의 역사적 근원만이 유일한 근원이므로, '반복'이란 오직 원시 기독교의 반복을 의미할 뿐이다.

키르케고르의 관점을 넘어서서 니체는 새로운 근원과 모델을 추구했고, 자신의 문헌학적 교육에 근거하여 그리스적 '코스모스'의 세계관을 현대에 다시 제시하고자 한다. 기독교는 이제 세계 종교로서의 그 참신한 열정을 소모해버렸기 때문에 기껏해야 하나의 문화 형태로, 하나의 도덕 이론으로 남게 되었다.

그러나 니체가 추구하는 새로운 것을 위한 실험은 위험을 동반한 모험적인 삶을 의미한다. 낡은 진리는 기독교와 함께 사라졌으므로

상, 2002), 440쪽.

9) 질 들뢰즈,《니체와 철학》, 이경신 옮김(민음사, 1999), 55쪽. 니체가 이러한 천진난만을 기독교를 벗어나 그리스적 세계에서 찾으려는 것은 죄의 해석에 대한 기독교적 해석과 그리스적 해석의 차이에서 유래한다.

'정신의 변화', 즉 사유와 행동을 위한 새로운 표준과 중심이 필요했다.[10] 니체는 현대를 이 새로운 가치를 향해 나아가는 과도기로 보았다. 무한한 가능성 속에 살고 있는 현대인에게는 니체가 던진 '위험하게 살라' 라는 실존주의적 구호가 유혹적으로 들릴 것이다. 그러나 그의 유혹적인 구호는 방종과 광적인 자기 방기(放棄)를 선동한 것이 아니었다. 위험을 동반한 모험적인 삶의 참된 철학적 의의는 인간이 각각 자기 안에 있는 세속성을 극복하여 자기를 넘어선 높은 목표를 향해 노력하는 데에 있다. '초인' 이라는 목표는 줄타기처럼 현기증 나고 위태로운 과정을 거쳐야만 도달할 수 있다. 니체를 말 그대로 실존철학자로 부를 수 있는 근거는 자기 자신을 넘어서 발전시켜나가는 자기 극복의 위험을 '탈자적(脫自的)' 혹은 '탈존적(脫存的)' 인 현존재로 해석 가능하기 때문일 것이다.[11]

3) 실존주의의 철학적 토대로서의 허무주의

전후 모순에 가득 찬 서구의 위기의식을 대변하는 실존철학은, 과학적 세계관과 기독교적 세계관의 문제점과 위기의식을 '허무주의' 라는 개념 아래 집약하여 파악하려 했던 니체의 철학과 그 출발하는 입장이 일치한다고 할 수 있다. 다만 니체의 철학이 탁월한 시대 진단을 통해 파국적 국면에 대한 예감에서 오는 불안을 절실하게 표현했다면 실존철학은 두 차례에 걸친 세계 대전의 생생한 체험에서 오

---

10) K. Löwith, *Gott, Mensch und Welt in der Metaphysik von Descartes bis zur Nietzsche*(Göttingen, 1967), 162쪽.
11) 조가경, 《실존철학》, 47쪽.

는 절망을 새로운 언어 형식을 통해 표출했다는 데 차이가 있을 뿐이다. 그런 배경에서 니체의 철학이 미지의 것에 대한 대담한 공격성을 드러낸다면 실존철학은 절박한 체험을 통해 움츠러든 절망성을 드러낸다. 물론 이러한 절망성이 때로는 대담한 도전적인 요구와 결부되기도 한다.[12]

니체는 "유럽적 허무주의Der europäische Nihilismus"라는 표제가 붙은《힘에의 의지》(1887)의 1부 서언에서 필연의 지배에 따라 반드시 도래할 허무주의 출현을 강력한 어조로 예언하면서, 허무주의를 다음과 같이 정의하고 있다. "허무주의 : 목표가 결여되어 있으며 : '왜?' 라는 물음에 대한 대답이 결여되어 있다. 허무주의는 무엇을 의미하는가?—최고 가치들이 탈가치화하는 것."[13] 이어서 그는 "사람들이 승인하고 〈실천하는〉 최고의 가치들이 의심을 받으면, 인간의 삶이 절대로 유지될 수 없다는 확신을 가지며, 여기에 더해서 우리는 피안이나 사물 그 자체가 '신적'이라거나 몸Leib적인 도덕이라고 설정할 권리를 전혀 갖고 있지 않다는 것을 통찰"하는 것을 "극단적 허무주의"라고 불렀다.[14]

여기서도 역시 최고의 가치는 신적인 것을 가리킨다. 그리고 신적인 것에 현존재를 의탁시킬 수 없게 되었다는 확신, 즉 근거에 대한

---

12) 강대석,《니체와 현대철학》, 189쪽.
13) 프리드리히 니체,《유고(1887년 가을~1888년 3월)》, 백승영 옮김(책세상, 2000), 22쪽.
14) 프리드리히 니체,《유고(1887년 가을~1888년 3월)》, 281쪽. 니체의 글에 나타난 허무주의 유형에 관해서는 백승영, 〈하이데거의 니체 읽기 : 이해와 오해〉, 《하이데거연구》(1997), 321쪽 주 38 참조.

불신과 부정이 곧 허무주의라면 니체의 허무주의는 근본적으로 스콜라 학파의 원래 의미대로 신에 대한 불신을 취지로 삼고 있다고 보아야 한다. 또한 실제로 그는 전체 유럽에 그림자를 던지기 시작한 허무주의 현상을 '신은 죽었다' 는 간결한 말로 함축적으로 표현했다. 그러나 니체가 신의 죽음을 통해 결코 기독교적인 신에 대한 불신과 거부만을 단언하는 것에 그친 것이 아니다.[15] 기독교가 피안을 위해서 차안을 희생한 것처럼 근대적인 이데올로기들은 피안 대신 인간을 또 다른 의미에서 현혹할 수 있는 찬란한 미래를 위해서 현재의 인간들의 삶을 담보로 삼을 것이라는 것이 니체의 통찰이다.[16]

그러므로 니체의 허무주의는 결코 자의적으로 설정된 편협하고 왜곡된 관념도, 현실 부정적인 파괴적인 관념도 아니었다. 그는 위대한 '암호 해독자' 였고 천재적인 후각을 통해 부정과 위선을 탐지해냈으며, 불가피하다면 적극적이며 선구적으로 결단을 내릴 것을 촉구했다. '신의 죽음' 은 더 이상 숨길 필요가 없는 일이다. 인간의 문화적이며 규범 설정적인 모든 행위를 소극적으로 평가하는 '가능한' 관점으로서가 아니라, 현대를 '필연적으로' 규정하는 '역사적 운동'

---

15) M. Djurić, "Nihilismus als ewige Wiederkehr des Gleichen", M. Djurić · J. Simon (Hrsg.) *Zur Aktualität Nietzsches*(Würzburg, 1984), 61쪽 아래 참조. 《차라투스트라는 이렇게 말했다》의 〈증여의 덕에 관하여〉에서) 초인이 신의 자리에 들어서고 복수로서의 신이 언급됨으로써, 신의 죽음은 좁은 의미에서 기독교적 신의 존재에 대한 불신을 의미할 뿐만 아니라 모든 종류의 초감성적인 세계와 피안과 가치들의 몰락까지 포괄적으로 의미한다.

16) 박찬국, 〈니힐리즘에 대한 니체의 사상〉, 《해석학연구》 제4집(한국해석학회, 1997), 69쪽 참조.

으로서 그가 제시한 허무주의는 사실상 역사의 원동력으로서 숨겨져 있던 흐름을 자각한 것에 지나지 않는다. 결국 허무주의가 유럽 역사의 법칙이라는 통찰은 시대 극복의 새로운 출발점과 결단을 위한 하나의 '사실 확인'이었다. 그러나 그 사실 확인이 '신의 죽음'의 근본 원인을 적합하게 진단해낼 것을 필요로 했듯이, '법칙'은 장차 올 것을 선취하는 근거가 된다. 더욱 중요한 것은 법칙과 그에 다른 필연성에 관한 예측을 통해 역설적이지만 미래의 행로를 변경시키고 '자유로운' 생을 영위할 수 있는 해법을 찾을 수 있다는 점이다. 이른바 '완성된 허무주의'로의 항해가 가능한 것이다.[17]

4) 니체 영향사

실존철학자 중에서 니체 철학을 가장 체계적이며 비판적으로 계승한 사람은 야스퍼스다. 그러나 유감스럽게도 그의 철학이 그 이후 철학적 전개에 있어서 더 이상 많은 관심과 조명을 받지 못한 관계로 니체 철학과 관련해서 하이데거가 가장 많이 언급되는 실존철학자로 남았다. 특히 하이데거는 니힐리즘이라는 시대의 위기의식을 니체와 공유하면서도 자신의 고유한 해법에 따라 그것의 극복 방안을 제시함으로써 실존철학적인 차원을 떠나 존재론적 차원으로 옮겨 갔다고 말할 수 있다. 이에 반해 야스퍼스의 관심은 전체적으로 니체 철학의 범위에 머물고 있다고 할 수 있다. 따라서 여기서는 가장 체계적으로 니체를 연구·수용했으며 사유의 유사성을 보여주는 야스퍼스와 하

---

17) 조가경, 《실존철학》, 55쪽.

이데거의 관점을 중심으로 니체의 영향사를 살펴보고자 한다. 물론 형이상학과 도덕 비판, 초인 등의 실존적 의미를 강조하는 마르셀, 사르트르, 카뮈 등이 프랑스에서 전개한 실존철학적 니체 이해가 그 실제적 발전에 있어서 적지 않은 파급효과를 가져왔다는 사실을 미리 밝혀둘 필요가 있다.

(1) 니체와 야스퍼스 : 계승과 비판의 협주곡

야스퍼스는 '각성을 고무하는 철학자의 전형'으로서 파스칼, 레싱 Gotthold Ephraim Lessing 그리고 키르케고르와 더불어 니체를 꼽고 있다. 각성을 고무하는 철학자로서의 니체는 학설이나 명령을 통해서 가르치거나 고정된 척도를 내세우지 않으며 우리가 무조건 추종해야 하는 모범을 보이지도 않는다. 다만 우리에게 문제를 제기해주며 이러한 문제를 우리가 외면할 수 없도록 만든다. 니체는 각성과 호소의 방식으로 인간 존재의 심오한 가능성을 열어주고 인간 본성에 대한 성찰을 가능하게 해주며 인간에 대한 (새로운) 가치 평가와 가치의 상승 과정을 암시해준다.[18] 야스퍼스의 표현처럼 니체의 철학적 이념들은 "진리의 연옥에서처럼 스스로의 존재를 끊임없이 저당 잡히는 방법으로 니체와 교제하는 가운데 순수하게 형성"[19]된다.

야스퍼스는 "니체와 더불어 철학한다는 것은 그에 반하여 끊임없

---

18) K. Jaspers, *Nietzsche. Einführung in das Verständnis seines Philosophie-rens*(Berlin, 1950), 453쪽.
19) K. Jaspers, *Nietzsche. Einführung in das Verständnis seines Philosophie-rens*, 454쪽.

이 자기 입장을 정립하는 것을 의미한다"[20]고 말한다. "우리가 스스로의 실체로부터 출발하여 니체를 수용하려 할 때만 그는 오해 없이 우리에게 언질을 줄 수 있을 것이다."[21] 니체의 철학은 인간의 잠재력, 즉 모든 것을 자유롭게 변화시키면서 스스로를 강화할 수 있는 힘을 역설한다. 이러한 가능성의 실현은 실존철학에서도 비슷하게 내면적인 윤리의 완성 혹은 확신을 통해 이루어진다.[22] 야스퍼스에 따르면 니체 철학은 우리가 그것을 이론적 차원에서가 아니라 실존적인 적용 과정과 '내적인 행위'의 과정으로서 대면할 때 비로소 타당하게 이해될 수 있다. 따라서 니체에 의해 거듭 강조되는 정직성과 진실성이 그 핵심적 가치를 갖게 되는 것이다. 이런 배경에서 니체는, 대화의 상대자로 하여금 자기 사유와 자기 생성을 간접적으로 고무한 소크라테스처럼, 철학적인 교육자로 간주될 수 있다.[23]

《니체. 그의 철학함의 이해를 위한 입문*Nietzsche. Einführung in das Verständnis seines Philosophierens*》(1936) 이전의 니체 해석의 첫 시기에 야스퍼스는 그의 이해 심리학적 작업〔《세계관의 심리학*Psychologie der Weltanschauungen*》(1919)〕과 관련해서 니체를

---

20) K. Jaspers, *Nietzsche. Einführung in das Verständnis seines Philosophie-rens*, 460쪽.
21) K. Jaspers, *Nietzsche. Einführung in das Verständnis seines Philosophie-rens*, 459쪽.
22) K. Löwith, *Nietzsches Philosophie der ewigen Wiederkehr des Gleichen* (Stuttgart, 1956), 219쪽.
23) K. Jaspers, *Nietzsche. Einführung in das Verständnis seines Philosophie-rens*, 453쪽 아래.

위대한 심리학자로 해석한다. 그에 따르면 니체는 키르케고르와 더불어 현존재의 문제성을 가장 본래적으로 체험하고 인간의 가능성을 그들의 독특한 방식 속에서 표현해낸 사상가다. 그는 니체가 현재의 개인성의 삶과 실존을 문제로 삼고 이를 무한한 자기반성의 모험을 통하여 스스로 시험한다고 평가한다.[24)]

야스퍼스의 니체 해석에서 가장 핵심이 되는 것은 모든 실존철학이 근본 문제로 삼고 있는 인간 현존의 문제다. 니체는 잘 길들여진 허무주의적인 인간의 타락을 들추어내면서 인간의 자유와 존엄을 적극적으로 옹호한다. "그에게 항상 철학하는 충동이 된 것은 현대인에 대한 불만 그리고 본래적이고 가능한 인간에 대한 동경 및 의지다."[25)] 니체의 표현처럼 '확정되지 않은 동물'로서의 인간은 열린 가능성 때문에 위험한 상황에 처하며, 이 가능성은 또한 인간을 병적인 존재로 보이게 한다. 그러나 이 병은, 항상 니체 철학에 나타나는 반전(反轉)처럼, 역설적으로 인간을 인간답게 만드는 독특한 가치를 지닌다. 타락한 인간의 구원은 사회의 개혁을 통해서가 아니라, '초인'으로 상징화되는, 스스로의 가능성을 확신하고 무한한 변화에의 충동과 용기를 가짐으로써 개인의 내면에서 이뤄진다.[26)]

니체의 여러 저서에서 시도된 도덕관념과 세계관적 가치 질서의

---

24) 쿠르트 잘라문, 〈야스퍼스의 니체 해석에의 조망〉, 《니체연구》 제3집(한국니체학회, 2000), 179쪽.

25) K. Jaspers, *Nietzsche. Einführung in das Verständnis seines Philosophierens*, 123쪽.

26) 강대석, 《니체와 현대철학》, 196쪽.

보편타당성에 대한 극단적인 심리학적 해체는, 야스퍼스의 사상을 지배하는 반독단적인 기본 입장의 표명을 의미한다. 야스퍼스는 무엇보다도 사유의 '체계'에 대하여 반대하는 점에서 니체와 인식을 공유한다. 니체의 반체계적인 경향은, 특히 "체계를 세우려는 의지는 성실성이 결여되어 있다"고 하는 《우상의 황혼》(1889)에서의 유명한 문구를 통해 나타난다.[27] 야스퍼스도 체계로서 전개된 사유 형식이나 세계관에서 보편성의 요구는 삶의 개인적인 충동의 다양성을 고려하지 않으며 개인적인 삶의 실현 가능성을 제한하게 된다는 점을 강하게 부각시킨다. 무엇보다도 중심적 의미를 가지는 것은 합리적인 인간 및 세계 이해의 배후에서 작동하면서 이 세계와 인간의 삶을 생동시키는 원동력이다. 따라서 '이론'과 '학적 인식'이 부차적인 것이며 '삶과 실존의 경험'이 우선적인 것이 된다.

야스퍼스는 현대인의 위기를 결코 경제적, 정치적 모순으로부터 파악하지 않고 추상적인 세계관의 문제로서 파악하려 한다. 허무주의의 원인에 대한 해석을 야스퍼스는 니체와 마찬가지로 최고 가치를 설정하는 역사관과 기독교 및 전통적인 도덕 혹은 존재 문제의 관계 속에서만 시도한다. 이러한 문제와의 관계에서 나타나는 개인의 심리 분석에 야스퍼스는 시선을 돌린다. 다시 말하면 야스퍼스는 허무주의의 원인을 모든 가치의 변혁에서 오는 인간의 심리적 좌절로부터 찾으려 하지, 모든 가치의 변화에서 비롯되는 새로운 사회적인

---

27) 프리드리히 니체, 〈우상의 황혼〉, 《바그너의 경우 · 우상의 황혼 · 안티크리스트 · 이 사람을 보라 · 디오니소스 송가 · 니체 대 바그너》, 백승영 옮김(책세상, 2002), 81쪽.

현실을 객관적으로, 파악하려 하지 않는다. 니체를 해석하면서 야스 퍼스는 "변화의 구체적인 목적에 대한 실망이 허무주의의 원인이 된 다"[28]고 말했다.

야스퍼스는 물론 기독교적인 가치관이 참된 세계를 가정하는 플 라톤의 이상처럼 '위대한 허구' 라는 니체의 주장을 문자 그대로 받 아들이지 않는다. 야스퍼스는 기독교적인 가치가 영원한 의미를 지 닌다고 생각한다. 다만 신에 대한 신앙을 상실한 대중의 의식 속에서 그 가치가 변혁되었고 '신은 죽었다' 라는 표현으로 집약되었을 뿐이 다. 이러한 가치의 변혁에 대한 근본 원인은 오성에 대한 무제한적인 신뢰다. 인류는 오성의 힘을 너무 과신했고 세계를 오성을 통해 건설 하려고 했기 때문에 결국 무와 직면하게 되었다. 이제 남은 생존의 목표는 개인뿐이다. 야스퍼스는 니체보다 현대의 위기를 더 절망적 으로 느끼기 때문에 힘에의 의지의 관철에 근거한 순진한 낙천주의 로 만족하지 않는다. 그러나 야스퍼스가 이러한 절망에서 벗어날 대 안을 가진 것도 아니었다.[29]

야스퍼스는 심리학으로부터 철학으로 전향한 이후, 단순한 세계

---

28) K. Jaspers, *Nietzsche. Einführung in das Verständnis seines Philosophie- rens*, 248쪽.
29) K. Jaspers, *Nietzsche und Christentum*(München, 1952), 37쪽. 기독교에 대 한 니체의 공격은 그 자체로 기독교적인 근원을 갖는 '절대적인 진리에의 의지' 에서 나온 것으로 야스퍼스는 해석한다. 니체는 인간의 타락, 진리의 소멸에 대 한 원인을 밝히려고 했고, 그의 이러한 의도가 종종 오류에 빠지기는 했지만 인 류에 대한 사랑은 변함없었다는 것이 야스퍼스의 결론이다. 인간의 근본적인 오 류에 대한 니체의 통찰은 인간의 원죄에 대한 기독교의 관점과 연결되어 있다.

관의 심리학자로서가 아닌 탁월한 시대 진단자로서 니체를 발견한
다. 야스퍼스는《우리 시대의 정신적 상황Die geistige Situation der
Zeit》(1931)에서 키르케고르와 니체가 명시한 것처럼 시대의 근본
정서를 파악하고 있다. 또한 그는《니체Nietzsche》(1936)의 〈역사와
현 시대〉라는 장에서 시대 비판적인 니체의 서술을《즐거운 학문》의
표현에 근거하여, 즉 신의 죽음과 그 신을 우리가 죽였다는 유명한
광인의 공언을 통해 자세히 서술하고 있다.[30] 기독교가 거짓과 허위
성으로 비호해온 신과 도덕관념들을 진실성의 의식에 근거하여 해체
함으로써, 야스퍼스는 니체에게서 인간적 사유 가능성과 자기반성
능력의 궁극적인 귀결점을 인식한다. 야스퍼스의 관점에 의하면, 니
체의 신랄한 시대 비판, 이성 비판, 학문 비판, 철학 비판 그리고 가
치 비판에서 볼 때, 그는 천재적인 시대 진단자일 뿐만 아니라 허무
주의적 시대 조류의 예고자다. 동시에 허무주의를 극복한 자이기도
하다.[31] 시대와 그에 수반된 문제점을 극복하기 위한 방안으로서 니
체는 개인적 자기 존재의 가치를 강조한다. 합리화와 집단화 경향 그
리고 반 유대-기독교적 도덕('우민도덕과 노예도덕')의 입장을 '자
유정신들에 대한 해석'과 '초인 사상'과의 대비를 통해 강조하고 있
다.《즐거운 학문》에서 그는 다음과 같이 표현하고 있다. "하지만 우
리는 현재의 우리 자신이 되고자 한다! 새롭고, 일회적이고, 비교 불
가능하고, 자기 스스로가 입법자이고, 자기 스스로를 창조하는 인간

---

30) K. Jaspers, *Nietzsche. Einführung in das Verständnis seines Philosophierens*,
    246쪽.
31) 쿠르트 잘라문, 〈야스퍼스의 니체 해석에의 조망〉, 182쪽.

이 되고자 한다!"[32] 이것은 자신의 뿌리를 찾아내어, 자신을 회복하고자 하는 노력이다. 여기서 니체는 야스퍼스가 '가능적 실존'이라는 개념으로 의식화하려고 한, 인간 실존의 대치 불가능하고 유일한 개인성의 차원을 강조하고 있다. 야스퍼스는 니체가 《차라투스트라는 이렇게 말했다》를 중심으로 언급하는 '영원회귀의 사상'을 자신의 '실존적 근본체험'을 설명하는 개념으로 해석한다. 야스퍼스에 따르면 니체의 영원회귀 사상은 다음과 같은 실존적 의미를 함축하고 있다. "최고의 가능성에 도달하도록, 나의 삶과 행위로 하여금 최후의 것에까지 전력을 다하게 한다 ; 왜냐하면 한번 존재한 것은 영원하기 때문이다 ; 내가 지금 행하는 바는 나의 영원한 존재 그 자체이며, 내가 영원하다는 것은 시간 속에서 확인된다."[33]

철학으로 전환한 이후에 야스퍼스는 그의 최대의 저서인《철학 *Philosophie*》(전3권)을 펴내 '실존철학'을 체계화했다. 이 체계적 전개의 배경에서는《우리 시대의 정신적 상황》에서처럼 20세기 서구 사회가 당면한 기계 문명, 대중 사회, 정치 상황, 특히 제1차 대전 후의 가치전환적인 사상적 위기에 대한 깊은 성찰이 기조를 이루었다. 또한 그는 실증주의적인 과학에 대한 과신을 경고하고, 근원적인 불안에 노출된 인간의 비합리성을 포착하여 본래적인 인간 존재의 양태를 전개하는 '실존철학'을 시대 구원의 한 방법으로서 제시했다.

---

32) 프리드리히 니체, 〈즐거운 학문〉,《즐거운 학문 · 메시나에서의 전원시 · 유고 (1881년 봄~1882년 여름)》, 안성찬 · 홍사현 옮김(책세상, 2005), 307쪽.
33) K. Jaspers, *Nietzsche. Einführung in das Verständnis seines Philosophierens*, 361쪽.

자신의 본성을 발견하려는 실존해명Existenzerhellung은 물음을 제기하는 인간 자신으로의 접근을 허용한다. 인간 존재를 규명하는 철학적 사색은 그전과 같이 세계에 대한 조감도를 얻는 그런 단순한 추상적 사유가 아니라, 인간 존재의 근원을 파고드는 활동이며, 철학은 '철학한다philosophieren'는 일이라고 생각한 것이다.[34]

인간에게 있어서 실재적이며 가치 있는 것, 즉 진정한 것은 실존Existenz이라 불린다. 야스퍼스에 따르면 실존은 새로운 가능성들에 무한히 열려 있으며, 전통적인 탐구로는 접근할 수 없다. 현세적인 차원에 불과한 단순한 현존을 나의 존재인 실존의 진정한 근거와 혼동하는 것은 우둔한 유물론이다. 유물론이 난파를 초래하는 반면에 현존을 전적으로 무시하는 것은 허무주의를 초래한다. 이 둘 사이의 긴장이 중용인 것이다. 야스퍼스에 의하면 실존은 역설과 이율배반으로 가득 차 있는 생존의 한계상황Grenzsituation에 의해 제한된다. 이러한 "한계상황을 경험한다는 것과 실존한다는 것은 동일한 것이다".[35] 이런 배경에서 인간은 유한성을 자신의 실존에 대한 한계로서 경험한다. 죽음은 이러한 한계들 가운데 가장 극적인 것이다.[36] 상황성의 한계는 우리가 한편으로 우리 자신을 선택한다는 사실이다. 그때 자유는 인간에게 중심적인 것이 된다. 자유는 도덕적 책임의 문제가 되는 선택에서 압도적인 중요성을 갖는다.[37] 요약하면, 인

34) K. Jaspers, *Philosophie*, Bd. II(Berlin, 1932), 2쪽.
35) K. Jaspers, *Philosophie*, 204쪽.
36) K. Jaspers, *Philosophie*, 222쪽.
37) K. Jaspers, *Philosophie*, 232쪽.

간의 유한성이 인간을 '가능적 실존'의 해명으로 인도하고, 이로부터 인간은 한계상황 속에 있는 현실적인 실존으로 나아가는 것이다. 이것은 한계상황의 해명을 통해 실존 해명이 이루어지고, 한계상황의 주체적 체험을 통해 현실적 실존으로의 비약이 이루어질 수 있다는 것을 의미한다.

야스퍼스는 철학사에서 니체에게 독특한 위치를 부여하며, 니체 철학을 그야말로 철학적 사유의 보고(寶庫)로서 높이 평가하고 있다. 야스퍼스는 특히 니체의 비판 정신에 주목한다. 여기서 말하는 비판 정신은 실증적인 지식 혹은 과학적 방법으로 얻어진 인식에 대한 문제 제기다. 니체의 철학은 신과 세계 그리고 인간을 직접적으로(과학적으로) 파악하려고 한 지금까지의 철학적 오류로부터 철학적 사유를 정화시켰다. 이런 사상에 대해 야스퍼스는 전적인 동감을 표시하고 있다.[38]

니체의 철학은 방법과 내용의 측면에서 많은 부분 야스퍼스의 이상과 부합한다. 이들의 철학은 실존적인 철학으로 사유를 확대하여 존재의 실체를 평가하려는 철학이며 세계의 모든 가치를 극복하려는 철학이다. 세계나 삶에 대한 구체적인 인식이 목표가 아니며 세계를 해석하는 것이 목표다. 이들은 세계를 있는 그대로 인식하려 하지 않고 세계를 '해석의 방식'으로 고찰한다. 진리가 결국 역사성 속에서 세계를 암호로 해독하는 실존 자체의 진리로 체험된다.

---

38) K. Jaspers, *Nietzsche. Einführung in das Verständnis seines Philosophierens*, 119쪽 참조.

위에서 살펴본 바와 같이 철학의 방법과 이해 그리고 진리와 이성에 대한 태도에서도 두 철학자는 매우 유사한 입장을 보인다. 거칠게 표현해서 두 철학자는 논리적인, 체계적인 진술 형식보다는, 즉 머리로 동의하는 방식보다는 가슴으로 같이 호흡하고 느끼는 방식을 선호했다. 이것을 니체는 특유의 잠언 형식에서, 야스퍼스는 '본래적 자기 존재', '실존', '실존적 자유', '실존적 교제' 혹은 '초월자'와의 관계와 같은 인간 실존의 비이성적 차원을 다룰 수 있는 새로운 철학적 방법을 필요로 했는데, 이를 '미정적 사유', '초월적 사유' 혹은 '실존 해명적 사유'라 표현한다. 야스퍼스는 진리를 궁극적으로 고착된 그 무엇으로 인식하려는 "진리에의 의지Wille zur Wahrheit"가 아니라, 질문할 가치가 있는 모든 것에 대해 문제를 제기하고 어떤 것에도 자신을 가두지 않고 기다릴 수 있는 "진리의지Wahrheitswille"만이 니체를 올바르게 이해하는 지름길이라 말한다.[39] 야스퍼스는 비록 니체의 인식론적인 자의와 철학적인 상징들을 과학화된 철학, 다시 말하면 생물학적인 범주가 형이상학으로 절대화된 철학이라고 비판하고 있지만, '지식으로 고정됨'이 없이 사유가 계속해서 움직이는 니체의 방법을 '변증법적인 무한성'으로서 높이 평가한다.[40] 이런 배경에서 진리와 이성에 대한 입장도 분명히 드러난다. 두 철학자 공히 진리란 작용적이며, 작용 의지가 표출된 삶의 과정이

---

39) K. Jaspers, *Nietzsche. Einführung in das Verständnis seines Philosophierens*, 16쪽.

40) K. Jaspers, *Nietzsche. Einführung in das Verständnis seines Philosophierens*, 69쪽.

라고 이해한다. 궁극적으로 진리에의 인식의 충동은 신앙이며 신앙 없이는 진리의 추구가 실현될 수 없다. 니체에게서 이러한 신앙이 '자기 확신'으로 나타나고 야스퍼스에게서는 '철학적 신앙'으로 나타난다.

야스퍼스는 파시즘이 오용한 힘에의 의지 사상의 위험한 측면을 들추어낸다.[41] 그러나 이러한 '위험'에 대한 인식이 전후에야 나타나 결국 니체에 대한 가치 평가가 수정되었다. 특히 힘에의 의지 사상이 니체 자신의 사상이 아니고 편찬자들의 왜곡에 의한 것이며 또 힘에의 의지를 기술할 때 니체가 이미 병을 앓고 있었다는 이유를 들어 야스퍼스는 힘에의 의지가 니체 철학의 핵심이 아니라고 주장한다.[42] 야스퍼스는 니체가 세계를 힘에의 의지로 해석하지만 실상 정치적인 지도자를 힘에의 의지에 의한 가치의 창조자로 인정하지 않았다면서 니체를 변호한다. 이런 관점에서 니체의 힘에의 의지는 비록 니체가 초월자를 부정했지만 초월자의 언어인 암호로서 해석되어야 하며 문자 그대로 읽혀서는 안 된다는 것이 야스퍼스의 견해다.

니체에 대한 야스퍼스의 비판과 논쟁 혹은 옹호는 결국 철학적인

---

41) K. Jaspers, "Zu Nietzsches Bedeutung in der Geschichte der Philosophie", *Aneignung und Polemik*(München, 1968), 389쪽 참조.
42) 백승영, 〈니체 읽기의 방법과 역사〉, 《니체가 뒤흔든 철학 100년》, 김상환 외 엮음(민음사, 2000), 55쪽 참조. 현대 유럽적 의식에 대한 비판적 이론가라는 니체상을 제시하는 야스퍼스는 하이데거와 뢰비트와 함께 체계적인 니체 해석을 시도한다. 그와 뢰비트의 니체 해석은 니체의 사유를 국가사회주의에 대한 책임으로부터 면제시키려는 의도로 진행되는 제2차 대전 후의 '니체 읽기'의 한 방향을 부여한다.

사유의 초월성을 인정하지 않는 모든 철학에 대한 간접적인 비판이었다. 니체의 철학에 결국 초월이 심오하게 숨겨져 있다는 것은 니체의 철학이 비초월적인 철학에 대한 강력한 반작용으로 현대 철학에 커다란 자극을 준다는 것이다.

(2) 니체와 하이데거 : 연속과 불일치의 엇박자

하이데거는 철학사에서 니체에게 독특한 위치를 부여한다. 니체는 플라톤으로 거슬러 올라가는 전통적인 서구 사상인 형이상학의 역사를 완성하고 새로운 시대를 열어준 철학자다. 하이데거는 여러 저서에서(《존재와 시간Sein und Zeit》, 《숲속길Holzwege》, 《사유란 무엇인가?Was heisst Denken?》) 니체에 대한 특별한 관심을 표명하고 있으며, 방대한 《니체》를 출간했다.[43] 그는 자신의 사상을 발아시키는 토양으로 니체의 사상을 수용한다. 다시 말해 니체는 하이데거에게 많은 관점에서 철학 방향을 제시해주고 사유와 삶의 일치를 깨닫게 해주는 일종의 이정표가 된다.[44]

하이데거는 허무주의에 대한 논쟁을 니체 철학의 핵심으로 간주한다. 그러나 니체와 하이데거의 허무주의에 대한 시각은 그 극복에 대한 입장에서 근본적인 차이를 나타낸다. 허무주의의 도래가 니체에게는 특정한 시대에 나타나는 현상이며, 동시에 극복 가능한 것이라 간주된 반면, 하이데거에게 허무주의란 전 인류의 존재 역사와 연

---

43) M. Heidegger, *Nietzsche*, Bd I · II(Pfullingen, 1961).
44) 백승영, 〈하이데거의 니체 읽기 : 이해와 오해〉, 302쪽.

관되어, 서구의 역사적 사건을 전체적으로 규정하는 근본 흐름이다. 즉 허무주의는 현존과 인간 실존의 가장 중요한 특성이다. 하이데거도 니체처럼 허무주의를 모든 가치의 변혁, 힘에의 의지, 영원회귀, 초인 등의 문제와 연관시켜 다의적으로 해석하면서도 자신의 신념에 따라 허무주의의 이념을 더욱 철저히 혹은 '고전적'으로 성찰한다. "고전적 허무주의는 지금까지의 가치로부터의 해방을 (이러한) 모든 가치의 변혁으로 나아가는 해방으로 이해한다."[45]

'신은 죽었다'는 니체의 표현은 기독교 신의 무력함을 표현할 뿐만 아니라 인간이 추종해야 하는 모든 초월적인 것의 무력함을 표현한다고 하이데거는 말한다. 이러한 무력함은 그러나 '지금까지의 질서가 파괴되는 것'만을 의미하지는 않고 아마도 인간관계가 중심이 되는 사회적 질서에 대한 준비를 의미할 것이다. 여기서 하이데거는 '새로운 질서'에 대한 요구를 해방의 길로 인간에게 제시한다. "새로운 질서는 그러므로 다음과 같아야 한다. 순수한 힘이 인간을 통하여 지상을 통해 절대적으로 지배하는 것."[46] 그러나 이것은 모든 인간에 의한 지배도 아니며, 선, 진리, 정의 등 지금까지의 가치 아래 살고 있는 인간에 의한 것은 더욱 아니다. 결론적으로 말하면 "'인류'가 아니라 초인이 목표"[47]이며, 이 초인은 "모든 가치의 변혁을 힘에의 의지라는 유일한 힘으로 수용하며 지구(지상)에 대한 절대적인 지배를 담당할 수 있는 인간형"[48]에 대한 표현이다. 하이데거는 스스로를

---

45) M. Heidegger, *Nietzsche*, Bd II, 35쪽.

46) M. Heidegger, *Nietzsche*, Bd II, 39쪽.

47) M. Heidegger, *Nietzsche*, Bd II, 40쪽

정신적인 엘리트의 추종자로 선언한다. 그에 의하면 최고의 가치를 정립하는 창조자가 '새로운 철학자'가 되어 니체의 사상을 기반으로 '새로운 길을 타개하고' 존재자를 존재와 연관시켜 탐구해야 하는 과제를 맡는다.

하이데거의 사상은 니체 사상과 매우 현저한 유사성을 갖는다. 하이데거에 따르면 니체는 "허무주의를 역사적 과정으로서 인식한 최초의 사상가"다.[49] 서구의 역사를 니힐리즘이 지배한 역사로 이해한 점에서 두 사상가의 견해는 일치하지만 하이데거는 니힐리즘과 니체의 대결을 니힐리즘에 대한 (진정한) 극복이 아니라 완성과 극단화로 보고 있다. 이는 니힐리즘과 그 역사에 대한 두 사상가의 이해에 현격한 차이가 있음을 말해준다. 이 차이는 하이데거가 자신의 고유한 '존재 사상'의 입장으로부터 니힐리즘에 접근하는 반면 니체는 니힐리즘을 가치 사상으로부터 접근하는 데에서 기인한다. 니체에 의하면 니힐리즘은 기존의 가치들이 존재자 전체에 대한 자신의 지배력을 상실한 사건으로서 신의 죽음에 따른 자명한 귀결이다. 따라서 니힐리즘의 극복은 새로운 가치 정립에 의해 가능하다. 이에 반해 하이데거에게 있어서 니힐리즘은 존재 망각에 의해서 인간을 비롯한 존재자 전체가 황폐화되어가는 사건이고, 니힐리즘의 극복은 세속적인 가치의 수립이 아니라 '존재의 진리'에 대한 사유에 의해서만 가능하다.[50]

---

48) M. Heidegger, *Nietzsche*, Bd Ⅱ, 39쪽.
49) 마르틴 하이데거, 《니체와 니힐리즘》, 박찬국 옮김(지성의샘, 1996), 108쪽.

하이데거는 허무주의의 문제를, '무(無)Nichts'를 철저하게 강조하는 방향으로 전개시켜 현존재Dasein와 더불어 하이데거 철학의 근본 범주로 만든다. 허무주의는 그 개념상 모든 존재자가 무(無)라는 것을 의미하므로 허무주의가 '최고 가치의 변혁' 혹은 '가치의 몰락'으로 이해되면서도 '무' 또는 '허무주의'가 꼭 가치 이념과 연관될 필요가 없다는 점을 하이데거는 강조한다.

'무'란 어떤 것이 존재하지 않는다는 것을 의미한다. 따라서 무는 존재자를 존재와 연관하여 표현하는 존재 개념이지 결코 가치 개념이 아니다. 더 나아가 하이데거에 따르면 '무'란 단순히 '아무것도 아닌 것'에 불과한 것이 아니라 본질적인 의미를 가지는 것이다. "무가 무이면, 즉 무가 존재하지 않는다면 모든 존재자는 결코 무 속에 침몰할 수 없으며 모든 것은 무 속에서 용해될 수 없다. 그러면 무로 되는 변화 과정은 있을 수 없고 결국 '허무주의'는 하나의 환상에 불과하다."[51] '기초 존재론'에 대한 구상을 염두에 두고 하이데거는 '무'에 존재의 본질을 규정하는 기능을 부여함으로써 무의 공허한 심연을 모든 수단을 동원하여 메우려고 노력한다. 무는 존재의 가장 깊숙한 비밀이고 삶과 죽음의 피안에 있는 미지의 영역이며 우리는 일상생활로부터 벗어난 무에 침잠함으로써 실존과 인식의 최종 목표를 달성할 수 있다.

하이데거는 허무주의의 혁명을 극단적으로 완성하고 철저히 함으

---

50) 박찬국, 〈니힐리즘의 기원과 본질 그리고 극복에 대한 니체와 하이데거 사상의 비교고찰〉, 《하이데거 연구》(1996), 268쪽 참조.
51) M. Heidegger, *Nietzsche*, Bd II, 52쪽.

로써 극단적인 허무주의자로 자처한다. '혁명'이란 결국 과학적인 세계관이나 민주주의적인 정치 원리에 반해 개인의 내면적인 변혁을 추구하는 신비적이고 주관적인 변화를 말한다. 하이데거에 따르면 허무주의는 현존재와 인간 인식의 근본 특성에 뿌리박고 있으며, 현존재와 존재의 비밀을 파헤치지만 인식할 수 없는 이성의 근본적인 무능력에서 비롯된다. 이러한 하이데거의 해석은 무엇보다도 인간 이성의 인식 가능성에 대한 비판이며, 자신의 철학 체계와 현대 독일 철학이 내포한 인식론상의 결함을 모든 철학, 모든 인간의 사유로 확대시키려는 철학자들의 오만 또는 오류에 대한 경고다.

5) 결산과 전망

실존철학의 논의가 이론적인 함의보다는 실천적 의의에서 더 무게를 갖는다는 것은 늘 강조되어온 측면이다. 때로는 이것이 철학의 궁극적인 지향점이라는 주장이 제기되기도 한다. 여하튼 실존철학은 현재적인 삶의 소외, 모순 그리고 갈등을 극복하고 새로운, 이른바 실존이라고 부르는 삶의 형태를 구현하고자 시도한다. 실존철학에서 중요한 것은 목표라기보다는 실존적 자기 성찰과 자기 해명의 과정이다. 왜냐하면 설정된 궁극적 목표는 논리적으로 혹은 인과적으로 귀결되는 것이 아니라 다만 실천적으로 이룩할 수 있는 미지의 것이기 때문이다. 따라서 대부분의 실존철학은 그 무엇보다도 삶에 있어서 부조리, 모순 그리고 갈등적 요소에 대한 분석에 치중한다.[52]

---

52) 강대석, 《니체와 현대철학》, 189쪽 아래.

실존철학의 선언적 구호 중 하나인 "실존이 본질에 선행한다"에 가장 적합한 사유의 노력을 기울인 철학자가 바로 니체라고 볼 수 있다. 인간 삶과 직결된 가치, 인식, 죽음 등의 물음과 같은 수많은 주제들이 바로 실존철학의 주제와 중첩된다. 니체의 철학은 인간을 발가벗겨 세계 속에서 다시 조명하는 '나체(裸體)의 철학'이다. 나체는 이전에는 수치와 파격의 행위였지만 이제는 인간이 진정성의 관점에서 스스로를 되돌아볼 수 있는 상태를 의미한다. 이를 통해 새로운 창조적 힘이 분출되는 것이다. 창조란 새로운 가치 기준의 마련을 말한다. 이 창조적인 새로운 가치란 또한 실존의 유희를 가로막은 것에 대한 초극이라 할 수 있다.[53] 그야말로 "상처에 의해 정신이 성장하고 새 힘이 솟는다increscunt animi, virescit volnere virtus".[54]

니체 이후의 모든 실존주의 철학자들은 그의 사상을 설명하고 옹호하며 또한 많은 시간을 그의 반대론자들의 공격을 무력화하는 데 바쳤다. 사르트르와 카뮈는 특히 마르크스주의 철학자들의 공격에 맞서 실존주의는 허망한 철학이라는 일반적인 관념과 싸워야 했다. 니체 이후의 실존철학은 차라투스트라에서 시작하여 그것이 개성화되는 다양한 현상적 개념들에 지나지 않는다 할 수 있다.

많은 사람들이 잘못 생각하는 것처럼 실존철학은 이미 흘러간 유행이 아니다. 철학의 본래적 과제 중 하나가 인간의 자기 성찰적 삶

---

53) M. Heidegger, *Nietzsche*, Bd II, 31쪽. 하이데거는 니체 철학의 다섯 가지 주요 사유로서 '힘에의 의지', '동일한 것의 영원회귀', '초인', '허무주의', '가치의 전도'를 들고 있다.
54) 프리드리히 니체, 〈우상의 황혼〉, 73쪽.

의 실천이라고 한다면 실존철학은 바로 그러한 철학의 본질에 근거한다고 할 수 있다. 이제 우리에게 요구되는 것은 니체의 초극의 노력에 상응하는 적극적인 현실 비판과 부단한 극복의 노력이라 할 수 있다.

2. 니체와 해석학

1) '이성의 해석학적 시대'와 이성의 확장

현대 서양 철학에서 니체 사상이 점하고 있는 위상은 가히 독보적이라 할 수 있다. 이는 20세기 후반의 대표적인 철학적 사유 방법 중의 하나인 해석학에 있어서도 예외는 아니다. 그러나 니체 철학과 해석학은 직접적이라기보다는 간접적인 영향 관계를 형성하고 있다. 특히 가다머에 의해 대표되는 '철학적 해석학'은 니체 해석학과의 상당한 유사점에도 불구하고 독립된 발전 경로를 형성해왔다는 것이 일반적인 평가다. 오히려 "이성의 해석학적 시대"[55]에 니체 사상이 더욱 생산적으로 조명되는, 영향사의 새로운 측면이 부각된다.[56]

니체와 해석학의 관계는 철학의 독단론에 대항하여 제시된 니체의 '해석철학', '관점주의' 그리고 해석 개념의 기본 정신에 따라 절제된 형태로 조명되어야 한다. 이것이 "해석학이라는 병"[57]으로 비

---

55) J. Greisch, *Hermeneutik und Metaphysik*(München, 1993), 10쪽.
56) 백승영, 〈니체 해석철학의 해석학적 적용가능성 연구〉, 《해석학연구》 제10집 (2002), 231쪽 참조.

판받지 않고 올바르게 니체의 해석학적 사유와 그 영향 관계 및 미래적 전망을 고찰하는 길이다. 니체와 해석학의 영향 관계를 조명할 때 중요한 내용 중의 하나는 이성의 확장과 제한에 대한 경험과 논의들에 대한 평가다. 니체 사상은 탈형이상학적 시대에 새로운 철학적 토대를 마련하려는 노력의 일환으로 평가받고 있다. 이것이 니체의 후예로 대변되고 있는 '해체론'에 대한 그의 영향력을 보여주는 대목이기도 하다.

전통적인 의미에서의 이성과, 판단하는 능력으로서의 오성은 더이상 철학의 유일한 기관Organon이 될 수 없다는 것이 이미 오래된 철학적 평결이다. 니체는 '힘에의 의지', '신체' 등의 다양한 주제를 다룸으로써 의식 철학의 한계를 넘어 새로운 세계 인식 및 해석 기반을 마련하려고 시도했다. 이것이 바로 그의 관점주의, 해석철학의 중심을 이루는 사상이라고 할 수 있다. 이런 의미에서 통일성과 보편성 대신 다원성과 개별성을 강조하는 현대 철학은 많은 것들을 니체에게 빚지고 있다.

2) 니체의 '관점주의적 해석철학'

니체와 해석학의 관계를 규명하기 위해서는 먼저 니체의 해석철학에 대한 개괄이 필요하다. 주지하다시피 반체계적인 니체의 근본 입장이 암시하듯 니체는 해석(개념)에 관한 자신의 견해를 치밀한 이

---

57) H. Schnädelbach, "Morbus hermeneuticus−Thesen über eine philosophische Krankheit", *Vernunft und Geschichte*(Frankfurt am Main, 1987), 279쪽.

론적인 형식으로 표현하는 것이 아니라 자신의 텍스트 여러 곳에서 산발적으로 잠언적 성격이 강한 단편으로 표현하고 있다.[58] 체계가 아니라 단편이 그의 사고의 매개체das Medium seines Denkens로 증명되지만, 그러나 이것으로 니체가 해석학적 주제 설정에 본질적으로 전혀 기여하지 않았다고 단언할 수는 없다. 실제로 니체의 해석학적 현재성은 지금까지 간주되어온 것보다 외연이 훨씬 더 크다는 것이 니체의 해석철학에 대한 일련의 연구의 공통된 결론이다.[59] 그러나 적어도 니체의 해석철학의 원천이라 할 수 있는 반독단론적 입장을 충실히 따른다면 니체 해석철학의 단편적 성격은 일종의 '한계'로 간주하는 것이 바람직하다.[60]

"사실이 있는 것이 아니라 해석〔만〕이 있을 뿐이다"[61]라는 니체의 관점주의는 엄청난 파장을 낳는다. 이것은 형이상학의 붕괴와 허무주의의 도래 이후 위기에 빠진 철학에 대한 시대 선언이다. 니체의 시도는 바로 형이상학과 허무주의의 근원을 쟁기질로 뒤집어 해체하는 것이며 그 중심에 해석철학이 있다.[62] 관점에 대한 니체의 언급은 적어도 니체 철학의 내적 연관 관계를 도외시한다면, '존재론적'이

58) 앨런 슈리프트, 《니체와 해석의 문제》, 박규현 옮김(푸른숲, 1997), 261쪽.
59) J. N. Hofmann, *Wahrheit, Perspektive, Interpretation. Nietzsche und die Philosophische Hermeneutik*(Berlin · New York, 1994), 156쪽 참조.
60) 프리드리히 니체, 〈선악의 저편〉, 44쪽.
61) 프리드리히 니체, 《유고(1885년 가을~1887년 가을)》, 이진우 옮김(책세상, 2005), 383쪽.
62) E. Angehrn, *Interpretation und Dekonstruktion. Untersuchungen zur Hermeneutik*(Weilerswist, 2003), 129쪽 ; 백승영, 〈니체 읽기의 방법과 역사〉, 51~52쪽 참조.

라기보다는 '인식론적' 영역의 위치에 대한 묘사라고 이해하는 것이 바람직하다.[63] 그것은 '진리', '사실', '의미', '명제' 또는 무엇이든 간에 안정적이고 영원한 '실체'의 소유로서의 전통적, 인식론적 지식 개념에 대한 대안으로 제시되는 일종의 수사학적 전략이다. 물론 니체의 관점론적 고려가 어떠한 확정된 보편적 이론을 제시하지 않는다는 것은 그의 입장에서 보면 당연한 귀결이다.[64]

해석학과 연관하여 니체의 관점주의적 해석철학의 주요 목표는 이성 비판이며, 이것은 단순히 이성을 거부하는 차원의 소박한 것은 아니다. 오히려 그는 이성 범주의 적합한 사용이 가능한 한계를 확정 지음으로써 형이상학의 경계를 설정하는 칸트의 이성 비판 프로그램을 받아들이고, 자신의 사유의 단초를 새로운 방향으로 전환하면서 첨예화한다.[65] 니체는 전통적인 실재성 경험에 만족하지 않고, 이성의 범주로도 파악될 수 없는——힘에의 의지의 작용에 의한——새로운 존재(생기의 실재성) 경험에 부응하기 위해 이성에 대한 메타적 논의를 전개했고, 그것을 토대로 이성을 가치 창조적이며 해석적인 이성으로 새롭게 규정한다. 이렇듯 관점주의적 해석철학은 탈근대적인 니체의 형이상학의 극복, 전통 철학의 해체, 이성 비판 등의 프로

---

63) 백승영, 《니체, 디오니소스적 긍정의 철학》(책세상, 2005), 419쪽 참조. 인식과 사유에 대한 니체의 고찰은 관점주의로 규정될 수 있다. 이 인식론은 니체 철학 중에서 영원회귀 사유만큼이나 이해하기 어려운 부분으로서, 니체 철학의 전통 철학 해체 과정과 생기존재론 건설 과정의 내용을 토대로 하고 있으며 이 내용을 구성해내는 니체 철학의 기본 관점을 가장 세련된 형태로 구현하고 있다.
64) 앨런 슈리프트, 《니체와 해석의 문제》, 261쪽.
65) 백승영, 《니체, 디오니소스적 긍정의 철학》, 419쪽.

그램과 불가분의 관계를 맺는다.[66]

3) 니체의 영향사

니체와 해석학의 상호 연관성 혹은 해석학에 대한 니체 철학의 영향(사)은 적어도 다음과 같은 네 가지 상이한 관점에서 접근할 수 있는 것으로 보인다. ① 이미 형성되어 있는 전통적 및 철학적 해석학과 니체 철학의 관계에 대한 조명이다. 니체와 거의 동시대인이라 볼 수 있는 딜타이는 여러 가지 관점에서 니체 철학을 조명하고 있으며, 하이데거, 가다머 그리고 리쾨르 역시 니체 철학의 중요성에 대한 입장을 되풀이해서 표명하고 있다.[67] ② 니체 고유의 해석철학에 관한 논의가 전개될 수 있다. 이때 니체의 철학 자체보다는 니체에 의해 제기된 관점에 대한 발전적 논의가 주요한 내용을 이룬다. 예를 들면 아벨과 같은 학자들에 의해 전개된 해석철학 및 해석 이론이 여기에 속한다. ③ 니체에게 있어서 '해석' 개념의 의의가 그의 철학 전체를 관통하는 매개적 기능으로 조명될 수 있다. 여기서는 '해석' 개념의 해석학적 의의보다는 해석 개념을 통해 새롭게 제시될 수 있는 니체

---

66) 백승영, 《니체, 디오니소스적 긍정의 철학》, 420쪽.
67) 딜타이를 니체의 해석철학과 연관해 논하는 것이 타당한지에 대해서는 이론의 여지가 있다. 피글Johann Figl은 "Nietzsche und die Philosophische Herme-neutik des 20. Jahrhunderts. Mit besonderer Berücksichtigung Diltheys, Heideggers und Gadamers Vorüberlegungen zur thematischen Abgrenzung", *Nietzsche-Studien*, 10~11쪽에서 이 세 철학자가 각각 인간적 삶의 역사적 형태에 관한 이해와 연관해서 연결될 수 있고, 이때 니체의 《반시대적 고찰 *Unzeitgemässe Betrachtungen*》의 〈삶에 대한 역사의 공과 Vom Nutzen und Nachtheil der Historie für das Leben〉이 연결 고리로서 기능한다고 주장한다.

철학의 면모가 중요한 주제가 된다.[68] ④ 전통적인 의미에서의 해석학적 관점이 아니고, 니체 철학의 영향으로 다양한 문제 및 주제 영역에 대한 새로운 접근 방법이 '해석학적 사유'로 제기되는 경우다. 특히 포스트모던적 입장에서 본 문제 및 주제 영역에 대한 접근 방법 혹은 이해 방법을 '해석학적'이라는 관점에서 이해할 수 있다. 여기에서는 두 가지 방향에서 니체의 '관점주의적 해석철학'의 영향사가 추적될 것이다. 하나는 해석학, 특히 철학적 해석학과 니체 철학의 관계이며, 다른 하나는 니체의 해석학적 사유의 단초를 통해 전개된 니체 해석철학의 후예들의 입장이다. 전자에서는 가다머, 리쾨르 등의 입장이 다루어진다. 후자는 다시 두 가지 기본적 유형으로 구분되

---

68) 백승영, 〈니이체 철학에서의 인식/해석과 존재〉, 《철학》 제58집(한국철학회, 1999), 230~231쪽. 여기서 니체 해석 개념의 다양한 기능들이 논의되며, 심지어 니체 철학의 동력을 대변하는 보편적 성격이 부여된다. 니체 철학 내에서 이러한 해석 개념의 의미와 위치를 요약하면 아래와 같다. ① 해석 개념은 1881년도 이후의 "생성의 철학" 혹은 생성에 대한 긍정의 철학으로 특징지을 수 있는 니체 철학에서 존재와 의식, 실재와 인식에 대한 사유를 묶는 매개체 역할을 한다. ② 해석 개념의 위와 같은 기능은 그것이 '생기Geschehen'라고 표현되는 존재의 양태, 즉 힘에의 의지의 수행과의 연관하에서 비로소 드러난다. 바로 여기서 니체가 제시하는 해석 개념의 독특성이 발견된다. ③ 해석을 생기와의 관련 구도하에서 고찰하면 하이데거가 제시하는 니체 철학의 다섯 가지 주요 사유——힘에의 의지, 동일한 것의 영원회귀, 초인, 허무주의, 가치의 전도——이외에 니체의 "생성의 무죄", 형이상학 비판 및 이성 비판이라는 프로그램의 중요성이 부각된다. 더불어 니체 철학 내에서 이 테제들의 상호 보완성 및 정합적 성격이 드러난다. ④ 니체의 전 작품에서 산발적으로 드러나는 인간 인식에 대한 사유를 위의 구도 내에서 인식론적 도식하에 체계화시키면 인식에 대한 인간중심주의적·실용주의적·다원주의적인 면과 인식론적으로 약화된 실재론적 입장이 도출된다.

는데 그 하나는 아벨이나 피글과 같은 학자들에 의해 이루어진 해석 이론이며, 다른 하나는 바티모와 같은 학자들에 의해 이루어진 탈형이상학적 사유 혹은 해체론적 입장에서의 니체의 해석철학의 수용이다.[69]

(1) 니체와 철학적 해석학 : 인정과 거리 두기

니체가 일반적으로 20세기의 철학적 해석학에서는 충분히 고려되지 못했다는 것은 분명한 사실이다. 하이데거의 경우, 특히 후기 사상에서 니체는 단지 존재사적인 관점에서만 관심의 대상이었지, 해석학적 주제에 본질적인 기여를 수행한 사상가로 평가받지 못했다.[70] 그것은 우리가 일반적으로 '전회'라고 말하는 하이데거의 후기 사상이 《존재와 시간》에 나타난 '실존론적 해석학적 단초der existenzialhermeneutische Ansatz'를 떠났다는 것으로 잘 이해될 수 있다.

그러나 철학적 해석학의 논의에서 하이데거의 영향력을 고려해볼 때 적어도 하이데거의 고유하지만 단편적인 관심이 니체의 해석 개

---

69) 김상환, 〈새로운 해석학의 탄생 1〉, 《니체가 뒤흔든 철학 100년》, 163쪽 참조. 이와는 달리 다른 관점에서도 니체 철학과 해석학의 영향 관계가 조명될 수 있는데, 그 하나는 니체 철학에서의——전통적인 의미에서의——해석학적 의미 내용에 관한 논의이고, 다른 하나는 '이미 성립된 전통적인 해석학적 사유'의 한계를 벗어난, 니체 사상을 통해 독자적으로 전개 발전된 해석학적 사유 형태에 대한 탐구다.

70) J. N. Hofmann, *Wahrheit, Perspektive, Interpretation. Nietzsche und die Philosophische Hermeneutik*, 4쪽 참조.

넘에 대한 철학적 · 해석학적 접근의 계기를 간접적으로 방해했을 수도 있다는 점은 충분히 상정될 수 있다. 특히 해석 개념 자체에 대한 분석보다는 존재 사건의 해석학적 해명이 그의 철학적 해석학의 주된 관심이었다는 점에서 더욱 이러한 연관 관계는 개연적인 것으로 판단된다.

하이데거를 계승한 가다머의 해석학은 니체의 구상에 대해 근본적이고 거의 화해할 수 없는 대립적인 관계에 놓여 있다. 그러나 가다머는 스스로 니체에게 있어서의 중요한 해석학적 관점과 그 사상의 현재성에 대해 언급하고 있다.[71] 가다머에 따르면 니체를 통해서 "해석 개념은 더 깊고 그리고 더 보편적인 의미를 획득했다. 이제 해석이란 단순히 어려운 텍스트가 함의하는 고유한 의견에 대한 해석만을 뜻하지 않는다. 해석은 밖으로 드러난 현상과 소여의 배후로 되돌아감에 대한 표현이 되었다".[72]

그러나 다른 측면에서 가다머는 오해의 소지가 전혀 없는, 명백히 니체와 구별되는 자신의 고유한 해석 이론을 제시했으며, 여기에 해석학의 운명의 물음이 결합되었다. 니체에게 있어서 해석은 인간 스스로가 부여하는 '의미의 투입Einlegen'인 데 반해, 가다머에게서는 존재의 메시지를 통해 드러나는 '의미의 발견Finden'이 중요한 의미를 지닌다. 여기서 바로 해석학의 위상 자체가 각각의 철학에서 확

---

71) H.-G. Gadamer, "Text und Interpretation", *Gesammelte Werke*. Bd. 2(Tübingen, 1983), 339쪽.
72) H.-G. Gadamer, *Vernunft im Zeitalter der Wissenschaft*(Frankfurter am Main, 1976), 93쪽.

연한 차이를 드러내게 되는 것이다.[73]

이와는 별개로 니체와 가다머의 사유 구조의 유사성과 공통점이 크게 두 가지 점에서 제시될 수 있다. 먼저 철학적 태도로서 두 철학자 공히 독단론의 극복을 추구하며, 하나의 학문 분과의 방법론을 제시하는 차원을 넘어서, 학문 자체의 본질을 묻는 메타 학문적 차원에 있음을 보여준다.[74] 둘째, 니체 해석 개념과 가다머의 해석학은 모두 인간의 유한성에서 철학적 모티브를 찾아내는 "유한성의 해석학 Endlichkeitshermeneutik"으로서 '시각적 실험주의'라는 니체의 노력과 대화와 지평 융합이라는 가다머 구상의 토대가 되고 있다.[75]

삶의 의미 상실이라는 비극성을 넘어 삶에 창조적 의미를 부여하는 니체의 해석 이론은 해체론 못지않게 가다머 해석학에 매우 중요한 단초를 제공해주고 있다. 이러한 밀접한 연관 관계에도 불구하고 가다머가 사상적 측면에서 니체를 적극적으로 수용하지 않는 이유는 무엇인가? 가다머는 "모든 것은 해석이다. 따라서 어떤 진리도 존재하지 않는다"는 니체의 해석학적 급진주의의 입장에 은밀하게 데카르트주의가 관통하고 있다고 비판한다. 하이데거와 같이 가다머 역시 니체 사유의 긍정적인 측면을 도외시한 채 부정적인 측면에 대한 우려를 표현하고 있는 것이다.[76]

---

73) H.-G. Gadamer, "Text und Interpretation", 339쪽.
74) H.-G. Gadamer, "Die philosophische Grundlagen des zwanzigsten Jahrhunderts", *Gesammelte Werke*, Bd. 4, 21~22쪽 ; 프리드리히 니체, 〈선악의 저편〉, 서문 · 9~10쪽 참조.
75) 정연재, 〈대화와 해체, 그 간극을 넘어서〉, 《해석학연구》 제16집(2005), 197~198쪽 참조.

(2) 리쾨르의 니체 수용 : '의심의 해석학'

리쾨르는 가다머와 더불어 니체의 해석학적 현재성을 인상 깊은 정형으로 표현했다. 그에 따르면 니체와 더불어 "전체 철학은 해석",[77] 즉 "해석의 해석"[78]이 되었다. 리쾨르는 니체를 문헌학으로부터 의미해석Deutung, 해석Auslegung의 개념들을 철학에 도입하기 위해 빌려온 사람이라고 말한다. 리쾨르는 니체를 의심의 해석학die Hermeneutik des Verdachts의 대표자 세 명 중 해석학적 회의의 달인으로 등장시킨다. 니체는 해석 개념에 새로운 길을 제시했는데, 그 것은 그가 "해석의 문제"를 더 이상 인식 이론적 의미에서의 오류가 아니며 또한 도덕적 의미에서의 거짓말도 아닌 "환상Illusion"의 가능성에 결합함으로써 이루어진다.[79] 환상은 니체의 해석에 내재하는 것으로 간주됨으로써 현대 해석학의 새로운 방향과 문제를 동시에 제공하게 된다.

니체에게 있어서 해석은 일종의 모순적인 형태를 드러내고 있다. 즉 해석은 어떤 경우에는 "의미의 집합"으로, 다른 경우에는 "의심의 실행"으로 파악된다. 전자에서는 "의미의 재건으로 이해된" 해석이, 후자에서는 "환상으로서 파악된 해석"이 문제가 된다. 즉 한 경우에는 의미의 표명과 재신비화가, 다른 경우에는 의미의 해체와 탈신비

---

76) J. Grondin, "Hans-Georg Gadamer und die französische Welt", *Begegnungen mit Hans-Georg Gadamer*(Stuttgart, 2000), 157쪽.

77) P. Ricoeur, *Die Interpretation. Versuch über Freud*(Frankfurter am Main, 1969), 38쪽.

78) P. Ricoeur, *Der Konflikt der Interpretationen*, Bd. I(München, 1973), 21쪽.

79) P. Ricoeur, *Die Interpretation. Versuch über Freud*, 38쪽.

화가 중요한 과제로 나타난다.[80]

니체가 리쾨르의 해석학적 도식에서 의미의 탈신비화라는 해석학적 과제가 부여된, 즉 모든 환상을 제거하는 과제를 갖고 있는 해석에 대해 동의하고 있는 한, 논란의 대상이 된다. 니체는 마르크스와 프로이트와 나란히 해석학적 회의에 기여한 위대한 대표적 사상가, 이른바 '의심의 해석학'의 선구자로 증명된다. 이들에게서는 의식을 전체적으로 잘못된 의식, 즉 허위의식으로 고찰하고 폭로하는 것이 주도적 경향이다.[81] 니체의 도덕적 가치의 계보학, 마르크스의 이데올로기 비판 그리고 프로이트의 본능 심리학은 단지 탈신비화라는 세 가지의 수렴 방식을 나타낼 따름이다.

그러나 중요한 것은 리쾨르가 이들에게서 발견한 태도의 종착점이 '회의주의'가 아님을 분명히 한다는 것이다. 리쾨르에 따르면 니체, 마르크스, 프로이트 세 사람 모두 '해체적인' 비판을 통해서뿐만 아니라 오히려 해석함의 기예를 통해서 진정한 언어, 진리의 새로운 왕국을 위한 지평을 발굴한다.[82] 결론적으로 말하자면 위의 세 사람이 추구한 '의심의 해석학', 즉 '의심의 실행'으로서의 해석은 우리에게 낯설게 되었거나 혹은 낯설게 머물고 있는 의미를 다시 획득하고 헌정하려는 긍정적인 임무를 가지는 것이다. 이런 배경에서 그들이 궁극적으로 획득하고자 하는 것은 '실재성의 원리'(프로이트), '파악된 필연성'(마르크스) 그리고 '영원회귀'라고 할 수 있다.[83] 이

---

80) P. Ricoeur, *Die Interpretation. Versuch über Freud*, 41쪽 참조.

81) P. Ricoeur, *Die Interpretation. Versuch über Freud*, 46쪽.

82) P. Ricoeur, *Die Interpretation. Versuch über Freud*, 47쪽.

러한 기반 위에서 리쾨르 고유의 의미의 수집, 연결 그리고 변증법적 종합이 수행되는 것이다.

(3) 피글, 아벨 그리고 시몬의 니체 수용 : 해석 이론의 새로운 모색

최근에는 니체의 해석 개념이 상세한 철학적 논구가 필요한 명백한 대상이 되었다. 피글은 자신의 논의에서 니체의 해석의 사상을 '철학적 원리'이자 그의 철학을 '총괄하는 개념Inbegriff'으로 설명하고 있다.[84] 그러나 피글은 이러한 관계를 단지 니체의 후기 유고에만 제한시키면서 니체의 철학에는 '해석의 보편적 이론'이 깔려 있다고 주장한다. 피글은 전체로서의 "니체의 철학이 근본 과정Basis-Prozeß으로서의 해석에 대한 반성이었으며, 또한 해석 그 자체로 이해되었다는 이유 때문에" 명백히 해석학적 이론으로 구성되었다고 말한다.[85] 니체는 해석의 개념을 자신의 문헌학적 함축을 능가하는 방식으로 확장했다. 그 방식은 니체가 "해석Auslegung"이라는 제목 아래에서 사고되었던 것을 "단순히 인간의 이해 가능성, 그리고 단지 문화적 의미 형성체의 해석에만 관계하는 것이 아니라, 이것을……끊임없이 생겨나는 일반적인 해석 사건의 특수한 경우로서 파악함이다".[86] 피글은 해석에 대한 니체의 발언들을 이해하는 데는

---

83) P. Ricoeur, *Die Interpretation. Versuch über Freud*, 48쪽.

84) J. Figl, *Interpretation als philosophisches Prinzip. Friedrich Nietzsches universale Theorie der Auslegung im späten Nachlaß*(Berlin · New York, 1982), 2쪽.

85) J. Figl, *Interpretation als philosophisches Prinzip. Friedrich Nietzsches universale Theorie der Auslegung im späten Nachlaß*, 9쪽.

'객관화된 의미형성체Sinngebilde에 정위된 해석학'이 아니라 '존재론적이고 보편주의적인' 해석학이 기여할 수 있다고 말한다.[87]

니체 후기 유고의 단편들의 도움으로 피글은 니체가 "힘에의 의지"의 제목을 중심으로 형성되는 후기 철학 자체를 해석으로 이해했다는 테제를 증명하려고 시도한다. 이 후기 철학을 위해 니체는 "모든 사건에 관한 새로운 해석의 시도Versuch einer neuen Auslegung alles Geschehens"라는 부제를 선택했다는 것이 피글의 주장이다.[88] 바로 여기에서 존재를 전체로 숙고하는 니체의 특징적인 해석 방식이 표현된다. 이 방식은 다음과 같이 표현된다. "힘에의 의지가 해석한다. 이것은 존재 자체가 해석한다는 의미와 같은 것이다."[89] 그러나 니체가 제시하는 해석의 새로운 점을 피글은 이 해석의 '비도덕적', '무신론적' 그리고 '허무주의적인 성격'에서 파악한다. 피글이 니체에게 깔려 있다고 보는 "특수한 존재 영역의 해석학Hermeneutik spezifischer Seinsregionen"은 단지 이름에 따라 지칭된 것이지 충분히 작업된 것은 아니다.[90]

---

86) J. Figl, *Interpretation als philosophisches Prinzip. Friedrich Nietzsches universale Theorie der Auslegung im späten Nachlaß*, 209쪽.

87) J. Figl, *Interpretation als philosophisches Prinzip. Friedrich Nietzsches universale Theorie der Auslegung im späten Nachlaß*, 30쪽.

88) J. Figl, *Interpretation als philosophisches Prinzip. Friedrich Nietzsches universale Theorie der Auslegung im späten Nachlaß*, 37쪽.

89) J. Figl, *Interpretation als philosophisches Prinzip. Friedrich Nietzsches universale Theorie der Auslegung im späten Nachlaß*, 72쪽.

90) J. Figl, *Interpretation als philosophisches Prinzip. Friedrich Nietzsches universale Theorie der Auslegung im späten Nachlaß*, 57쪽. 이러한 기본적

지금까지 니체의 해석학적 현재성에 대한 긍정적인 입장이 주로 개진되었다면 이제는 이러한 평가에 대해 회의를 표명하거나 이 평가 자체를 문제시하는 목소리도 있다. 그러나 이러한 입장도 니체에게 있어서의 해석 사상의 중심적 역할을 부인하는 것은 아니다. 아벨은 해석을 "근본적인 과정"으로 끌어올리는 니체 철학을 재구성하려고 시도했지만 피글과는 달리 니체의 텍스트를 해석학적으로 이해하는 데에는 이의를 제기한다.[91]

　　아벨에게 있어서 중요한 것은 니체의 텍스트와 유고의 분석으로부터 생겨나는 '현실성에 대한 새로운 해석'의 재구성이다. "이것은 자기보존Selbsterhaltung, 상승Steigerung, 목적론Teleologie, 관점성Perspektivität 그리고 해석Interpretation이라는 근본 개념에서 중점적으로 전개된다." 아벨은 '해석'에 특별한 역할을 부여하는데, 그것은 해석이 니체 철학에서의 두 가지 중심적 계기, 즉 "힘에의 의지의 과정"과 "동일한 것의 영원한 회귀" 사이에서 경첩Scharnier으로 기능하는 것이다.[92]

　　니체와 아벨이 일치하는 것은 "실재란 항상 단지 해석의 과정에서 생겨난 실재로서 존재한다"[93]는 점에서다. 그 배후에 "니체가 역동적-

---

입장에서 피글은 해석 사상을 세 가지 관점에서 논한다. ① 존재론적 관점 ② 인간학적 관점 ③ 객관 연관과 진리 요구의 관점.

91) G. Abel, *Nietzsche. Die Dynamik der Willen zur Macht und die ewige Wiederkehre*(Berlin · New York, 1984), 133쪽.

92) G. Abel, *Nietzsche. Die Dynamik der Willen zur Macht und die ewige Wiederkehre*, v쪽.

93) G. Abel, *Nietzsche. Die Dynamik der Willen zur Macht und die ewige*

활력적인 힘에의 의지와 해석-과정이라고 규정하는 활동의 실행"[94] 이 놓여 있다. 해석은 그에게 근본적인 과정으로 간주되는데, 이 과정은 "사건-논리적 해석 순환geschehens-logischen Interpretations-Zirkel"에서 자신의 잠정적인 정점을 발견하기 위해서 모든 "이원론과 오성적인 사고의 대립설정(주관과 객관, 내부와 외부, 인간과 세계, 정신과 자연, 존재와 당위 등)을 자신의 배후로 남겨두게 된다.[95] 힘에의 의지와 해석 과정은 고유한 논리를 갖고 있는데, 그것의 분석에 아벨은 몰두한다. 이 논리는 해석 순환의 근본 원리로서 의미-논리적 기능을 가지는 회귀 사상에서 정점을 이룬다. 이 사상은 세계와 자아 이해의 형식으로서 증명되는 것이다. 이 사상은 가장 순수하게 현존재의 "특수한 근세 이후, 형이상학 이후 그리고 허무주의 이후의 조건들에" 대한 적절한 평가를 내린다고 주장할 수 있다. 아벨은 이러한 사고를 '탈허무주의적인 현존재 해석으로서' 뿐만 아니라 '해석들의 해석' 으로서 형용한다.[96]

아벨의 기여는 의심할 여지없이 니체에게 있어서 해석 주제를 더 이상 능가할 수 없는 방식으로 전개했다는 것이다. 아벨은 그로부터 가장 극단적인 해석 논리적 귀결을 이끌어내는 것을 두려워하지 않

Wiederkehre, v쪽.

94) G. Abel, *Nietzsche. Die Dynamik der Willen zur Macht und die ewige Wiederkehre*, 133쪽.

95) G. Abel, *Nietzsche. Die Dynamik der Willen zur Macht und die ewige Wiederkehre*, 162쪽.

96) G. Abel, *Nietzsche. Die Dynamik der Willen zur Macht und die ewige Wiederkehre*, vi쪽.

는다. 그러나 아벨이 니체의 해석 개념의 전체 스펙트럼을 통찰하고 있는지 그리고 그의 입장이 니체의 고유한 해석 이해와 모순을 일으키지는 않는지 여부에 대해서는 여전히 의문이 남는다. 해석자로서의 우리가 우리의 고유한 해석들이기 때문에 우리 스스로가 '사건-논리적 해석 순환'의 외부에 위치를 잡기가 불가능하다는 아벨의 주장은 형식적으로는 문제가 없어 보일지는 모르지만 아무런 의미 내용을 갖지 못한다. 비록 니체가 우리가 해석으로부터 벗어날 수 없다는 점——근원적인 해석성——에 높은 가치를 부여했다고 하더라도, 그를 통해 우리가 항상 해석했던 방식대로 해석해야만 한다는 것을 주장하는 것은 아니다. 니체는 우리에게 심지어 고유한 해석성을 제시하는 것뿐만 아니라, 적어도 때때로 관점을 교체하거나 다른 해석을 더 정당하다고 판단하는 것도 가능하다는 것을 인정한다.[97]

이해와 오해와 관련하여 개별적이고 기호학적인 관점을 시몬 Josef Simon의 연구가 제공한다. 개별적인 것에 대한 강조에서 시몬의 연구는 니체에게 있어서 전형적인 것으로 파악되는 '개별성의 해석학Hermeneutik der Individualität'에 매우 근접한 것으로 나타난다. '개별성의 해석학'이 모든 해석학적 관심들에 대항해 형이상적인 의심을 양육하는 한, '개별성의 해석학'은 당연히 그러한 '의심의 해석학'을 구상한다. 해석학적 의심은 프랑스의 니체 수용에서처럼 성찰의 외부에서 오는 것이 아니라 성찰의 내부에서 고양된다. 이런

---

97) J. N. Hofmann, *Wahrheit, Perspektive, Interpretation. Nietzsche und die Philosophische Hermeneutik*, 197쪽.

견지에서 해석은 다소 '의욕된gewollte' 가상의 산출로 증명된다. 니체는 전통에서처럼 가상을 사적인 것, 즉 원형의 모사로서 이해하는 것이 아니라, 보편적인 것으로서 이해한다.[98]

(4) 바티모와 푸코의 니체 수용—해석학과 반해석학의 기로에서 : 포스트모던적 해석학의 성립

바티모는 탈형이상학적 사유의 지평에서,[99] 즉 해석학의 포스트모던적 변형과 함께 새롭게 등장했는데, 그 전제는 니체(허무주의 진단)와 하이데거(존재 망각)에서 발견될 수 있다.[100] 이런 바티모의 입장은 '몰락의 존재론Ontologie des Verfalls'으로 형용되어야만 하는 전망을 대변하고 있다. 몰락은 이전에 강했던 형이상학적 개념들의 '해석적인 약화die interpretative Schwächung'로 형용될 수 있다. 포스트모던의 징조 안에서 비판받는, 해석학적 과정으로 형성되는 강한 형이상학적 개념들의 예로는 진리, 존재, (역사적) 의미 혹은 주체의 이념 등을 꼽을 수 있다.

바티모는 니체를 포스트모던 철학을 전개한 선구자로 간주한다. 바티모는 니체에 의해 도입되었고 현대 해석학에 의해 수용된, 이전

---

98) J. Simon, "Der gewollte Schein : Zu Nietzsches Begriff der Interpretation", M. Djurić · J. Simon (Hrsg.), *Kunst und Wissenschaft bei Nietzsche* (Würzburg, 1986), 62쪽.

99) G. Vattimo, *Jenseits der Interpretation. Die Bedeutung der Hermeneutik für die Philosophie*(Frankfurt am Main · New York, 1997), 13쪽.

100) G. Vattimo, *Jenseits vom Subjekt. Nietzsche, Heidegger und die Hermeneutik*(Graz · Wien, 1986). 10쪽.

의 강한 형이상학적 전통의 약화 과정에 대한 분석은 적어도 세 가지 견지에서 계속 사유될 수 있다고 본다. ① 존재(진리)에 관한 구상. 이 구상은 니체의 계보학적 사상에서 이미 모범적인 형태로 등장하는 관점에 상응하는 것이며, 그 안에서 존재가 스스로 생기하는 언어적 메시지의 전달로서의 역사의 이해를 추구한다. ② 사멸성의 견지에서의 인간 규정에 대한 구상. 단지 실존의 시간적인 유한성, 세대의 구체적인 연쇄 그리고 죽음이 복음의 전달로서의 역사의 가능성에 근거한다. 이 역사는 비본질적인 것이 아니라 존재론적으로 중요한 해석의 연속으로서의 역사를 의미한다. ③ 윤리학에 관한 구상. 가치 실현적인 행위의 표시에서가 아니라 생동적인 것과, 그것의 흔적에 대항하는 '피에타스pietas'의 표시에서 정립되는 윤리학의 방향이 제시된다.[101]

바티모가 발전시킨 해석학적 전망은 이미 니체에게 있어서 미리 특징지어진 가능성을 넌지시 암시한다. 바티모는 해석학적 경험을 '근거의 지양Aufhebung des Grundes'의 경험으로 특징짓는다. 그에 따르면 이제 어떠한 형이상학적인 '강한 근거 짓기'도 더 이상 허용되지 않는다. 단지 해석(함)의 역사적·유한적 조건하에서의 '약한 근거 짓기'만이 가능할 따름이다. 이러한 '근거의 약화'는 이미 니체에게 '허무주의'라는 표제 아래 경험된다. 이러한 생각의 배후에는 '어떠한 사실도 존재하지 않고 단지 해석만이 존재한다'라는

101) G. Vattimo, *Jenseits vom Subjekt. Nietzsche, Heidegger und die Herme-neutik*, 10~11쪽.

상대주의의 경험이 은폐되어 있다. "현재의 사고를 해석학의 기호 안에서 이해하는 것——그리고 이 현재를 허무주의의 지평에서 위치 잡는 것 자체가 근대에 대한 특정한 해석이다."[102] 바티모의 이러한 견해는 그 자체로 니체의 기본 사상과, 그것이 해체주의에 미친 영향 등을 고려할 때 매우 적절한 평가로 여겨진다.

프랑스의 니체 수용에서는 이미 니체를 계보학자로서 증명하고 '반해석학자'로 인식해야 한다는 주장의 목소리가 커졌다. 푸코에게 니체는 이를테면 존재의 본질과 관련하여 단절과 불연속에 의해 각인된 '파괴적인 해석학자의 보증인'으로서 나타난다. 이 파괴적인 해석학에 따르면 해석자가 미리 예견되지 않은, 우연적인 권력 산정에 예속된 해석의 우연적인 과정을 강조하는 한, '의미의 일의적인 목적론'을 알지 못한다.[103] 이로써 가다머적인 의미에서의 해석학적 작용사의 원칙에 극단적으로 대립하는 입장이 거론된 셈이다. 리오타르는 작용사의 몰락을 세 가지의 거대한, 근대를 각인하는 메타 서술의 몰락으로 진단했다. 오늘날 이러한 서술들이 갖던 정당성의 상실은 당연한 것으로 간주된다.

푸코에 따르면 니체의 독특한 기여 중의 하나인 "계보학은 이상적인 의미와 무제한적인 목적론의 메타 역사적인 전개와 대립하여 정립된다. 계보학은 원천에 대한 탐구에 반하여 서 있다".[104] 우리는 푸

---

102) E. Angehrn, *Interpretation und Dekonstruktion. Untersuchungen zur Hermeneutik*, 131쪽.
103) M. Foucault, *Nietzsche, die Genealogie, die Historie*(München, 1974), 95쪽.
104) M. Foucault, *Nietzsche, die Genealogie, die Historie*, 83쪽.

코의 작업에서 니체의 탈근대적인 해체 작업이 연속적으로 전개됨을
확인할 수 있다.

4) 니체의 해석학적 사유의 현재성

호프만의《진리, 관점, 해석. 니체와 철학적 해석학*Wahrheit, Pers-*
pektive, Interpretation. Nietzsche und die philosophische Herme-
neutik》(1994)은 니체의 '관점주의적 해석철학'의 기본 구조를 잘
드러내주고 있다. 즉 철학적 인식의 새로운 돌파구(진리)를 추구하는
니체가 제시하는 욕구하는 인간과 삶의 근원적인 '관점결부성(관
점)'과 여러 가지 제한 조건 속에서 경쟁적으로 표출되는 삶의 표현
으로서의 해석(해석)이 니체의 관점주의의 기본 골격을 형성하고 있
다. 해석은 아벨이 규정하는 것처럼 기초 과정Fundamental-
vorgang이며, 동시에 존재와 인식의 문제에 대한 니체의 철학적 귀
결인 것이다.

해석 개념은 "아마도 우리 시대의 중심적인 철학적 개념"[105]이며
해석학의 중점에 놓여 있다. 해석 개념이 니체 철학에서 중요한 의미
를 가지고 있다는 사실은 이미 가다머, 뢰비트, 야스퍼스 등 여러 철
학자들에 의해 밝혀진 바 있다.[106] 이러한 해석 개념은 '니체 철학의
재구성적 이해'라는 측면에서 새롭게 부각되고 있으며, 현대 철학의
중심적 방향 중 하나인 해석학적 논의의 연장선상에서 니체 고유의

---

105) R. Shusterman, *Vor der Interpretation. Sprache und Erfahrung in Herme-*
    neutik, Dekonstruktion und Pragmatismus(Wien, 1996), 14쪽.
106) 백승영, 〈니이체 철학에서 인식/해석과 존재〉, 229쪽 참조.

해석 이론 혹은 해석철학에 대한 주장으로까지 전개되고 있다.

니체의 관점주의적 해석철학의 영향은 포스트모던적 해석학자(바티모) 또는 의심의 해석학자(리쾨르), 해석 이론가(아벨, 피글, 시몬) 등에게서 다양한 형태로 나타나고 있다. 니체는 다원적인 관점과 요구에 모두 잘 부응할 수 있는 해석학적 구상을 제시하고 있다. 그러나 우리가 분명히 해야 하는 것은 해석학적 기획이 니체에 의해 완결된 것이 아니고, 이 프로젝트에 다른, 새로운 길이 제시될 따름이라는 사실이다.[107]

모든 것은 관점주의적이고 상대적이라는 니체의 테제는 해석학적으로 조건 지어졌다는 것을 의미하는 것이고, 철학함의 관점에서 여전히——가다머가 우려하는——어떠한 자기모순도 포함하고 있지 않다.[108] 이 경우에 문제가 되는 것은 무모순적인 것으로 간주되는 판단 관계가 아니라 삶의 관계이며, 니체에 따르면 관점주의적인 것의 보편적 이론은 존재할 수 없다. 리쾨르의 표현처럼 "보편적 해석학, 즉 해석의 보편적 이론, 즉 해석의 보편타당한 규준은 존재하지 않는다 : 항상 우리는 분리되고 대립적인 해석학적 이론과 관계를 맺는다".[109] 해석의 갈등은 미해결된 채로 머물러 있다. 관점주의자의 이해에 따르면 우리는 어떠한 때에도 모든 조건들(조건성)로부터 벗

---

107) J. N. Hofmann, *Wahrheit, Perspektive, Interpretation. Nietzsche und die Philosophische Hermeneutik*, 430쪽.

108) H.-G. Gadamer, *Wahrheit und Methode. Grundzüge einer philosophischen Hermeneutik*(Tübingen, 1960), 424쪽.

109) P. Ricoeur, *Hermeneutik und Psychoanalyse. Der Konflikt der Interpretationen*(München, 1974), 198쪽.

어나 반성할 수 없으며, 더 이상 관점이 아닌 입점Standpunkt을 취할 수 없다. 모든 조망이 각각의 시대를 가지며 그것 또한 시대의 자식이라는 사실은 니체의 해석학적 지혜에 속한다.[110]

니체 해석철학은 인간이 직면하고 있는 근원적 해석 상황이 비극적인 운명을 가질 수밖에 없다는 통찰로부터, 그 비극적 운명의 생산적인 면을 강조하는 방향으로의 전환을 시도한다. 인간 현존재의 유한성과 역사성으로부터 반절대주의, 차이에 대한 감수성, 다양한 해석에 대한 인정과 관용, 다양한 해석적–실험적 기투를 통한 경험 지평의 무한한 확대 가능성" 등을 허용하는 것이 니체 해석철학의 중심 특징이며, 이러한 특징들은 단순히 '이론'으로서뿐만 아니라 '실천적 함축'을 갖는다는 것이다.[111]

니체는 어떤 기원적 혹은 단일 의미의 정확한 재현(단 하나의 옳은 해석)이라는 기준에서 해석 개념을 탈출시켜 텍스트에 대한 무한한 창조적 접근을 허용하는 동시에 문헌학자라는 자신의 경험에서 나온 텍스트 자체에 대한 세심한 독해와 엄밀성, 그리고 객관성을 재차 강조한 바 있다.[112] '해석 윤리'의 차원에서도 니체는 중요한 관점을 제공하고 있다. 그는 섬세한 해석을 원하는 선한 의지, 공정한 해석 주체라는 개념을 통해 타자에 대한 공정한 이해, 타자의 개별성과 특수한 차이에 대한 인정과 주목을 설파하는 노력을 기울이고 있다.[113]

---

110) J. N. Hofmann, *Wahrheit, Perspektive, Interpretation. Nietzsche und die Philosophische Hermeneutik*, 432쪽.
111) 백승영, 〈니체 해석철학의 해석학적 적용가능성 연구〉, 255쪽.
112) 프리드리히 니체, 〈도덕의 계보〉, 482쪽.

다원주의와 해석들 간의 갈등 해결에 잘 어울릴 수 있는 해석 이론은 우리가 탐구해야 할 급선무의 과제처럼 보인다.[114] 그러나 우리가 진정 경계해야 할 것은 성급한 '니체주의'다. 그의 철학이 기존의 최종 근거에 대한 부정이자 유한성의 발로이며 끊임없는 해석의 과정이라면, 해석 가능성에 대한 적절한 자기 제한이 바로 니체와 그의 철학에 대한 정중한 예의가 될 것이다. 니체의 해석철학은 차이를 인정하고, 개별적인 경험에 의해 차별화되고 다원성의 기호로 각인된 다문화적 사회의 포스트모던적 조건들을 고려하여 그 대화의 문을 열어나간다. 그것은 니체가 일관되게──그러나 대부분 도덕적 조망의 관점에서──일반화와 환원의 경향에 대해 반대의 태도를 견지하고 있다는 것에서 잘 나타나고 있다. 해석학의 목표는 유일하고 기준이 되는 규준에 대한 동의나 합의를 제시하지 않고 서로 더 잘 이해하는 것이다. 니체는 해석의 불일치에 동조하고 있다. 니체는 명백히 값싸고 피상적인 상대주의와는 무관하다.[115] '차이'와 '다원성'의 강조가 오늘날 철학적 사유의 주요 흐름이라는 것을 볼 때 니체의 사상

---

113) 백승영, 〈니체 해석철학의 해석학적 적용가능성 연구〉, 251쪽.

114) F. Kaulbach, "Der Philosoph und seine Philosophie : Perspektive und Wahrheit bei Nietzsche", M. Djurić (Hrsg.), *Nietzsches Begriff der Philosophie*(Würzburg, 1990), 15쪽 참조. 카울바흐는 니체의 세계에 대한 철학적 해석은 소위 대상에 대한 과학적 이론이 아니라 '세계 해석적 철학함'의 사고 방식에게 어떻게 세계를 사고하는지에 대한 지침을 제공하려는 의도에서 나왔다고 해석한다. 그런 의미에서 다원주의와 해석들 간의 갈등 해결에 니체 이론이 기여할 수 있다.

115) J. N. Hofmann, *Wahrheit, Perspektive, Interpretation. Nietzsche und die Philosophische Hermeneutik*, 433쪽.

은 여전히 우리의 '도전'으로 남아 있다.[116]

---

116) H.-G. Gadamer, "Das Drama Zarathustras", *Nietzsche-Studien* 15(1986), 2쪽.

제3장 니체와 현대 심층심리학의 탄생

••• 김정현

1. 들어가는 말

"내 이전에 도대체 어떤 철학자가 심리학자였던가? 오히려 그들은 심리학자의 반대인 '고등 사기꾼', '이상주의자'이지 않았던가? 내 이전에는 심리학도 전혀 존재하지 않았었다.──이런 때에 최초의 심리학자라는 것은 하나의 저주일 수도 있다. 어찌 되었든 이것은 하나의 운명인 것이다."[1] 니체는 자신의 저서와 철학 전체를 총괄하여

김정현은 고려대 철학과와 같은 대학 대학원을 졸업한 뒤, 독일 뷔르츠부르크 대학에서 철학 박사 학위를 취득했고 원광대 철학과 교수로 재직하고 있다. 지은 책으로 《니체의 몸 철학》, 《니체, 생명과 치유의 철학》, 《니체 이해의 새 지평》(공저), 《니체, 생명과 치유의 철학》 등이 있으며, 《니체철학 강의 I》, 《프로이트와 현대철학》, 책세상 니체 전집 14 《선악의 저편·도덕의 계보》, 18 《유고(1884년 가을~1885년 가을)》 등을 옮겼으며, 논문으로는 〈니체의 심층심리학〉, 〈프롬의 자유의 인간학〉, 〈고통의 심층철학〉, 〈에로스의 유토피스틱스〉, 〈열린 정신과 상생의 도덕〉 등이 있다.

정리하고 있는 자서전적 저서 《이 사람을 보라》에서 자신의 철학적 성격을 '심리학'이라는 용어로 정리하고 있다. 그는 서양 정신사에서 진정한 의미로 최초의 심리학자가 되는 것이 어쩌면 하나의 저주일지도 모른다는 생각을 가지고 있었지만, 또한 그것이 자신의 철학적 운명이자 과제라고 생각했던 것 같다. 철학을 심리학의 지평으로 바꾼다는 것은 어떤 의미가 있는 것일까? 왜 니체는 자신을 최초의 심리학자로 규정하며 자신의 철학을 심리학으로 파악하고 있는 것일까? 니체가 구상하고 있는 심리학이란 과연 무엇인가? 니체의 심리학은 현대의 정신분석학과 어떤 연관성이 있는 것일까? 니체는 철학을 심리학적으로 재구성함으로써 서양 정신사 전체를 해체하며 인간의 정신세계 전체를 다시 볼 것을 요구한다. 그는 철학을 심리학적 방식으로 재구성함으로써 전통적 형이상학의 세계관이 하나의 이론적 허구였음을 밝히며 더 나아가 인간 영혼의 세계에 대한 심층적 통찰을 제시하고, 인간의 도덕적 가치에 대한 계보학적 탐구를 시작한다. 니체에게 심리학이란 그의 철학 전체를 관통하는 하나의 방법론이자 기존의 철학적 관념들을 파괴하고 세계 전체를 새롭게 바라보는 해체론적 인식 자체였던 것이다.

그러나 니체가 정신 착란으로 쓰러지기 전까지 그 누구도 그의 철학의 본질을 제대로 이해하고 있지 못했던 것으로 보인다. 1888년 7월 29일 피아니스트이자 작곡가인 카를 푹스Carl Fuchs에게 보내는 편지에서 니체는 그 누구도 자신을 아직 심리학자로 규정하지 않았

---

1) 프리드리히 니체, 〈이 사람을 보라〉, 463쪽.

다고 불평했고,[2] 1888년 12월 8일 스웨덴의 작가인 스트린드베리
August Strindberg에게 보내는 편지에서 "나는 심리학자다"라고 말
했다.[3] 니체는 스스로를 최초의 위대한 심리학자로 보았지만 니체의
이러한 면은 그 시대에도 제대로 주목받지 못했으며, 특히 철학자들
에게서 제대로 평가받지 못했다. 니체 철학의 심리학적 성격을 예리
하게 간파하고 이를 통해 니체 철학의 성격을 규정하려고 한 카우프
만은 니체 철학의 심리학적 성격을 간과한다면 니체를 오해할 수밖
에 없다고 말한다.[4]

그러나 니체 사상을 그의 생애, 특히 병력에 주목해 심리학적으로
해석한 루 안드레아스 살로메[5], 그리고 20세기로 넘어가 클라게스,
토마스 만, 융을 거치면서 니체는 비로소 위대한 심리학자로 자리 잡
게 된다. '영혼의 연구' 나 '자기 탐색' 이라는 개념을 중심축으로 설
정하며 니체 사상을 해석한 클라게스는 "니체와 더불어 가장 본래적
인 의미의 영혼의 연구(=심리학)가 비로소 시작되었다"[6]고 보았다.

---

2) Friedrich Nietzsche, *Sämtliche Brief Kritische Studienausgabe*, Bd. 8, G.
   Colli · M. Montinari (Hrsg.)(Berlin · New York, 1986), 375쪽.
3) Friedrich Nietzsche, *Sämtliche Brief Kritische Studienausgabe*, Bd. 8, 509쪽.
4) Walter Kaufmann, "Nietzsche als der erste grosse Psychologe", *Nietzsche
   Studien*, Bd. 7(1978), 261쪽. 니체 철학을 이해하려는 길의 첫 관문에 카우프만
   이 서 있는 이유가 바로 여기에 있다. 그는 자신의 저서《니체Nietzsche》에서 니체
   철학의 심리적 성격이나 방법론에 주목해 니체가 제시한 극복인(위버멘쉬Über-
   mensch)의 의미와 힘에의 의지, 영혼의 문제, 도덕적 가치 문제 등을 분석하며
   니체 철학의 본령을 잘 소개하고 있다. W. Kaufmann, *Nietzsche : Philosopher,
   Psychologist, Antichrist*(Princeton : Princeton University Press, 1974) 참조.
5) Lou Andreas-Salomé, *Friedrich Nietzsche in seinen Werken*(Frankfurt a. M.,
   1983) 참조.

토마스 만 역시 니체가 의지의 심리학자이자 모든 근대 심리학의 아버지인 쇼펜하우어와 심층심리학자인 프로이트 사이에 자리 잡고 있다고 보며 '심리학적 급진주의der psychologische Radikalismus'라는 용어로 니체 사상을 정리했다.[7] 그는 쇼펜하우어의 후계자인 니체가 심리학적 급진주의라는 작업을 통해 현대 정신분석의 맥을 이어주는 가교 역할을 했을 뿐만 아니라, 정신분석을 바탕으로 하는 정신과학에 그것을 응용할 수 있는 토대를 제공했다고 본 것이다. 그에게 니체는 정신사에서 잘 알려진 위대한 비판가이자 도덕 심리학자였다.[8] 분석심리학die analytische Psychologie의 개척자인 융 또한 "니체는 위대한 심리학자"[9] 혹은 "니체는 그의 발견 때문에 지금까지 살았던 가장 위대한 심리학자 가운데 한 사람"[10]이라고 평가하며 니체의 사상을 이어받아 분석심리학의 사상적 기초를 세웠다. 니체 철학의 심리학적 성격은 20세기 초에 들어와서야 주목을 받기 시작했고 이후 프로이트의 정신분석학Psychoanalyse이나 융의 분석심리학, 아들러Alfred Adler의 개인심리학Individualpsychologie,[11]

---

6) L. Klages, *Die psychologischen Errungenschaften Nietzsches*(Bonn, 1958³), 10쪽.

7) Thomas Mann, *Freud und die Psychoanalyse, Hrsg. von Bernd Urban* (Frankfurt a. M., 1991), 96쪽.

8) Thomas Mann, "Nietzsches Philosophie im Licht unserer Erfahrung", *Gesammelte Werke in dreizehn Bänden*, Bd. IX : *Reden und Aufsätze* (Frankfurt a. M., 1990), 675~712쪽.

9) C. G. Jung, *Nietzsche's Zarathustra*, Part II, James L. Jarrett (ed.) (London : Routledge, 1989), 1095쪽.

10) C. G. Jung, *Nietzsche's Zarathustra*, Part II, 1347쪽.

랑크Otto Rank의 의지 치료의 심리학, 라캉Jacques Lacan의 정신분석학 등에 지대한 영향을 미쳤다.[12] 니체의 영향은 철학이나 심리학에만 국한되지 않고, 문학, 음악, 미술, 무용, 건축, 정치학, 사회학, 신학 등 학문 전 영역에 미치며, 철학에서도 실존철학, 비판이론, 언어철학, 해석학, 포스트모더니즘/해체주의, 페미니즘 등 20세기 이후의 현대 철학 전반에 미치는 지대한 것이었다. 마르크스, 프로이트와 더불어 20세기 사상을 이해하기 위해 넘어야 할 산맥 가운데 하나에 해당하는 니체는 현대 심리학의 산맥에서도 반드시 넘어야 할 대간(大幹)에 해당한다고 할 수 있다. 여기에서 우리는 니체의 심리학적 성격을 먼저 살펴보고, 주로 프로이트의 정신분석학이나 융의 분석심리학, 아들러의 개인심리학 등 초기 심층심리학의 형성과 발달 과정에 미친 니체의 영향을 논할 것이다.

---

11) 니체 사상이 프로이트, 융, 아들러에게 미친 영향에 관한 구체적인 논의로는 Henry F. Ellenberger, *Die Entdeckung des Unbewußten*, G. Theusner-Stampa (übers.)(Bern, 1985) 참조.

12) 니체가 랑크Otto Rank의 의지 치료의 심리학에 미친 영향에 대해서는 지금까지 거의 연구가 되지 않았다. 그리고 니체가 라캉Jacques Lacan에게 큰 영향을 미쳤음에도 불구하고 니체와 라캉의 비교 역시 아직까지 거의 연구되지 않고 있다. 이와 관련된 국내 번역 연구물로 알렌카 주판치치, 《정오의 그림자―니체와 라캉》, 조창호 옮김(도서출판 b, 2005)이 있다.

2. 니체와 심층심리학

니체의 심리학적 철학의 내용은 프로이트나 융, 아들러 등에 의해 언급되거나 해석되는 것을 너머 오늘날 다양하게 변주되며 연구되고 있다. 해머를 든 철학자 니체는 "현대 심층심리학의 직접적인 전사(前史)"에 속하는 존재로도,[13] 인간의 자기기만을 폭로한 "새로운 심리학의 정초자"로도 읽히고 있으며,[14] 다른 한편 그의 사상을 클로소프스키는 충동기호론으로, 하머Felix Hammer는 몸의 인간학으로, 시퍼게스Heinrich Schipperges는 인간학적 치료학으로 정리하고 있다.[15] 니체 사상을 이해할 때 몸의 텍스트에 대해 해석하려는 경향, 즉 충동이나 심층적 자아의 역동적 메커니즘(억제, 승화, 유도, 변형 등)을 바탕으로 도덕, 꿈과 문화, 금욕과 종교, 병과 건강의 병리학, 인식 충동과 인식 효과 등 인식론적, 문화적, 종교적 내용을 분석하고, 이와 연관된 근대성, 사회, 문명, 예술 등 다양한 철학적 문제들을 조명하고자 하는 경향이 있다. 이러한 해석의 경향들은 니체가 생전에 말했듯이 그의 사상을 심리학적 내용이나 방법에 의해 재해석

---

13) Gerhard Wehr, *Friedrich Nietzsche als Tiefenpsychologe*(Augusburg, 1987), 7쪽.

14) Renate Müller-Buck, "Psychologie", Henning Ottmann (Hrsg.), *Nietzsche Handbuch*(Stuttgart · Weimar, 2000), 513쪽.

15) P. Klossowski, *Nietzsche und der Circulus vitiosus deus*, R. Vouillé (übers.) (München, 1986) ; F. Hammer, *Leib und Geschlecht*(Bonn, 1974) ; H. Schipperges, *Am Leitfaden des Leibes : Zur Anthropologik und Therapeutik Friedrich Nietzsches*(Stuttgart, 1975) ; 김정현, 〈니체의 심층심리학〉,《철학》제49집(한국철학회, 1996년 겨울), 154~155쪽 참조.

하려는 시도들이며, 이러한 해석들에 기초해 니체는 다시 위대한 심리학자로 새롭게 태어나고 있다.

여기에서는 먼저 니체 사상의 심리학적 성격을 논해볼 것이다. 니체가 심리학에 관심을 가진 것은 삶과 세계에 대한 통찰을 담고 있는 쇼펜하우어의 《의지와 표상으로서의 세계》를 읽고 나서부터였던 것 같다. 이 책은 세계에 대한 인식론적인 작업을 담고 있을 뿐만 아니라, 융이 정신분열증 환자의 치료에 이 책을 이용한 바 있듯이 심리학적인 삶에 대한 통찰과 불교적으로 변주된 인생관도 담고 있는 심리학의 보고(寶庫)였다. 쇼펜하우어의 영향을 받은 니체는 《비극의 탄생》에서 그 당시 대중적으로 쓰이던 무의식의 용어를 회피하며 본능이라는 용어를 사용했다. 그는 아폴론적인 것을 쇼펜하우어의 표상의 세계와, 디오니소스적인 것을 쇼펜하우어의 무의식적 의지와 연관시켰다.[16] 서양 근대 문명이 소크라테스적 합리주의로 대표되는 아폴론적인 세계에 의해 장악됨으로써 생생한 생명의 세계가 각질화되기 시작했다는 것이 니체의 진단이었다. 니체가 대학을 졸업하고 대학교수가 되던 무렵부터 유럽에서는 본능과 무의식의 문제가 심각하게 논의되었다. 특히 1869년에서 1871년 사이에는 의지와 표상의 관계에 대한 쇼펜하우어와 하르트만의 이론의 차이점이 무엇이냐 하는 문제가 유럽의 지성계에서 제기되었고, 1873년에서 1874년까지는 하르트만의 관념론적 역사 구성에 대한 비판이 주요한 쟁점이 되

---

16) Günter Gödde, "Nietzsches Perspektivierung des Unbewussten", *Nietzsche Studien*, Bd. 31(2002), 164~165쪽.

었다.[17] 이러한 연관성 위에서 니체는 《반시대적 고찰》의 제2부 〈삶에 대한 역사의 공과〉에서 하르트만의 무의식의 개념을 단호하게 비판한다. 하르트만의 중심 테제는 인간적인, 그러면서 또한 동물적이거나 식물적인 유기체의 모든 과정이 무의식의 '심리적 활동'을 통해 결정되며, 자연의 과정을 넘어 인간의 역사와 세계 과정 전체를 증명할 수 있는 무의식의 합목적적인 활동이 있다는 것이었는데, 니체는 이러한 하르트만의 무의식의 형이상학을 '유쾌한 발명' 혹은 '철학적 장난'이라고 비판한 것이다.[18] 니체는 《반시대적 고찰》의 제3부인 〈교육자로서의 쇼펜하우어〉에서 인간이란 "어두운, 베일에 싸여 있는 것"[19]이라고 보면서 심리학의 방법을 명시적으로 보여주는데, 이것이 후에 포괄적인 심리학 이론으로 발전하게 된다.[20] 니체의 심리학은 형이상학을 극복하고 모든 가치들을 전환하는 수단 이상의 의미를 가지고 있으며, 우리의 긍정적인 힘을 자유롭게 사용하는 수단이다.[21]

이후 《인간적인 너무나 인간적인》에서도 니체는 도덕적, 종교적, 미학적 관념들과 감각의 화학, 즉 인간의 사회와 문화의 크고 작은 관

17) Günter Gödde, "Nietzsches Perspektivierung des Unbewussten", 165쪽.
18) 프리드리히 니체, 《비극의 탄생 · 반시대적 고찰》, 이진우 옮김(책세상, 2005), 365쪽.
19) 프리드리히 니체, 《비극의 탄생 · 반시대적 고찰》, 394쪽.
20) Jacob Golomb, "Introductory Essay : Nietzsche's New Psychology", J. Golomb · W. Santaniello · R. Lehrer (eds.), *Nietzsche and Depth Psychology* (Albany : State University of New York, 1999), 2쪽.
21) Jacob Golomb, "Introductory Essay : Nietzsche's New Psychology", 5쪽 · 10쪽.

계 속에서 경험되는 충동과 자극의 화학 반응에 대해 고찰하며, 서양의 형이상학 비판, 도덕 비판, 문화 비판, 종교 비판 등과 같은 니체 사상의 동력을 이해할 수 있는 심리학적 해석학의 토대를 제공한다.[22] 니체는 이 책에서 무의식적 동기를 발견하는 데 기여하는 "폭로심리학entlarvende Psychologie"의 기초를 놓고 있다.[23] 1880년대 들어 니체는 보다 구체적으로 충동무의식das Triebunbewußte의 개념을 사용하면서 인간의 심층적인 내면적 삶으로 접근해 들어간다. 이러한 니체의 시각은 《아침놀》에서 다음과 같이 표현되고 있다.

어떤 사람이 아무리 폭넓게 자신을 인식하고자 하더라도 그의 본질을 구성하는 충동들 전체를 인식하는 것보다 더 불완전한 것은 없다. 보다 거친 충동들의 이름은 거의 댈 수도 없으며, 그것들의 수와 강도, 그것들의 증강과 감소, 그것들 상호 간의 작용과 반작용, 무엇보다도 그것들에 영양이 공급되는 법칙은 전혀 알려져 있지 않다.[24]

소위 우리의 의식은 알려져 있지 않고 아마 알려질 수 없는, 그러나 느껴지고 있는 텍스트에 대한 다소 환상적인 주석일 수 있다.[25]

이미 니체는 《차라투스트라는 이렇게 말했다》에 앞서 의식과 충

---

22) 김정현, 〈니체의 심층심리학〉, 156쪽.
23) Günter Gödde, "Nietzsches Perspektivierung des Unbewussten", 175쪽.
24) 프리드리히 니체, 《아침놀》, 박찬국 옮김(책세상, 2004), 136쪽.
25) 프리드리히 니체, 《아침놀》, 138~139쪽.

동의 관계를 주목했으며, 충동의 전체 영역은 아직 우리에게 잘 알려져 있지 않으며, 의식이란 무의식적 세계에 대한 하나의 주석적 체계에 불과하다는 사실을 철학적으로 분명히 제시했다. 그러나 니체가 자신의 철학 가운데 본격적으로 몸의 문제를 제기하며, 민족, 시대, 인종, 인류의 총체적 건강의 문제를 진단하고 건강, 미래, 성장, 힘 등의 명제를 심리학적으로 분석하는 것은《즐거운 학문》에서였다. 이제 그는 '철학적 의사'의 입장에서 인식과 충동, 의식과 정열, 영혼과 변형의 기술 등을 언급하며 충동의 문제로부터 세계와 인간의 삶의 문제를 바라보고 해석하고자 한다. 이에 대한 니체의 말을 살펴보자.

하지만 인식은 충동들 상호 간의 특정한 태도일 뿐이다. 아주 오랜 시간 동안 인간은 의식된 사유를 사유 일반으로 여겨왔다. 오늘날에야 비로소 우리의 정신적 작용의 대부분이 무의식적이고 느껴지지 않은 채로 진행된다는 사실이 드러나기 시작했다.[26]

자아의식은 유기체가 기능을 다할 때 덧붙여지는 마지막의 것이며, 거의 불필요한 것이다. 〈……〉 위대한 주요 활동은 무의식적이다.[27]

---

26) 프리드리히 니체,《즐거운 학문 · 메시나에서의 전원시 · 유고(1881년 봄~1882년 여름)》, 301쪽.
27) 프리드리히 니체,《즐거운 학문 · 메시나에서의 전원시 · 유고(1881년 봄~1882년 여름)》, 573쪽.

정신 작용의 기능이 대부분 무의식적으로 진행되며 자아의식이란 그에 대한 표피적이고 표상적인 활동이라는 니체의 선언은 의식 중심으로 세계를 바라보던 관점을 전복시키면서 인간과 세계의 관계를 무의식의 철학, 몸철학의 관점에서 다시 해석하게 만든다. 따라서 인간의 인식의 틀을 새롭게 바꾸고 삶을 건강하게 유지할 수 있는 회복술을 제공해주는 것이 철학의 역할이며, 이것이 바로 세계를 바라보는 자신의 눈을 바꾸는 기술, 즉 자신을 보다 고차적인 세계몸의 형태로 바꾸는 '변형의 기술' 로서의 철학인 것이다.[28] 의식과 무의식의 관계가 니체 철학에서 비교적 명료하게 형성되며, 이는《차라투스트라는 이렇게 말했다》에서 '큰 이성die grosse Vernunft' 혹은 '몸Leib' 이라는 용어를 통해 니체 철학 전체를 이끄는 키워드로 자리 잡게 된다. 그는 '지하실의 들개', '야수', '맹수', '내면의 짐승', '자유를 상상하는 죄수' 등 다양한 비유적 언어를 사용하며, 언어와 개념에 의해 세계를 분류하고 도식화하는 이성적 사유나 의식의 세계 이면에 무의식이 자리 잡고 있으며 이것이 인간의 삶 전체에 더 근원적으로 작용하고 있다고 말한다. 기존의 의식 중심의 세계관을 비판하는 니체는 의식과 무의식의 괴리나 정신과 본능의 분열에서 비롯되는 인간 삶의 고통을 치유할 수 있는 몸의 개념을 제시함으로써 진정한 '자기' 를 찾는 심리학적 작업을 수행한다. 융이 자신의 분석심리학의 핵심 개념으로 받아들인 '자기실현' 의 개념은 바로 이러

---

28) 프리드리히 니체, 《즐거운 학문 · 메시나에서의 전원시 · 유고(1881년 봄~1882년 여름)》, 28쪽.

한 니체의 심리학적 작업을 받아들여 재해석한 것이었다. 니체의 심리학적 세계 인식의 토대는 《선악의 저편》과 《도덕의 계보》에서 더욱 체계화되고 정치하게 완성된다. 이제 심리학은 인간의 심층적인 내면적 삶과 도덕적 관념 및 가치를 조망하고 평가하는 중심적 방법론이 된다. 니체는 지금까지 형이상학적 독단이나 도덕적 편견에 사로잡혀 심층까지 들어가지 못했던 심리학을 복원시켜 "힘에의 의지의 형태론과 발달 이론", 즉 생리심리학Physio-Psychologie으로 규정한다.[29] 생리심리학의 관점은 한편으로는 우리 안에 존재하는 무의식적 저항과 싸워야 하며, 다른 한편으로는 우리의 정서, 충동, 의식, 가치, 도덕, 양심, 선과 악의 문제들을 새로운 심리학적 인식의 관점에서 다시 바라보면서 해석해야 하는 것이다. 도덕적 편견에서 벗어나 있는 그대로 세계를 바라보고 설명하는 니체의 철학적 해석학은 바로 생리심리학에 기반을 두고 있다.

만일 누군가가 증오, 질투, 소유욕, 지배욕이라는 정서를 삶을 조건 짓는 정서라고 보고, 생명의 전체 운영에서 근본적이고 본질적인 것으로 존재해야만 하고, 따라서 더욱 고양되어야 하는 어떤 것으로 간주한다면, 삶이 고양되어야만 한다면,──그 사람은 자신의 판단 방향을 그렇게 잡았을 때 마치 뱃머리에 시달리듯 괴로워할 것이다. 그럼에도 불구하고 이러한 가설은 또한 이러한 거대하고 아직은 거의 새로운 위험한 인식의 영역 안에서는 결코 고통스럽거나 낯선 것은 아니다 : ……대담

---

29) 프리드리히 니체, 《선악의 저편 · 도덕의 계보》, 44쪽.

한 여행자, 모험가에게도 더욱 심층적인 통찰의 세계가 아직 한 번도 열린 적이 없었다 : 그와 같이 '희생자를 만드는' 심리학자는——이것은 지성을 희생하는 것이 아니고, 오히려 그 반대다!——적어도 심리학이 여러 학문들의 주인으로 다시 인정받게 되고, 그 밖의 학문들이 그것에 봉사하고 준비하기 위해 존재할 것을 요구할 수도 있을 것이다. 왜냐하면 이제 심리학은 다시 근본적인 문제에 이르는 길이 되었기 때문이다.[30)]

심리학은 이제 인간의 심층적인 세계를 이해하고 인간 삶의 근본적인 문제에 이르는 길을 제시해주는 '여러 학문들의 주인'이 된 것이다. 심리학은 생명의 전체 운영에서 정서적 동인과 반응을 이해하고 그와 연관된 삶의 의미 영역을 해석하는 해석학인 것이다. 심리학으로서의 철학은 한편으로는 인간 자신의 심층적 세계를 인식하고 동시에 인간의 삶과 연관된 영역, 즉 종교, 문화, 문명, 예술, 학문 등 다양한 영역을 보다 근본적으로 인식하며, 다른 한편으로는 인간의 정신세계가 빚어놓은 도덕적 관념과 가치들의 가치를 계보학적으로 설명하고 이를 삶의 건강성의 기준에서 다시 평가하는 작업을 한다.

이러한 니체의 심리학적 논의는 이후 정신분석의 발달에 크게 기여한다. 몸이성의 발견, 무의식과 '그것das Es'에 대한 논의, 문명의 기원을 잔인성의 정신화와 심화로 보는 시각, 양심의 가책, 일신론적 신앙에서의 죄의식, 승화 개념, 기억 이론, 억압Verdrängung이나 공격욕의 문제, 투사Projektion의 작용 방식, 의미 있는 심리적 영상으

---

30) 니체, 《선악의 저편·도덕의 계보》, 45~46쪽.

로서의 꿈의 가치 등 무수히 많은 니체적 논의는 이후 프로이트의 정
신분석의 발전에 영향을 주었고, 또한 융의 분석심리학이나 아들러
의 개인심리학의 이론적 정초에도 커다란 영향을 미치게 된다. 특히
무의식의 발견의 역사를 정치한 언어로 정리한 엘렌버거Henry F.
Ellenberger는 관습적 도덕과 충동 욕구 사이의 갈등을 극복하는 니
체의 극복인(위버멘쉬Übermensch)이 내면에서 자유로워지며 자신
의 가치 척도를 스스로 세우고 자율적인 도덕을 형성한다는 점에서
극복인의 개념 안에 프로이트의 정신분석 치료관의 씨앗이 함유되어
있다고 보았다.[31]

　의식은 표피에 불과하며 그 아래 인간의 심혼의 세계를 움직이는
더 심층적인 심리적 구동 장치로서 본능이나 무의식이 있다는 것을
발견하고, 힘에의 의지를 통해 삶의 건강성을 찾고자 한 니체의 사상
이 현대의 심층심리학에 미친 영향은 지대하다. 엘렌버거에 따르면
또한 역동적 정신병리학die dynamische Psychiatrie에 대한 니체의
영향 역시 아직 충분히 높이 평가되지 않았으며, 니체는 바흐오펜보
다 훨씬 더 프로이트와 아들러, 융의 공통적 근원으로 평가된다.[32]
특히 프로이트에게는 무의식으로서의 '그것'과 이드의 관계가, 융에
게는 '자기' 찾기의 문제가, 아들러나 랑크에게는 힘에의 의지 개념
이 영향을 미치며 그들의 사상을 형성하는 데 니체의 사상이 기여하
게 된다.

---

31) Henry F. Ellenberger, *Die Entdeckung des Unbewußten*, 383쪽 ; Renate
　　Müller-Buck, "Psychologie", 511~513쪽.
32) Henry F. Ellenberger, *Die Entdeckung des Unbewußten*, 382쪽.

3. 니체와 프로이트의 정신분석학

니체와 프로이트의 관계는 프로이트가 자기 학문의 독창성을 확보하기 위해 니체를 회피했다는 단순한 개인사적 측면에 국한되지 않는다. 이 양자의 관계는 프로이트 자신이 그 영향 관계를 어떻게 표현했든 간에 정신분석이 구축되는 학적 담론 형성의 과정에서 사상적 침윤(浸潤) 과정을 밟은 것으로 볼 수 있다. 어느 날 갑자기 프로이트가 나타나 정신분석을 만든 것이 아니며, 유럽 정신사의 흐름에서 이미 라이프니츠, 칸트, 셸링, 쇼펜하우어, 카루스Carl Gustav Carus, 하르트만, 니체 등 그들 자신이 알고 있었든 무의식적으로 표현을 했든 간에 무의식의 철학적 담론을 준비한 사상가들이 많았고, 프로이트는 그 마지막 결실인 것이다.[33] 특히 프로이트가 정신분석의 모든 내용이 담겨 있다고 평가한 쇼펜하우어의 영향을 받은 니체는 쇼펜하우어의 사상을 심화시키면서 한편으로는 다른 관점에서 그 주제들을 변형하고 체계화하면서 자신의 철학을 발전시켰기에, 이미 니체의 사상 안에는 그 스스로 표현하고 있듯이 철학적 방법뿐만 아니라 내용에 있어서도 풍부한 심리학적 통찰이 담겨 있었다. 오토 그로스 Otto Gross가 "프로이트의 학설은 니체의 직관들을 과학적으로 적용한 것이다"[34]라고 말하고 있듯이, 니체와 정신분석의 관계는 이미

---

33) 무의식의 철학적 담론이 서양 근대에 등장하는 배경과 그 정신사적 흐름에 대해서는 김정현, 〈서양철학사에 나타난 무의식의 개념〉, 《한국정신치료학회지》 제14집 제1호(한국정신치료학회, 2000), 13~27쪽.
34) 루이 코르망, 《깊이의 심리학자 니체》, 김웅권 옮김(어문학사, 1996), 196쪽.

1910년대에 빈의 정신분석 모임Wiener Psychoanalytische Vereini-gung 구성원들에 의해 제기되었으며, 이러한 이유로 니체와 프로이트의 관계는 이미 1920년대 이후 지속적으로 학계의 주목을 받아왔다.[35] 니체를 심리학의 선구자로 보는 해석은 1970년대에 카우프만에 의해 나왔고, 1990년대 이후에는 본격적으로 니체와 정신분석의 관계가, 즉 심층심리학과 "무의식의 철학"의 관계가 깊이 있게 다루어졌다.[36] 이러한 논의를 통해, 그간 잘 알려져 있지 않았던, 니체가 프로이트에게 끼친 사상적 영향뿐만 아니라, 양자의 유사성 및 니체 사상의 심층심리학적 성격이 더욱 분명하게 드러나게 되었다.

니체를 해석하는 데 있어서 심리학이 핵심 개념임에도 불구하고 지금까지 니체의 심리학의 성격이 주목받지 못했듯이, 니체와 프로이트의 영향 관계 및 사상적 공유지 역시 제대로 파악되지 못했다. 우리는 여기에서 우선 프로이트 자신의 니체에 대한 평가와 니체와 정신분석 형성 과정의 사상적 침윤 과정을 살펴보고, 그 사상적 영향 관계를 살펴볼 것이다.

---

35) Charles Baudouin, "Nietzsche as a Forerunner of Psychoanalysis", *Contemporary Studies*(London : Allen & Unwin, 1924), 40~43쪽.

36) Günter Gödde, "Eine neue Interpretation von Freuds Verhältnis zu Nietzsche", *Nietzsche Studien*, Bd. 27(1998), 463쪽 ; Reinhard Haslinger, *Nietzsche und die Anfänge der Tiefenpsychologie*(Regensburg, 1993) ; Graham Parkes, *Composing the Soul, Reaches of Nietzsche's Psychology* (Chicago · London : The University of Chicago Press, 1994) ; Günter Haberkamp, *Triebgeschehen und Wille zur Macht*(Würzburg, 2000) ; 이창재, 《니체와 프로이트—계보학과 정신분석학》(철학과현실사, 2000) ; 강영계, 《니체와 정신분석학》(서광사, 2003).

프로이트는 정신분석이 정동(情動)의 우위, 성욕의 중요성, 억압의 기제를 이미 알고 있었던 쇼펜하우어 철학과 일치한다는 것을 알고 있었다. 또한 그는 쇼펜하우어의 영향을 받은 니체의 사상 안에 이러한 정신분석학적인 내용이 풍부하게 함축되어 있다는 사실도 알고 있었다. 이러한 맥락에서 그는 "정신분석학이 어렵게 이룩한 결과와 놀랍게도 자주 일치하는 추측과 통찰을 제기한 또 다른 철학자인 니체를 나는 그 이유 때문에 오랫동안 피했다"라고 말했다.[37] 그는 정신분석학적 인상을 준비하는 데 있어서 어떤 기대 관념의 방해도 받지 않고 불편부당성을 보존하기 위해 니체의 작품들을 읽는 매우 큰 즐거움을 스스로 거부했다.[38] 즉 그는 니체 사상에 주목하면서도 '무의식'의 영역을 자신이 창안했다는 학문적 자존심 때문에 니체를 일부러 멀리했었던 것 같다. 그러나 그는 말년에 니체를 더욱 솔직하고 긍정적으로 평가하게 된다. 그는 1934년 3월 11일에 니체에 관한 책을 저술하려고 자신과 상의했던 독일의 소설가 츠바이크Arnold Zweig에게 보내는 편지에서 니체는 "이 시대 가운데 우리에게 가까이 있는 사람이며 영향력이 여전히 살아 있는 사람"이라고 썼으며,[39] "니체는 최초의 정신분석학자 가운데 한 사람이었다"고 말했다.[40]

37) 지크문트 프로이트, 《나의 이력서》, 한승완 옮김(열린책들, 1997), 76쪽.
38) 지크문트 프로이트, 《정신분석 운동》, 박성수 옮김(열린책들, 1998), 59쪽.
39) Ronald Lehrer, *Nietzsche's Presence in Freud's Life and Thought*(Albany : State University of New York Press, 1995), 230쪽.
40) Ronald Lehrer, "Adler and Nietzsche", J. Golomb · W. Santaniello · R. Lehrer (eds.), *Nietzsche and Depth Psychology*(Albany : State University of New York, 1999), 231쪽.

니체는 새로운 역동적 정신병리학의 탄생에도 주도적 역할을 한 인물로 부각될 수 있을 뿐만 아니라, 그의 작품은 프로이트의 정신분석에도 많은 영향을 주었다.

심리학자 니체를 가장 먼저 수용한 곳은 빈이었다. 정신분석 운동의 초기에 니체는 중심적인 역할을 했다. 특히 프로이트 주변의 그룹에서 니체라는 이름은 언제나 현존해 있었다. 《비극의 탄생》(1872) 이후 니체는 빈의 지성적 그룹 내에서 유명해졌다.[41] 1870년대부터 1890년대에 걸쳐 빈의 프로이트의 동료들의 그룹 내에서는 니체를 경외하는 지성적 분위기가 있었는데, 그 가운데 니체를 해석하고 대중화한 리피너Siegfried Lipiner, 후에 저명한 사회주의 지성인이 된 브라운Heinrich Braun, 후에 오스트리아의 사회주의 운동을 통합한 아들러Viktor Adler, 프로이트의 가까운 친구이자 그와 함께 빈 대학에서 브렌타노Franz Brentano의 철학 강의를 많이 듣곤 했던 파네트Joseph Paneth 등이 있었다. 특히 열광적인 니체 독자였던 파네트는 1883년 12월 말에서 1884년 3월까지 니체가 머물러 있던 니스에 체류하며 니체와 대화를 나눌 몇 번의 기회를 가졌고, 이 만남과 대화에 대해 프로이트에게 편지를 써 보내곤 했다. 니체와 파네트는 반유대주의, 과학, 철학, 쇼펜하우어, 빈의 유명한 정신병리학 의사인 마이네르트Theodor Meynert에 대해, 그리고 무의식의 정신적 과정이 중요하다는 것 등에 대해 논했으며, 니체의 사상과 근황을 프로이트에게 처음으로 전해준 인물이 바로 파네트였던 것이다. 즉 그

---

41) Renate Müller-Buck, "Psychologie", 510쪽.

는 프로이트와 니체 사이를 연결해준 직접적인 연결 고리였다.[42]

니체와 정신분석의 두 번째 고리는 루 안드레아스 살로메였다.[43] 니체의 청혼을 받기도 했던 그녀는 후일 프로이트에게서 정신분석을 배우며 니체의 사상을 프로이트에게 전달하는 역할을 했다. 존스 Ernest Jones의 기록에 의하면 프로이트는 니체와 자신을 연결하는 유일한 고리로 루 안드레아스 살로메를 언급했다.[44] 프로이트는 이들 이외에도 그로스, 아들러, 융, 그로데크Georg Groddeck, 비텔스 Fritz Wittels, 랑크, 츠바이크, 만, 루트비히 빈스방거Ludwig Wins- wanger 등 주로 친우, 학생, 지인 등 개인적인 관계를 통해 니체의 작품과 사상에 접근했다.[45]

베를린의 이비인후과 의사이자 프로이트와 많은 서신을 교류함으로써 그의 사상 형성에 큰 영향을 준 플리스Wilhelm Fließ 역시 《꿈의 해석Die Traumdeutung》이 나오던 1900년에 프로이트는 이미 니체를 잘 알고 있었다고 보고하고 있다.[46] 따라서 프로이트는 정신분석의 이론적 기반이 형성되기 이전부터 이미 니체를 잘 알고 있었던 것으로 보인다.

---

42) Ronald Lehrer, "Freud and Nietzsche, 1892-1895", J. Golomb · W. Santaniello · R. Lehrer (eds.), *Nietzsche and Depth Psychology*(Albany : State University of New York, 1999), 182~183쪽.

43) Renate Müller-Buck, "Psychologie", 510쪽.

44) Ronald Lehrer, *Nietzsche's Presence in Freud's Life and Thought*, 222쪽 ; Reinhard Gasser, *Nietzsche und Freud*(Berlin · New York, 1997), 166쪽.

45) Reinhard Gasser, *Nietzsche und Freud*, 168~173쪽 참조.

46) Bernd Nitzschke, "Zur Herkunft des 'Es' : Freud, Groddeck, Nietzsche— Schopenhauer und E. von Hartmann", *Psyche* 37(1983), Heft 9, 786~787쪽.

그러나 니체가 처음으로 공식석상에서 논의된 것은 1908년 빈의 정신분석 모임에서였다. 니체가 이 모임의 공식석상에서 본격적으로 논의되었을 때, 파울 페데른Paul Federn은 프로이트에게 니체가 이미 정신분석의 내용을 놀라울 정도로 앞서고 있는데 도대체 정신분석이 무엇을 더 제공할 수 있느냐는 선동적인 질문을 하기도 했다.[47] 학적인 논의가 시작되자마자, 니체의 사상은 프로이트가 정립한 정신분석의 거의 모든 내용을 이미 다루고 있는데 프로이트의 정신분석의 독창성은 과연 무엇인가라는 공격이 나온 것이다. 1908년 4월에 이 모임에서는《도덕의 계보》제3장이, 10월에는《이 사람을 보라》가 논의되었으며 사람들은 니체의 심층심리학적 인식에 주목했다. 이 학회의 구성원 중에는 프로이트 그룹 가운데 최고의 니체 전문가인 랑크가 있었고, 니체에 심취한 사람들, 즉 히치만Eduard Hitschmann, 슈테켈Wilhelm Stekel, 빈터슈타인Alfred von Winterstein, 예나에서 니체를 치료한 정신병리학자 오토 빈스방거Otto Binswanger의 조카인 루트비히 빈스방거 등이 있었는데, 특히 랑크는 니체를 프로이트를 넘어서는 심리학자라고 높이 평가했다.[48]

그러나 니체와 프로이트의 관심사나 연구의 방향, 시기 등이 겹치며, 심리생리학적 관점의 형성 등 유사한 사상 형성의 과정이 있다는 사실도 언급될 필요가 있다. 니체가 프로이트와 대략 같은 시기에 활동하던 샤르코 학파의 파리 심리학자들의 연구 결과들에 익숙해 있

---

47) Günter Gödde, "Eine neue Interpretation von Freuds Verhältnis zu Nietzsche", 465쪽.
48) Renate Müller-Buck, "Psychologie", 510~511쪽.

었다는 사실은 그다지 잘 알려져 있지 않다. 니체는 1877년 이후 리보Theodor Ribot가 편집한 《철학 잡지Revue philosophique》와 샤르코Jean-Martin Charcot의 조교이자 의사이며 신경생리학자인 페레Charles Féré를 (특히 1887년과 1888년에) 프랑스 생리학과 심리생리학과 관련하여 언급했다.[49] 페레의 테제는 무수히 많은 인간의 악덕은 생리학적 퇴락 및 '퇴화Degenereszenz'의 직접적인 결과라는 것이었는데, 니체는 이러한 극단적인 생리학주의를 자신의 철학과 종합시켜 데카당스, 퇴락, 퇴화 등의 용어를 사용하며 그 시대와 문화, 종교, 인간 등을 비판적으로 고찰한 것이다.[50] 이와 유사한 시기인 1885년에 29세의 프로이트는 파리의 살페트리에르 신경정신병원에 가서 샤르코가 히스테리 치료에 최면을 사용하는 것을 보며 히스테리 치료에 주목하게 되었다. 프로이트는 브로이어Josef Breuer와 함께 최면을 매개로 무의식에 이르는 실증적인 길을 발견했고, 이는 후일 유아 성욕론, 오이디푸스 콤플렉스 이론, 억압 이론 등의 정신분석학 이론이 발전될 수 있는 토대가 되었다.[51] 생리적 현상과 심리적 현상이 연계되어 있다는 생리심리학의 관점으로 인간의 삶의 문제를 풀려 한 그들의 관점은 그 당시 파리의 샤르코 학파에게 영향을 받은 것이다. 프로이트의 최면 치료, 자유 연상법(대화 치료)과 같은

---

49) Reinhard Gasser, *Nietzsche und Freud*, 429쪽 이하 ; Günter Gödde, "Eine neue Interpretation von Freuds Verhältnis zu Nietzsche", 468쪽.

50) Reinhard Gasser, *Nietzsche und Freud*, 430쪽.

51) 프로이트의 파리 유학이 그의 정신분석에 끼친 영향에 대해서는, 알프레트 셰프, 《프로이트와 현대 철학》, 김광명 · 김정현 · 홍기수 옮김(열린책들, 2001), 46~61쪽.

정신분석학의 방법론은 분명 샤르코 학파의 영향이나 브로이어와의 공동 작업, 그리고 그 한계를 넘어서려는 프로이트 자신의 노력의 산물이지만, 정신분석학의 사상적 기초는 유럽 정신사의 결실, 즉 쇼펜하우어나 하르트만, 니체와 같은 사상가의 영향을 받은 것이었다. 쇼펜하우어가 중심에 있는 태양이라면, 니체는 그 주위를 도는 일차 행성에, 프로이트는 이차 행성에 해당한다는 니츠케Bernd Nitzschke의 비유적 분석은 이러한 정신사의 습합 과정에서 프로이트 이론이 탄생했음을 시사하고 있다.[52]

본능, 무의식, 몸, 내면화, 억제, 망각 능력, 잔인성, 공격성, 양심, 승화, 성욕, 변형, 문화 등 니체가 다룬 철학적 주제들은 프로이트에게서 인간의 무의식의 세계를 분석하고 치료하는 정신분석학적 도구가 된다.[53] 프로이트의 초자아 개념과 니체의 '양심의 가책'의 탐구 사이에는 참으로 놀라울 정도의 유사성이 있을 뿐만 아니라,[54] 억압과 승화라는 개념 역시 쇼펜하우어나 니체의 철학적 분석에서 나온 것이다. 억압 이론은 정신분석학의 전체 구조를 떠받치고 있는 초석이며 정신분석의 가장 본질적인 부분인데, 쇼펜하우어나 니체는 이 억압 이론을 프로이트보다 앞서 발견했다.[55] 쇼펜하우어가 의지의

---

52) Bernd Nitzschke, "Zur Herkunft des 'Es' : Freud, Groddeck, Nietzsche— Schopenhauer und E. von Hartmann", 795쪽. 철학자들이 프로이트의 정신분석에 끼친 영향에 대해서는 김정현, 〈니체의 심층심리학〉, 155~158쪽 참조.

53) 프로이트에게 니체 사상이 미친 구체적인 영향에 대해서는 Peter Heller, "Freud in seinem Verhältnis zu Nietzsche", W. Stegmaier · D. Krochmalnik (Hrsg.), Jüdischer Nietzscheanismus(Berlin, 1997), 267~287쪽 참조.

54) Ronald Lehrer, Nietzsche's Presence in Freud's Life and Thought, 2쪽.

소멸(금욕, 의지의 부정)을 통해 삶에 대한 의지로부터의 구원으로 나아간 반면, 니체는 충동 형성(승화, 의지의 긍정)이라는 의미에서 도덕적 구속으로부터의 해방을 통해 같은 목적에 이르고자 했는데, 프로이트가《문화 속에서의 불만 *Das Unbehagen in der Kultur*》에서 설명한 것은 그가 이러한 관점에서 쇼펜하우어보다는 니체와 가깝다는 것을 보여준다.[56]

다음과 같은 관심사에서 니체와 프로이트의 공통점이 발견된다. 즉 양자는 모두 그리스 문화(그리스 비극, 카타르시스, 오이디푸스)에 관심을 가지고 있었으며, 영웅적 인물에 매료되었고, 괴테에게 최고의 경의를 표하였다. 또한 양자는 다윈이나 진화론, 에너지 이론, 인간학, 문명의 기원에 대한 연구, 텐의 심리학적 저작에 영향을 받았다. 그뿐만 아니라 인간 안에 있는 동물적인 속성을 이해하고자 했고, 본능과 이성, 의식과 무의식, 합리적인 것과 비합리적인 것, 가상과 실재, 표피와 심층 사이의 관계 등의 문제에 관심을 가지고 있었으며, 종교와 도덕의 기원 및 권력 관계를 이해하고자 했다. 그리고 그들은 계몽주의와 이성과 과학의 희망에서, 그리고 무의식과 비합리적인 것에 관한 낭만주의에서 영향을 받았으며, 스스로를 심층심리학자로 여겼던 것이다.[57]

---

55) 지크문트 프로이트,《정신분석 운동》, 59쪽.

56) Günter Gödde, "Nietzsches Perspektivierung des Unbewussten", 193쪽 ; Heinrich Hasse, "Das Problem der Erlösung bei Schopenhauer und Nietzsche", *Jahrbuch der Schopenhauer-Gesellschaft* 23(1936), 118쪽 이하.

57) Ronald Lehrer, *Nietzsche's Presence in Freud's Life and Thought*, 7쪽.

그러나 니체와 프로이트는 유사한 사상적 토대를 가지고 있었으나 또한 많은 점에서 차이를 드러냈다. 프로이트는 오이디푸스 콤플렉스 관념을 질병을 설명하는 데 중심적으로 활용한 반면, 니체는 허무주의의 문제를 주된 관심사로 삼았다.[58] 또한 프로이트는 신경증 이론을 바탕으로 정신분석학을 발전시킨 반면, 니체는 생리심리학의 관점으로 유럽 문화의 퇴화 현상을 분석하고 서양 도덕사의 병리학을 진단하며 유럽 문명을 건강하게 복원하려는 미래 철학의 기획으로서 삶의 건강 철학을 발전시켰다.[59] 프로이트의 정신분석학이 20세기에 새로운 인간 이해와 정신 치료에 기여한 것은 분명 지대했다. 그러나 니체의 심리학에 대한 기여는 오늘날 프로이트의 기여보다 더 주목할 만한 가치가 있고 새로운 길을 열어주고 있으며,[60] 니체는 여전히 재해석될 수 있는 많은 정신적 자양분들을 담고 있는 정신분석의 원형적인 샘물 역할을 하고 있다.

4. 니체와 융의 분석심리학

세 명의 심층심리학의 정초자, 즉 프로이트, 융, 아들러 가운데 융은

---

58) Günter Gödde, ˝Eine neue Interpretation von Freuds Verhältnis zu Nietzsche˝, 469쪽.
59) 니체의 건강 철학에 대해서는 김정현, 《니체, 생명과 치유의 철학》, 360~396쪽 참조.
60) Helm Syierlin, ˝Nietzsche als Tiefenpsychologe˝, *Nietzsche Studien*, Bd. 29(2000), 331쪽.

니체에 관한 가장 포괄적인 지식을 갖추고 있었다. "모든 것을 관통하는 그(니체)의 심리학적 판단은 내게 심리학이 수행할 수 있는 것이 무엇인지에 대한 깊은 통찰을 주었다"라는 융의 편지글이 보여주듯이, 그의 무수히 많은 사상들, 꿈, 원형, 그림자, 페르조나persona, 늙은 현자, 자아/자기, 개체화 등은 다소 변형된 형태지만 니체에게 소급될 수 있다.[61]

융은 지적 · 의료적 경력에서 니체 사상에 깊이 영향을 받았고, 자신의 저작들에서 니체를 수없이 언급하면서 니체의 사상과 대결하며 자신의 사상을 발전시켜나갔다. 그가 "현대 심리학을 위해 니체가 잘 준비한 정신병리학"에서 자신이 탄생했음을 밝히고 있듯이,[62] 그의 사상이 형성되는 데 니체가 끼친 영향은 지대한 것이었다. 프로이트가 가능한 한 니체의 영향을 감추려고 노력한 반면, 융은 위대한 '영혼의 예측자'의 의미를, 긍정적이든 부정적이든 공개적으로 논하기를 주저하지 않았다.[63]

융의 삶을 회고적으로 서술한 전기《C. G. 융의 회상, 꿈 그리고 사상Erinnerungen, Träume, Gedanken von C. G. Jung》에 따르면, 융은 니체가 바젤 대학 교수직을 은퇴한 지 16년 후인 1895년에 바젤 대학에 들어가 주로 칸트, 쇼펜하우어, 하르트만, 니체를 공부했다. 그는 '시대착오적 사람' 혹은 '자연의 장난을 받은 사람'이라는

---

61) Renate Müller-Buck, "Psychologie", 511쪽.
62) C. G. Jung, *Zwei Schriften über Analytische Psychologie*, *Gesammelte Werke*, Bd. 7(Olten · Freiburg im Breisgau, 1974), 128쪽.
63) Gerhard Wehr, *Friedrich Nietzsche als Tiefenpsychologe*, 39쪽.

그 당시 바젤에 떠돌고 있던 니체에 대한 부정적인 평가를 알고 있었으며, 두려움과 호기심이 혼재된 채 니체의《반시대적 고찰》을 읽었고, 《차라투스트라는 이렇게 말했다》를 읽고 차라투스트라를 니체의 파우스트라고 느꼈다.[64] 이때 그는 자신이 두더지가 쌓아 올린 흙더미라면, 니체는 알프스의 고봉 몽블랑에 비유될 수 있다는 인상을 받았다. 융 자신의 보고에 따르면 그는 스물세 살이던 대학 시절(1898)에 처음으로《차라투스트라는 이렇게 말했다》를 인상적으로 읽었고, 1914~1915년 겨울에는 이것을 주석을 달아가며 주의 깊게 다시 공부하면서 '자기' 개념에 관심을 가졌다.[65] 아버지가 프로테스탄트 목사였던 융은 또한 니체가 목사의 아들이었다는 것을 잘 알고 있었으며 이 사실을 후일 차라투스트라 세미나에서 계속해서 말하곤 했다.[66]

융의 친구나 인척 관계 역시 그가 평생 동안 니체에 대해 관심을 갖는 배경이 되었다. 융은 바젤 대학 교수이자 문화사가이자 니체의 동료인 야코프 부르크하르트와 김나지움 시절부터 바젤 시내에서 마주치곤 했으며, 부르크하르트의 큰조카이자 자신의 대학 동기로 평생 친구가 된 알베르트 외리Albert Oeri를 통해 부르크하르트의 견해나 니체에 관한 이야기를 전해 들으며 그의 말을 인용하곤 했다. 또한 법사학자이자 종교사가이며 니체의 바젤 대학 동료였던 바흐오

---

64) 아니엘라 야훼 엮음,《C. G. Jung의 회상, 꿈 그리고 사상》, 이부영 옮김(집문당, 2000), 122~123쪽.
65) Paul Bishop, "Jung's Annotations of Nietzsche's Works : An Analysis", *Nietzsche Studien*, Bd. 24(1995), 287~288쪽.
66) Paul Bishop, "Jung's Annotations of Nietzsche's Works : An Analysis", 310쪽.

펜은 니체와 융의 고대에 관한 관심을 연결시켜주는 중요한 역할을 했다. 니체는《비극의 탄생》을 쓰고 있을 때 바흐오펜의《무덤의 상징에 대한 시론(試論)Versuch über die Gräbersymbolik》(1859)을 읽었고, 융의 서재에도 이 책을 포함해 바흐오펜의 여러 저작들이 있었다.[67] 후일 융이 부르크휠츨리 병원에 근무할 때 그의 조교이면서 단어 연상 실험을 도운 루트비히 빈스방거는 니체가 정신병 발병 이후 치료를 받은 예나 대학 신경정신과 주임인 오토 빈스방거 교수의 조카였기에 니체에 대해 심리적 공속감과 관심을 갖고 있었으리라 생각된다. 또한 융의 아들 프란츠 융Franz Jung에 따르면 융의 부모인 요한 파울 아킬레스 융Johann Paul Achilles Jung과 에밀리 프라이스베르크 융Emilie Preiswerk Jung은 니체의 여동생 엘리자베트 푀르스터 니체와 친교를 맺고 있었으며,[68] 융 자신도 그녀에게 니체에 관해 묻곤 했다. 나아가, 융이 받아들였는지는 확인되지 않고 있지만 니체가 죽은 후 엘리자베트는 니체의 장례식 초청 명단에 융을 포함시켰다.[69] 융과 니체를 매개한 또 한 사람의 중요한 인물은 루 안드레아스 살로메였다. 융은 바이마르에서 열린 제3차 국제정신분석학회(1911)나 뮌헨에서 열린 제4차 국제정신분석학회(1913)에서 살로메를 만나 니체의 사례를 토의했으며, 1912년 1월 2일 프로이트에

---

67) Paul Bishop, "Jung's Annotations of Nietzsche's Works : An Analysis", 278쪽.
68) Paul Bishop, "Jung's Annotations of Nietzsche's Works : An Analysis", 276쪽.
69) Paul Bishop, "Jung's Annotations of Nietzsche's Works : An Analysis", 281쪽.

게 그녀와 니체의 관계를 강조하는 내용을 담은 편지를 보내 프로이트가 그녀를 정신분석학 연구 모임의 일원으로 받아들이는 계기를 제공하기도 했다.[70] 융의 인적 관계는 그의 삶 전반에 걸쳐 자연스럽게 니체와 간접적으로 연결되어 있었다.

융은 또한 낱권의 형태로 니체의 저서들을 구입해 니체 전집을 가지고 있었으며, 니체의 거의 모든 저서들을 꼼꼼하게 분석하며 읽었던 것으로 보인다.[71] 니체의 거의 전 저작에 대한 철저한 공부와 수용은 이후 융이 심리학적 유형을 분석하거나 예술가의 무의식적 창조력, 리비도의 에너지, 꿈의 분석, 자기 개념 등 수없이 많은 심리학적 개념을 정립하는 데 귀중한 발판이 되었다. 융은 《차라투스트라는 이렇게 말했다》에 나오는 에피소드의 기원에 관한 자신의 이론을

---

70) Paul Bishop, "Jung's Annotations of Nietzsche's Works : An Analysis", 278쪽.

71) 융은 클라인옥타브판Kleinoktav Ausgabe 니체 전집(1899년에서1911년 사이에 나우만과 크뢰너Alfred Kröner에 의해 편집되어 라이프치히에서 16권으로 출간됨. 이하 KA로 줄여 씀)을 가지고 있었다. 그 가운데 I~III권에는 "어둠 뒤에 빛이 : C. G. 융 박사Post Tenebras Lux : Dr. C. G. Jung"라는 문구가, IX ~XVI권에는 "부르든 부르지 않든 신은 존재할 것이다Vocatus atque non vocatus deus aderit"라는 융의 모토가 적혀 있었는데, 이 문장은 퀴스나흐트에 있는 융의 집 현관문 위에 석판으로 새겨져 평생 융의 사상적 모토가 되었다. 《즐거운 학문》(KA V)에는 1903년 엠마 라우셴바흐Emma Rauschenbach와 결혼할 때 미래의 장모 베르타 라우셴바흐Berta Rauschenbach가 "사랑하는 카를 융에게/ 1901년 크리스마스 때"라고 쓴 문구가 있었고, 《비극의 탄생》(KA I), 《인간적인 너무나 인간적인》(KA II · III), 《차라투스트라는 이렇게 말했다》(KA VI), 《선악의 저편》(KA VII) 등에는 주석을 붙이거나 줄을 긋고 표시를 한 흔적이 많이 있다. Paul Bishop, "Jung's Annotations of Nietzsche's Works : An Analysis", 272~273쪽.

검증하고자 했을 때, 엘리자베트 푀르스터 니체와 직접 교신하기를 주저하지 않았다. 그의 취리히 대학 박사 학위논문 《소위 신비한 현상의 심리학과 병리학Zur Psychologie und Pathologie sogenannter occulter Phänomene》(1902)에서 융은 어떻게 정신이 자동으로 그리고 무의식적으로 믿을 수 없을 만큼 정확하게 어마어마한 양의 정보를 불러들일 수 있는가에 대한 예를, 즉 '망각된 기억cryptomnesia'을 니체가 자신에게 제공하고 있다고 느꼈다. 그는 《차라투스트라는 이렇게 말했다》 제2부의 "크나큰 사건에 대하여"에 나오는 문장과, 본래는 1686년의 선박 측정기에 기록된 사건인, 물리학자이자 낭만주의 작가인 유스티누스 케르너Justinus Kerner가 설명할 수 없는 신비한 현상들을 모은 《프레보르스트의 보고Blätter aus Prevorst》에 나오는 어떤 사건 사이의 유사성을 지적했다. 이것은 화산 연기를 내뿜는 섬에 선원들이 도착했을 때 어떤 형체가 그림자처럼 재빨리 화산 쪽으로 사라지는 현상에 대한 경험적 보고인데, 니체의 《차라투스트라는 이렇게 말했다》에 바로 이 장면이 그대로 재현되어 있으며, 여기에서 니체는 차라투스트라와 불개를 등장시켜 이 대지의 질병 가운데 하나가 바로 인간이며, 또 하나의 질병이 불개라는 유명한 말을 한다. 인간의 그림자를 상징하는 불개를 통해 니체는 인간의 거짓된 심연의 이면을 드러내고자 한 것이다. 융은 니체가 이 사건에 대한 보고를 읽고 몇 년 후 자신도 모르게 이것을 문학적 형식을 통해 재생산했다고 주장하였다. 그는 이러한 동시성 현상을 어떻게 설명할 수 있는가에 관심을 갖고 니체의 여동생인 엘리자베트 푀르스터 니체에게 접근한 것이다.[72] 그는 1905년에 처음 출간한 논문 〈망각된 기억Kryptomnesie〉에서 이미 의식과 무의식의 관계를 주제화하는데, 여기에서 무의식이란 영혼의 본래적 창조력이며 의식은 그 꼭두각시라고 말하고 있다. 망각된 기억의 예로서 그는 그 이전에 알고 있는 것을 의식하지 못하고 새로운 어떤 것으로 여기는 망각의 재생산을 해석하며, 《차라투스트라는 이렇게 말했다》에서 망각된 기억의 사례를 발굴해낸다.

융은 니체를 기반으로 하여 프로이트와 대결을 한다. 그는 프로이트와 우정을 나누던 시기, 즉 그의 생애의 가장 중요한 시기에 니체를 가로질러, 프로이트의 정신분석에서 탈피하는 하나의 수단으로서 니체를 이용했다.[73] 리비도의 퇴행Regression 문제에 대해 비프로이트적인 해석을 하는 그의 저작 《리비도의 변화와 상징*Wandlungen und Symbole der Libido*》(1911~1912)을 보면, 프로이트가 퇴행을 유아기로 되돌아가는 것으로 보는 데 반해서 융은 (분열증의 경우에서처럼) 리비도의 퇴행을 보다 나은 도약을 위한 후퇴를 대변하는 것으로 생각하고 있다. 프로이트가 아들이 어머니에게 매력을 느끼는 것은 생물학적·육체적 욕구의 표현이며 리비도는 본래 성적인 것이라고 본 반면, 융은 근친상간의 금지를 집단적·심리적 어머니에게 되돌아가는 것에 대한 위험 경고로, 근친상간 모티브를 상징적·정신적 욕구의 표현으로 보았기에 리비도를 심리적 에너지로 규정한

---

72) Paul Bishop, "Jung's Annotations of Nietzsche's Works : An Analysis", 280쪽.

73) Paul Bishop, "Jung's Annotations of Nietzsche's Works : An Analysis", 313쪽.

것이다. 융은 이 책에서 니체를 스물두 번 넘게 인용하며 리비도와 퇴행의 문제를 논했다.[74]

프로이트와 결별한 1913년은 융이 니체와 실질적인 '논쟁'을 하던 시기였다. 1913년 9월 뮌헨에서 국제정신분석학회가 열렸을 때 융은 〈심리학적 유형의 물음에 대하여Zur Frage der psychologischen Typen〉라는 논문을 발표했는데, 여기에는 아폴론-디오니소스의 이율배반에 대한 논의와 비극의 탄생에 대한 특별한 언급이 포함되어 있었다. 그는 디오니소스적인 것을 자아 밖의 세계로 리비도를 투자하는 것 혹은 "그 자신으로부터 해방된 대상의 다양성에 대한 갈망"으로 정의했고, 《비극의 탄생》에서 니체가 문제시하는 개체화 원리의 파괴를 자아가 대상의 다양성 속에서 스스로 용해되는 것, 즉 "구속되지 않는 리비도가 대상으로 흘러가는 것"으로 해석했다.[75] 니체의 디오니소스적인 것의 개념을 융은 리비도의 경제학으로 바꾸어 분석심리학적인 개념으로 해석한 것이다. 이는 대상과 인간의 심리 내적인 에너지의 상관관계, 즉 심리적 에너지의 투자와 분배, 억압과 활성화의 문제로 현대 문명을 비판하는 들뢰즈와 가타리Felix Guattari의 정신분석학적 작업을 앞서는 것이었다. 인간의 삶의 세계와 근대 문명의 위기 속에서 고통스러워하는 인간의 모습을 디오니소스적인 것과 아폴론적인 것의 두 개념 축을 통해 해결하고자 하는 니체의 시

---

74) Paul Bishop, "Jung's Annotations of Nietzsche's Works : An Analysis", 282쪽.
75) Paul Bishop, "Jung's Annotations of Nietzsche's Works : An Analysis", 287쪽.

도 안에는 개체화의 고통과 리비도 에너지의 흐름, 즉 억압이나 투사, 분배와 변형 등 심리적 에너지의 소통으로 자아와 세계의 관계를 해명하려는 심리학적 내용이 담겨 있다. 이러한 의미에서 니체의 《비극의 탄생》은 융에게 심리학적 통찰과 연구를 제공하는 훌륭한 텍스트였던 것이다.

1921년 두 번째 주저인《심리학적 유형*Psychologische Typen*》에서도 융은 전체 내용을 니체의 아폴론적인 것과 디오니소스적인 것에 대한 언급에 바치고 있다. 그는《비극의 탄생》을 실러의《인류의 미적 교육에 관한 편지*Briefe über die ästhetische Erziehung der Menschheit*》, 괴테의《파우스트》, 쇼펜하우어의 철학으로 읽으며,[76] 이를 바탕으로 인간의 성격 유형을 구분했다. 그는 사고Denken와 감정 Fühlen이라는 개념 쌍에 직관Intuition과 감각Empfindung의 새로운 개념을 추가하여 인간의 성격을 구분했다. 이때 '직관'과 '감각' 은 니체의 아폴론적인 것과 디오니소스적인 것에 연관된다. 아폴론적인 것이 내적 지각이며 이념 세계의 직관이라면, 디오니소스적 감정은 정서적 감각의, 철저히 원시적 성격을 지닌 것이다. 그는 니체의 아폴론적인 것과 디오니소스적인 것을 이용해 인간의 성격 유형을 사고형, 감정형, 직관형, 감각형 등 심리학적으로 구분하는 작업을 한 것이다.

융의 예술가의 역할에 대한 견해가 나타나 있는 두 개의 논문 〈분

---

76) Paul Bishop, "Jung's Annotations of Nietzsche's Works : An Analysis", 292쪽.

석심리학과 문학 작품의 관계에 대하여Über die Beziehungen der Analytischen Psychologie zum dichterischen Kunstwerk〉(1922) 와 〈심리학과 문학Psychologie und Dichtung〉(1930)에서도 니체의 아폴론적인 것과 디오니소스적인 것에 대한 근본적 대립이 다루어지면서 이 이론적 골조가 융의 예술적 위상학에 설치된다. 특히 후자의 논문에서 융은 자신의 예술 이론의 두 가지 측면, 예술가의 본원적 비전과 상상력의 원형적 본성을 니체와 연관시키고 있다. 그는 니체가 《비극의 탄생》에서 디오니소스적인 것을 설명하기 위해 사용한 '원비전Urvision', '원체험Urerlebnis' 혹은 원시적 체험을 기초로 모든 예술 작품의 기원을 설명하고 있다.[77] 니체는 《비극의 탄생》에서 영원히 창조적인 것은 영원히 스스로 만족하는 근원적 어머니와 연관되어 있다고 말한다.[78] 창조의 문제는 디오니소스적인 것, 생성 혹은 여성적인 것, 감정의 영역과 밀접하게 연관되어 있다는 니체의 통찰이 융의 예술관에 반영된 것이다. 융은 니체와 마찬가지로 창조적 과정이 일어나는 무의식의 근원을 여성적 용어인 '창조적 어머니'라고 특징지으며, 창조적인 것의 심리학은 본래 '여성 심리학'이라고 말한다. 왜냐하면 창조적 작품은 무의식적 심층에서 솟아오르며, 본래 어머니들의 영역에서 나오기 때문이다.[79]

---

77) Paul Bishop, "Jung's Annotations of Nietzsche's Works : An Analysis", 294쪽.
78) 프리드리히 니체, 《비극의 탄생·반시대적 고찰》, 126~127쪽.
79) C. G. Jung, *Über das Phänomen des Geistes in Kunst und Wissenschaft*, *Gesammelte Werke*, Bd. 15(Olten·Freiburg im Breisgau, 1979), 118쪽.

융이 본격적으로 《차라투스트라는 이렇게 말했다》를 하나의 심리학 연구의 보고로 간주하고 이를 학문적 대상으로 다루기 시작한 것은 59세가 되던 1934년 취리히 심리학 클럽에서였다. 그는 1934년에서 1939년까지 매주 수요일 아침에 영어로 《차라투스트라는 이렇게 말했다》에 대한 세미나를 진행했다.[80] 그는 니체의 이 책이 현대 영혼의 허무주의적 위기를 다룬 집단 심리 드라마이자 개인의 심리 드라마를 반영하고 있다고 보았다.[81] 그는 이 책이 우리 시대의 집단 무의식의 내용을 조명하고 있을 뿐만 아니라 개인의 무의식의 심리적 내용과 그 발달 과정을 연구할 수 있는 보고(寶庫)가 되어준다고 평가한 것이다. 이러한 융의 작업은 엘렌버거에 의해, 니체의 유명한 저작에 지금까지 시도된 바 있는 "가장 근본적인 주석"이라는 평가를 받기도 했다.[82]

융은 《차라투스트라는 이렇게 말했다》에 서양인의 집단 심리뿐만 아니라 인간의 심리적 원형Archetypus이 묘사되어 있다고 보며, 니체의 '자기' 찾기의 철학적 작업에서 '개성화Individuation', '자기화Verselbstung', '자기실현Selbstverwirklichung'의 개념을 추출해 심리학의 궁극적 목적을 자기실현의 기술로 규정한다.[83] 그는 '자

---

80) 융의 니체 읽기 작업의 구체적인 과정에 대해서는 김정현, 《니체, 생명과 치유의 철학》, 255~258쪽 참조.

81) Peggy Nill, "Die Versuchung der Psyche", *Nietzsche Studien*, Bd. 17(1988), 260쪽.

82) Renate Müller-Buck, "Psychologie", 511쪽.

83) 니체의 《차라투스트라는 이렇게 말했다》에 대한 융의 구체적인 해석에 대해서는 김정현, 《니체, 생명과 치유의 철학》, 259~287쪽 참조.

아Ich'와 '자기Selbst'를 구분하는 니체를 따라서 의식의 주체로서의 '자아'와 무의식적 심혼의 주체이자 의식과 무의식을 포괄하는 전체 정신으로서의 '자기'를 구분한다. 그는 더 나아가, 일상의 가면적 모습인 페르조나가 우리 안에 있다는 사실을 인식하고 '인간 인성의 어두운 측면'과 동일시되는 '열등한 기능'으로서의 그림자와 만나는 것이 자기 대면이나 자기 인식의 길이라고 역설한다. 자기 자신과의 만남은 자신의 그림자, 즉 집착, 방탕, 탐욕, 질투심, 이기심과 같은 인간의 본성 안에 있는 부정적인 원형상과의 만남에서 시작되기 때문이다. 융은 《차라투스트라는 이렇게 말했다》에 나오는 줄 위에서 춤추는 인간은 우리 자신의 심연 위에 걸린 줄 위에서 춤을 춤으로써 자신의 그림자를 통합하려는 시도를 하고 있으며, 극복인과 집단적인 인간 사이의 연결, 즉 개성화를 시도하고 있다고 해석한다. 하늘을 날고 있는 독수리와 뱀은 정오의 심연에 열린 그림자 없는 자기 자신에 대한 자각의 상징이다. 그는 태양, 독수리, 뱀, 바다, 샘, 번개, 황금빛 알, 소나무 등 다양한 상징적 언어를 구사하며 자기를 깨닫는 심리적 과정을 묘사하는 니체의 철학적 작업을 명료한 심리적 언어로 다시 그려낸다. 그는 또한 이 책에 나오는 상승과 몰락의 과정을 '대극의 반전enantiodromia'이라는 헤라클레이토스적 용어로 설명하며, 이를 정신과 본능, 의식과 무의식, 낮과 밤의 대극이 통합되며 동시에 새로운 의식의 차원으로 전환되는 자각의 언어로 읽어낸다. 융은 니체의 바다를 전체 인격이 실현되는 개성화의 과정이자 생명의 실현 과정으로, 번개를 삶과 죽음, 선과 악, 밝음과 어둠, 아름다움과 추함의 이항 대립적 인식의 경계에 내리치는 진리의 전압으로 보며, 이것을 통해 우리는 비로소 지혜의 암사자가 될 수 있다고 해석한다. 융이 니체에 의존해 해석하는 자기실현의 과정이란 곧 의식과 무의식이 통합된 전체적 인격으로서의 진정한 자기를 찾는 과정인 것이다. 융에게 《차라투스트라는 이렇게 말했다》는 진정한 '자기'를 찾는 과정이나 정신적 자각의 지혜, 혹은 인간의 심리적 원형을 그리고 있는 근본 텍스트였던 것이다.

융이 많은 노력을 기울이며 정밀하게 분석했지만 자신의 저작에서 거의 언급하지 않은 니체의 두 저작, 즉 《선악의 저편》이나 《도덕의 계보》는 심리학의 방법론이나 접근의 측면에서 융의 작업에 많은 영향을 준 것으로 보인다. 융의 심리학적 기획 전체는 니체의 《선악의 저편》의 47절에서 제기된 니체의 물음 "의지의 부정이란 어떻게 가능한가?—성자는 어떻게 가능한가?"에 대한 답변으로 읽힐 수 있다. 성애적 리비도를 통해 인간 삶의 심리 세계를 해명하고자 한 프로이트와는 달리 신화나 상징적 세계 속에서 인간 심혼 세계의 원형을 찾고자 한 융은 "누미노제Numinose라는 성스러움의 세계가 어떻게 가능한가?"라는 물음을 평생 화두로 삼고 살았는데, 이는 니체가 던진 질문이었다. 그는 누미노제를 체험함으로써 인간의 근본적인 치유가 가능하다고 생각했던 것이다.[84] 이는 또한 니체가 질문을 던진 선악의 절대적 대립의 문제와도 연관이 있는데, 그는 선악의 대립과 성스러움의 세계, 이 양자의 근본적인 관계를 파고든 것이다.

그러나 융은 니체의 '힘에의 의지'는 받아들일 수 없는 원리라고

---

84) 게르하르트 베어, 《카를 융—생애와 학문》, 한미희 옮김(까치, 1998), 192쪽.

단호히 거절했다.[85] 힘에의 의지를 삶의 근본 원리로 해석한 아들러와는 달리 융은 이것이 프로이트의 성 리비도처럼 환원될 수 있다고 보았다. 러시아 심리학자이자 철학자인 니콜라스 폰 그로트Nicolas von Grot나 독일의 철학자이자 미학자인 테오도어 리프스Theodor Lipps와 같은 동시대인을 통해 실러의《인류의 미적 교육에 관한 편지》까지 추적해 들어가는 융의 '심리적 에너지' 이론은 프로이트의 리비도 규정이나 니체의 힘에의 의지를 제거한 것이었다.[86] 융의 사상에서는 약함과 강함, 퇴행과 발전이 (모든 대립물이 통합되는 것처럼) 어쩔 수 없이 짝이 되어 있고 이를 통해 심리적 과정이 진행될 수 있으며, 따라서 그는 오직 강함이나 발전, 성장만을 추구하는 힘에의 의지 사상을 거부한 것이다.[87] 니체의 유고 전체를 제대로 볼 수 없었고 또한 니체 사상의 전모를 니체의 글 전체를 통해 이해할 수 있는 통로가 막혀 있었던 융에게는 니체의 힘에의 의지가 자아 심리의 문제를 해명하는 적합한 개념적 길을 제시해주지 못하는 원리로 보였던 것이다. 융의 니체 독해는 힘에의 의지에 대한 오해가 있음에도 불구하고 니체의 텍스트를 심층적으로 이해할 수 있는 길을 제시했

---

85) Paul Bishop, "Jung's Annotations of Nietzsche's Works : An Analysis", 308쪽.

86) Paul Bishop, "Jung's Annotations of Nietzsche's Works : An Analysis", 309쪽.

87) 파크스에 따르면 융은 니체가 받아들인 쇼펜하우어의 우주적인 의지에 대한 언급을 망각한 것처럼 보이며, 힘에의 의지를 단순히 "자아에 대한 힘"으로 오해하고 있다. Graham Parkes, "Nietzsche and Jung : Ambivalent Appreciation", J. Golomb · W. Santaniello · R. Lehrer (eds.), *Nietzsche and Depth Psychology* (Albany : State University of New York, 1999), 211쪽.

을 뿐만 아니라, 그 자신의 분석심리학이 탄생하는 길을 열어놓았다. 융이 니체와 대면하며 얻은 최대의 심리학적 성과는 바로 '자기' 개념의 해명이며, 전인격적 자기실현으로서 자기 치유의 가능성을 열어놓은 것이다.

5. 니체와 아들러의 개인심리학

우리가 일상적으로 많이 사용하고 있는 '열등감'이라는 용어의 창시자로 잘 알려져 있는 개인심리학의 창시자 아들러는 프로이트나 융과 마찬가지로 니체에게 큰 영향을 받았다. 그러나 아들러는 융과는 반대로 니체의 힘에의 의지 개념에 의존하여 자신의 심리학 이론을 정초했다. 아들러에게 힘에의 의지는 남성적 저항, 우월감, 열등감, 공격욕, 공동체 감정, 권력욕 등 다양한 삶의 근본 감정을 해석하는 중요한 열쇠가 되었다. 프로이트가 힘에의 의지, 극복인, 모든 가치의 가치 전도, 영원회귀, 양심, 문화 등 다양한 니체의 철학적 주제들을 변형시켰고, 융이 극복인, 자기 찾기, 상징, 꿈, 예술 등의 문제를 심리학적으로 변주해 해석했다면, 아들러는 주로 니체의 힘에의 의지와 권력욕의 문제를 연결시키면서 삶의 문제를 해결하는 자신의 심리학적 치료에 이용하였다. 융과 더불어 프로이트 학파의 중심적인 두 축 가운데 한 사람이었던 아들러는 프로이트의 성욕의 원시적 충동에 대한 탐구에서 벗어나 권력의 원시적이고 이기적인 충동을 연구하며, 이를 신경증 치료에 이용했던 것이다. 개인심리학자 라트너Josef Rattner에 따르면 "아들러의 신경증과 신경증적인 성격 특성에 관한 이론은 정신적으로 병든 인간의 의식적이거나 무의식적인 삶의 유지에 문자 그대로 니체의 권력심리학Machtpsychologie을 적용한 것"이었다.[88] 니체의 힘에의 의지 사상의 한 변주 형태인 권력심리학은 권력과 종교의 관계, 양심과 공격성의 관계, 성직자의 심리를 분석하는 데 유용한 심리계보학적 방법론을 제공해주었는데, 아들러에게서 이것은 인간의 우월감이나 열등감에서 비롯되는 신경증을 분석하는 개념적 도구가 된 것이다.

우리는 먼저 아들러가 어떻게 프로이트 사상을 받아들이고 또 그로부터 다시 니체로 사상적 전회를 하는지, 아들러가 받아들인 니체의 사상적 내용이 어떻게 신경증 치료라는 개인심리학의 이론적 도구가 되는지를 차례로 살펴볼 것이다. 아들러는 한때 쇼펜하우어로부터 마르크스와 마흐Ernst Mach를 통해 프로이트에 이르는 직접적인 노선을 발견하고자 노력했다. 의사로서 일반 의학 방면에서 정신병리를 연구하던 그는 1902년 프로이트와 밀접한 관계를 형성하면서 그의 권유로 '심리학 수요 모임Psychologische Mittwoch-Vereinigung'에 참여하기 시작했으며, 1910년에는 《정신분석 중앙회지 Zentralblatt für Psychoanalyse》의 편집을 맡기도 했다. 그러나 그는 처음부터 프로이트와 많은 점에서 견해를 달리하고 있었다. 1907년에 발표된 저서 《기관의 열등성에 관한 연구Studie über die Minder-

---

88) Josef Rattner, "Friedrich Nietzsche", Josef Rattner (Hrsg.), *Vorläufer der Tiefenpsychologie*(Wien · München · Zürich, 1983), 170쪽.

wertigkeit von Organen》에서 그는 사람은 신체적 기관의 열등감을 극복하려고 노력하는데, 그에 대한 만족스럽지 못한 보상은 신경증 및 정신적 장애를 가져올 수 있다고 주장했다. 이는 유아기의 성욕의 기제와 억압의 과정에서 신경증이 발생할 수 있다는 프로이트의 욕동설의 가정을 근본적으로 부정하는 것이었다.

1908년에 아들러는 공격욕이 원초적 본능이며, 다른 모든 본능들은 이 본능에 종속되어 있다는 견해를 피력했는데, 이러한 견해는 그의 니체 독해에서 비롯된 것이었다. 그는 1908년 4월 1일 빈 정신분석학회의 모임에서 니체의《도덕의 계보》에 관심을 갖게 되었고, 이 모임에서 우리에게 남겨진 모든 위대한 철학자들 가운데 니체는 우리 사유 방식에 가장 가깝다고 선언했다. 이것은 니체 사상이 곧 정신분석적 사유 방식에 가깝다는 공개적 선언이었다. 그는 또한 니체의 저작 거의 모든 부분에서 정신 치료 때 환자의 마음 안에 흐르는 것을 연상시키는 내용을 찾아내게 된다고 말한다. 니체의 저작은 정신 치료 연구의 근본 텍스트로 활용될 수 있는 많은 내용을 담고 있다는 것이다. 아들러가 이 당시 니체를 마음에 두고 있었다는 것은 잘츠부르크에서 1908년 4월 26일과 6월 3일에 발표한 논문 〈삶과 신경증 속에 있는 공격욕Der Aggresionstrieb im Leben und in der Neurose〉에 잘 나타나 있다. 6월의 발표에 대해 프로이트는 아들러의 본능적 삶에 대한 기술은 가치 있는 많은 것과 올바른 지적, 관찰을 담고 있다고 말하며, 아들러가 공격욕이라고 부른 것이 자신이 말하는 리비도라고 해석했다. 또한 프로이트는 불안이란 변형된 공격욕이 주체로 전환되는 한 국면이라고 아들러의 입장을 정리했으며,

더 나아가 아들러가 공격욕과 사디즘——사디즘이란 고통 받는 것을 포함하는 공격욕의 특별한 형태임——을 한 덩어리로 만들고 있다고 비판했다. 이에 대해 아들러는 사디즘과 마조히즘이란 성욕과 공격성이 결합된 복합 현상이며 공격성이 항상 잔인성을 필요로 하는 것은 아니라고 응수했다.[89] 프로이트는 아들러를 자신의 정신분석의 틀 안에서 이해하려고 노력했으나, 이미 아들러의 견해 속에는 프로이트를 벗어나는 니체적인 요소가 깊게 잠복해 있었던 것이다. 공격욕이 주체로 전환되는 한 국면이 불안이라는 견해는 분명 니체의 《도덕의 계보》의 아들러적인 변주였다. "밖으로 발산되지 않는 모든 본능은 안으로 향하게 된다"[90]라는 명제를 통해 인간의 내면화를 설명하는 니체의 사상이 아들러에게서는 불안증을 설명하는 심리학적 도구가 된 것이다.

　루 안드레아스 살로메는 아들러를 포함한 초기 분석가와 니체를 연결하는 다른 고리였다. 살로메는 후에 《정신분석의 역사와 실제 *The History and Practice of Psychoanalysis*》를 쓴 스웨덴의 의사 폴 비에르Poul Bjerre와 함께 1911년 바이마르에서 열린 제3회 국제 정신분석학회에 참석하여 프로이트를 만났고 그 이후 프로이트와 사상적 관계를 맺게 되었다. 그녀는 1912년 가을 오스트리아의 빈에 갔을 때 프로이트의 그룹뿐만 아니라 아들러의 그룹도 만났으며, 1913년 8월 12일에는 아들러에게 다음과 같은 내용의 편지를 보내

---

89) Ronald Lehrer, "Adler and Nietzsche", 230쪽.
90) 프리드리히 니체, 《선악의 저편 · 도덕의 계보》, 431쪽.

기도 했다. 즉 아들러의 권력욕이나 남성적 저항 개념은 열등감에 기초해 있는데, 자신은 "기관으로부터 파생되는 열등감이 심혼의 근본 감정"이라는 데 동의하지 않는다는 내용이었다.[91] 아들러는 프로이트의 욕동 개념이 지나치게 직설적이고 생물학적이라고 비판하며, 이미 1911년에 일곱 명의 다른 멤버들과 이의서를 제출하고 프로이트 모임에서 탈퇴했는데, 살로메의 반응은 그가 프로이트와 결별한 이후 나온 것이었다. 프로이트에 따르면, "정신분석학은 심리학적 기술에 의해 특정 형태의 신경질환(신경증)을 치료하는 것을 목표로 하는 의료 방법"[92]인데, 아들러의 이론은 "인간의 신경증적인 질환과 정신질환뿐 아니라 인간 존재의 행동과 성격까지 한꺼번에 설명하고자 한다".[93] 그러나 아들러는 프로이트의 성충동설이 정신생활의 기본 요소로서 신경증 환자나 정상적인 사람 모두에게 적용되고 있다고 비판하며, 그러한 요소는 개인적인 갈등 속에서 빚어진 소재일 뿐 결코 절대적인 것이 아니라고 주장했다.[94] 즉 그는 유아 초기의 성적 갈등이 정신질환을 유발할 수 있다는 프로이트의 학설에 동의하지 않았으며, 성의 역할은 인간이 무력감을 극복하는 데 상징적인 역할을 할 뿐이라고 보았던 것이다. 그는 남성 지배적 문화, 즉 권력의 요인이 인간 심리에 커다란 영향을 미치며 열등감을 과잉 보상하려고 함으로써 개인들이 신경증에 걸리는 경향이 있다고 보았는

91) Ronald Lehrer, "Adler and Nietzsche", 234쪽.
92) 지크문트 프로이트, 《정신분석 운동》, 9쪽.
93) 지크문트 프로이트, 《정신분석 운동》, 108쪽.
94) A. 아들러 · H. 오글러, 《아들러 심리학 해설》, 설영환 옮김(선영사, 1992), 15쪽.

데, 살로메는 여성에게 남성 기관이 결여되어서, 즉 신체적 결함으로 인해 열등감이 발생하며 이것이 바로 심혼의 기본 감정이라는 아들러의 전제에 동의할 수 없었던 것이다.

그러나 아들러가 신경증 치료에서 관심을 가진 것은 과거의 문제가 아니라 미래의 가치였다. 삶의 문제에서 과거가 중요한 역할을 하지만 그보다 중요한 것은 현재와 미래의 가치이며, 따라서 삶의 해석에서 생애사의 미래적 가치가 중요한 것이었다.[95] 아들러는 니체와 마찬가지로 미래의 중요성과 최선의 성장이나 발달, 기능을 위한 목표 등을 강조했다. 그는 신경증을 분석하며 신경증적인 사람은 삶의 도전에 직면하고자 하지 않고 오히려 그것으로부터 도피하고자 하는 경향이 있다는 사실을 알았다.[96] 니체가 쾌-불쾌, 선-악, 이성-본능, 이기적-비이기적, 참-거짓 등과 같은 이항 대립적 개념 축을 비판했다면, 아들러는 신경증적인 가상적 세계는 열등감-우월감, 패배-승리, 남성-여성과 같은 대립 개념의 짝의 주변에 구조화되어 있다는 것을 제시했다. 즉 아들러는 신경증 환자가 자신의 과거로부터 고통을 당하고 있는 것이 아니라, 그 고통을 창조하고 있다는 사실을 처음으로 논증한 것이다.[97] 이것은 환자가 스스로 겪은 과거의 실제적 사건이나 체험적 사실로 인해 현재 고통을 당하는 것인가, 아니면 현

---

95) 과거의 인식과 현재적 해석의 문제, 개인의 생애사와 삶의 해석의 문제, 역사 해석과 정신분석학적 삶의 해석의 유비적 관계에 대한 논의로는 김정현, 《니체, 생명과 치유의 철학》, 제2부 제5장 〈니체의 역사치료학〉을 참조.
96) Ronald Lehrer, "Adler and Nietzsche", 236쪽.
97) Ronald Lehrer, "Adler and Nietzsche", 237쪽.

재의 고통스러운 상황으로 인해 과거의 힘든 기억을 현재 상황의 원인으로 돌리고 그 상황이 과거에 기인한다고 보는 것인가에 관한 정신분석적 설명의 인과성 논제와 연관되는 중요한 테제였다.

프로이트 학파와의 유대를 끊고 아들러는 개인심리학의 이론적 기초가 되는 《신경증적 성격에 대하여Über den nervösen Charakter》 (1912)를 쓰고, 후에는 개인심리학의 인간학적 내용을 상세하게 설명한 《인간 인식Menschenkenntnis》(1927)을 쓴다. 아들러는 정신분석으로부터 점차 멀어져 성욕 일반의 의미를 버렸고, 성격 형성과 신경증 형성을 오로지 인간의 권력욕과 체질적 열등감의 보상 욕구의 탓으로 돌렸다.[98] 아마도 니체와 아들러의 1912년 책 사이의 가장 유명한 고리는 니체의 "힘에의 의지"라는 용어에 대한 아들러의 소개일 것이다. 아들러는 이미 1910년에 독일 뉘른베르크 회의에서 발표한 〈신경증과 일상생활에서의 심리적 자웅동체Der psychische Hermaphroditismus im Leben und in der Neurose〉라는 논문에서 '남성 저항'이라는 용어를 도입했는데, 이는 니체의 힘에의 의지를 해석한 것이었다. 프로이트의 설명에 따르면 그가 해석한 "'힘에의 의지'는 '남성 저항'이라는 형식으로 삶의 영위, 성격 형성, 그리고 신경증에서 지배적인 역할을 한다".[99] 아들러는 이 용어를 남성 저항, 즉 자신의 '남성적인 것'을 주장하고자 하는 욕구나 인간 심혼의 (두려움을 느끼는) '여성적' 요소와 연결된 열등감을 넘어서고자 하는 능

---

98) 알프레트 셰프, 《프로이트와 현대 철학》, 71~72쪽.
99) 지크문트 프로이트, 《정신분석 운동》, 113쪽.

동적인 본성이라는 생각과 연결시켰다. 그는 "니체의 '힘에의 의지'는 우리의 이해 가운데 많은 것을 포함하고 있다"고 진술하며 기꺼이 니체의 용어를 사용했다. 1913년 아들러는 니체를 심리 치료라는 "우리의 기술에서 치솟아 오르는 기둥 가운데 한 사람"이라고 묘사했다.[100]

3년 뒤 아들러가 "개인심리학의 견해는 권력욕의 무조건적 환원과 사회적 관심(공동체 감정Gemeinschaftsgefühl)의 발달을 요구한다"고 말했을 때, 아들러가 프로이트로부터 이탈했듯이 프뢰셀Froeschel, 슈레커Schrecker 등과 같은 니체 사상을 수용한 아들러 그룹 구성원들이 아들러가 자신의 강조점을 이동시킨 것을 거부하고 그룹을 떠나는 사건이 일어났다. 그러나 아들러는 니체를 거부한 것이 아니라, 단지 강조점을 바꾼 것이었다. 권력욕은 인간 본성에 뿌리박고 있지만 열등감에 의해 일깨워지며, 인정받으려는 욕구나 주위의 관심을 끌어내려는 시도 속에 반영되어 부적절하게도 유아기에 시작된다. 말년에 아들러는 권력욕을 '삶의 구조'나 '발전 과정'과 연관된 두 가지 근본적인 권력과 연결했는데, 그 하나는 사회적 관계성, 공동체 감정을 함축하고 있으며, 아마도 더 오래된 또 다른 권력은 외부 세계와 접촉하며 이를 넘어서고 승리하기 위해 발달된 극복의 욕구였다.[101] 아들러의 관심이 개인의 심리 분석으로부터 사회적 감정 혹은 공동체 감정으로 옮겨 간 것은 사실이지만, 그가 자신의

---

100) Ronald Lehrer, "Adler and Nietzsche", 238쪽.
101) Ronald Lehrer, "Adler and Nietzsche", 238쪽.

이론적 기반인 니체를 떠난 것은 아니었다. 개인은 사회적 맥락 안에서 이해되어야 하며, 인간은 근본적인 극복의 욕구에 의해 자기를 능동적으로 창조할 수 있는 존재라고 본다는 점에서 그는 여전히 니체에게 머물러 있었던 것이다. 니체에게 있어서 인간이란 극복되어야만 하는 존재, 즉 스스로 완성을 향해 끊임없이 노력해야 하는 불완전한 존재라면, 아들러에게 있어서 인간이 된다는 것은 끊임없이 열등감을 극복한다는 것을 의미했다. 인간의 근본 충동이 힘에의 의지라는 니체의 후기 견해를 아들러는 우월성을 근본적으로 추구하는 인간의 성향으로 재해석했다. 또한 니체와 마찬가지로 아들러에게 있어서도 인간은 단지 수동적으로 외부 환경에 적응하는 존재가 아니라, 자신의 환경을 변형시킬 수 있는 능동적이고 창조적인 존재다. 아들러가 정립한 우월 욕구라는 개념은 최초의 삶마저 특징지은 극복의 욕구에 기반을 두는 것으로, 그는 자신의 환경을 극복하는 인간을 하나의 '예술적 존재an artistic creation'라고 규정했다. 이는 인간을 자기 자신을 넘어서면서 자기규정을 하고자 하는 존재, 자신의 삶을 극복하면서 그 과정에서 자신의 삶을 하나의 예술 작품으로 만들어가는 예술적 창조자로 보는 니체의 인간학이나 예술관을 반추한 것이다.

그러나 니체와 아들러 사이에는 중요한 차이점이 있다. 아들러는 인간의 자기 극복을 '공동체 감정'과 동일시하며 사회적 관심을 중요하게 생각하는 데 반해, 급진적 개인주의자로서 니체는 한편으로는 '무리 본능'을 경멸하며 다른 한편으로는 사회 안에서의 개인의 자기완성을 강조한다. 그러나 또한 이들에게는 많은 공통적인 정신적 지반과 영향 관계가 있다. 특히 삶에 대한 오류는 삶에 필연적이며, 자기기만이란 개인에게 필연적이라고 가정하는 니체의 사상은 신경증 환자에게 있는 '주요한 허구'에 대한 아들러의 생각을 앞서고 있다.[102] 아들러는 삶의 문제를 권력욕의 문제로 환원하며 신경증 환자의 심리 상태를 니체에 의존해 해석했다. 그는 다른 사람에게 힘을 행사하는 더 극단적인 형태는 적절한 사회 감정이나 생산적이거나 구성적인 형태의 힘 혹은 지배의 결여에 근원이 있다고 암시했다. 적절한 사회적 감정이나 생산적인 힘이 없을 때 인간은 다른 사람을 공격하거나 지배하고자 하는 권력을 사용한다는 것이다. 니체는 사람들이 나약한 사회적 감정 혹은 공동체 감정 때문에 다른 사람에게 더 원시적인 형태의 힘을 행사한다는 것을 암시하지 않았다. 그러나 그는 사람들이 다른 사람에게 은혜를 베풀거나 손해를 입히면서 다른 사람에게 힘을 행사하며, 근본적인 의미의 힘의 결여 때문에 다른 사람에게 손해를 입히는 형태로 힘을 행사할 수 있다는 사실을 깨닫고 있었다. "기쁨을 주거나 고통을 줌으로써 우리는 타인에 대한 자신의 권력을 행사한다. 〈……〉 우리가 권력을 가할 때의 상태는 〈……〉 우리에게 아직 권력이 결여되어 있다는 것을 보여주거나 이 결여에 진력났다는 것을 드러낸다."[103] 아들러는 약하거나 마조히즘적인 개인이 자신을 영예롭게 만들고 다른 사람들을 손상하고 정복하는 데 있어 자신의 무력감이나 자기 증오를 이용하는 방식을 포함하여 권

---

102) Henry F. Ellenberger, *Die Entdeckung des Unbewußten*, 384쪽.
103) 프리드리히 니체, 《즐거운 학문 · 메시나에서의 전원시 · 유고(1881년 봄~1882년 여름)》, 83~84쪽.

력욕의 다양한 표현을 이해하기 위해 니체를 끌어들였다.[104] 아들러는 니체의 힘에의 의지를 권력욕으로 환원해 열등감이나 우월감, 사디즘과 마조히즘, 사회적 관심과 자기중심적 관심 등 신경증 환자의 심리를 분석하고 정신 치료를 하고자 했다. 이런 측면에서 크룩섕크 F. G. Crookshank는 "아들러는 프로이트보다 니체에게 한없이 더 가깝다"고 말한다.[105]

니체는 일반적으로 프로이트나 융, 아들러 등이 개척한 현대 심층 심리학이 탄생하는 데 중요한 기여를 했으며, 또한 실존적 정신 치료 전통의 중요한 기원이자 자원으로도 알려져 있다. 그러나 이 전통과 많은 것을 공유하는 작업을 한 로저스Carl Rogers나 매슬로Abraham Maslow와 마찬가지로 메리Rollo Mary나 프랑클Viktor Frankl 같은 인물들에게 아들러가 영향을 끼쳤다는 것은 일반적으로 잘 알려져 있지 않다.[106] 니체는 아들러를 통해 간접적으로 의미 치료(로고테라피Logotherapy)의 창시자인 프랑클에게 영향을 준 것으로 보인다.

---

104) Ronald Lehrer, "Adler and Nietzsche", 239쪽.
105) F. G. Crookshank, "Individual Psychology and Nietzsche", *Individual Psychology Pamphlets*, No. 10(London : The C. W. Daniel Company, 1933), 9쪽 ; Ronald Lehrer, "Adler and Nietzsche", 241쪽에서 재인용.
106) Ronald Lehrer, "Adler and Nietzsche", 241쪽.

6. 나오는 말

니체 사상의 인식론적 기초는 불교처럼 심리학적 통찰에 있으며, 니체 사상은 근대성과 건강, 도덕과 역사, 권력과 문화, 인간과 종교 등 많은 주제들을 심리학적 용어에 기반을 두어 설명하고 있고, 궁극적으로 인간의 정신 위생Psychohygiene의 문제, 즉 삶의 건강의 문제를 찾고자 한다. 따라서 카우프만이 이미 지적하고 있듯이 니체가 제기한 중요한 문제들은 심리학적 통찰의 방법이나 내용에 대한 검토 없이는 접근하거나 이해하는 것이 실상 불가능할 수도 있다. 근대성 비판이나 종교 비판, 허무주의 분석이나 문화 비판, '자기' 찾기나 몸의 예술, 큰 정치나 삶의 건강의 예술 등 니체 철학을 구성하고 있는 주요한 문제들이 바로 심리학으로서의 철학에 기반을 두어 과거의 사유 전통을 비판하는 동시에 미래적 사유 가능성을 실천적으로 모색하고 있기 때문이다. 니체는 전통적 형이상학의 구도 위에서 논의될 수도 있으며, 또한 이러한 맥락에서 현대에 하이데거나 야스퍼스, 핑크나 지멜 등의 형이상학적 담론이나 미학적 존재론의 담론 위에서 논의될 수도 있고, 들뢰즈나 데리다 혹은 코프만, 이리가레Luce Irigaray의 정신분석학적 존재론의 진리 담론과 연결되어 논의되기도 한다.

그러나 다른 한편 니체는 프로이트의 정신분석학이나 융의 분석심리학, 아들러의 개인심리학 등 현대의 심층심리학이 탄생하는 데 중요한 기여를 했을 뿐만 아니라 랑크의 의지 치료의 심리학이나 라캉의 정신분석학 등에도 큰 영향을 주었다. 이러한 영향은 인간 영혼의 내면세계, 즉 심리적 심층 세계의 언어를 찾아내어 인간을 보다 깊이 있게 이해하고, 더 나아가 심층적 내면세계에서 고통스러워하는 인간의 정신적 상처를 치유할 수 있는 심리 치료의 단서를 제시해주었다. 그러나 지금까지 밝혀지지 않은 인간 영혼과 그 한계를 해명하기 위해 인간이 이제 겨우 영혼의 수렵장에 들어가 인간 영혼의 역사를 탐구하는 사냥을 시작하고 있다는 니체의 말처럼, 심리적 세계와 인간 영혼의 세계에 대한 보다 밀도 있는 심층적인 통찰과 이에 바탕을 둔 영혼의 건강술의 확보는 앞으로 우리 철학이 감당해야 할 몫이기도 하다. 우리의 현대는 생태학적 재난이나 인간의 공격성, 고독과 인간의 내면적 세계의 균열 등 많은 절망적 물음 앞에 서 있다. 니체 철학은 근대가 제기한 문화적 데카당스나 금욕적 억압의 자기 부정에서 기인하는 자기 균열의 고통에 대해 자기 긍정, 현실 긍정, 생명 긍정이라는 치유제를 제공해주었다. 니체의 철학은 현대에도 여전히 유효하다. 왜냐하면 우리가 살아가고 있는 세계는 근대와 마찬가지로 환경세계와의 분열로 인해 전 지구적인 차원의 생태학적 위기를 겪고 있고, 물질적 풍요나 경제적 생산력의 증가에도 불구하고 인간의 내면세계는 여전히 불안의 기호 속에 부유하고 있기 때문이다.

니체 사상의 정신적 학맥은 한편으로는 심층심리학의 형태로 다시 태어나 지금도 인간의 심리적 고통을 치유하는 데 정신의학적 기여를 하고 있으며, 다른 한편으로는 데리다나 라캉, 들뢰즈가 보여주고 있듯이 인간의 무의식의 세계를 찾아내려는 정신분석학적 메타 이론의 새로운 발굴 작업에 중요한 동력으로 작용하고 있다. 우리는 이러한 현대의 심층심리학이나 정신분석학의 이론 작업에 대한 니체의 영향과 그 성과를 바탕으로, 아직도 재해석될 수 있는 무궁무진한 니체라는 사상의 바다 위에 '철학 치료'라는 또 하나의 시추선을 설치할 수 있을 것이다. 철학 치료의 영역은 아직 학문적으로 개발되지 않은 미답의 영역이지만, 다양한 심층 광맥을 품고 있는 니체 사상의 심리적 성격과 그 통찰을 기반으로 해서 우리의 심리적 세계와 삶의 고통 문제를 분석하고 그 구체적인 치료적 방법을 개발하면 앞으로 철학의 영역 안에 '철학 치료'라는 새로운 학문 분야가 열릴 수 있을 것이다. 인간의 구체적인 삶과 분열되지 않는 철학, 삶의 고통이나 현실의 다양한 문제에 대해 의미론적 실존적 문맥을 점검해주는 철학, 삶의 의미 상실로 인해 무기력하게 자신에게 소외된 채 삶을 살아가는 사람들에게 정신병리학적 약물 치료를 제공하는 것이 아니라 그들이 스스로 삶의 건강을 회복할 수 있도록 해주는 철학, 이는 철학이 인간의 삶에 대한 심리학적 통찰이나 분석에 기반을 두어 삶의 의미 치료의 영역에 다가설 때 가능한 모습이다. 니체의 철학은 쇼펜하우어가 보여주고 있듯이 삶의 모순과 고통에 대한 날카로운 심리학적 통찰을 담고 있으며, 이와 동시에 프로이트나 융, 아들러 등이 시도한 바 있듯이 인간 치유라는 근본적인 물음을 함께 담고 있기에, 삶의 고통과 치유, 몸의 질병과 건강, 의식적 자아의 허구성과 진정한 자기 찾기를 탐구하는 텍스트로 읽힐 수 있다. 우리가 니체 철학 안에서 인간과 삶의 고통을 날카롭게 읽어내고 자신을 건강하게 만드는 인간 치유의 가능성을 발견하는 길은 니체가 주장하고 있듯이 그의 철학에 심리학적으로 접근하고 이를 통해 삶의 건강과 몸의 생명을 하나의 철학적 가능성으로 모색하는 데 있을 것이다.

제4장 심미적 현상의 정당화—니체 예술론의 현재적 의미

● ● ● 최문규

1. 서론

니체 예술론은 그의 철학에서 핵심적인 의미를 지닌다. 두 가지 점에서 그렇다. 그 하나는 전통적인 종교적 · 형이상학적, 도덕적 · 계몽적 철학에 대한 그의 비판이 다름 아닌 예술적 시각에 뿌리를 두고 있기 때문이며, 다른 하나는 전통적인 예술론에서 탈피한 그의 예술론이 오늘날의 포스트모더니즘적 문화 현상을 바라보는 맥락 속에서 여전히 새롭고 독특하게 읽히기 때문이다. 전자의 경우, 철학 자체에

최문규는 연세대 독문학과를 졸업하고 독일 빌레펠트 대학에서 석사와 박사 학위를 받았다. 현재 연세대 독문학과 교수로 재직하고 있다. 저서로 《(탈)현대성과 문학의 이해》, 《문학이론과 현실인식》 등이 있고, 낭만주의 · 포스트모더니즘 · 아방가르드 등에 관한 논문을 썼다. 《한 줌의 도덕》, 《절대적 현존》, 책세상 니체 전집 6 《바이로이트의 리하르트 바그너 · 유고(1875년 초~1876년 봄)》 등을 옮겼다.

서 보면 대단히 충격적이고 도전적이다. 물론 최근 철학자들 가운데도 예술적 사유로 철학을 비판하는 이들——거의 모든 포스트모더니즘적 철학자들이 해당되는데——이 없지는 않지만, 사실 예술적 내지 심미적 사유는 전통적으로 철학의 변두리에 위치해 있어야만 하는 것, 감히 철학적인 사유의 장 속으로 들어와서는 안 되는 것으로 여겨졌기 때문이다. 그렇기에 "예술적으로 철학하기"를 통해 기존 정통/전통 철학을 전복하려 했던 니체는 예나 지금이나 철학 자체에선 반(反)철학자로 분류되거나 때론 적대적인 불신의 대상이 되기도 한다. 그런 적대감이 생기는 근본적인 원인은 사실 니체 자신보다는 그들 철학자들에게 있다. 일차적인 원인은 그 철학자들이 대체로 예술적 사유에는 전혀 관심을 두지 않는다는 것이다. 물론 과거에 예술적 사유를 미학이라는 이름하에 포용한 적이 있었다. 하지만 근대 미학의 창시자인 바움가르텐A. G. Baumgarten부터 헤겔까지의 미학이란 진리 인식을 향한 철학적 원리와 체계하에서 예술적 현상을 파악해내려는 그런 시도였다. 그와 달리 니체는 예술에 대해 합리적인 체계를 세운다는 의미에서의 그런 미학적 프로젝트를 전혀 갖고 있지 않았다. 그는 예술이 무엇인가라는 질문보다 예술적 방식의 다양성, 즉 충동적이고 비논리적이고 다양하고 비통일적인 방식을 통해 기존 철학과 사회적 삶을 비판하였으며, 따라서 기존 철학적, 정치사회적 학문의 눈엣가시로 여겨졌던 것이다. 가령 이성적 · 체계적 · 논리적 사유를 추구해온 기존 철학자들이 《우상의 황혼》의 부제인 "어떻게 망치를 들고 철학하는지Wie man mit dem Hammer philosophiert"를 대할 경우를 상상해보자. 의식적인 성찰이나 명상적인 사유로 철학하는 데에 익숙한 그들은 아마도 그 망치라는 흥겹고도 과감한 은유적 표현이 암시하는 자유로운 변형, 해체, 구성 같은 예술적 사유의 다양성은 안중에도 없이 지레 겁먹고 주춤거릴 것이다. 이런 거부적인 반응은 니체에게만 해당되진 않는다. 니체처럼 헤아릴 수 없이 다양한 의미를 자아내는 수수께끼와도 같은, 감성적이고 수사적인 예술의 속성을 우리의 존재와 경험 대상에 부여할 경우, 하나의 궁극적인 의미와 논리적이고 체계적인 틀을 고집하는 "소크라테스주의"의 후예인 기존 철학자들은 여전히 즉각 예민하고도 배타적인 반응을 내보이곤 한다. 이를테면 데리다에게 의심쩍은 눈초리를 보내는 하버마스의 입장이 그렇다. 하버마스의 비판에 의하면, 데리다의 해체론Dekonstruktion은 "논증이 세워지는 담론적 관계망"보다는 수사적, 문학적 비유가 만들어내는 "의미의 잉여" 내지는 "언어의 심미화"를 중시하고 있다.[1]

　그처럼 니체 수용이 철학 자체에서 부정적이라면, 예술적 시각과 방식을 옹호했던 니체가 적어도 예술을 포함한 문화 분야에선 당연히 긍정적으로 수용되어야만 하지 않을까? 20세기 초까지의 수많은 작가들에게서는 사실 디오니소스적 철학자로서 니체가 상당히 수용되었다.[2] 그러나 "위버멘쉬", 게르만 민족의 우월성, 충동과 권력 등

---

1) J. Habermas, *Der philosophische Diskurs der Moderne*(Frankfurt am Main, 1988), 223쪽.
2) 예술에서의 니체 수용에 관한 수많은 문헌 가운데 대표적인 것으로 다음의 세 가지를 들 수 있다. B. Hillebrand (Hrsg.), *Nieztsche und die deutsche Literatur I, Texte zur Nietzsche-Rezeption 1873~1963*(Tübingen, 1978) ; P. Pütz, *Kunst*

에 대한 예찬 등이 파시즘 이데올로기와 연결된다는 선입견이 팽배한 이후에는 예술에서의 니체 수용도 금기시될 수밖에 없었다. 아니, 니체가 예술 분야에서도 제대로 수용되지 못한 근본적인 원인은 다른 데 있다. 그의 예술론이 탈현대적 경향을 띠는 오늘날의 예술적 현상을 위한 새로운 논거와 단초로 작용할 수 있음에도 불구하고 오로지 "아름다움"만을 추구하는 전통적인 예술 이론이나 미학이, 기존 철학계와 마찬가지로, 그의 예술론을 가로막고 있기 때문이다. 다시 말하면, 예술의 근본을 충동과 본능의 분출로 규정하고 이를 다시금 "심미적 현상" 내지는 "가상"으로 옹호하려 했던 니체의 예술론에 대해 많은 이들은 여전히 곱지 않은 시선을 던지고 있거나 혹은 이해는 했지만 수용하지 않겠다는 입장을 취하고 있는 것인데, 그 결과 기존 예술 이론이나 미학 자체는 논리적이고도 이성적인 체계화에 길든 상태에서 전혀 벗어나지 못한 채 수용자의 객관적이고 자유로운 시각까지도 호도한다. 플라톤과 헤겔로 대변되는 그 위대하고도 거대한 철학적 전통, 즉 도덕과 의식을 강조하는 계몽주의적·합리주의적 사유는 지금도 예술과 문화 이론에서 중심적인 역할을 하고 있으며, 그런 연유로 니체의 예술론이 자리할 수 있는 공간은 여전히 비좁을 뿐이다.

---

und Künstlerexistenz bei Nietzsche und Thomas Mann(Bonn, 1963) ; Th. Meyer, *Nietzsche und die Kunst*(Tübingen, 1993).

2. 소크라테스적 예술론에 대한 비판

후에 니체는 자신의 처녀작《비극의 탄생》을 "2,000년 동안 지속된 반자연과 인간의 침해에 대한 폭탄 거사"[3]라고 명명하였다. "반자연과 인간의 침해"를 일으킨 주범은 다름 아닌 소크라테스주의 혹은 소크라테스적 문화 세계다. 여기서 소크라테스는 우리가 잘 알고 있는 그리스 철학자를 가리키기보다는 서구의 근대 문화 전체, 즉 부정적인 계몽의 원천 혹은 잘못 진행된 보편적인 문명화 과정을 지시한다. 소크라테스를 기점으로 "소위 세계사의 전환점과 소용돌이"가 일어났던 것이며, 이는 물화, 도구적 이성, 합리성 등이 작동하는 근대적 계몽 세계의 발생을 뜻한다. 도대체 소크라테스 혹은 소크라테스주의는 어떤 모습일까?

> 이런 실천적 염세주의에 대해 소크라테스는 이론적 낙관주의자의 원형이 된다. 이론적 낙천주의자는 사물의 본성을 규명해낼 수 있다는 신념을 가지고 지식과 인식에 만병통치약의 힘을 부여하며 오류를 악덕 그 자체라고 생각하는 사람이다. 사물의 근거를 천착하고 가상과 오류에서 진정한 인식을 분리해내는 일이 소크라테스적 인간에게는 가장 고귀한 소명, 그 자체로 하나밖에 없는, 정말이지 인간적인 소명으로 생각된다.[4]

---

3) F. Nietzsche, *Ecce Homo*, Werke in 3 Bänden, K. Schlechta (Hrsg.)(München, 1969), Bd II, 1111쪽.
4) F. Nietzsche, *Die Geburt der Tragödie*, *Sämtliche Werke, Kritische Studienausgabe in 15 Einzelbänden*, Giorgio Colli · Mazzino Montinari (Hrsg.)

이러한 언술을 자세히 읽어 내려가는 도중 우리는 여전히 주변에서 그런 소크라테스의 모습을 쉽게 떠올리게 된다. 신자유주의의 낙관적 이데올로기가 팽배한 요즘은 더욱 그렇다. 사물의 본성을 파헤칠 수 있다는 불굴의 신념, 오류를 악한 것으로 여기는 단호한 시각, 가상과 오류로부터 진정한 인식을 보호해낼 수 있다는 의지, 이는 정말이지 지금 도처에서 마주하게 되는 낙관적인 인간의 모습 그대로다. 특히 과학적, 이론적 자부심을 지닌 그들 말이다. 그 결과 피해를 입는 대상은 언제나처럼 자연과 약자들뿐이다. 그들 논리적이고 이론적인 인간은 선과 악이 구분되지 않는 자연 상태에 언제나 정확한 잣대를 들이대며, 더군다나 자신들이 대단한 권력을 차지할 때면 오류나 실수를 범한 이들을 가차 없이 악인으로 몰아대곤 한다. 특히 가상과 오류를 즐길 수밖에 없는 예술 작품에 대해서도 그들은 소위 '진정한 인식'을 가져다주지 않는다는 이유로 난리법석을 떤다.

소크라테스적 문화 세계에 대한 니체의 비판은 이쯤으로 족하며, 이제 소크라테스주의자들이 예술에 대해 어떤 생각을 갖고 있는지를 잠시 논해보기로 하자. 니체에 의하면, 비극을 관람하던 소크라테스는 '비극은 도저히 합리적으로 이해할 수 없다'고 생각했다고 한다. 합리적이고도 논리적인 사유에 의해 포착되지 않는다는 이유로 비극은 그렇게 이론적 인간에 의해 거부당하고 마침내 몰락하고 말았다. 니체는 소크라테스를 추종했던 또 다른 이로서 에우리피데스를 언급

(München, 1988), Bd. I, 100쪽. 이후 《비극의 탄생》의 인용문은 KSA라는 약어와 권수, 쪽수를 본문에 기입한다. 단 번역은 책세상 니체 전집 2 《비극의 탄생·반시대적 고찰》의 이진우의 번역을 그대로 따랐다.

한다. 니체에 의하면, 에우리피데스는 "모든 것은 아름답기 위해 의식적이어야 한다"는 명제를 내세웠으며 이는 "모든 것은 선하기 위해 의식적이어야 한다"(KSA I, 87)는 명제를 내세운 소크라테스와 궤를 같이한다. 결국 예술에 대한 그들 인식의 공통분모는 "의식적"이라는 개념으로 수렴되는데, 그렇게 대상을 개념화하려는 의식적인 눈으로 그들은 예술의 아름다움까지도 측정하고 판단하려고 든다. 예술적 현상을 의식 중심주의적 눈으로 파악하려 했던 그런 태도를 니체는 "미학적 소크라테스주의ästhetischer Sokratismus"(KSA I, 85)라고 명명하고 나선다.

　소크라테스, 에우리피데스! 논리와 이론으로 무장한 그들이 의식적인 눈으로 예술 현상을 판단하려 했다는 주장은 사실 니체가 만들어낸 허구적인 이야기다. 그런 허구를 통해 니체는 서구의 문명화 과정 속에서 예술이 합리성과 낙관적인 이론의 틀에 의해 얼마나 가혹하게 억압당하고 있는지를 밝히려 했던 것이다. 선하기 위해서는 의식적이어야 하고 아름답기 위해서도 의식적이어야 한다는 것, 이런 서구의 전통적 사유의 지배에 감각적이고도 헤아릴 수 없는 예술은 예속당해왔던 것이다. 모든 것이 의식에서 출발한다면 선하고 아름다워질 수 있는 것일까? 충동에서 싹튼 선한 행동도 있을 수 있겠지만, 아무튼 의식은 선한 삶과 행위를 위해서 중요한 덕목 중 하나임에는 틀림없다. 그러나 과연 의식과 아름다움의 관계도 그렇게 설정되어야만 할까? 이성적·도덕적 의식이 지배적인 덕목으로 자리 잡게 된 근대 시기와 함께 예술의 아름다움도 의식적으로 구성되어야만 한다는 명제는 마치 보편타당한 것처럼 받아들여져왔고 그런 생각은 지금도 타당한 듯이 들린다. 그러나 달리 보면, 아름답기 위해서 의식적이어야만 한다는 것이야말로 예술이 가장 받아들이기 힘든 명제가 아닌가? 이성적·도덕적 의식에 대한 요청이야말로 정말이지 예술을 편협하고 조야한 산물로 전락시킬 수 있으며, 특히 특정 지배 집단의 도덕적 의식이 예술성을 결정하는 중심으로 작용할 경우 그 순간 어쩌면 예술은 더 이상 존재할 수 없을지도 모른다. 니체의 예술론은 그런 의식 중심주의적 근대의 문화를 거부하고 있는 것이다.

예술의 특성과 관련하여 《비극의 탄생》은 또 다른 생각의 여지를 던져준다. 물 자체Ding an sich는 인식 불가능하고 단지 경험적 현상만을 인식할 수 있다는 칸트의 시각을 받아들이면서 니체는 "우리는 경험적 현존재나 세계를 마치 근원적 일자(一者)가 매 순간 생산해낸 표상으로서 포착한다"(KSA I, 39)고 말한다. 경험적 현존재나 세계 자체를 하나의 표상 내지는 가상으로 간주하는 니체의 시각은 우선 본질론을 표방하는 이들에게는 부정적으로 작용하기 마련이다. 그럼에도 불구하고 니체는 한 걸음 더 나아간다. 그런 가상으로서의 현존재 속에서 우리가 꿈을 꾸는 경우를 언급하면서 니체는 이때 그 꿈은 표상으로서의 경험적 현존재 속에서 우리가 꾼 것이기에 표상의 표상 혹은 "가상의 가상"이라는 배가된 특성을 갖는다고 밝힌다. 그런 "가상의 가상Schein des Scheins"(KSA I, 39)으로서의 꿈의 특성을 니체는 다름 아닌 예술 작품의 특성으로 규정짓고 그 배가된 특성을 설명하기 위해 라파엘로의 〈그리스도의 변용〉이라는 그림을 놓고서 다음과 같이 부연한다.

그의 작품 〈그리스도의 변용〉에서 미친 듯한 소년과 절망하는 운반자들, 어찌할 줄 모르고 겁에 질린 사도들의 모습을 담은 하반부는 영원한 근원적 고통, 세계의 유일한 근거를 반영한다. '가상'은 여기서 영원한 모순, 즉 만물의 아버지의 반영이다. 이 가상으로부터 이제 감미로운 향기처럼 환영 같은 새로운 가상 세계가 솟아오른다. 첫 번째 가상에 사로잡힌 사람들은 이 세계에 대해 아무것도 보지 못한다─그것은 가장 순수한 환희와 커다란 눈에서 나오는 고통 없는 관조 속에서 빛을 발하며 떠다니는 것이다. (KSA I, 39)

이러한 니체의 예술관은 어떤 의미를 지닐까? 우선 예술성에 대한 논의보다는 대상(자연, 현실, 실존)을 정확히 투영해냈느니 못했느니 하는 식으로 첫 번째의 가상에만 고착된 리얼리즘적, 자연주의적 시각으로부터 니체는 거리를 취한다. 왜냐하면 그런 시각은 저 "영원한 모순, 즉 만물의 아버지의 반영"으로서의 가상에만 집착하기 때문이다. 그러나 예술 작품은 그러한 근원의 투영으로서의 가상에만 머물지 않고 새로운 가상, 즉 "감미로운 향기처럼 환영 같은" 가상을 다시금 만들어낸다. 그런 가상을 우리는 바로 예술만이 지닌 인공미 혹은 상상력에서 만들어진 아름다움이라고 설명할 수 있으며, 그렇기에 예술은 궁극적으로 가상의 가상인 셈이다.

예술(작품)을 가상의 가상으로 설명하고 있는 니체의 예술관은 그 자체로 모순적이다. 왜냐하면 예술의 인공미를 정면에서 반박하는 듯이 그는 완전히 다른 시각을 제시하고 있기 때문이다. 예를 들면 예술의 특성을 동물적인 기능의 자극으로 설명한 대목을 들 수 있다.

일종의 자연주의적이고 생기론Vitalismus적인 시각에서 니체는 예술의 특성을 다음과 같이 기술하고 있다.

> 예술은 동물적인 활력 상태를 상기시켜준다. 예술이란 한편으로 끓어
> 오르는 육체적 감각이 이미지와 소망의 세계 속으로 과도하게 발산되는
> 것이며, 다른 한편으로 그와 같은 넘치는 삶의 이미지와 소망을 통해 동
> 물적 기능을 자극시켜준다. 예술은 삶의 감정을 상승시키며 자극한다.[5]

가상의 가상에 대한 시각과 마찬가지로 위의 대목도 일단 도덕적 의식이나 이성적 능력으로 예술을 재단하려는 전통적인 예술관과는 거리를 취하고 있다. "동물적인 활력 상태"를 강조함으로써 니체는 정신적 · 관념론적 이론에 토대를 둔 예술관과는 결별하고 있기 때문이다. 그런데 예술이 "동물적인 활력 상태"를 상기시켜준다고 할 때 그것은 혹시 자연 상태를 있는 그대로 표현한다는 자연주의적 예술관을 표방하는 것이 아닌가 하는 생각을 갖게 된다. 그러나 완전히 다른 각도에서 보면 인용된 언술은 감각적인 전율과 공포를 일으키는 예술적 소재의 측면보다는 예술의 물질성 자체와 연관된 것으로 읽힌다. 가령 언어(문학), 몸짓(춤), 소리(음악), 색깔(미술) 같은 예술의 물질적 측면이 불러일으키는 특성으로 말이다. 그런 예술의 물질성을 바탕으로 "육체적 감각"이 일깨워지고 그 감각은 다시금 허구적인 시공간에서 움직이는 "이미지와 소망"과 결합한다.

---

5) F. Nietzsche, *Werke in 3 Bänden*, Bd. III, 536쪽.

그렇다면, 예술의 이미지와 소망에 의해 자극되는 "동물적 기능"의 회복이란 어떤 의미를 지닐까? 그것은 예술에 대한 영향적·수용적 태도와 관련된다. 즉 예술은 수용자의 비판적이고 성찰적인 사유를 함양하는 것이 아니라 그에게 내재해 있는 자연스러운 본능성과 즉각성을 활력 있게 만든다는 의미 말이다. 본래 예술은 그 독특한 이미지와 소망을 그려냄으로써 수용자를 흥분의 상태, 경악의 상태, 전율의 상태로 몰아넣기 마련이다. 그러나 근대 이후 도덕적·이성적·성찰적 능력 등이 강조됨으로써 예술에 대한 수용자의 능력도 그 자연스러운 본능성을 상실한 채 대단히 추상적이고 형이상학적인 방향으로 흐르고 말았다. 이에 대한 예로 세이렌과 오디세우스의 관계를 들 수 있다. 잘 알려진 것처럼, 세이렌의 유혹——이것은 예술에 대한 은유인데——에 빠져들지 않기 위해 자신의 몸을 돛대에 묶고서 그 노래 소리를 들으려 하는 오디세우스의 모습은 자신의 흥분을 억제하면서 자기보존을 꾀하는 자아를 그려내고 있다. 그 신화를 새롭게 해석한 호르크하이머와 아도르노에 의하면, 오디세우스의 모습은 흥분과 황홀함에 젖었으면서도 점잖게 앉아 있어야만 하는 연주회 청중의 모습을 통해 재생산되고 있다. 그리하여 청중의 갈채나 '브라보'라는 외침은 마치 자신의 억압된 본능성과 즉각성을 해방시키려는 울부짖음처럼 들린다.[6] 요컨대, 현대 예술의 생산과 수용이 국가와 사회의 이념적·도덕적 방향성이나 자기보존의 이념에만 정

---

6) M. Horkheimer · Th. W. Adorno, *Dialektik der Aufklärung*(Frankfurt am Main, 1971), 34쪽 참조.

향될 경우 결국 자신을 해방시키고 싶은 욕망의 억압을 낳게 되는데, 니체의 예술관은 그런 부자연스럽고도 억압적인 상태에 처한 예술의 수용 태도를 다시 해방시키려는 차원에서 "동물적인 기능"을 부각시킨 것으로 보인다.

그런데 앞서 언급한 가상의 가상과 위에서 언급한 동물적 기능의 회복이라는 두 가지 측면은 서로 극단적으로 배치되는 듯이 보인다. 언뜻 풀리지 않는 모순처럼 보이는 그 두 가지 측면을 어떻게 이해하면 좋을까? 혹시 다음과 같은 식으로 이해될 수는 없는 것일까? 요컨대, 예술의 근본 특성인 가상의 가상하에서 예술적 수용의 본능성과 즉각성도 해방된다는 식으로 말이다. 가상이 더 이상 다른 어떤 본질을 숨기고 있다는 의미에서의 가상이 아니고 그 자체로 유일무이한 본질로서 작용하는 가상이라면, 이는 곧 가상이 다시 현실 속에서 실제화될 수 없음을 뜻한다. 동시에 그런 가상의 전제하에서만 예술적 수용의 본능성과 즉각성이 용인될 뿐이다. 그래서였을까? 니체는 자신이 살아 있음을 오로지 가상에서만 찾았다.

나에게 '가상'은 지금 무엇인가? 그것은 정말이지 어떤 본질의 대립이 아니다. 본질의 가상이라는 술어 이외에 도대체 내가 본질에 대해 무엇을 말할 수 있겠는가? 정말이지 가상이란 미지의 X에게 씌우고 벗겨낼 수 있는 죽은 가면이 아니다! 나에게 가상은 실제로 힘 있는 것이며 살아 있는 것 자체이며, 이것은 자기 자신에 대한 조롱 속에서도 나로 하여금 여기에는 가상, 도깨비불, 유령들의 춤 이외에 다른 어떤 것이 더 이상 존재하지 않음을 느끼도록 해준다. (KSA III, 417)

살아 있는 예술적 수용 능력이 가상의 전제하에 용인되는 상태, 그런 삶의 상태가 정말 가능한 것일까? 바로 그런 상태를 니체는 다름 아닌 그리스 문화와 예술관에서 찾았다. 니체는 일반적인 시각이나 통념과는 전혀 다른 시각으로 그리스 예술을 해석하는데, 여기서 그리스의 문화적 삶이 정말 그랬을까 하는 식의 역사적 진위는 전혀 중요치 않다. 중요한 점은 오히려 그리스 문화에 대한 새로운 해석을 통해 독특한 예술관을 도출해낸 니체의 시각이다. 니체에 의하면, 생산과 수용에 있어서 그리스 예술은 전혀 교육적·도덕적·계몽적 목표를 갖고 있지 않았다. 아니, 도덕과 계몽, 휴머니즘 같은 이념적 잣대로 그리스 예술을 해석하려는 것이야말로 근대인들이 저지른 결정적인 오류라는 것이다. 니체는, 그들 그리스인들과 예술가들은 예술을 "삶을 거짓으로 변주하면서 한바탕 놀아보는"(KSA VIII, 72) 것으로 받아들였을 뿐 결코 도덕적으로나 휴머니즘적으로 교화하려 들지 않았다고 말한다. 삶의 다양한 변주 현상들, 가령 신화에서 엿볼 수 있는 허영심, 질투, 경쟁, 책략, 비방, 도취, 고통, 절망, 과실, 방탕함 등을 그리스인들은 일종의 예술적 현상으로, 가상으로 즐겼다는 것이다. 그런 예술적 가상은 다름 아닌 허위와 상징에의 충동과 쾌락에서 나왔다.

그리스인들은 이야기를 지어내려는 욕구 때문에 무척이나 괴로워했다. 일상에서까지 그들에게 '신화적인 것', 말하자면 속이는 일을 막는다는 것은 매우 어려웠다. 모든 시인 민족은 거짓말에 대한 욕구를 가지고 있고 더불어 그에 대해 무죄라고 생각했기 때문이다. 이웃 민족들은 그

것을 절망적인 것으로 여겼을 것이다. (KSA VIII, 70)

이렇듯 니체는 그리스인들의 예술에 대한 욕구를 이야기를 지어
내려는 욕구, 신화적인 것에 대한 욕구, 거짓말에 대한 욕구로 파악
하였다. 예술/이야기/신화/거짓말 속에서 다시금 휴머니즘적 이념
을 발견하거나 혹은 정반대로 도덕적 비난을 가한다면 그 순간 그리
스 예술은 잘못 이해되고 만다. 그들의 거짓말은 선악의 피안에, 진
리와 허위의 저편에 놓여 있기 때문이다. 이야기를 지어내려는 그런
그리스인들의 욕구를 대하면서 아마도 "이웃 민족들은 그것을 절망
적인 것으로 여겼을 것"이라는 니체의 언술은, 예술을 도덕적으로
이해하려는 계몽주의자들을 향한 비판적인 암시이며 동시에 자신의
예술론을 오해할 수 있는 동료들을 향한 비판적인 암시이기도 하다.
아마도 니체의 예술론을 거부하는 '그' 이웃 민족에는 니체의 동시
대인들뿐만 아니라 여전히 도덕적 · 계몽적 이념으로 예술을 해석하
려 하는 우리도 함께 포함되어 있을지 모른다. 그렇기에 예술과 관련
해서 니체는 도덕적 · 계몽적 의식을 전혀 갖고 있지 않았던 그리스
인들과 오로지 계몽적인 시각에만 젖어 있는 근대인들을 다음과 같
이 구분하고 있다. "우리가 연구하고 작업하는 곳에서 그리스인들은
축제를 벌였다. 그들은 축제를 벌이는 이들이다"(KSA VIII, 81) 저
《비극의 탄생》에서 언급된 바 있는 이론적인 인간의 모습과 비슷하
게 "연구하고 작업하는" 시각으로 예술적 현상을 포함한 모든 현상
을 바라보아야만 것이 우리 근대인들의 일그러진 모습이라면, 그들
명랑한 그리스인들은 허위, 불투명성, 애매한 상징성 등이 가득한 예

술적 유희를 마치 축제처럼 즐겼던 것이다.

　가상으로서의 예술을 신명 나는 질펀한 유희로서 설명하는 니체의 관점은 사실 새로운 것이 결코 아니다. 예술의 유희 특성은 칸트나 실러 미학에서도 강조된 것이었고 오늘날의 경우 가다머의 해석학에서도 여전히 반복되고 있다. 가령 실러는 "인간은 아름다움과 오직 유희해야 하며, 그는 오직 아름다움과 유희해야만 한다", "유희를 하는 곳에서만 완전히 인간이다"[7]라는 식으로 예술적 유희를 강조한 바 있으며, 가다머 또한 《진리와 방법 *Wahrheit und Methode*》에서 유희란 "그 어떤 목적을 지니지 않는 운동"[8]이라고 정의하고 있다. 이처럼 관념론적, 해석학적 시각도 모든 외적 강요나 억압으로부터 해방된 순수한 유희의 특성을 통해 자유로운 예술적 현상의 고유성을 강조하고 있지만, 사실 그 유희는 궁극적으로 사회적·도덕적 차원과 관련된 어떤 선험적 기의를 향해 있다. 그러나 니체의 경우 그런 가능성은 처음부터 차단되어 있다. 그 점은 《비극의 탄생》의 말미에서 그가 인용한 괴테의 언술, 즉 고대인들에게서는 "가장 비장한 것도 단지 심미적 유희였다"(KSA I, 142)라는 언술을 통해서 쉽게 입증된다. 그것은 곧 유희로서의 예술에는 그 어떤 사회적·도덕적 함의가 내재되어 있을 수 없음을 말해주고 있다. 더 이상의 다른 본성이 함께하지 않는, 오로지 "심미적 본성"을 소유한 수용자만이 예술적 현상을 향유할 수 있다는 것이다. 그렇지 않고 다른 도덕적,

---

7) F. Schiller, "Über die ästhetische Erziehung des Menschen in einer Reihe von Briefen", *Nationalausgabe*, Bd. 20(Weimar, 1962), 359쪽.
8) H.-G. Gadamer, *Wahrheit und Methode*(Tübingen, 1986), 109쪽.

종교적, 정치적 본성이 개입될 경우 유희로서의 예술적 의도는 완전히 소외되고 그 자리에 "경향성 예찬"이 들어서게 되는데, 그로 인해 초래된 추한 상황에 대해서《비극의 탄생》은 다음과 같은 비판의 목소리를 던진다.

극장이나 연주회에서 비평가가, 학교에서 저널리스트가, 사회에서 언론이 지배권을 얻는 동안, 예술은 저질의 오락적 대상이 되었고, 미학적 비평은 허영심 강하고 산만하고 이기적이며 게다가 불쌍하게도 독창적이지 못한 사교계의 접착제로 이용되었다. 이 사교계의 의미는 가시다람쥐에 관한 쇼펜하우어의 우화가 알려준다. 그 결과, 예술에 관한 말들이 지금처럼 무성했던 적이 없었고, 동시에 지금처럼 예술을 무시한 적도 없었다. (KSA I, 144)

도덕적, 정치적 본성이 아닌 심미적 본성을 지닌 수용자만이 타락한 사회 속에서 이용당하고 소외된 예술을 다시 구원할 수 있으며, 그런 수용자만이 예술을 진정 심미적 현상 혹은 가상의 가상으로 향유할 수 있다는 것이다. 이렇듯 생산과 수용에서 니체는 일종의 심미적 현상의 절대화를 주장했다.

3. 언어에 대한 비판과 예찬

니체는 예술의 다양한 장르 가운데 음악을 최고의 장르로 여겼지만 문학과 철학의 핵심 요소인 언어에도 비상한 관심을 보였다. 언어에 대한 여러 글을 보면 그의 시각은 크게 두 방향으로 구분된다. 그 하나는 급진적인 언어 비판이고 다른 하나는 급진적인 언어 예찬이다. 약간의 혼란을 야기할 수 있는 이 모순적인 관계를 어떻게 이해하면 좋을까? 특히 언어 예찬의 경우 세계의 실존을 심미적 현상으로만 파악하려는 니체의 예술관에 있어서 매우 중요한 의미를 지닌다.

우선 니체의 언어 비판을 살펴보자. 역사적으로 19세기 말은 세기말로 규정되며 이 시기에 많은 철학자와 예술가는 근대성과 언어에 대해 불신하거나 비판하는 입장을 취했으며 니체도 예외는 아니었다.[9] 흥미로운 점은 언어를 비판하는 데 있어서 서로 동시대인이 아니었던 니체와 발터 벤야민Walter Benjamin이 상당히 서로 흡사한 모습을 띤다는 것이다. 잘 알려진 선입견에 의하면 전자는 비합리주의적 철학자로 간주되고 후자는 마르크스주의적 비판이론가이기에 양자 간에는 상당한 차이가 있는 것으로 생각될 수 있지만 언어 비판의 경우 그런 구분은 빗나간다.

〈언어 일반과 인간의 언어에 대하여Über die Sprache überhaupt und über die Sprache des Menschen〉라는 언어에 관한 글에서 벤

---

9) 언어 회의에 관한 가장 뛰어난 문학적 산문으로는 호프만스탈Hugo von Hof-mannsthal의 〈찬도스 경의 편지Brief des Lord Chandos〉를 들 수 있다.

야민은 언어와 사물(대상, 실상, 본질, 경험, 현실 등)의 관계를 도구적인 관점에서 파악했던 전통적인 이론을 비판하고 나선다. 어떤 정신적인 본질은 "언어에 의해서가 아니라 언어 속에서 자신을 전달한다"[10]고 말하면서 벤야민은 언어의 도구적, 매개적 성격을 부정하며 그 대신 일종의 언어내재적인 속성을 강조한다. 그는 "램프"라는 언어를 예로 들면서 그 언어는 특정한 실제 대상인 램프를 가리키는 것이 아니라 "램프-언어, 전달 속에서의 램프, 표현 속에서 램프"[11] 그 자체라고 말한다. 일차적으로 실제 현존하는 사물을 단순히 지칭하는 도구로서의 언어가 아니라 그 사물과 관계없이 언어 자체가 일단 독립적인 위상을 갖는다. 그렇지만 언어는 자신 속에서 사물과의 새로운 관계를 만들어낸다. 달리 말하면, 언어 자체가 사물의 언어적 본질을 규정해내는 것이다. 흥미로운 점은 니체 또한 비슷한 예로 다음과 같이 설명하고 있다는 것이다.

'연필'이라는 개념이 종종 연필이라는 '사물'과 혼동되고 있다. 종합적인 판단에서의 '이다'라는 것은 잘못된 것이다. 그것은 전이를 담고 있다. 즉 두 개의 서로 다른 차원이 서로 병치되고 있을 뿐이다. 사실 그 둘 사이에는 동일성이 결코 존재할 수 없다. (KSA VII, 495 이하)

---

10) W. Benjamin, "Über die Sprache überhaupt und über die Sprache des Menschen", *Angelus Novus. Ausgewählte Schriften* 2(Frankfurt am Main, 1988), 10쪽.

11) W. Benjamin, "Über die Sprache überhaupt und über die Sprache des Menschen", 11쪽.

벤야민과 니체 모두 언어(개념)가 사물을 재현해낸다는 의미에서의 도구적인 역할을 부정하고 있는 셈이다. 재현 이론의 전통에서는 언어와 실상, 기호와 대상이 전자의 매개적인 역할에 의해 서로 일치되지만, 이와 달리 니체는 그 관계를 일종의 "전이 과정"으로 파악하면서 양자 간의 존재론적 동일성을 부정한다. 니체처럼 동일성의 환상을 불러일으키는 전이 과정을 언급하고 있지는 않지만 벤야민 또한 램프라는 언어적 기호와 램프라는 대상 간의 단순 도구적인 관계를 부정하고 있다. 이처럼 사물이나 경험과는 무관하게 자의적으로 존재하는 기호의 고유성에서 출발하는 니체와 벤야민의 시각은 바로 의식적인 주체가 자신의 언어를 통해 대상을 표현해낸다는 식의 전통적인 언어관과는 대척된다.

"사물의 언어적 본질은 그 사물의 언어"라는 명제를 인간에게 적용하면서 벤야민은 "인간의 언어적 본질은 곧 그의 언어"[12]라고 말한다. 여기서 인간, 사물, 언어의 밀접한 관계를 조명하기 위해 벤야민은 창세기를 재해석하며, 그 창세기 속에 펼쳐진 상태는 근대의 도구적인 언어관과는 완전히 다른 식으로 파악된다. 신이 말을 통해 사물이 되게 하는 상태, 그리고 신으로부터 언어적 능력을 부여받은 인간(아담)도 그렇게 말을 통해 사물이 되게 하는 상태를 해석하면서 벤야민은 태초에는 "말을 통해서 인간이 사물의 언어와 결합되어 있었다. 즉 인간의 말은 곧 사물의 이름이다"[13]라고 밝힌다. 그러나 인

---

12) W. Benjamin, "Über die Sprache überhaupt und über die Sprache des Menschen", 11쪽.

13) W. Benjamin, "Über die Sprache überhaupt und über die Sprache des Men-

간의 말과 사물의 언어가 이상적으로 결합되어 있던 낙원의 상태는 인간의 원죄에 의해 파괴되고 만다. 그 원죄는 신처럼 될 수 있다는 뱀의 유혹에 넘어간 인간의 교만이나 신에 대한 불복종에 있는 것이 아니라 선악을 알게 되는 "인식의 나무"에서 과실을 따 먹는 행위에 있다. 즉 지식과 인식이 원죄이고 이는 다시금 언어의 타락으로 연결된다. 왜냐하면 인간이 선악과 연결된 지식과 인식을 갖게 되는 순간부터 그는 일종의 "판단/심판Urteil"의 언어적 행위를 행하기 때문이다. 그럼으로써 그의 말은 사물의 이름과 관계되기보다는 자신의 판단을 위한 "수단"으로 전락하고 만다. 그렇게 판단/심판하는 언어, 애매한 언어가 만연함으로써 언어의 "추상화"라는 결과가 초래되고 만다. 요컨대, 구체적인 것을 전달하는 직접성이 사라지고 "추상적인 것을 전달하는 직접성"이 언어를 지배하는 것이다.[14)]

벤야민의 주된 관심은 성경의 재해석보다는 사실 근대의 시민사회에서 횡행하는 판단과 추상화 같은 언어 현상에 놓여 있다. 그런 현상을 비판하면서 벤야민은 인간의 말과 사물의 언어가 하나로 결합될 수 있는 상태가 다시 회복되기를 은밀히 갈망한다. 흥미로운 점은 그런 근대의 시민사회에 대한 비판적인 언어관은 벤야민보다 훨씬 앞서서 이미 니체에 의해서 제시되고 있다는 것이며, 그 점은 바그너를 해석하는 가운데 도입된 언어 타락에 대한 그 뛰어난 대목에서 알 수 있다.

---

schen", 19쪽 참조.

14) W. Benjamin, "Über die Sprache überhaupt und über die Sprache des Menschen", 23쪽 참조.

즉 도처에 언어가 병들어 있고, 이 기이한 병의 중압감이 모든 인간 발전을 짓누르고 있는 것이다. (……) 이러한 근대 문명의 짧은 기간 동안의 지나친 자기 확장으로 인해 언어의 힘은 고갈되고 말았다. 그 결과 이제 언어는 자신의 유일한 존재 이유를 더 이상 수행하지 못하고 있는 바, 즉 고통을 받고 있는 이들이 아주 소박한 삶의 곤경에 대해 더 이상 서로 소통을 나누지 못하고 있다. (……) 인간이 서로 의사소통을 꾀하고 하나가 되어 일을 하려고 시도할 경우 그들은 보편적 개념들의 망상, 단지 단어만이 울리는 망상에 사로잡히고 만다. 이러한 상호 전달의 불가능한 결과로서, 공통감각의 창조물들은 결국 상호 이해의 불가능성이란 표시를 달고 마는데, 그것은 그 창조물들이 현실적인 곤경보다는 단지 저 폭력적인 말과 개념의 공허함에만 부합되어 있기 때문이다. (……) 마찬가지로 이제 사람들은 언어의 몰락 속에서 말의 노예가 되고 만다. (KSA I, 455)

이 대목의 핵심은 언어 타락에 대한 비판이다. 본래 "공통감각의 창조물"로서 언어는 "감정의 전달"에 근본을 두고 있었지만 근대와 함께 언어는 더 이상 감정을 전달하지 못한 채 단순히 추상적이고·보편적인 개념으로서의 말로 전락하고 말았다는 것이다. 다시 말하면, 이것은 진정성의 순수 언어가 몰락하고 "폭력적인 말과 개념의 공허함"만이 지배하는 근대 속에서 대부분의 사람들이 완전히 "말의 노예"로서 존재하고 있는 상황에 대한 비판이며, 이러한 비판은 지금 우리 사회과 관련하여 곰곰이 되짚어볼 만한 대목이 아닐 수 없다. 수많은 대상과 현실을 경험하면서 우리는 그 경험을 표현해내지만 어느 순간부터 그 실상은 완전히 사라진 채 단지 폭력적인 말과 개념의 공허함만이 난무하고 있지 않은가.

그런데 슬픈 현실이지만 그 누구도 저 "폭력적인 말과 개념의 공허함"에서 벗어나지는 못한다. 적어도 사회 속에서 공동의 소통적인 언어를 사용하는 한 모든 이의 말과 개념은 폭력적이고 공허해질 수밖에 없기 때문이다. 신적인 존재가 아닌 이상 그 누구도 자신만의 언어는 타락하지 않는 순수함을 지니며 있는 그대로의 현실을 표현해낸다고 장담하진 못한다. 그런 상황에서 벗어날 수 있는 유일한 방법으로는 아마도 비언어적인 언어 상태인 "침묵"밖에 없을지도 모른다. 니체 또한 그런 침묵의 길을 택할 수는 없었으며 언어를 급진적으로 비판한 모습과는 정반대로 언어를 예찬하고 나섰다. 이같이 비판된 것을 뒤집어서 예찬하는 것, 그것은 아마도 "전도된 플라톤주의"라는 니체의 전형적인 모습에 속하리라.

언어 비판뿐만 아니라 언어 예찬은 언어로 표현할 수밖에 없는 철학과 문학에 있어 매우 중요한 의미를 지닌다. 그렇다면, 언어가 예찬될 때 도대체 어떤 특성이 강조되는 것일까? 우선 니체는, 주체와 객체 간의 필연성이나 인과성이 없는 조건하에서 그 양자가 연결되는 언어적 전이 행위를 강조하고 나선다.

주체와 객체 같은 두 가지 완전히 다른 차원 사이에는 인과성, 올바름, 표현이 존재하지 않고 기껏해야 심미적 행동이 있을 뿐이다. 즉 다른 낯선 언어로 추후에 중얼거리면서 옮기는 행위 말이다. 이를 위해서 어쨌든 자유롭게 창작하고 생각해내는 수단의 차원과 수단의 힘이 필요하

다. (KSA I, 884)

자신이 인식한 대상에 대해 주체는 심미적 행동, 즉 수사적 언어
로 옮기는 행위를 행한다. 그 행위는 선악을 구분하는 도덕적 판단이
나 필연성 혹은 인과성의 논리에 의존하는 행위가 아니라 아무런 구
속 없이 자의적으로 옮겨내는 심미적 행동으로서 "자유롭게 창작하
고 생각해내는" 힘에 근거한다. 충동과 상상력에서 생성되는 그런
전이 행위는 은유에의 의지 혹은 가상에의 의지로 불릴 수도 있다.
진리란 "한 무리의 은유, 환유, 의인화가 움직이는 것"(KSA I, 884)에
불과하다는 언술로써 진리에 대한 전통적인 견해를 붕괴시킨 그 유
명한 니체의 시각은 정말이지 도전적이고 파격적이다. 왜냐하면 진
리란 흔히 시공간의 변화에 영향을 받지 않는, 절대불변의 본질로서
간주되어왔기 때문이다. 진리를 일종의 전이 행위로, 즉 은유를 빚어
내는 심미적 행동의 결과물로 파악하려는 니체의 시각은, 언어란 실
제의 사물 및 경험과 결코 일치하지 않는다는 시각이라고 부연될 수
있다. 실상이 언어화되는 순간 언어가 실상 자체와는 무관해지고 진
리를 포함한 모든 현상이 심미적 전이의 결과물로 파악될 경우 인간,
세계, 언어 간의 연속성이나 일치성은 붕괴되는데, 도대체 왜 그런
것일까? 니체는 그런 언어적 전이 과정에 내재된 탈본질화의 현상을
세 단계로 나누어 설명한다.

첫 번째는 형상—형상이 정신에서 어떻게 발생하는지가 설명되어야
하지만—이며, 그리고 형상에 적용되는 말이 있다. 마침내는 개념들인

데, 이것은 말이 있을 경우에 비로소 가능하다. (KSA XI, 58)

사물과 마주했을 때 그것은 즉각 형상(이미지)으로 전이되며, 이 형상은 다시 말(음성)로 전이되고, 마지막으로 말은 개념(글자)으로 전이된다는 것이다. 흔히 사물과 형상 사이에는 동일성의 관계가 놓여 있다고 보는 것이 일반적인 견해이지만, 니체가 첫 번째 단계에서 형상으로의 전이를 강조할 때 거기에는 무엇보다도 사물과의 동일성에 대한 부정이 내포되어 있다. 이러한 니체의 시각이 중요한 것은, 사물을 다시 비추는 듯한 거울이나 형상을 그 자체의 독자적인 것으로 해석하려는 후기구조주의자들의 입장이 그런 니체의 시각과 연결되어 있기 때문이며 그와 같은 형상의 탈실체화는 최근 기억의 이론에서도 자주 발견된다. 가령 벤야민도 이미 "존재했던 것이 지금의 시간과 함께 번개처럼 하나의 성좌를 그리면서 서로 만나게 되는 것은 바로 형상"이며 이때 그 형상은 "진행이 아니라 갑작스러운 형상"[15]이라고 정의한 바 있다. 또한 영화와 관련하여 베르그송의 "기억의 형상"을 해석하고 있는 들뢰즈의 시각에서도 사물을 단순히 재현하는 의미에서의 전통적인 형상이 해체되고 있음을 발견할 수 있다. "이제 기억의 형상은 잠재적이 아니라 그 나름대로 (베르그송이 '순수 기억'이라고 명한) 잠재력을 구체화한다. 그렇기 때문에 기억의 형상은 우리에게 지나간 것을 제공해주는 것이 아니라 과거로 '존재했던' 지나간 현재를 재현해준다. 기억의 형상은 구체화된 혹은 스

---

15) W. Benjamin, *Das Passagen-Werk*, Bd. 1(Frankfurt am Main, 1989), 177쪽.

스로를 구체화하는 형상이며, 이 형상은 현재적이고 활성적인 형상과 함께 거의 구분되지 않는 순환 운동을 형성한다."[16)]

형상의 독자성에 대한 근거는, 니체에 의하면, 그 세 단계의 전이 과정이 모두 자의적이라는 데서 찾을 수 있다. 니체는, "도처에서 나는 전이를 인식한다"(KSA VII, 489)라고 밝힌다. 예컨대 사물에서 형상으로, 형상에서 말로, 말에서 개념으로 전이되는 과정에는 그 어떤 당위성이나 필연성도 존재하지 않으며 그 과정에는 단지 "신경 자극"의 강약만이 작용할 뿐이다. 사물이 형상으로 옮겨질 때 신경은 가장 강하게 자극되고 말이 개념으로 고착화되는 세 번째 과정에서 그 신경 자극은 가장 무뎌진다. 여기서 세 단계의 전이 과정 전체가 모두 은유의 과정이기도 한데, 살아 있는 형상적 언어에서 추상적인 개념적 언어로의 전환은 곧 생동성 있는 은유가 서서히 "죽은 은유"로 고착되는 과정인 셈이다. 그리고 생동성 있는 은유가 비교적 감성적인 장르인 문학과 예술에서 압도적이라면, 죽어 있는 은유로서의 개념은 주로 철학적·사회과학적 글에서 지배적이다. 그러나 그런 이분법은 사실 바람직하지 않다. 왜냐하면 철학적·사회과학적 글에서도 특정 개념은 대단히 다의적이고 감성적인 은유로 사용될 수 있기 때문이다. 가령 치마Peter Zima가 잘 언급한 것처럼 홉스의 "도덕적 의무", 마르크스의 "잉여 가치", 베버Max Weber의 "카리스마" 같은 사회과학적 개념들은 전혀 하나의 의미로 고정되지 않은 채 마치 문학적 은유처럼 다양한 의미로 해석되는 역동성을 지닌

---

16) G. Deleuze, *Das Zeit-Bild*(Frankfurt am Main, 1991), 77쪽.

다.[17] 역으로 문학과 예술에서 사용된 감성적이고 형상적인 언어도 미래를 선취하는 개념으로 작용할 가능성을 내포하고 있는 것이다.

　니체에게 있어서 은유, 전이에 대한 또 다른 이름은 "혼돈"이며 "혼돈은 곧 근원 현상"(KSA VII, 487)이기도 하다. 전이, 혼돈, 즉 동일성의 환상을 불러일으키는 은유적 언어는 결국 시적인 상상력에 의해 발현되는데, 그런 의미에서 은유적 언어를 니체는 "상상력의 날갯짓"(KSA VII, 443)이라고 부른다. 사실 니체는 은유와 상상력을 동의어로 사용하고 있는데, 그것은 "상상력이란 유사성을 재빠르게 관조하는 데에 있"기 때문이다. 뛰어난 상상력을 통해서 실상과 개념 간의 유사성을 만들어내면서 진리를 전달하려는 듯한 사회철학자들은 결국 뛰어난 상상력으로 은유적 언어를 만들어낸다는 점에서는 예술가와도 같다. 또한 철학자와 예술가는 변형과 이야기를 꾸며낸다는 점에서 언어의 마술사라는 공통점을 지닌다. 그럴 경우 철학자와 예술가는 더 이상 진리와 존재를 찾는 이들이 아니다. 왜냐하면 그들의 언어는 도덕적으로 "올바른 추론"을 꾀하는 언어가 아니라 상상력에서 나온 "수사적 비유들"이기 때문이다. 이를 근거로 니체는 시니컬하지만 흥겨운 어조로, "모든 수사적 비유들(즉 언어의 본질)은 논리적으로 잘못된 추론이다. 이와 함께 이성이 시작된다"(KSA VII, 444)라고 말한다.

　앞서 언급한 언어에 대한 니체의 비판은 곧 추상적·개념적 언어에 대한 비판이며, 그 비판은 이미 《비극의 탄생》에서 시도된 소크라

---

17) P. Zima, *Die Dekonstruktion*(Tübingen, 1994), 62쪽.

테스적 문화 세계에 대한 비판과도 연결된다. 왜냐하면 이론적이고 추상적인 인간이 즐겨 사용하는 언어가 그러한 특성을 갖고 있기 때문이다. 〈도덕에서 벗어난 의미에서의 진리와 허위에 관하여〉에서도 니체는 개인적 현실성과는 무관한 개념의 팽배에 대해서 다음과 같이 서술하고 있다.

> 말의 생성은 근원적 체험에 빚지고 있지만, 그 일회적이고 철저히 개인화된 근원적 체험에 대해 말은 가령 기억으로서 기여하는 것이 아니라 대체로 비슷한 경우들을 위해, 즉 엄격히 말하자면 결코 동일하지 않은, 전혀 동일하지 않은 경우들에만 적합하게 사용된다. 이런 식에 의해 모든 말은 개념이 된다. 결국 모든 개념은 비동일한 것의 동일성을 통해 생겨난다. (KSA I, 879 이하)

기억의 장치로서 말과 글이 사용되지만, 그 말과 개념은 동일성의 착각을 불러일으키지만 사실은 "전혀 동일하지 않은 경우"에 사용되고 마는 역설적인 상황에 놓여 있다. 개념적 언어의 비동일성에도 불구하고 인간은 그 언어가 심어주는 동일성의 환상에 젖기 마련이다. 그것은 수사적인 은유가 유사성을 토대로 그러한 동일성의 환상을 창출해내기 때문이다.

> 은유란 무엇을 동일한 것으로 취급하는 것을 뜻하는데, 어떤 점에서 우리는 그것을 비슷한 것으로 인식해왔다. (KSA VII, 498)

영원한 진리aeternae veritates로서 개념과 사물의 이름을 오랜 시간 동안 믿어왔다는 점에서 인간은 자신이 동물보다 뛰어나다는 자부심을 취했다. 그는 언어 속에서 세계를 인식했다고 정말 생각했던 것이다. (KSA II, 30)

개념과 사물을 서로 비슷하고 더 나아가 동일한 것으로 취급하도록 만드는 은유적 언어, 엄밀히 말하면 은유적 언어가 만들어내는 그 유사성은 자의적인 것에 불과하다. 유사성에 기초한 은유는 단지 그럴듯한 환상을 만들어낼 뿐 동일성이나 현존 그 자체가 아니다. 이렇게 유사성을 토대로 한 은유적 언어의 속성을 설명하면서 니체는 본질, 진리, 세계 자체를 인식하려 했던 기존 철학적 전통의 헛된 믿음을 비판하였던 것이다.

그렇다면, 세계 인식과는 별개이고 단지 환상만을 불러일으키는 은유적 언어는 마땅히 비판되거나 억제되어야만 하는 것이 아닌가? 이 지점에서 니체의 사유는 다시 한번 전복된다. 즉 은유적 언어는 비판과 폐기의 대상이 아니라 오히려 "즐거운 학문"의 요체로 작용한다. 그에 의하면, "그러나 은유 없이는 그 어떤 표현도, 그 어떤 인식도 존재하지 않는다". 은유적 언어 없이는, 다시 말하면 끊임없는 언어적 변형과 생성의 즐거움 없이는 인간은 존재할 수 없는 것이다. 이러한 니체의 시각을 푸코 또한 그대로 답습하고 있다. 가령《말과 사물》에서 푸코는 근대에서의 표상의 에피스테메épistémé, 인식 주체에 의한 재현의 에피스테메를 비판하면서 르네상스 시대에서의 유사성의 에피스테메를 강조한 바 있는데, 그 유사성의 에피스테메에서 중시되는 것은 동일성이나 일치보다는 상호 근접성, 반사, 관계, 상호 동화의 역동성 등이며 그런 의미에서 니체는 유사성으로서의 은유를 강조하였던 것이다. 결국 니체는 인간을 은유적 언어를 사용할 줄 아는 수사적 인간(호모 레토리쿠스homo rhetoricus)으로 규정하고 있는 셈이며, 이 수사적 인간은 은유에의 충동을 발산하고 자신이 만들어낸 은유적 언어를 오로지 가상으로만 직시한다.

> 은유를 만들고자 하는 충동은 인간의 근본적인 충동이다. 이러한 충동을 우리는 한순간도 무시할 수 없다. 왜냐하면 그것은 곧 인간 자체를 무시하는 것이기 때문이다. (KSA I, 887)

동일하지 않은 것을 동일한 것(정확히 말하면, 유사한 것)으로 만들어내는 충동으로 인간은 체계적이고 보편적인 대서사시grand récit를 구축하려 들지만, 그러나 그런 대서사시는 언제나 불완전하고 내적으로 붕괴될 수밖에 없다. 그것은 궁극적으로 수사적 언어에 의해 만들어진 것에 불과하기 때문이다. "다채롭고, 불규칙적으로, 결과 없이, 연관성 없이, 매혹적이고, 영원히 새롭게 형성해보려는" (KSA I, 887) 인간의 수사적 욕구에서 만들어진 언어적 체계로서의 세계, 그것은 꿈의 세계, 가상의 가상으로서의 예술 작품에 다름 아니다. 아니, 니체는 세계 자체를 "스스로를 잉태하는 예술 작품" (KSA XII, 119)으로 받아들였다.

4. 데카당스 예술과의 모순적 관계

니체의 예술관과 관련된 또 하나의 쟁점은 데카당스 예술과의 관계다. 사실 데카당스라는 개념은 예술뿐만 아니라 철학이나 종교와 관련해서도 사용된다. 가령 니체는 삶에의 의지를 부인했던 쇼펜하우어를 "데카당스한 철학자"라고 비판한 바 있고, 아울러 서구 기독교적 논리에 의해 조장된 현세적 삶의 허무성과 관련해서도 데카당스한 종교관이라고 명명한 바 있다. 그렇지만 그런 비판이 곧 삶과 죽음 같은 식의 이분법적 사유를 정당화하는 것은 결코 아니다. 왜냐하면 니체는 다른 대목에서 그런 이분법에 대해 스스로 회의적인 모습을 보였기 때문이다. "나는 상승하는 삶의 원형과, 몰락·붕괴·연약함이라는 다른 원형을 구분한다. 그 둘 사이의 등급 문제가 정말 제기될 수 있다고 믿어야만 할까?"[18] 삶과 죽음, 상승과 몰락, 건강함과 나약함이 서로 구분은 되지만 그것에 선악이나 긍정과 부정 같은 식의 가치를 부여할 수는 없다는 것이다. 왜냐하면 삶 자체가 반드시 건강성으로만 구성되는 것은 아니기 때문이고, 또 몰락이나 파멸도 삶의 일부분이기 때문이다. 그래서였을까? 니체는, "삶의 상승 및 진보와 마찬가지로 데카당스 현상도 필수적이다. 그런 현상을 손쉽게 제거하지는 못한다"[19]라고 말한다.

그럼에도 불구하고 데카당스의 기본 특징은 삶에 대한 의지를 부

---

18) F. Nietzsche, *Werke in 3 Bänden*, Bd. III, 829쪽.
19) F. Nietzsche, *Werke in 3 Bänden*, Bd. III, 779쪽.

정하고 몰락 · 파멸 · 죽음을 예찬하는 것이며 그런 파멸과 몰락에의 쾌락을 형상화한 예술을 데카당스적, 유미주의적 예술이라고 부른다.[20] 그리고 니체가 그런 데카당스 미학이나 예술에 비판적이었다는 해석이 일반적으로 제기된 바 있는데, 최근 니체 전접의 한 해설에서도 그런 시각과 마주하게 된다. "이런 데카당스 예술과 미학은 현대의 도덕을 대표한다. 즉 하강하는 삶의 도덕이자, 삶과 세상을 부정하고 상승하는 삶의 도덕을 증오하는 도덕을. 니체는 이런 데카당스 미학과 이런 데카당스 예술에 이별을 고한다. 삶의 자기 긍정과 자기 지배를 장려하는 주인 도덕을 표현해주는 아름다운 예술과 위대한 예술로의 회귀를 위해. 고전 미학으로의 회귀를 위해. 자연과 건강함과 명랑성과 젊음과 덕으로의 회귀를 위해."[21] 이처럼 니체 예술관의 핵심은 건강한 삶이기에 예술적 형식미에만 심취하는 유미주의적이고 데카당스한 예술은 철저히 부정되고 자연주의적 예술만이 옹호되었다고 단정할 경우, 거기에는 몇 가지 의문점이 따른다. 우선 "아름다운 예술", "고전 미학" 같은 헤겔 미학에서도 중시된 개념들이 과연 니체의 예술관에 그대로 적용될 수 있을까 하는 의구심이 생긴다. 이러한 의구심을 해소하기 위해서는 무엇보다도 헤겔 미학의 그런 개념들과는 다른 변별점이 제시되어야만 한다. 왜냐하면 니체의 예술관은 '진리나 이념이 감각적으로 현현한다'는 의미에서 아름

---

20) 문학적 데카당스에 대해서는 다음을 참조할 것. W. Rasch, *Die literarische Décadence um 1900*(München, 1986).

21) 프리드리히 니체,《바그너의 경우 · 우상의 황혼 · 안티크리스트 · 이 사람을 보라 · 디오니소스 송가 · 니체 대 바그너》, 571쪽.

다운 예술을 중시했던 헤겔 미학과는 함께할 수 없기 때문이다. 또 다른 점은, 데카당스 미학과 예술에 대한 니체의 비판은 특정한 역사적인 문맥에만 한정되어야 한다는 것이다. 즉 데카당스에 대한 니체의 비판은 당시 전통적인 기독교적 논리의 종착역으로 파악된 데카당스한 예술이나 바그너 예술과 관련된 '그' 역사적인 문맥에만 타당할 뿐이다. 달리 말하면, 그런 역사적인 맥락과는 무관하게 새로운 예술 양식으로 등장한 데카당스 예술과 니체의 관계는 그렇게 단순하지 않다는 것이다.

중요한 점은, 데카당스 개념의 의미가 결코 하나로 고정되지 않는다는 것이다. 그 대표적인 예는 바그너와 니체의 관계에서 찾을 수 있다. 바그너에 대한 니체의 시각은 흔히 《비극의 탄생》(1872), 《바이로이트의 리하르트 바그너》(1875/1876)와 대략 10년 후에 씌어진 《바그너의 경우》(1888)로 나뉜다. 전자는 바그너에 대한 비교적 긍정적인 내용이고, 후자는 바그너에 대한 비판적 어조가 강하다. 그러나 엄밀히 말하자면, 바그너에 대한 니체의 시각은 어느 글에서나 모두 애증적이며 양가적이다. 《바이로이트의 바그너》에서 니체는 무너져버린 독일 문화를 예술적으로 재건하려는 바그너의 업적을 긍정하면서도 비판적 아이러니를 통해 거리를 취하고 있으며, 《바그너의 경우》에서는 바그너를 데카당스한 예술가로 분명히 비판하면서도 새로운 예술 양식과 형식으로서의 데카당스 일반에 대해서는 어느 정도 인정하는 듯이 보인다. 특히 《바그너의 경우》에서 데카당스한 예술가로 바그너를 비판하고 있는 니체의 언어를 글자 그대로 받아들일 경우 약간 곤혹스러워진다. 예컨대 바그너의 예술에 대해 니체는 "전체가 더 이상 살아 있지 않다. 그것은 합성되어 있고 계산되어 있고 인위적이며, 즉 하나의 인공물"[22]이며 "특별한 종류의 환각"을 일으킨다고 비판한다. 나아가, 바그너는 전혀 진실하지 않은 채 연극 배우처럼 "거짓말하는 기질"[23]을 갖고 있다고 비판한다. 이와 같은 언어가 바그너를 비판하는 데는 타당할지 모르겠지만, 그 언어 자체를 바탕으로 니체가 "전체적인 것"을 옹호하는 고전적 예술관, 혹은 "거짓말하는 기질"을 질타하는 아름다운 예술관을 지녔다고 말할 수는 없는 일이다. 더군다나 바그너에 대한 비판을 니체 예술관의 진지한 모습으로 받아들일 경우 기이한 모순이 발생한다. 가령 니체 스스로가 자신이 《비극의 탄생》에서 비판했던 소크라테스주의자의 모습을 취하게 된다는 모순 말이다. 소크라테스주의자야말로 비극적인 것을 "진실하지 않은", "거짓과도 같은" 것으로 간주하지 않았던가? 따라서 바그너를 비판하기 위해 니체가 자신이 비판했던 소크라테스주의자로 돌변했다는 식은 설득력을 갖지 못한다. 결국 도덕적이고 이성적이고 합리적인 예술관이 데카당스한 예술을 비판할 때 사용하는 그런 언어를 니체가 바그너를 비판하기 위해 반복적으로 사용한 것은 제스처에 다름 아니다. 또한 니체가 데카당스 예술에 대해 전혀 부정적이지 않았다는 가능성은 바로 니체가 자신의 철학적 사유에 어떤 예술적 형식을 부여했는지를 통해서 간접적으로 입증된다. 그것은 불완전하고 미세한 글쓰기, 체계적이고 전체적인 형식을 파괴하는 아포리즘적 글쓰기의 형식으로서, 고전적인 미학의 견해에서 보면 정

---

22) F. Nietzsche, *Werke in 3 Bänden*. Bd. III, 917쪽.
23) F. Nietzsche, *Werke in 3 Bänden*, Bd. III, 916쪽.

말이지 데카당스한 것으로 비치는 그런 형식이 아닌가. 이런 점을 모두 고려한다면, 《바그너의 경우》에서 전개된 바그너 예술에 대한 비판적 언어는 양가적이다. 즉 한편으로는 바그너에 대한 비판이 분명하지만, 다른 한편, 데카당스 특성과 관계된 언어 자체는 결코 부정적이지 않다는 것이다. 그런 양가성은 데카당스 개념을 통해 자신을 규정했던 그 유명한 니체의 언술, 즉 "내가 데카당스한 자라는 점만 제외하면, 나는 데카당스의 반대자다"[24]라는 것과도 일맥상통한다.

요컨대, 니체는 데카당스 개념을 무조건 비판한 것이 아니라 그것을 소재나 형식과 관련하여 열려 있는 개념으로 사용했음을 알 수 있다. 전자의 경우 죽음, 파멸, 몰락 같은 글자 그대로 데카당스한 현상과 관계되며, 후자의 경우 기존 형식을 파괴하는 아방가르드적인 형식과 문체에 해당된다. 니체가 세계의 실존 자체를 "심미적 현상"으로 파악했을 때 거기에는 가상으로 받아들여질 수 있는 전율과 파괴의 소재와 형식이 모두 포함되며, 이는 결과적으로 데카당스한 소재나 형식을 모두 수용함으로써 자신의 영역을 확장시켜나갔던 자율적 예술의 역사와 깊은 관계를 맺는다.

5. 결론

니체의 예술관을 그 자신이 《비극의 탄생》에서 반복적으로 선언한

---

24) F. Nietzsche, *Werke in 3 Bänden*, Bd. II, 1072쪽.

"세계의 실존은 오로지 심미적 현상으로만 정당화된다"(KSA I, 17) 라는 구절로 압축할 경우 이는 좀 지나친 해석일까? 실존적, 경험적 대상으로서의 세계와 존재를 오로지 심미적 현상으로만 받아들인다는 것, 이는 곧 본질이 해체되고 단지 예술적 표피만이 본질처럼 남는다는 것을 뜻한다. 그럴 경우 디오니소스 개념을 니체 철학의 근본으로 삼는 수많은 니체 전문가들의 비판을 피할 수 없을 것이다. 왜냐하면 그런 과감한 주장은 솔직히 니체를 디오니소스적 철학자보다는 "아폴론적 예술가"로 받아들이겠다는 의도를 내포하고 있기 때문이다. 니체 전문가들로부터 쏟아질 수 있는 비판의 개연성에도 불구하고 분명한 점은 니체가 심미적 현상 내지는 가상을 통해서만 자신의 삶과 철학, 자유로운 사유를 즐겼다는 것이다. 그 점은 그가 완전한 철학적 체계의 구축을 꾀하기보다는 마치 구성과 파괴를 즐기는 어린아이처럼 예술적 방식으로 사유의 실험을 전개한 것을 통해 알 수 있다. 요컨대, 데리다가 전통적인 철학을 "유희에서 벗어난 현존"[25]의 형이상학이라고 비판하였다면 이제 니체는, 데리다의 그 표현을 살짝 비틀자면, "현존에서 벗어난 유희"를 즐겼던 셈이다. 그런 점에서 그에게는 가상으로서의 예술만이 유일한 존재의 근거로 작용했던 것이 아닌가 싶다. "예술, 예술 이외에 그 어떤 것도! 예술은 삶을 가능케 해주는 위대한 것이며, 삶으로 유혹하는 위대한 것이며, 삶의 위대한 자극제다."[26]

---

25) J. Derrida, *Die Schrift und die Differenz*(Frankfurt am Main, 1972), 423쪽.
26) F. Nietzsche, *Werke in 3 Bänden*, Bd. III, 692쪽.

제5장 니체의 예술적 사유와 현대 예술 ― '개념은 예술의 죽음이다'

● ● ● 홍사현

1. 철학과 예술, 니체의 예술적 인식

프리드리히 니체가 20세기 현대 사상 전반에 대해 기여한 결정적인 것 중의 하나는 철학과 예술을 결합한 것이다. 개념과 언어에 갇혀 객관성이라는 절대 원칙의 테두리를 벗어나지 못하는 유럽의 오랜 형이상학적 전통을 비판하며, 니체는 사유나 인식 자체를 창조력으로 파악함으로써 철학적 사고와 예술적 행위를 새로운 차원에서 일치시켰다. 이러한 전환이 서양 전통 철학의 근본적인 전제와 토대만

홍사현은 연세대 철학과와 서울대 독문학과 대학원을 졸업한 후 오스트리아 클라겐푸르트 대학에서 철학 박사 학위를 취득했다. 현재 연세대와 서울대에 출강하고 있고, 〈니체와 에우리피데스에서의 디오니소스적인 것〉, 〈니체의 비극 이론과 루만의 관찰 개념 비교. 주체의 문제를 중심으로〉 등의 논문을 썼으며, 책세상 니체 전집 12 《즐거운 학문 · 메시나에서의 전원시 · 유고(1881년 봄~1882년 여름)》(공역) 등을 옮겼다.

을 흔들어놓은 것은 아니다. 다른 한편으로 예술이라는 현상 자체에 대한 접근 방식 역시 변화시킴으로써 현대 예술과 현대 미학에서도 사상적 · 인식론적 기반을 이루게 되었다.

니체의 사유 속에서 예술과 철학이 불가분적 관계를 맺고 있는 특이한 방식은 완전히 새로운 차원에서 일어났으며, 이런 의미에서 예술과 관련한 니체의 사상은 일반적이며 전통적인 의미에서의 '미학'이라 불릴 수 없다. 전통적으로 예술은 항상 진리나 이성, 학문을 보조하거나 이것들과 대립하는 기능 속에서 존재해왔으며, 이와 함께 흔히 예술에 대한 철학이라고 정의되는 미학은 철학과의 관계에서 부차적인 역할을 수행하는 데 그쳤다. 플라톤에서 칸트와 헤겔을 거쳐 최근에 이르기까지 전 시대에 걸쳐 대부분의 예술은 철학자들의 형이상학적 입장을 대변하면서 그들의 사상을 이해하는 데 결정적인 단서를 제공했지만, 전체 사상 내에서 종속적인 지위를 벗어나지는 못했다. 유럽 전통 철학의 성격상 이는 물론 불가피한 것이었다.

반면, 지금까지 철학적 성찰의 매개가 되었던 구체적 예술 작품이나 예술 현상 자체 역시 니체의 사유에서 핵심적 대상이 아니기 때문에 아무런 조건과 주저 없이 니체 사상을 '예술철학'이라 정의하기에도 아쉬운 점이 남는다. 니체의 사유에서 철학과 예술은 모두 확고한 자기 동일성의 영역을 벗어나 존재와 표현 사이의 불일치라는 새로운 차원으로 들어선 인식을 의미하고 있기 때문이다. 니체가 지금까지 우위를 차지했던 학문이나 진리를 비판하고 예술을 강조한다고 해도 이때 예술과 철학의 구분이 절대적이고 최종적인 것은 아니다. 또한 예술을 삶 자체보다도 우위에 놓고 삶이 예술을 모방한다고 보는 예술지상주의가 문제 되는 것도 아니다. 《비극의 탄생》에서 니체가 사용한 "미적인 학문" 같은 모순 형용적인 표현에서 알 수 있듯이, 이성 비판의 기능으로서의 예술에 대한 그의 강조는 절대적인 가치에 대한 거부, 회의와 함께 존재에 대한 균형 감각을 드러낸다. 니체식으로 말하자면 학문이든 예술이든 그 존재 혹은 행위 자체는 중립적인 것이다. 정의하고 평가하고 가치를 부여하는 것은 추후에 행해진 것이기 때문이다. 철학이 가지고 있는 예술적 측면과 예술 자체가 드러내는 철학적 요소가 겹치는 비동일적 사유의 영역도 바로 이러한 중간적 공간이고 경계적인 성격을 가진다. 세계와 존재를 발생시키는 원초적 창조력과 그 과정이 반복되고 있는 곳, 니체의 사유는 그곳에서 그렇게 삶과 진리와 예술을 서로 결합시킨다.

　이런 점에서 특히 예술이라는 문제를 중심으로 니체의 사상에 접근하는 일은 니체의 사상 전체의 뿌리를 건드리는 작업인 듯하다. 검게 쓰인 문자에 매달려, 개념이라는 금방이라도 부서질 듯한 수많은 가지에 매달려 아직 밑동도 껴안아보지 못한 우리에게, 이제 예술이라는 이 단어가 우리에게 보이는 것보다 훨씬 더 다양하고 탄탄하게 니체 사상의 모든 구조를 유기적으로 엮어주고 있다는 점이 어렴풋한 추측으로나마 드러나야 하지 않을까? 이러한 추측과 함께 아주 특수한 하나의 현상, 또는 인간 활동의 한 부분적 영역에 지나지 않는 것으로 보이는 예술이나 미적 경험의 세계를 새롭게 인식하는 법을 배울 수 있을 것이다. 니체가 그랬던 것처럼.

　위에서 제기한 것처럼 니체의 예술이 일반적인 의미에서의 미학과도, 또한 협의의 예술철학과도 관계가 없다면, 여기서 말하는 예술은 어떤 예술인가? 예술이라는 개념의 무수한 내포와 외연 중에서 어떤 부분을 말하는 것인가? 가령 어떤 익숙한 개념을 곱씹어 생각하거나 우연히 떠올리면 때때로 낯설어지고 그래서 마치 낯선 사람을 새로 만나는 듯한 기분이 들 때가 있는데, 지금이 그런 경우다. 니체가 언급하는 수많은 음악가와 작가들, 그리고 건축물을 비롯한 예술 작품들이 여기서 본질적인 의미를 구성하는 것이 아니기 때문에 우리는 니체에게서 예술의 문제가 가진 핵심이 무엇인지 물어보아야 한다. 그러면, 디오니소스가 아니라 '디오니소스적인 것'이 문제이듯이, 니체가 사실은 '예술' 또는 '음악'이라기보다는 '예술적인 것', '음악적인 것'에 대해 말하고 있다는 것을 통찰할 수 있게 된다. 이런 점에서 니체가 말하는 예술은 우리가 알고 있는 그 단어가 마치 표현으로 태어나기 이전으로, 발생 이전의 상태로, 가능성으로 존재했던 단계로 돌아간 듯한 느낌을 준다. 그러는 가운데 이 표현은 단번에 드러나거나 알 수 없는 수많은 배경과 역사, 상징들을 숨기고 있다. 모든 존재가 갖고 있는 초시간적 과거나 또는 미래, 즉 이 거대한 무의 세계 안에 막 존재하려는 욕망들이 근원적 창조력으로서 움직이고 있다. 현실이나 경험적인 가상 세계로 탄생(표현)되기 직전의 이러한 가능성의 세계는 개념적 인식으로는 설명할 수 없다. 언어나 개념, 이성에 의한 인식은 삶과 창조성을 배태하고 있는 그 모순의 차원을 포괄하지 못한다. 예술과 삶과 인식이 창조성이라는 측면에서 서로 동일한 기능과 존재 구조를 가지고 있다는 것, 이것이 니체의 사유의 토대를 이루고 있는 예술적 인식의 내용이다. 더욱이 이것은 힘에의 의지와 디오니소스적 음악의 정신 등 그의 여러 사상들과 예술이라는 문제와의 내적 연관성을 분명히 드러낸다.

그렇다면 예술은 분명 그의 사상의 내용을 이루는 부분 개념이 아니다. 예술의 문제는 그의 사유 자체와 더불어 움직이고 변화한다. 철학이나 학문에 대한 반성으로서의, 심미적 경험이자 현상으로서의 예술 정신은 니체에게서는 존재론적인 성격을 지니고 있다. 정확하게 말하면 존재를 발생시키는 힘, 존재 직전의 상태로서의 '힘에의 의지'인 예술은 삶에 대한 욕구를 만들어낸다. 따라서 "니체는 왜 예술로서 철학하기 시작했는가"의 문제는 니체는 무엇을 말하려고 했는가에 대한 물음과 상통할 뿐 아니라 그의 철학적 태도 자체를 통해 드러나는 것이다. 예술과 철학은 일반적으로, 아니 전통적으로 서로를 배제하는 관계에 있다. 물론 니체의 사유 자체도 모든 대립적인 것의 상호 관계를 전제로 할 때 이해될 수 있는 것이다. 그런데도 예술과 철학의 대립적인 관계로부터 출발하는 니체가 결국 그들의 공존 상태를 역설한다면, 그래서 예술의 본질이 곧 대립자를 모두 포함하는 존재의 구조를 설명하는 장소이자 매개라면, 니체는 결국 예술이야말로 최후의 진리라고 말하는 것이 아닌가? 더욱이 존재와 무가 동일하다는, 동일성과 비동일성이 서로 나눠진 것이 아니라는, 그리고 비논리로부터 논리가 발생한다는 모순의 진리에 대해 말하고 있는 것이 아닌가? 철학과 미학이, 인식과 예술이 한 몸이 되고 한 목소리를 낸다는 것, 예술과 철학이라는 개념의 결합이 불협화음의 화음, 둥근 사각형의 모순처럼 된다는 것은 무슨 의미인가? 그럼으로써 그것은 감정 아닌 것을 배제했던 감정이라는 영역과 생각 아닌 것을 배제했던 생각의 영역이 겹치는 정신의 원초적 공간을, 즉 감정과 생각의 경계가 섞여 사라지는 확대된 공간을 펼치고자 하는 것이 아니닌가? 논리적 상상력 또는 상상력의 논리라는 이러한 역설적 문제는 니체 철학의 성격 자체가 함축하고 있는 전통 비판적 성격을 보여준다.

2. 니체와 현대 미학

개념이 아니라 놀이와 실험의 관점에서 철학에 접근하는 니체의 이러한 태도는 전통적 진리 개념에 대한 비판의 골격을 이룬다. 그리고 진리에 대한 변화된 태도는 현대 예술에서도 전통적 예술 개념을 거부하는 새로운 양식의 추구와 결부되어 등장한다. 이로써 지금까지 일반적이고 공통된 미학적 범주에서 이해되어왔던 예술관이나 미적 경험의 문제는 이제 절대적으로 달라진 예술의 조건 자체에 대해 말하고 있다. 전통적인 예술의 기능인 미메시스의 문제가 표현 불가능한 것의 표현 또는 표상 불가능한 것의 표상이라는 근본적인 인식의 문제로 전환되기 때문이다. 즉 표현과 형식 차원의 칸트 미학이든 진리 내용 차원의 헤겔 미학이든 예술미는 전통적으로 재현과 반영을 통해 형이상학적 목적과 동일성의 사유에 종속되는 것이었다. '예술은 미메시스'라는 서양 미학의 기본적인 이념적 토대가 흔들린 적은 없었다. 플라톤 이래 지속되어온 유럽 형이상학의 전통에서 미학이나 예술관 역시 이분법적, 이상주의적, 절대적 진리관 및 대상 인식에 의거한 것이었고, 이러한 권위에 대한 도전은——적어도 니체 이

전까지는——눈에 띄지 않았다.

그러나 니체 이후 현대 예술은 정신과 이성에 부여된 전통적 틀과 형식으로부터의, 모방이라는 강박관념으로부터의 해방을 시도한다. '예술은 진리나 정신의 감각적 표현'이라는 동일성 사유의 틀을 비판하고 극복하려는 시도가 19세기 말 이후 일어나는 현대 미학의 근본적인 특징이며, 그것은 예술과 인식이 맺는 불가분의 관계 자체에 기인한 것이다. 예술은 재현의 문제가 아니라 인식 자체의 문제가 된다. 예술의 문제에 근원적으로 내재된 비판적 인식이 부각됨으로써, 예술은 더 이상 철학의 부차적 영역이나 정신의 하위 영역으로 머무르지 않고, 철학과 그 본질적 기능을 공유하게 된다. 이성적 경험과 심미적 경험 사이의 결정적인 구별은 깨지고 감정이나 감성이, 상상력과 무의식적 충동이 오히려 인식 체계에 본질적이라는 입장이 현대 예술에서도 출발점을 이룬다.

여기서 우리는 니체의 경우와 마찬가지로 현대 미학도 단순히 예술에 대한 이론이나 미적 예술 감상에 관한 이론 또는 예술 작품에 관한 특수하고 협소한 학문적 영역을 대상으로 다루지 않는 것을 관찰할 수 있다. 이는 미학이 구체적 예술 영역을 넘어 미적 경험의 인식론적 기반으로서 다양한 전환을 맞이하며 이와 함께 이중성, 양가성, 상대성 등을 특징으로 한 현대성의 미학으로 새롭게 등장함을 의미한다. 20세기의 예술과 사상은 형태나 영역 또는 양상에 있어서는 다양성을 띠지만 기존의 양식을 해체한다는 점에서는 공통적이며, 전통 비판과 과거로부터의 근본적인 전환을 특성으로 삼고 있다. '모더니티' 또는 '현대성'이라는 말은 이러한 정신적 배경과 경향

전반이 갖는 비판적, 실험적인 반(反)미학의 미학, 반예술의 예술의 성격을 규정짓는 개념이다. 새로운 예술적 형식과 표현 그 자체가 사유 형식으로서 기능함으로써 현대 미학은 철학적 해석 대상으로서의 전통 미학을 벗어나 예술적 실현 방식이 되었다. 인식의 심미성이라는 현대 미학의 전제는 개념에 기초한 전통 미학으로부터의 해방과 결별을 의미한다.

현대 예술에 있어 이성은 절대적 권위를 상실하고, 이성의 작용은 무의미해진다. 모더니즘 예술 이후 개념적 인식을 토대로 한 이상주의 미학, 동일성의 미학은 여러 차원에서 비판되고 거부된다. 이념이나 개념에 의존하지 않는다는 점에서 자율적이며, 대상화나 모방 등을 통한 동일성의 충동으로부터 무관심한 예술적 인식과 감각적 인식이 현대 예술의 기본 태도다. 현대 예술이 집중하는 문제는 이제 모순이라는 인식론적이며 존재론적인 범주로 확대되고, 20세기의 많은 예술 운동이 공유하는 반예술적 경향하에서 실천적으로 나타난다. 유럽의 음악적 전통과 단절하는 가운데 단순한 작곡이나 음악 내적인 문제를 넘어서는 문화적 전복의 의미를 갖는 쇤베르크Arnold Schönberg의 현대 음악, 대상의 구상적인 재현을 철저하게 문제시하며 20세기 미학과 예술의 새로운 관념들을 창조하는 초현실주의 회화, 더 나아가 마그리트René Magritte나 에셔Maurits Cornelis Escher의 그림 등을 통해서도 알 수 있듯이 모방과 창조적 상상력 사이에서 예술이 처한 멜랑콜리적 상황은 예술 자체에 대한 물음을 제기한다. 그리고 이때 예술이 가지는 본질은 묘사와 그 대상, 또는 존재와 그 현상 사이에서 서로 모순적으로 얽혀 있는 유사성과 차이의 관계를 내포하고 있음이 드러난다. 이런 점에서 현대 미학에서 말하는 예술의 모순은 존재의 모순과 맞물린다. 나아가 구조주의적 기호학이나 푸코 또는 들뢰즈 등 많은 현대 사상가와 이론들에서도 보이는 이러한 예술 이해는 단순히 예술에 대한 이론적 고찰의 증가로 해석될 수 없고, 오히려 예술이야말로 다양한 사유 형태가 전개되는 장소 자체라는 것을 보여준다.

한편으로, 재현의 거부라는 현대 미학의 근본 문제는 더 구체적으로 들어가면 예술 작품의 창조와 수용이라는 차원과도 깊은 연관이 있다. 현대 미술에서는 수용자, 즉 관객이나 독자의 입장과 역할이 전적으로 중요시되고, 이런 관점에서 예술 작품이나 예술 행위도 다시 파악된다는 점은 현대 예술의 일반적인 맥락으로 볼 때 과거와는 달라진 예술의 상황과 조건을 뚜렷이 보여준다. 현대 미학은 예술 작품 자체에 이미 고유한 의미나 효과가 있다는 전통적인 입장과 달리, 현대 예술에서 예술 작품 또는 예술가와 수용자 사이의 관계 자체를 통해 끊임없이 새로운 예술적 과정이 재생산된다고 본다. 또 현대 예술의 기본적인 특징으로 들 수 있는 즉흥성이나 퍼포먼스적 성격 또는 일회성의 개념을 통해서도 영원하고 객관적인 (구체적) 예술 작품을 주관적이며 미적인 경험으로 대체하는 현대 예술의 입장을 파악할 수 있다.

그렇다면 이러한 20세기 현대의 미학적 전환에서 결정적인 역할을 제공하는 니체 철학은 어떤 측면에서 현대 예술과 미적 경험의 내용을 공유하는가? 그의 사상에서 핵심 개념을 이루는 '비극적 인식' 또는 '디오니소스적 인식'은 그의 초기 저서 《비극의 탄생》에서부터 등장해서 이성 비판, 학문 비판, 동일성 사유나 이상주의 비판 그리고 무엇보다 전통 형이상학 비판에 결정적인 역할을 한다. 이 속에서 예술의 의미는 형이상학적 진리 표현을 넘어서는 존재 양태나 존재 방식이 되고, 고전주의와 낭만주의적 예술 경향을 동시에 극복하는 미적 인식이라는 새로운 진리 차원으로의 지평이 열리게 된다. 디오니소스적인 것이 상징하는 사유 방식이나 존재 구조는 이성과 예술의 관계에서 예술이 갖는 본질과 같은 구조로 이루어져 있다. 즉 니체에게서 '미적인 것'의 핵심은 음악의 정신으로 설명되며, 음악의 본질은 협화음과 불협화음의 이중 구조 내지 아폴론적인 것과 디오니소스적인 것의 이중 구조로 설명할 수 있는 디오니소스적인 모순인 것이다. 따라서 여기에 깃들어 있는 세계 인식은 기본적으로 전통적인 이분법적 주체/객체 관계를 거부하며, 절대적인 법칙에 근거한 예술 행위와 사고 행위에서 세계와 주체가 관찰자 주체에 의해 관계를 맺는 불확정적이고 상대적인 차원으로의 전환을 의미한다. 이런 측면에서 전통적, 고전적 예술 양식에 대한 현대 예술의 단절과 거부는 실험적 태도와 비판적 인식을 기반으로 하는 니체 미학과 본질적으로 맥을 같이한다.

즉 디오니소스적·비극적 인식으로 지칭되는 니체의 예술에 대한 인식은 개념적 사고와 감각적 인식 사이의 유동적이고도 풀리지 않는 역설에 집중하는 태도를 함의하며, 이것이 그의 전 사상을 유기적으로 연결하는 토대로 작용한다. 특히 현대성에 대한 담론과 예술의 운명이 같은 배를 타고 있는 상황에서 현대 미학의 특징은 전통적 의미에서의 '미적인 것'이나 '자연미das Naturschöne'에 대한 근본적인 전복의 방식을 통해 발현된다. 가령 헤겔에게서는 거부되었다가 니체에게서 재발견되고 강조되는 이러한 예술적 심미성의 강조는 단순히 "아름다운 것"이나 이상적인 미에 대한 관심과는 본질적으로 구별된다. 니체적 의미에서의 심미성은 동일성 내지 개념성과 대조되는 모순적 '자연성Natürlichkeit'의 의미로 이해될 수 있다. 여기에 니체 미학이 배태하고 있는 이성 비판과 전통 비판이 철저히 예술의 본질적 기능이라는 측면에서 고찰되는 이유가 있다. 이런 맥락에서 포스트모더니즘 미학에서도 결정적인 의미를 지니는 '추의 미학', '숭고함', '불협화음' 등의 개념은 니체 철학의 미학적 특징과 함께 현대 예술의 탄생에 니체의 철학이 기여한 지대한 역할을 동시에 보여준다.

3. 니체와 현대 예술

1) 현대성의 시작

니체가 현대 예술의 다양한 장르에 직·간접적으로 끼친 영향은 실로 대단한 것이다. 세기 전환기의 수많은 문학 작품, 특히 표현주의의 전반적인 운동과 모더니즘 작가들과의 연관성에 대해서는 넘칠 정도로 많은 비교 연구가 이뤄져왔다. 게오르게Stefan George, 호프만스탈Hugo von Hofmannsthal, 릴케Rainer Maria Rilke, 벤Gottfried Benn, 토마스 만, 카프카Franz Kafka, 브로흐Hermann Broch, 무질Robert Musil 등의 작가들에 대한 니체의 영향은 근본적이고 심층적이다. 마찬가지로 음악이나 회화, 조각 등의 순수 예술과 니체 사상의 연관성도 여러 측면에서 언급될 만하다. 이것은 물론 니체가 당시 19세기 말에 팽배해 있던 문화적, 사회적 긴장과 위기의식 속에서 실험적이고 전복적인 사고를 극단적으로 표현한 선구자로서 이미 새로운 정신사적 전통의 토대로 자리를 굳히기 시작했다는 것을 말해준다. 그렇다고 해서 이 영향이 현대 예술가 개개인에게 절대적인 것이라고 과장할 필요는 없을 것이다. 현대 예술의 각 분야에서 일어난 새롭고 거대한 움직임은 거의 동시적이며 전반적인 것이었다. 당시 니체의 시대는 니체의 철학만큼이나 실험적이었고, 사회적 진화나 진보에 대한 확신과 함께 도덕의 절대성, 공리주의, 낙관론에 대한 회의가 강하게 대두되기 시작하던 시기였다. 이때 니체는 시대의 관찰자로서 그리고 시대를 앞서 가는 문화 비판가로서 자신의 역할을 누구보다 철저하고 탁월하게 수행한 것이다.

현대성이 태동하기 시작한 19세기 말, 세계는 달라지고 세계를 이해하는 방식도 급격히 바뀌었다. "이성적인 것이 현실적이고, 현실적인 것은 이성적이다"라는 헤겔의 유명한 문장은 이미 효력을 상실했다. 세계를 사실적으로 관찰하고, 모든 것을 통일된 관점과 조화롭게 통일된 상태로 옮겨놓는 것이 불가능하다는 인식이 확산되기 시작한다. 보편타당한 미덕과 이상적인 미에 대한 추구는 가치와 의미를 상실했다. 이미 인간과 세계의 관계는 근본적으로 바뀌기 시작했고, 시대 자체가 인류 역사상 가장 근본적인 변혁기에 들어선 상태였다.

이와 함께 공간이나 시간에 대한 패러다임 역시 변하게 되는데 이는 우선 당시의 인상주의에서 뚜렷하게 관찰할 수 있다. 인상주의 회화에서는 현실이나 사물을 객관적으로 존재한다고 믿어온 모습 그대로 그리지 않고 매 순간 화가가 받는 인상이나 주관적인 느낌을 표현하기 시작한다. 소실점에 기초한 원근법 같은 것은 더 이상 아무 의미가 없다. 원근법은 평면에 지나지 않는 화폭 위에 리얼리티의 환영을 조작해내는 기하학적 공식일 뿐이라는 인식이 생겨났다. 즉 원근법은 하나의 관찰 방법이긴 하지만 우리가 사물을 인식하는 주관적 방식은 이때 반영되지 않기 때문이다. 달리 말하면 인간의 눈이 대상을 바라보는 바로 그 순간과 장소의 특수성이나 눈과 대상 사이의 상호 작용 자체가 반영되거나 그대로 재현되지 않는다는 새로운 주장이 설득력을 얻게 되었다. 예술가들은 회화는 평면의 세계라는 고정적인 관념을 깨고 3차원의 세계를 새로운 방식으로 표현하기 시작하고(입체파), 더 이상 사실주의 회화에서와 같이 구체적 대상에 대한 정밀 묘사에 치중하지 않는다. 논리적인 법칙이나 자연과학의 물리적 법칙 등은 절대적인 것이 아니다. "이것이 내가 보는 것이다"라는 기존의 진술은 "이것이 과연 내가 보고 있는 것인가?"(세잔Paul Cézanne)라는 의문 제기로 대체된다.[1] 비슷한 시기에 관찰의 상대성은 중력 이론에 있어 고전적인 뉴턴의 물리학에서 아인슈타인의 일반 상대성 이론으로 넘어감으로써 과학 부문에서의 인식의 신기원을 이룬다.

---

1) 로버트 휴즈, 《새로움의 충격. 모더니즘의 도전과 환상》, 최기득 옮김(미진사, 1991), 17쪽 참조.

음악에서도 전통적인 조성 양식으로는 표현 불가능한 것을 표현하기 위해 기존의 형식들을 해체하기 시작하는 전통 비판적 태도가 이미 나타나고 모더니즘 이후 음악적 형식으로 등장한다. 현대 음악의 서두를 장식한다고 할 수 있는 후기 낭만주의와 인상주의에서 우리는 이런 경향을 확인할 수 있다. 먼저 3화음 중심의 고전적인 화성법의 구조가 파괴되기 시작하는 것은 바그너에게서다. 가령 〈트리스탄과 이졸데〉에서 들을 수 있는 것처럼 그가 사용한 불분명한 음과 반음계적 화성은 전통적인 온음계가 만들어내는 협화음에 비해 익숙하지 않은 불협화음적 모호성을 만들어낸다. 이로써 바그너 음악은 무조성주의의 형식이 형성되는 데 결정적인 역할을 했으며, 이 점은 쇤베르크의 현대 음악이 바그너로부터 물려받은 후기 낭만주의적 요소와 연결되는 부분이다.

인상주의라는 명칭이 붙는 드뷔시Claude Debussy의 음악 역시 가령 독일 음악에서의 소나타 형식 같은 전통적인 구조를 거부하고 다양하고 독자적인 화성을 사용했다. 드뷔시는 자유롭고 가벼운 영혼의 움직임을 표현하고 상징적 색채의 효과를 얻기 위해 새로운 형식을 시도했다. 이 때문에 그에게서도 낯설고 불협화음적인 요소가 보인다. 이때 드뷔시가 추구한 것은 그가 말한 대로 "그동안 음악을 방해했던 것들, 즉 감정의 메마름, 지나치게 정밀하고 기계적인 형식과 조성 개념, 이러한 것들을 추방해버리는 것이다".[2] 그러나 음악에

---

2) 이석원, 《현대음악. 아방가르드에서 포스트모더니즘까지》(서울대학교출판부, 1997), 49쪽 참조.

서 형식에 얽매이지 않는 자유로움을 추구한다는 점에서 드뷔시는 후기 낭만주의 음악의 기본적인 정신에는 공감했고 바그너로부터 영향도 받았지만, 가령 바그너 음악에서의 지나치게 과장된 표현이나 감정의 응축 혹은 폭발을 비판했다.

문학에서도 리얼리즘에서 모더니즘으로의 이행이 일어난다. 리얼리즘은 루카치에 의해서도 옹호되듯이 변증법적인 세계의 총체성과 통일성을 추구한다는 이념을 내포한다. 예술의 모방이라는 것은 대상과 일치하는 모방이었고, 이를 위해 어떤 이상적이고 전형적인 인간상이 항상 그 모방의 대상으로 존재해왔다. 그러나 이러한 전제는 깨어진다. 삶의 모범을 제시했던 주인공은 더 이상 모범적인 인물이 아니다. 자신의 주관적인 감정, 욕망 등에 솔직한 인물들이 등장한다. 프로이트, 베르그송 등등의 많은 사상가들이 무의식적인 것, 비합리적인 충동을 인간의 본성으로 주목하고 강조하는 경향도 이미 니체로부터 시작된 커다란 흐름과 때를 같이하는 것이다.

여기서 우리는 지금까지 자명하고 당연시되어왔던 세계 질서에 대한 의문이 다방면에 걸쳐 동시적으로 일어나는 것을 관찰할 수 있다. 현대성, 모더니티라는 말은 진리에 대한 변화된 태도와 결부되어 있다. 이전의 전통적 사고에서는 진리는 유일한 것, 절대적인 것이었다. 진리에 대한 물음이 끝없이 계속되는 가운데 세계는 이 유일한 진리에 의해 운용된다는 생각은 의심되지 않았다. 그러나 이제 기존의 세계관과 전통은 흔들리고 새로운 세계관이 형성된다. 진리가 현실(경험)에만 존재한다는 믿음 자체가 의문시된다. 지금까지 진리가 있다고 믿었던 곳에서 더 이상 진리를 발견하지 못하고 익숙했던 세계가 낯설어진다. 진리는 있을 수도 있지만 어디 있는지 찾을 수 없거나 그 어디인가에 존재한다고 해도 나와는 무관하다는 인식의 위기가 확산된다. 그리고 모든 것에서 지금까지 알려져 있지 않던 사물의 다른 면이 주시된다. 대립적인 관계를 이루던 것, 즉 꿈과 현실, 병과 건강함, 비정상적인 것과 정상적인 것의 관계 등은 새로운 의미와 위상을 얻고, 절대적인 것으로 믿어져온 가치들은 도전을 받는다. 또 다른 자아, 제2의 자아는 지금까지 자신을 지배해온 이성으로부터 해방되려 한다. 내가 나 자신과 일치하지 않는다. 내가 아닌 또 다른 나도 인정되기를 요구하는 것이 여기서 드러나는 현대성의 핵심이다.

상기한 내용에서 우리는 니체의 사상과 그 특징이 이러한 시대정신을 가장 잘 대표할 수 있다는 것을 알 수 있다. 이것이 그가 그 이후에도 다양한 부문의 작가와 예술가들에게서 많은 영향력과 흔적을 남기며 하나의 상징적인 인물로 군림하게 된 이유와 배경을 설명해준다. 그러나 그들에게 니체는 저마다 다른 모습이다. 냉철한 사유, 혹은 뜨거운 삶의 열정과 환희, 혹은 신랄한 비판적 인식, 혹은 강렬한 표현의 힘, 혹은 고독과 내면성, 혹은 파괴하고 창조하는 예술가적 정신과 놀이의 힘 등이 전면에 부각된다. 이처럼 니체가 그들에게 전하는 메시지와 감동은 다양하다.

따라서 그중에서 니체와 현대 예술의 연관성을 살펴보는 데 있어 니체가 끼친 영향 관계를 임의로 나열하는 것은 어떤 의미에서 보면, 문제의 핵심이 아니라 피상적인 단순 정리 작업에 그치는 일이 될 수 있다.[3] 영향 관계는 엄밀히 말해 항상 영향을 받는 쪽이 주체가 되어 성립되는 것이기 때문이다. 또 시대적 획을 긋는 영향력 있는 철학자의 사상은 그 시대적 역할에 의미가 있을 뿐이다. 다른 예술가의 작품에 소재로 등장한다고 해서 그것이 어떤 본질적인 영향 관계를 말해주는 것은 결코 아니다. 그럼에도 불구하고 다음에서는 음악과 미술 위주의 영향사를 통해 니체와 현대 예술의 관계를 간단하게 살펴보고자 한다. 이것은 니체가 현대 예술의 의심할 수 없는 정신적 배경이라는 점을 확인시켜줄 수 있을 것이다. 문학에 끼친 니체의 영향은 또 다른 별도의 지면을 요할 정도로 광범위하고 깊이 있는 주제를 망라하기 때문에 이 자리에서는 생략하겠다.[4]

2) 영향사 및 니체 숭배

(1) 현대 음악

상기한 대로 현대 예술 운동의 다양한 운동과 경향들이 서로 다른 특징을 보이고 상이한 방향성을 주창함에도 불구하고 니체로부터 받은 영향은 그 모두에서 근본적이고 전반적이다. 그러나 현대 예술 중에서 음악 부분에 끼친 니체의 영향을 상세히 고찰하려고 하면, 우리는 기대했던 것보다 언급할 내용이 빈약하다는 것을 발견하게 된다. 우선, 음악이라는 장르가 니체의 사유와 그 어떤 것보다 긴밀한 관계

---

3) 니체가 현대 음악이나 현대 미술에 끼친 영향에 대해서는 Henning Ottmann (Hrsg.), *Nietzsche-Handbuch*(Stuttgart : J. B. Metzler, 2000), 479~484쪽 참조.

4) 이 부분에 관해서는 Bruno Hillebrand (Hrsg.), *Nietzsche und die deutsche Literatur*, I/II(Tübingen : Niemeyer, 1978) ; Theo Meyer, *Nietzsche und die Kunst*(Tübingen : Francke, 1993) ; Hans Steffen (Hrsg.), *Nietzsche. Werk und Wirkung*(Göttingen : Vandenhoeck&Ruprecht, 1974) 등 많은 책이 있다.

를 맺고 있음에도 불구하고, 음악적 사유를 통한 니체에 대한 접근이
나 음악 미학적 주제는 니체 연구뿐만 아니라 음악학 부분에서도 심
도 있게 다루어지지 않은 실정이다. 다른 한편, 현대 음악 작곡가들
의 작품에서도 음악적 형식의 측면에서 말할 수 있는 니체의 직접적
인 영향을 찾아내어 강조하기는 어렵다. 20세기 초 유럽에서 활발하
게 활동했던 다양한 분야의 예술 운동가들이나 예술가 그룹 사이에
서 니체가 많이 읽혔던 것은 사실이다. 그러나 예술가들이 니체를 유
행처럼 읽은 중요한 이유 중의 하나는 텍스트가 음악적, 시적이라는
데 있었다. 한편 이들을 자극하고 고무한 것은 니체의 사상으로부터
분출되는 존재 원리로서의 예술가 정신, 삶의 원동력으로서 솟아오
르는 실험 정신이나 창조력이었지, 음악가나 작곡가로서의 니체가
남긴 실천적 결과물이 아니었다.

따라서 니체가 음악에 남긴 영향을 이야기할 때 우리는 두 가지
상이한 방식으로 접근할 수밖에 없다. 첫 번째로는, 이와 관련된 많
지 않은 자료들을 토대로 니체의 텍스트나 시에 음악을 붙여 작곡한
작품들을 거론하고 그 배경과 맥락을 해명해보는 것이다. 하지만 이
경우, 엄밀한 의미에서의 영향 관계를 확인하는 작업이라기보다는
당시의 세기말적 분위기나 모더니즘 예술, 문화 전반에서 니체가 대
표적인 정신적 지주의 역할을 했다는 것과 그 유행의 정도를 확인하
는 작업이 될 뿐이다. 두 번째로는, 니체의 사상에서 예술의 의미가
가지는 비판적 인식 태도를 전통 음악 형식과 대결하는 가운데 새로
운 음악적 이념이나 작곡 원리를 추구한 현대 음악의 혁명적 시도의
토대로 연결 해석하는 것이다. 쇤베르크의 음악 세계를 고찰해봄으

로써 이러한 니체와 현대 음악의 관계가 예술의 사회 비판적 기능이라는 측면에서 구체적으로 드러날 것이다.

우선 니체의 텍스트를 사용해 작곡한 작품들을 정리한 자료로 대처David S. Thatcher의 것이 있다.[5] 이 자료에 따르면 약 219명의 작곡가들이 420여 개의 작품에서 니체의 텍스트를 사용했으며, 이 중 대부분은 19세기 말, 20세기 초에 이루어진 것이라 한다.

여기서 먼저 꼽을 수 있는 작곡가는 리하르트 슈트라우스Richard Strauss다. 일찍부터 쇼펜하우어에게 관심을 가지고 있었던 슈트라우스는 1893년 이집트 체류 당시 처음으로 니체의 책을 접한 것으로 추정된다. 1894년 바이마르에서 초연되었지만 성공을 거두지 못한 그의 첫 오페라 〈군트람Guntram〉은 니체의 그리스도교 비판 사상 및 새로운 예술적 윤리관에 영향을 받아 관습이나 국가적, 제도적 지배 질서에 반기를 드는 개인을 찬양하고자 시도한 작품이다. 니체의 저서 제목을 그대로 붙인 〈차라투스트라는 이렇게 말했다〉(1896년 초연)는 종교적, 학문적 단계를 거쳐 초인(위버멘쉬)의 이상에까지 도달하는 인류의 발전 단계를 그리고 있는데, 음악과 문학을 결합시키려는 슈트라우스의 낭만주의적 정신과 의도가 강하게 드러나는 작품이다. 작품의 형식 역시 전통적인 교향곡 형식을 벗어나 교향시의

---

5) David S. Thatcher, "Musical Settings of Nietzsches Texts : An Annotated Bibliography (I)", *Nietzsche-Studien* 4(1975) ; David S. Thatcher, "Musical Settings of Nietzsches Texts : An Annotated Bibliography (II)", *Nietzsche-Studien* 5(1976) ; David S. Thatcher, "Musical Settings of Nietzsches Texts : An Annotated Bibliography (III)", *Nietzsche-Studien* 15(1986).

형식을 취하고 있는데, 이러한 표제 음악적 성격은 음악의 드라마적 표현에 탁월한 그의 능력을 보여주며, 이 작품을 자주 연주되는 유명한 작품 중의 하나로 만들었다. 그러나 실상 니체의 시적인 텍스트 《차라투스트라는 이렇게 말했다》와 슈트라우스의 음악 사이에 뚜렷한 공통점은 없으며, 이와 관련해 흥행을 염두에 둔 슈트라우스가 자신의 작품을 화제작으로 만들기 위해 당시 널리 유행했던 니체를 제목으로 단 것이라는 견해도 있다.[6]

언급할 만한 또 다른 작곡가는 우리에게 비교적 덜 알려져 있는 딜리어스Frederick Delius다. 딜리어스는 리하르트 슈트라우스나 구스타프 말러Gustav Mahler에 비해 니체의 철학적 사상으로부터 가장 많은 영향을 받은 작곡가이고, 이는 그 자신이 원래 가지고 있던 그리스도교에 대한 비판적 입장에 기인한 것이라 볼 수 있다. 딜리어스가 작곡한 작품 중 〈차라투스트라의 자정의 노래〉, 〈원무는 계속되다〉, 〈프리드리히 니체의 시에 붙인 노래〉 등은 니체의 시 '방랑자와 그의 그림자', '고독한 자', '방랑자', '새로운 대양을 향하여' 등에 곡을 붙인 것이다. 그리고 전쟁에서 죽은 예술가들을 기리는 〈레퀴엠〉(1921)에는 니체의 '해뜨기 전의 노래'가 삽입되어 있다. 딜리어스에게도 역시 《차라투스트라는 이렇게 말했다》가 니체의 어떤 저서보다도 강한 영향을 미쳤다는 것은 분명하다. 그러나 리하르트 슈트라우스의 〈차라투스트라는 이렇게 말했다〉가 매우 장대하고 거창한 성격을 지닌 반면, 딜리어스가 파악한 차라투스트라는 간결하

---

6) 이석원, 《현대음악. 아방가르드에서 포스트모더니즘까지》, 31쪽.

고 분명하면서도 강력한 특징을 보여준다.

말러도 상기한 두 작곡가와 마찬가지로 니체의 작품 중 특히《차라투스트라는 이렇게 말했다》로부터 많은 자극을 받았다. 말러는 3번 교향곡(1895~1896년 작곡, 1902년 초연) 4악장에서 니체의《차라투스트라는 이렇게 말했다》의 구절을 가사로 인용하고 있다. 즉 3부의 '또 다른 무도가Das andere Tanzlied'와 4부의 '몽유병자의 노래das Nachtwandler-Lied'에 등장하는 "차라투스트라의 윤창"이라고 불리는 구절이다. "오 인간이여! 조심하라!/ 깊은 심야는 무엇을 말하고 있는가?/ 나는 자고 있었다, 나는 자고 있었다/ 깊은 꿈으로부터 나는 깨어났다/ 세계는 깊다/ 그리고 낮이 생각한 것보다도 더 깊다/ 세계의 고뇌는 깊다/ 쾌락, 그것은 마음의 고통보다도 깊다/ 고뇌는 말한다, '지나가버려라!'/ 그러나 모든 쾌락은 영원을 원한다/ 깊고 깊은 영원을 원한다!"[7]

그러나 이상에서 살펴본 대로 작곡가들이 니체의 사상에 영향을 받아 그의 텍스트를 사용했지만, 니체의 음악 미학적인 측면까지 전적으로 수용했다고는 말할 수 없다. 말러의 경우 이 사실은 더욱 뚜렷해진다. 가령 니체의 음악 미학적인 관점에서 볼 때 바그너는 너무 염세적이었으며 이상주의적인 낭만주의를 벗어나지 못했다. 니체의 경우 바그너의 음악과 음악 이론, 쇼펜하우어 철학의 지대한 영향에서 출발했지만, 그들의 후기 낭만주의와는 결별했다. 그리고 바그너

---

7) Friedrich Nietzsche, *Also sprach Zarathustra*, *Nietzsche Werke*, *Kritische Gesamtausgabe*, Bd. Ⅵ 1(Walter de Gruyter Verlag, 1968), 400쪽.

에게서 드라마적 효과, 즉 이미지나 분위기를 극대화하기 위한 '표현의 수단'으로서 음악이 사용되고 이러한 극적인 효과가 청중의 감정을 이끌어내기 위한 예술적 도구로 전락하는 것을 비판했다. 니체에게 '음악은 결코 표현의 수단이 될 수 없으며' 순수하고 자율적인 형식 자체의 세계다. 유고에서 말하듯이 "음악은 감정을 묘사하지 않으며, 감정을 대상으로 삼지 않는다"라는 절대음악적 견해는 니체의 음악 미학의 핵심인 동시에 현대성이라는 그의 사유의 특징과도 직결되는 부분이다. 그러나 말러는 바그너 음악에 대해 니체와 견해를 같이한 적은 결코 없었고 오히려 말러의 음악적 세계는 바그너 음악에 더 가까이 있었다. 그래서 심지어 말러가 관심이 있었던 부분이 《차라투스트라는 이렇게 말했다》의 사상적 내용인지 아니면 단순히 텍스트의 시적 음악성 때문에 그 작품을 끌어들인 것인지에 대해서는 의견이 엇갈리기도 한다.[8]

그 외에 오르프Carl Orff, 힌데미트Paul Hindemith 등도 니체의 작품으로부터 소재나 영감을 받은 언급할 만한 작곡가들이며, 부조니Ferruccio Busoni, 아이슬러Hanns Eisler, 시노폴리Giuseppe Sinopoli, 스크리아빈Alexander Scriabin, 볼프Hugo Wolf, 베베른 Anton von Webern, 치머만Bernd Alois Zimmermann 등의 수많은 작곡가들에게서도 니체와의 관련성을 발견할 수 있다.[9]

---

8) Henning Ottmann (Hrsg.), *Nietzsche-Handbuch*, 480쪽 ; Zoltan Roman, "Nietzsche via Mahler, Delius and Strauss : A New Look at some fin-de-siècle 'Philosophical Music'", *Nietzsche-Studien* 19(1990), 304쪽.
9) David S. Thatcher, "Musical Settings of Nietzsches Texts : An Annotated

그러나 상기한 내용에서도 알 수 있듯이 19세기 말, 니체의 영향을 받았다는 중요한 작곡가들에게서 니체는 일방적이고 주관적으로 수용되고 해석되었다고 할 수 있다. 그들은 니체의 사상에서 자신들이 표방하는 예술 원칙의 본질적인 토대를 발견했고, 이를 각자 상이한 방식으로 자신만의 예술 세계에 원용했다. 그리고 이것은 모든 영향 관계에서 일어나는 전형적인 특징이다. 하지만 전반적으로 볼 때 위에서 언급된 작곡가들이 주로 니체를 반이성주의적인 예술적 충동을 강조하는 새로운 삶의 주창자로, 초인의 예고자로 찬양하고 열광한 반면, 보다 본질적인 토대를 이루는 인식론적 내용, 즉 비판적이고 양가적인 비극적 사유의 핵심은 강조되지 않거나 미미하게 드러날 뿐이다.

물론 니체와 현대 음악의 관계가 이러한 피상적 수용에 그치는 것은 아니다. 전통 비판적이며 양가적인 사유가 실험적 예술 정신과 결합된 니체의 이러한 측면은 시대적으로 더 나중에 등장하는 아방가르드, 모더니즘 예술, 포스트모더니즘 예술이라는 경향들에 결정적인 영향을 끼친다. 쇤베르크를 대표로 하는 신(新)빈학파의 신음악 및 그 이후의 전위적 현대 음악에서도 전통적 예술관, 전통적 음악 양식을 거부하는 미학적 태도가 실천적으로 나타난다.

따라서 이런 사정을 고려할 때 쇤베르크와 니체의 관계는 앞서 언급한 작곡가들과는 다소 다른 각도에서 접근할 수 있다. 물론 쇤베르

Bibliography (I)"; David S. Thatcher, "Musical Settings of Nietzsches Texts : An Annotated Bibliography (II)"; David S. Thatcher, "Musical Settings of Nietzsches Texts : An Annotated Bibliography (III)".

크 역시 니체의 텍스트를 사용한 작품을 남겼다. 가령 당시 유럽의 후기 낭만주의 음악의 영향하에 있는 그의 초기 작품 중 작품 번호 6번 〈성악과 피아노를 위한 8개의 가곡〉 중 '방랑자' 라는 제목을 가진 여덟 번째 곡은 니체의 텍스트를 사용한 것이다. 그리고 쇤베르크의 전기를 통해 잘 드러나듯이, 그가 니체를 숭배했던 사람들과 맺고 있었던 돈독한 교분이나 그와 표현주의 화가들의 관계, 그리고 슈테판 게오르게의 시에 대한 그의 높은 평가 등도 니체의 간접적인 영향을 말해준다.[10] 그러나 이를 넘어서 니체와 쇤베르크를 이어주는 보다 본질적인 요소는 예술이 가지는 비판적 인식 태도이며, 이러한 비판적 심미성과 현대성은 음악과 철학에서 각각 그들이 가졌던 동일한 역할과 결부되어 있다고 할 수 있다. 이와 관련하여 언급할 수 있는 한 가지 흥미로운 사실을 토마스 만의 소설《파우스투스 박사*Doktor Faustus*》가 제공해준다. 그것은 니체의 지대한 영향을 받은 토마스 만의 이 소설에서 니체뿐 아니라 쇤베르크 역시 주인공 아드리안 레버퀸을 형상화하는 데 결정적으로 기여한 모델이라는 점이다. 독일적 예술가상의 전형으로 등장하는 주인공 레버퀸의 정신적 배경을 니체의 사상이 이루고 있으며 니체가 음악가로서 형상화되어 있다는 점에서 이 소설은 '니체 소설' 이라 불린다. 한편, 작품 속에 등장하는 12음계 음악에 대한 설명은 쇤베르크가 주인공인 작곡가 레버퀸의 모델임을 확신하게 만든다. 실제로, 신빈학파의 일원인 알반 베르

---

10) Eberhard Freitag, *Arnold Schönberg*(Reinbek bei Hamburg : Rowohlt, 2004) 참조.

크Alban Berg의 제자로 빈에서 작곡 공부를 했고, 음악학자로서 쇤베르크의 열광적이고 권위 있는 해석자이기도 한 아도르노가 미국 망명 중 토마스 만에게 이에 대해 많은 조언을 했다고 한다. 그리고 이 소설의 생성을 둘러싼 이러한 정황으로 인해 쇤베르크가 그들에게 불쾌감과 거부감을 가졌다는 것도 알려져 있는 사실이다. 물론 이모든 것이 쇤베르크의 음악과 니체 철학의 직접적인 관계를 말해주는 것은 아니지만 철학자 니체와 작곡가 쇤베르크의 상을 서로 겹치게 하는 의미심장한 계기라 할 수 있다.

그렇다면 어떤 점에서 현대 음악에서 갖는 쇤베르크의 역할과 유럽 정신사에서 니체가 갖는 위상을 비교할 수 있을 것인가? 우선 쇤베르크의 음악적 이념과 실천을 현대성이 함의하는 자기비판의 예술적 표현으로 읽을 수 있다는 점을 지적할 수 있다. 쇤베르크는 자신이 처한 유럽 음악의 전통과 대결하는 가운데 끊임없이 시대적, 사회적, 역사적 시각 속에서 고민하며 현대 음악으로의 새로운 방향을 트는 데 결정적인 역할을 했다. 이런 측면에서 볼 때 니체의 철학에서와 마찬가지로 쇤베르크의 음악에서도 예술과 음악은 단순한 창조자의 내면성의 표현으로 그치지 않는다. 니체의 철학과 쇤베르크의 음악이 각각 추구한 전통 유럽 철학에 대한 비판과 전통 음악 형식에 대한 근본적인 혁신은 전통적 이데올로기에 대한 일종의 내재적 비판의 기능을 하고, 그럼으로써 동시에 사회 비판, 시대 비판으로서 기능한다. 이것이 진리에 대한 인식 태도를 드러내는 예술의 본질적인 방식이며, 그들에게서 강조되는 "예술적인 것", 즉 "심미성"의 의미다.

이러한 측면에서 특히 '불협화음'의 이념은 니체와 쇤베르크를
가깝게 이어주는 핵심적 개념이다.《비극의 탄생》의 24장에서 니체
가 "디오니소스적 예술이라는 이해하기 어려운 이러한 근원적 현상
은 음악적 불협화음의 신비한 의미를 통해서만 비로소 이해될 수 있
고 또 직접적으로 바로 파악될 수 있다……비극적 신화가 만들어내
는 쾌감은 음악의 불협화음에서 느끼는 쾌감과 같은 근원을 가지고
있다"[11]라고 말한 것을 상기해보자. 여기서 불협화음의 신으로서의
디오니소스는 결국 이성과 신화, 합리와 비합리가 대립적인 것이 아
니고 상호 모순적이면서도 상호 보완적인 관계에 있다는 인식을 말
한다. 이것이 니체가 음악적 정신을 통해 표방한 동일성으로부터의
해방이라고 한다면, 인식의 관습에 대한 유사한 비판이 쇤베르크에
게서도 분명히 드러난다. 그는《화성학 이론*Harmonienlehre*》에서
"협화음과 불협화음의 차이는 정도의 문제일 뿐 본질적으로 다른 것
이 아니며",[12] 대립적인 관계를 나타내는 협화음/불협화음이라는 표
현은 적당하지 않은 것이라고 말하고 있다. 즉 서양 음악의 발전에서
불협화음은 이상적이고 조화롭게 통일된 세계상을 표현하기 위해 의
도적으로 배제되었던 합리화의 산물이며, 우리의 귀에 익숙해져 편
안하게 들린다고 해서 아름답거나 조화롭다고 하면 이것 역시 착각
이고 오류다. 니체의 비판처럼 우리의 인식은 인식의 관습 속에서 관
습을 자연으로 오해하기 쉽기 때문이다. 결국 이성의 좁은 테두리를

11) Friedrich Nietzsche, *Die Geburt der Tragödie*, Nietzsche Werke, Kritische
   Gesamtausgabe, Bd. III 1(Walter de Gruyter Verlag, 1972), 148쪽.
12) Arnold Schönberg, *Harmonienlehre*(Wien : Universal-Edition, 1922), 18쪽.

벗어나 심미성을 함의하는 디오니소스적 인식으로 더 '큰 이성' 까지 나아감으로써 개념철학으로부터의 해방을 시도한 니체의 철학처럼, '불협화음도 일종의 하모니' 이며 "확장된 협화음에 지나지 않는다" 라는 쇤베르크의 음악적 이념 역시 전통적 예술 형식에 대한 비판의 모델로 작용함으로써 철저한 인식의 해방을 추구한 것으로 이해될 수 있다.

(2) 현대 미술

니체가 현대 미술에 끼친 영향 관계를 확인할 수 있는 것은 우선 니체를 모델로 삼은 수많은 화가와 조각가들의 작품을 통해서다.[13] 이 점은 니체의 텍스트에 곡을 붙인 음악가들의 경우와 유사하게, 니체가 예술 원칙이나 사상의 측면에서 수용되었다기보다는 그 스스로도 비판했을 일종의 우상으로서 기능했음을 말해주기도 한다. 즉 니체라는 인물 자체가 예술적 자유를 설파하고 삶의 환희를 노래한 현대판 메시아로, 상징적, 정신적 지주로 숭배되었다는 것을 드러낸다.

그중 몇 사람의 예술가들만 언급해보면, 먼저 쿠르트 스퇴빙Curt Stoeving, 한스 올데Hans Olde 등의 화가들이 니체의 초상을 그리기 시작했고, 또한 우리에게 더 많이 알려진 중요한 초상화로 뭉크 Edvard Munch가 그린 작품들이 있다. 그중 생각에 잠긴 니체의 모습을 그린 스케치(1905)와 차라투스트라를 연상시키며 산을 배경으

---

13) 자세한 내용은 Henning Ottmann (Hrsg.), *Nietzsche-Handbuch*, 480~485쪽 참조.

로 서 있는 초상화(1906)가 대표적이다. 2차 대전 후 니체를 그린 화가로 호스트 얀센Horst Janssen을 들 수 있고, 요하네스 그뤼츠케 Johannes Grützke의 작품 중 니체, 부르크하르트, 바흐오펜, 뵈클린 Arnold Böcklin이 바젤의 한 다리 위에 한데 모여 유쾌한 모습으로 같이 서 있는 광경을 상상해서 그린 그림(1970)도 비교적 널리 알려져 있다. 그 외에 니체를 모델로 한 조각으로는 막스 클링거Max Klinger가 1901년경과 1904년 사이에 완성한 여러 작품들이 언급할 만하다.

또 현대 예술가 중 가장 중요한 한 사람으로 손꼽히는 요제프 보이스Joseph Beuys 역시 젊어서부터 니체의 사상에 깊이 매료되었고 그의 사상은 계속 보이스의 작품 세계에 영향을 끼친 것으로 보인다. 가령 분명 차라투스트라를 가리키는 인물을 스케치한 1954년의 작품뿐만 아니라 "일식(日蝕)과 코로나"라는 제목의 콜라주(1978) 역시 이 사실을 보여준다. 이 콜라주 작품에서는 두 개의 사진이 아래위로 나란히 배열되어 있는데, 윗부분의 사진은 1899년, 즉 니체가 죽기 1년 전의 병상의 모습을 담은 한스 올데의 판화를 복제한 것이라고 한다. 제목 중의 '일식'은 니체의 흐려진 의식과 꺼져가는 눈빛을 암시하는 것으로 해석할 수 있다.[14] 물론 니체는 이렇게 작품의 모델이 되는 것과는 다르게 사상과 작품을 통해서 현대 미술에 더욱 지대한 공헌을 했다. 니체의 영향은 세기 전환기와 이후 아방가르드,

---

14) Wieland Schmied, "Friedrich Nietzsche und die Bildende Kunst", *Im Namen des Dionysos. Friedrich Nietzsche-Philosophie als Kunst*(Waakirchen : Oreos, 1995), 150쪽.

모더니즘, 그리고 포스트모더니즘에 이르기까지 현대 예술 사조의 변천 과정 전반에 걸쳐 계속되었다고 할 수 있다. 특히 표현주의, 다다이즘, 미래파, 입체파, 초현실주의 등의 다양한 경향을 포함하는 아방가르드 운동은 전통적 표현 양식 및 서술 양식의 확대를 실험적 스타일을 통해 의도하는 새로운 발전 경향의 선두 주자로서 문화적, 사회적 관습에 저항하고 예술의 근원적 쇄신을 목표로 했다. 이 과정에서 예술가들이 사용했던 니체의 텍스트뿐만 아니라 그들이 니체나 니체의 사상에 대해 남겨놓은 글이나 일기, 편지, 선언문 등은 일일이 열거할 수 없을 정도로 많다. 다음에서는 비교적 알려진 화가들과 니체의 영향 관계를 간단히 정리하고, 오토 딕스Otto Dix와 데 키리코Giorgio de Chirico에 대해서는 좀 더 자세히 설명할 것이다.

가령 칸딘스키Wassily Kandinsky, 클레Paul Klee, 마르크Franz Marc 등을 중심으로 한 '청기사Die Blaue Reiter' 그룹의 표현주의 예술가들 사이에서 《차라투스트라는 이렇게 말했다》는 중요한 역할을 한 책이었으며, 그들은 시각과 관심 영역이 저마다 조금씩 달랐지만 모두 니체의 철학에 열광한 것으로 보인다. '다리파Die Brücke' 화가들 역시 《차라투스트라는 이렇게 말했다》에 나오는 "인간은 심연 위에 걸쳐 있는 밧줄이다", "인간은 하나의 다리이며 목적이 아니다", "저 너머까지 도달하기 위해서는 우선 가라앉아야, 몰락해야 한다"라는 니체의 말에서 '다리파'라는 이름에 대한 영감을 얻었다고 한다.[15] 다다이즘 운동에서 중심적 역할을 했던 후고 발Hugo Ball은

---

15) Wieland Schmied, "Friedrich Nietzsche und die Bildende Kunst", 155쪽.

"바젤에서의 니체"라는 제목으로 쓴 박사 학위 논문에서 니체를 삶의 개혁가로 그렸으며, 그 후 니체의 시에 곡을 붙이기도 했다. 초현실주의에 끼친 니체의 영향은 더욱 크다. 물론 앙드레 브르통André Breton, 달리Salvador Dali, 에른스트Max Ernst 등의 초현실주의 예술가들은 프로이트의 직접적인 영향권에 있지만 그들이 보여주는 사물의 정체성과 현실에 대한 태도나 현실을 관찰하는 방식은 니체와의 깊은 연관성도 말해준다. 특히 막스 에른스트가 많은 영향을 받은 책은 《즐거운 학문》이었으며, 그가 1947년 미국 망명 시절에 그린 〈희극의 탄생〉은 니체가 《비극의 탄생》에서 말하는 디오니소스 신과 아폴론 신으로 해석할 수 있는 두 개의 가면을 추상적으로 묘사하고 있다. 신들이 자신들의 모습을 가면으로 감추고 있는 1957년 작품 〈어두운 신들〉은 "모든 심오한 정신은 가면을 필요로 한다"라는 《선악의 저편》에서의 니체의 말을 떠올리게 한다.

앙드레 마송André Masson은 한때 초현실주의 운동에 참여했었던 바타유와 함께 니체에 관해 심도 깊고 열띤 대화를 나누었다. 바타유가 피에르 클로소프스키 등과 함께 간행하여 특히 니체에 대한 글을 많이 썼던 《아세팔Acéphale(머리없는 자)》이라는 잡지에 앙드레 마송은 다수의 비중 있는 삽화를 그리기도 했다. 또 1939년 마송이 헤라클레이토스를 묘사한 그림은 그가 니체의 초기 유고 중 〈그리스의 비극적 시대의 철학Die Philosophie im tragischen Zeitalter der Griechen〉에서 니체가 헤라클레이토스에 대해 말한 부분을 세심히 읽었다는 것을 말해준다. 그 대목은 다음과 같다. "헤라클레이토스의 얼굴은 변한다. 당당하게 발하던 그의 눈은 빛을 잃고, 고통스러운 체념과 무력감으로 일그러진 얼굴 표정을 짓는다. 고대 말기에 그가 '우는 철학자'라고 불린 이유를 알 것 같다."[16] 미셸 레리스 Michel Leiris가 디오니소스적이라고 특징짓기도 한 그의 그림은 신화적 상상력을 나타내는 내용이 많았으며, 끊임없는 변화와 생성의 세계가 은유적으로 묘사되는 가운데 차라투스트라와 디오니소스, 위버멘쉬, 니체가 상징적으로 합일된 이미지를 보여주었다.

1차 대전에 직접 참전했던 오토 딕스는 전쟁의 끔찍한 참상들을 표현주의적으로 대담하게 변형·왜곡시키면서도 적나라하게 표현했으며, 사회 비판적인 내용들을 많이 다루었다. 그의 예술 세계나 주제 역시 니체의 영향과 함께 출발한다.[17] 이미 1912년에 조각한 니체 흉상에서 그는 니체를 패잔병처럼, 인생의 낙오자처럼 보이면서도 또한 거친 생명력의 화신으로, '힘에의 의지'를 부르짖는 강한 철학자로 보이도록 그리고 있다.

니체를 머리나 논리로만 생각하는 철학자가 아니라 몸과 감각을 통해 생생한 메타포로 사유하는 철학자로 여긴 오토 딕스는 자신을 자극하고 자신의 주제의 밑바탕을 이루는 '삶'의 개념이 니체의 텍스트와 사상 속에 전개되어 있는 것을 보았다. 오토 딕스가 그려내는 인물이 모두 충동적 개체들이라는 점도 이와 깊은 관련이 있다. 그들은 방향도 목적도 없이 움직이고 있는 욕망체이기 때문에 오히려 악

---

16) Friedrich Nietzsche, *Nachgelassene Schriften 1870~1873, Nietzsche Werke, Kritische Gesamtausgabe*, Bd. III-2(Walter de Gruyter Verlag, 1973), 323쪽.

17) 오토 딕스와 데 키리코에 대한 부분은 Wieland Schmied, "Friedrich Nietzsche und die Bildende Kunst" 참조.

하지도 않고 경멸의 대상도 되지 않는다. 선악의 가치에 무관심한 상태의 충동, 삶에 대한 갈구, 욕망 등에 담긴 에너지의 거대한 덩어리가 오토 딕스가 자신의 그림에 표현한 것이라면 이것은 바로 그가 니체에게서 본 이 세계를 움직이는 원리로서의 힘에의 의지다. 가령 〈카드놀이 하는 전쟁 불구자들〉(1920)이나 〈어울리지 않는 한 쌍〉(1925) 같은 그림들이 그 예다.

한편 니체 사상에서 가장 근본적인 특징이라고 할 수 있는 '사물을 있는 그대로 보는 태도' 또한 오토 딕스의 그림을 설명한다. 무엇인가 가르치기 위해 이상적이고 전형적으로 묘사하는 것이 목적이 아니라, 어떤 선입견 없이 있는 그대로 무가치적으로 보여주고 받아들이는 것 자체가 도덕적 선입견, 선악의 판단에 무관심한 사물의 자연 상태를 표현하고자 하는 그의 예술적 태도다. 보나벤투라San Bonaventura가 언급한 대로 악마의 추함이나 사악함이 정말로 잘 드러나 있는 그림은 그 추함 속에서 악마의 자연스러움과 본질이 생생하게 전달되기 때문에 '아름다움'을 표현하고 있다. 미화되지 않는 사실 그 자체를 끔찍함이나 추함까지도 전달하는 이러한 사실주의는 심미적 사실주의라고 할 수 있으며, 니체에게서도 보이는 가장 근본적 의미에서의 사실주의다.

인간의 가치가 개입되지 않은 사실적인 세계는 선악의 구별뿐 아니라 미추의 구별도 넘어서 있다. 셰익스피어의 《맥베스Macbeth》에서 세 명의 마녀가 부르는 노래처럼 "아름다운 것은 추한 것이고, 추한 것은 아름다운 것이다". 또 《두이노의 비가Duineser Elegien》 제1장에서 릴케가 노래하듯이 "아름다운 것은 끔찍함의 시작이다". 이런 인식에서는 모든 대립적인 것이 서로 절대적으로 나누어진 것이 아니어서 밝음과 어두움이, 선과 악이 끊임없이 변화하고 서로 교차하는 가운데 일어나는 영원한 운동이 세계의 운용 원리라 한다면, 이는 오토 딕스가 보고 있는 '있는 그대로의 세계'이기도 하다. 하지만 오토 딕스가 볼 때 이 전체 세계 중의 한 부분, 즉 추함의 세계는 전혀 그려지지 않았다. 추함 역시 전체의 본질적인 한 부분이며, 예술의 본질적인 한 부분이다. 예술은 세계의 모든 면과 삶 전체를 포괄하는 것이고, 어느 한 부분도 배제하지 않는다. 따라서 오토 딕스의 그림에서 보이는 추함과 그로테스크한 특징은 세계에 대한 부정이 아니라 세계를 더 큰 전체 속에서 긍정하는 것이고, 이것은 철저히 예술의 과제에 속하는 것이다. 니체가 《비극의 탄생》에서 말하고 있듯이 '예술은 자연 현실에 대한 단순한 모방이 아니라 그에 대한 보충'이다. 또 '힘에의 의지'에 대해 말하고 있는 유고에서 읽을 수 있듯이 "가장 끔찍하고 가장 의심스러워 보이는 사물까지 다 드러내 보이는 것, 이것이 예술가적 본능의 위대함이자 힘이다". 예술은 긍정하는 힘이기 때문에 극복하고 변화한다는 니체의 예술관이 오토 딕스에게서도 추함의 미학으로 제시되어 있다.

데 키리코는 그리스에서 태어난 이탈리아인으로서 초현실주의적 경향의 화가이자 조각가다. 그는 막스 클링거와 아르놀트 뵈클린 등의 예술가뿐 아니라 쇼펜하우어와 니체의 철학에 깊은 관심을 보였다. 아리아드네, 오디세우스와 칼립소 등 그리스 신화의 인물을 모티브로 한 많은 그림을 남겼고 그의 작품 세계는 단순하면서도 강렬하고 신비로운 느낌을 주는 것이 특징이다. 그는 니체의 열렬한 애독자로서 니체를 '가장 심오한 시인'이라고 불렀으며, 그에게서 특별한 예술적, 정신적 친화성을 느꼈던 것으로 알려져 있다. 가령 1914년과 1915년에 이탈리아의 토리노를 배경으로 그린 그림은 자신의 탄생과 니체의 정신착란 상태의 시작 사이의 상관성을 암시하고, 자신을 니체가 환생한 인물로 비유하는 듯하다. 즉 〈정물, 토리노, 1888년〉과 〈정물, 토리노, 봄〉이라는 작품의 제목과 내용은 니체가 '자신의 존재가 가능한 유일한 장소'라며 좋아했던 도시, 또 1889년 초에 그가 졸도한 곳인 카를로 알베르토 광장이 있는 도시인 토리노를 강하게 연상시킨다. 니체가 그에게 시인이자 철학자였던 것처럼 데 키리코 자신도 철학자–예술가였다. 그래서 그는 자신의 그림 역시 니체에게서 보이는 '심오한 깊이', 작지만 그 자체로 하나의 수수께끼인 세계를 묘사한다고 생각했다. 같은 맥락에서 그는 "니체를 이해한 유일한 사람은 바로 나다. 나의 모든 그림들이 그것을 증명해준다"라는 말을 1910년의 편지에 남겼다.[18] 1909년에서 1910년 사이에 그린 〈가을 오후의 수수께끼〉, 〈시간의 수수께끼〉 또는 〈신탁의 수수께끼〉 등이 이때 데 키리코가 말하고 있는 그림들이다. 또 1941년 완성한 자화상에서 데 키리코는 생각에 빠져 턱을 괴고 앉아 먼 곳을 응시하는 니체의 유명한 사진의 포즈를 그대로 취하고 있다. 그리고 그 그림 아래에는 "수수께끼 외에 내가 사랑할 게 뭐가 있겠는가?"라는 구절이 있다. 데 키리코가 자신의 문제로 삼은 '수수께끼'는 니체에게서나 그에게서나 보이는 것과 보이지 않는 것 사이의 관

---

18) Wieland Schmied, "Friedrich Nietzsche und die Bildende Kunst", 206쪽.

계라는 존재적 비밀을 담고 있다. 즉 그는 진리와 가상의 관계에 대한 니체의 사유에서 자신의 예술 창조의 근본 원리와 동일한 입장을 발견했고, 이 맥락에서 자신의 예술을 '형이상학적 회화pittura metafisica'라고 칭했다. '위대한 형이상학'(1917), '철학자와 시인'(1914) 등과 같은 제목은 그의 작품이 추구하는 형이상학적 세계에 대한 동경과 도달할 수 없는 무한함에 대한 주제를 함축하고 있다. 그리고 그의 그림에 자주 등장하는 기하학적인 구조물, 조각상이나 건축물이 나타내는 메타포적 표현과 함께 특히 어느 낯선 도시의 한낮의 분위기, 보이지 않는 강렬한 태양을 암시하듯 짙고 강한 그림자, 텅 빈 것 같으면서도 고요로 가득한 광장 등은 바로 니체의 '위대한 정오Großer Mittag'의 세계가 형상화된 것이다. 그것은 영원과 순간이 겹쳐지는 영원회귀의 사상이 예술가적 창조성으로 현현하는 장면이다.

데 키리코는 물론 니체의 철학에서 형이상학이라는 개념이 이중적으로 이해될 수밖에 없다는 것을 알고 있었다. 가령 '힘에의 의지'에 대해 주로 이야기하고 있는 말기의 한 유고에서 니체가 "반형이상학적 세계관—그렇다. 그러나 예술가적 세계관이다"라고 말한다면, 이때 이것은 초자연적인 것, 정신적인 세계에 대한 확실성을 토대로 하는 전통적 의미에서의 형이상학의 비판을 의미하기도 하지만, 동시에 예술가적 형이상학을 말하기 때문이다. 니체의 '예술가적 형이상학'은 물질적이고 자연적인 것을 넘어서는 것이 아니라 그자체에 근거하는 것으로 파악되는 것이다. 존재와 현상은 분리된 것이 아니며 모든 존재는 현상으로 존재한다는 니체적 형이상학의 성격을 잘 이해했던 데 키리코에게 현재와 순간의 세계, 감각적 경험 세계는 단순히 허상의 세계가 아니라, 유일한 참된 세계다. 그에게도 초월적 세계는 존재하지 않는다. 사물의 본질과 그 비밀은 바로 가상과 존재의 관계가 일치한다는 것이다. 가장 깊은 곳과 가장 바깥의 표면이 일치하는 공간, 그곳에 사물과 존재의 수수께끼가 들어 있다.

4. 글을 마치며

지금까지 니체가 가진 예술적 사유의 특성, 현대 미학에서의 그 의의와 역할, 특히 현대 음악과 현대 미술에 남긴 니체 사상의 영향에 대해 간략하게 살펴보았다. 니체와 예술, 이러한 주제는 결코 좁고 전문적인 주제가 될 수 없다. 그것은 니체의 모든 것과 예술의 모든 것을 포괄하는 문제, 즉 삶 전체의 문제가 될 것이다. 니체에게 이 세계는 다양한 게임으로 이루어져 있는 거대한 놀이이고, 예술은 놀이로서의 세계에 대한 비유, 하나의 메타포다. 니체는 메타포로 메타포에 대해 말하고, 그가 말하는 것 자체가——그 메타포에 대한——하나의 메타포다. 니체의 예술적 사유는 달리 말하면 메타포적 사유를 말한다. 예술의 존재 방식이 본질적인 해석 대상에 의존하지 않는 것처럼 니체의 세계나 현실은 본질이나 의미를 가지고 있는 해석 대상으로서의 전통적인 존재가 아니라, 끝없이 만들어지는 메타포의 세계다. 이곳은 존재와 현상이 모순적으로 공존하는 공간이고, 스스로와의 차이를 내포하는 공간이다. 또한 이것과도 저것과도 동일한 것을 말하지 않는다. 보이지 않고 무너지지 않는 가장 강력한 구조, '관계'라는 메타포의 구조는 존재와 표현 사이의 불일치를 전제하고, 개념적 방식으로는 표현할 수 없는 비동일성을 드러낸다.

　니체에게서 예술과 철학이, 예술과 삶이 창조하는 행위라는 관점에서 합일될 수 있는 것도 이 때문이다. 끊임없이 파괴하고 창조하는 '디오니소스적 예술적 놀이' 속에서, 즉 니체의 메타포적 사유 속에서 예술과 철학은 동일한 문제, 동일한 기능을 가지고 있다. 다르게 생각하기, 계속 생각하기, 경계를 넘어 사고하기는 마치 릴케가 자신의 예술적 작업 원리를 '항상 일하기toujour travailler'로 표현한 것처럼 한 철학자, 한 사상가에게도 창조 원리가 될 것이다. 영원히 새로움을 추구하는 예술처럼 철학자도 관습이 된 생각과 그 경계 너머에 존재하는 새로운 생각들을 만나고자 하며, 삶과 예술처럼 철학 역시 모험하고 실험을 통해 또 다른 가능성의 세계로 나아가고자 한다. 창조적 행위를 통해 만들어지는 가능성의 세계, 그곳이 곧 현실이다. 끊임없이 일하지 않으면, 즉 창조하지 않으면 예술일 수 없는 것처럼, 끊임없이 생각하지 않으면 철학일 수 없다. 그리고 그로 인한 '변화는 무죄'일 것이다. 이것이 철학을 넘어, 그리고 예술을 넘어 살고 생각했던 니체가 강조한 예술의 기능, 즉 '진리로 인해 몰락하지 않기 위해서 우리가 필요로 하는' 예술의 의미이며, '형이상학적 위안'의 기능이다. 이런 의미에서 예술의 기능은 존재적 기능이다. 현대의 많은 예술가들과 사상가들은 니체가 주목했던 이러한 예술의 의미와 기능을 잘 파악하고 예술에서, 그리고 사유에서 실천했던 것이다.

제6장 니체와 종교

● ● ● 최상욱

1. 들어가는 말

종교의 역사는 인류의 역사만큼 오래되었다고 해도 과언이 아닐 것
이다. 아주 미개한 종족에서도 종교의 흔적은 발견되며, 과학과 기술
의 시대인 현대 사회에서도 종교는 여전히 많은 추종자를 거느리고
있다. 그렇다면 종교는 왜 이렇게 오랜 기간 동안 인류의 삶과 더불
어 존재해온 것일까? 우리는 그 이유를 인간 존재 자체와 그가 처한
상황에서 발견할 수 있을 것이다. 그것은 인간 자신이 죽을 수밖에

최상욱은 연세대 독문학과를 졸업하고 독일 프라이부르크 대학에서 철학 박사 학위를
취득했다. 현재 강남대 종교철학과 교수로 재직 중이며, 〈하이데거의 인간론〉, 〈하이데
거 철학에 있어서의 신의 의미〉, 〈하이데거의 언어론〉 등 하이데거에 관한 여러 편의 논
문을 썼다. 옮긴 책으로는 책세상 니체 전집 4 《유고(1869년 가을~1872년 가을)》, 《셸
링》 등이 있다.

없는 존재라는 사실 그리고 살아 있는 동안 이해할 수 없이 찾아오는 고통이 있다는 사실에서 기인한다. 그리고 인간은 이러한 고통으로부터 구원받고 싶다는 희망을 품는 것이다. 그러나 죽음, 고통, 이것으로부터의 구원 모두 인간의 힘으로 해결하기엔 벅차 보이는 현상들이다. 그뿐 아니라 자연도 인간에게 항상 호의적인 것이 아니라, 때로는 위협적인 세력으로 다가온다. 따라서 자연의 위협 역시 어떤 식으로든 해결되어야만 했을 것이다. 이렇게 인간의 내부적, 외부적 요인들이 얽혀 종교는 인간의 삶과 더불어 계속해서 존재해왔던 것이다.

앞으로도 죽음과 고통이 인간의 운명인 한, 종교는 사라지지 않을 것이다. 그러나 종교의 발달이 지속됨에도 종교를 구성하는 내용들은, 인간의 인식 능력의 발달과 더불어 점차 수정되거나 부정되어왔다. 예를 들어 현대 종교에서 애니미즘적인 숭배는 더 이상 존재하지 않는다. 왜냐하면 자연에 대한 과학적 이해가 애니미즘적인 이해를 대체할 수 있었기 때문이다. 이처럼 종교 자체가 존재한다는 사실과 종교가 어떠한 내용을 갖는가의 문제는 전혀 상이한 영역에 속하는 것이다. 그렇다면 이에 대한 니체의 입장은 어떠한가?

2. 종교의 발생 원인에 대한 니체의 입장

일반적으로 종교의 발생 원인과 그 현상에 대한 주장은 다양하다. 죽음의 공포와 연관된 조상신 숭배, 토템과 애니미즘, 인간 유아성의 재현, 혹은 인간 존재 자체의 투사라고 보는 해석도 있다. 또한 자연을 포함한 모든 현상을 인간에게 익숙한 것으로 변형시키려는 노력으로 해석될 수도 있다.[1] 이렇게 종교의 발생 원인에 대한 학설은 다양하다. 이러한 학설의 다양성으로부터 우리는 종교의 발생 원인이 시·공간적 조건에 의해 제약되고 있다는 점을 발견하게 된다. 종교의 발생 원인은 바로 인간 삶의 필요성에서 기인하지만, 이러한 유용성은 시간의 흐름과 인식 능력의 발달에 따라 계속해서 변화해왔다. 따라서 과거에 유익했던 종교의 내용이 현재에 이르러서는 무의미해질 수도 있고, 혹은 아직까지는 주목받지 못했지만, 새로이 의미를 갖게 되는 경우도 가능하다. 이런 점은 니체에게 있어서도 마찬가지다.

그가 제시하는 종교 발생의 원인 중 하나는 꿈이다. 인간이 꿈을 꾸면서부터 현실 이외에 또 다른 세계에 대한 믿음이 시작되었다는 것이다. 이러한 믿음은 그 후에 형이상학적인 세계의 출현을 가능케 했으며, 인간의 존재도 육체와 영혼으로 나뉘게 되었다는 것이다. 현실이 허망하고 비현실적으로 여겨질수록 꿈의 세계는 더욱 진정한 세계처럼 여겨지는 것이다. 또한 더 진정한 세계에 거주하는 인간의 존재가 영혼이기에, 영혼은 육체보다 더 귀하게 평가되며, 산 자에 대한 죽은 자의 우위도 가능해진다. 꿈의 세계의 출현과 더불어 죽은 자는 단순히 없어지는 것이 아니라, 변형된 형태로 계속해서 존재한다는 생각이 굳어지기 시작하는 것이다.[2]

---

1) 최상욱, 《진리와 해석》(다산글방, 2002), 80쪽 이하 참조.
2) 프리드리히 니체, 《인간적인 너무나 인간적인 I》, 김미기 옮김(책세상, 2001), 27쪽.

그러나 사람들이 꿈으로부터 또 다른 종교적 세계를 추론한 것은 꿈의 논리에 대한 오해에서 비롯되었다는 것이다. 니체에 의하면 인간의 신경조직은 잠을 자면서도 활동하고 있기 때문에 내외부로부터 자극을 받을 수 있고, 이에 반응할 수 있다. 그런데 이때 받은 자극은 꿈속에서 자극을 주는 것으로 변하게 된다는 것이다. 예를 들어 니체는 자는 동안 밖에서 종소리나 대포 소리가 들렸을 때, 그것이 꿈속에서 어떻게 변형되는지를 다음과 같이 설명한다. 대포 소리는 자는 동안 외부에서 들려온 자극이다. 그런데 수면 상태에서 활동하는 신경조직은 이 소리를 원인으로 하여 대포 소리가 울리는 전쟁터에 서 있는 꿈을 만들어낸다는 것이다. 이때 중요한 것은, 현실의 소리가 들릴 때까지 아직 꿈은 없었고 단지 이 소리를 통해 자극된 상상력이 이 소리를 원인으로 하는 꿈의 내용을 만들어냈다는 것이다.[3] 그렇다면 "원인이라고 생각되는 것은 결과에서 추리되고 결과에 따라 표상된 것"[4]에 불과한 것이다. 그런데 꿈속에서 원인과 결과는 전도되며, 이렇게 잘못된 꿈의 논리에 따라 전도된 세계가 종교의 세계라는 것이다.

종교 발생의 두 번째 원인으로 니체는 사회학적인 이유를 제시하고 있다. 인간이 삶을 영위하면서, 필요한 재화를 모두가 풍족하게 가질 수는 없다. 따라서 급할 경우 부족한 것을 빌리는 일이 생기는데, 이때 채무자와 채권자의 관계에는 공동체를 유지하기 위해 매우

---

3) 프리드리히 니체, 《인간적인 너무나 인간적인 I》, 34쪽.
4) 프리드리히 니체, 《인간적인 너무나 인간적인 I》, 36쪽.

엄중하게 지켜져야 할 약속이 따르는데, 이 약속을 어길 경우 사법적인 제재가 가해졌던 것이다. 가령 물건을 빌린 자가 그것을 갚을 능력이 없을 경우, 실제로 노예가 된다든지 가족을 빼앗기거나 심지어 목숨을 잃게 되기도 했다. 이런 제도는 비록 처벌 방식은 달라졌지만, 고대 사회부터 현대에 이르기까지 매우 엄격하게 지켜져야 할 제도로 이어져왔다. 그런데 이렇게 동시대적인 사람들 간의 채무-채권의 관계가 시간적으로 먼저 산 자와 지금 살고 있는 자 간의 관계로 바뀔 때, 조상에 대한 숭배가 나타나기 시작하는 것이다. 즉 그들이 현재 생존하는 것이 조상에 의한 것이라는 사실로부터 그들이 조상에게 빚을 지고 있다는 감정이 생기며, 이것은 조상에 대한 예배와 복종으로 이어진다. 이렇게 조상은 "필연적으로 하나의 신으로 변형되고……여기에 신들의 기원 자체, 공포로부터의 기원"[5]이 있다는 것이다. 아직도 지불되지 않은 종족 신과 부족 신에게 아직도 지불하지 못한 부채의 부담은 급기야 부채를 갚을 능력이 없다는 죄책감으로, 그리고 인류의 시초부터 신에게 빚을 지고 있다는 원죄설로, 영원한 벌이라는 개념으로 확대되었다는 것이다. 그러나 이것은 인간이 자기 자신에게 가한 학대이며, "의지의 착란"[6]에 다름 아니라는 것이 니체의 입장이다.

니체가 제시하는 종교 발생의 세 번째 원인은, 위협적이고 알 수 없는 자연을 인간에게 우호적이고 알 수 있는 자연으로 해석하려는

---

5) 프리드리히 니체, 〈도덕의 계보〉, 438쪽.
6) 프리드리히 니체, 〈도덕의 계보〉, 442쪽.

인간의 노력에서 기인한다는 것이다. 무언가를 인간이 안다는 것은 그를 공포로부터 벗어나게 하는 큰 힘이기도 하다. 따라서 인간은 모르는 것, 낯선 것을 자신에게 익숙하고 잘 알려진 것으로 변화시키려고 부단히도 애써왔다. 예를 들어 혼돈스럽게 보이는 밤하늘의 별들을 서로 엮어 이야기 속으로 끌어들이는 행위나, 위협적인 세력을 대했을 때 이름을 묻거나 그것에 이름을 붙이는 행위가 이에 속한다. 이름을 통해 낯선 존재를 자신의 이해 구조 안으로 끌어들임으로써, 인간은 그것을 통제할 수 있게 되는 것이다. 또한 인간은 자신에게 닥친 위험에 대해 "그 원인을 제거하거나 아니면 그것이 우리의 감각에 미치는 영향을 바꿈으로써 그 재앙에서 벗어날 수 있기를"[7] 시도했다. 이렇게 인간은 본성적으로 아무것도 원하지 않기nicht wollen 보다는 무라도 원하는Nichts wollen 존재로서, 이러한 해석을 통해 위험을 안전으로 바꾸려고 했다. 그 안정성은 위험 세력을 자신의 보호자로 해석할 때 절정에 도달한다. 이제 적대적인 자연의 힘은 나를 해치는 존재가 아니라 나의 구원자이고 보호자라고 해석됨으로써, 자연은 카오스가 아니라 코스모스로서 등장하게 된다. 그러나 실상에 있어서 자연은 변한 것이 없다. 단지 인간이 자연에 법칙을 부여하고 그 속에서 스스로 안전하게 느끼는 것일 뿐이다.[8]

이와 연관해 니체는 종교 발생의 네 번째 원인에 대해, "우리가 문법을 여전히 믿고 있기 때문에 신을 떨쳐버리지 못하는 게 아닌가 하

---

7) 프리드리히 니체, 《인간적인 너무나 인간적인 I》, 125쪽.
8) 프리드리히 니체, 《인간적인 너무나 인간적인 I》, 133쪽.

고 염려하게 된다"[9]라고 말한다. 이때 문법은 언어적인 문법뿐 아니라 이성이 부여한 법칙도 의미한다. 인간은 자연에 이성의 법칙을 부여함으로써 자연을 잘 알려진 것으로, 따라서 참인 것으로, 그리고 좋은 것으로 여기게 되는 심리적인 만족과 안정감을 얻게 된다.[10] 그럼에도 이성이 자연에 부여한 법칙은 인간이 자연을 보고 자신이 원하는 법칙을 자연에 부여한 것에 지나지 않는다. 따라서 니체는 "종교적 예배의 의미는 자연을 인간의 이익이 되도록 규정하고 마법으로 사로잡는 것, 즉 자연에 그것이 처음부터 있지 않은 법칙성을 새겨 넣는 것"[11]이라고 말한다.

니체는 종교 발생의 다섯 번째 원인을 인간의 심리적인 측면에서, 즉 자신의 존재를 타자에 "투사"하는 것에서 발견한다. 인간은 자신 안에 위대한 면과 비천한 면이 있음을 알고 있는데, 위대한 면을 실천적으로 행하지 못한다고 여길 때, 이 위대한 면을 자기 외부에 있는 존재의 특성으로 설정하고, 자신의 위대한 존재를 외부의 존재에 투사한다. 이렇게 인간은 자신의 위대한 모습을 밖으로 투사하고, 그것을 외적인 존재로 독립시켜 신이라 불렀다. 그리고 인간은 자신이 투사한 존재에 예배를 드리고, 이렇게 독립된 존재가 된 인간의 또 다른 모습인 신은 이제 인간에게 복을 내려준다. 이 점에 대해 니체는 "그 민족은 자신에 대한 기쁨을, 자신이 힘을 가지고 있다는 느낌을 그것에 대해 감사할 수 있는 존재에 투사한다……사람들은 자기

---

9) 프리드리히 니체, 〈우상의 황혼〉, 101쪽.
10) 프리드리히 니체, 〈우상의 황혼〉, 119쪽.
11) 프리드리히 니체, 《인간적인 너무나 인간적인 I》, 135쪽.

자신에게 감사한다 : 이를 위해 신을 필요로 한다"[12]라고 말한다. 이렇게 니체는 포이어바흐와 유사한 관점에서 종교는 인간이 자신을 신으로 투사한 것이라고 해석한다. 단지 니체와 그의 서로 다른 점은, 어떤 인간의 모습을 고귀하다고 보는가에 달려 있다.[13] 포이어바흐의 경우 사랑은 인간의 고귀한 특징에 속한다. 반면 니체는 사랑을 힘이 쇠잔해졌을 때 나타난 왜곡된 모습으로 평가한다. 니체에 의하면 어떤 민족이 몰락해갈 때 신은 무력한 신, 즉 겸손하고 영혼의 평화와 증오하지 않기와 관용과 적마저 사랑하기를 권하는 신으로 바뀐다.[14] 이제 신은 힘의 신이 아니라 사랑의 신이 되며, 이를 통해 더 이상 민족의 신이기를 그친다. 그리고 이 신은 이제 "생리적으로 퇴행한 자들의 신, 약자들의 신이 된다는 것이다".[15]

마지막으로 니체는 종교 발생의 원인을 형이상학적인 측면에서 발견한다. 이러한 예로서 그는 소식(小食)과 건강의 관계를 언급한다. 일반적으로 소식이 장수에 좋다고 여겨지는데, 이때 건강의 원인은 소식에 있다. 그러나 니체는 음식을 적게 먹는 것 자체의 배후 근거를 탐색한다. 그리고 그는 몸의 느린 신진대사가 소식을 유도한다는 사실을 발견한다. 따라서 소식은 건강의 원인이 아니라, 오히려 그의 몸 상태의 결과였던 것이다.[16] 이와 같이 종교는 삶을 해석하기

---

12) 프리드리히 니체, 〈안티크리스트〉, 231쪽.
13) 이에 대해서는 L. Feuerbach, *Das Wesen der Religion*(Heidelberg : Lambert Schneider Verlag, 1983) 참조.
14) 프리드리히 니체, 〈안티크리스트〉, 232쪽.
15) 프리드리히 니체, 〈안티크리스트〉, 232쪽.
16) 프리드리히 니체, 〈우상의 황혼〉, 113~114쪽.

위해 나타난 것인데, 사람들은 이러한 결과적인 해석을 오히려 삶의 원인으로 뒤바꿨다. 일반적으로 사람들은 종교의 율법들, 즉 무엇을 해야만 한다, 혹은 무엇을 해서는 안 된다는 계명을 선험적인 것으로 여긴다. 그러나 니체에 의하면 이러한 계명 역시 삶의 상태로부터 파생된 해석에 불과하다. 이렇게 실제적인 원인이 은폐된 채, 이 원인으로부터 파생된 결과를 현실의 원인으로 여겨온 오류의 역사가 종교의 역사라는 것이다. 그리고 한번 이렇게 고정된 해석은 또다시 공상적인 개념들을 잉태시킨다. 예를 들어 어떤 행동이 있을 때, 사람들은 그 행동을 가능케 한 어떤 원인자가 있을 거라고 생각한다. 어떤 생각이 있다면, 그러한 생각을 하는 주체가 있어야 한다. 그러나 니체에 의하면, 주체라는 자아 역시 몸을 구성하는 수많은 신경 자극과 상태를 의미하는 것일 뿐, 고유한 자아 존재라는 것은 존재하지 않는다. 세계라는 개념의 경우도, 세계 자체는 존재하지 않으며, 단지 인간이 세계라고 해석한 것만이 있을 뿐이다. 따라서 인간은 세계 속에서만 단지 자신의 모습을 발견하게 되며,[17] 신 안에서도 단지 자신의 투사된 모습만을 볼 수 있는 것이다.

　그리고 종교에서 주장하는 죄라는 개념도 단지 몸이 느끼는 쾌감과 불쾌감이 상징 언어를 통해 변형된 결과에 불과하다. 결국 "순전히 공상적인 원인들('신', '영혼', '나', '정신', '자유의지' —또는 '자유롭지 않은 의지' 도) ; 순전히 공상적인 효력들('죄', '구원', '은총', '죄의 사함'). 공상적인 존재들 사이의 교류('신', '영', '영

---

17) 프리드리히 니체, 〈우상의 황혼〉, 117쪽.

438　오늘 우리는 왜 니체를 읽는가

혼') ; 공상적인 자연과학(……자연적 원인 개념 결여), 공상적 심리학(……쾌와 불쾌……교감신경의 상태를 종교적이고-도덕적인 특이 성질을 가진 상징언어— '후회', '양심의 가책', '악마의 유혹', '신의 다가옴' 등의 도움을 받아 해석해낸다) ; 공상적 신학('신의 나라', '최후의 심판', '영생')"[18]들은 그 본질에 있어 모두 허구에 불과한 것이다. 그러나 이런 것들의 본질이 허구이기 때문에 인간의 삶에 불필요한 것은 아니다. 오히려 이러한 개념들은 인간이 삶을 유지하기 위해 필요했기 때문에 발생한 것이다. 단지 이러한 것들의 본질이 허구였음을 인정하지 않고, 선험적이고 절대적인 진리였다고 믿는 배타성에 문제가 있는 것이다. 즉 이런 공상적 개념의 본질은 허구이지만, 그것이 인간의 삶을 지탱해준 한에 있어 그것은 진리성을 갖는다. 그러나 그 진리성은 그 자체로 진리인 것이 아니라, 단지 삶을 위해 유용한 한에 있어서 진리라는 것이 니체의 입장이다. 따라서 니체는 종교를 단적으로 부정하지 않는다. 다만 그 종교가 삶과 어떠한 관계를 맺느냐에 관심을 가질 뿐이다. 종교가 삶의 힘을 상승시키는 종교인지 혹은 삶을 쇠락시키는 종교인지에 따라 그의 종교에 대한 평가는 달라지는 것이다. 그렇다면 구체적인 종교에 대한 그의 평가는 어떠한가?

---

18) 프리드리히 니체, 〈안티크리스트〉, 230쪽.

3. 그리스도교, 불교, 그리스 종교에 대한 니체의 평가

니체는 세계에 존재하는 종교 현상을 두루 살피고 있지는 않다. 그가
주로 관심을 갖는 종교는 그리스도교, 불교 그리고 그리스 종교다.
우리가 이 세 가지 모두를 종교라고 표현할 수 있는지에 대해서는 이
견이 있을 수 있다. 그리스 종교의 경우 니체는 그것을 때로는 종교
로, 때로는 예술로 이해하고 있다. 따라서 이 세 가지 모두를 종교로
볼 것인지에 대한 논의는 열린 채 남겨두고, 여기서는 니체가 이것들
을 어느 경우에 긍정적으로, 혹은 부정적으로 평가하는지 살펴보기
로 한다.

　니체가 가장 많이 다루고 있는 그리스도교의 경우,[19] 니체의 평가
는 부정적으로 보인다. 그가 그리스도교에 대해 긍정적인 평가를 내
리는 부분은 두 군데다. 구약에서는 이스라엘 왕조시대에 나타나는
야훼와의 관계가, 신약에서는 예수의 실천적 행위가 긍정적으로 평
가된다. 왕조시대 때 야훼는 이스라엘의 힘과 기쁨에 대한 표현이었
고, 승리와 구원을 가져다주는 신으로 그리고 자연적인 힘을 수반하
는 신으로 평가된다.[20] 또한 야훼는 이스라엘에게 힘이 있다는 자신
감의 표현이었고, 자연적인 힘에 근거한 능동적인 표현이었다는 것
이다. 그러나 왕조의 멸망과 더불어 힘의 신이라는 개념이 선한 신으
로, 약자의 신으로, 굴절된 선/악 개념을 갖는, 탈자연화된 신으로

---

19) 최상욱, 〈그리스도교에 대한 니체의 평가〉, 《니체연구》 제8집(2005년 가을) 참조.
20) 프리드리히 니체, 〈안티크리스트〉, 244쪽.

변했다는 것이다.[21]

신약의 경우, 예수가 보여준 실천적 행동에서 니체의 긍정적 평가를 찾을 수 있다. 예수는 모든 갈등과 싸움을 거부하고 단지 평화와 온유를 스스로 행동으로 보여준 인물로 파악된다. 예수는 어떠한 적도 없는 평화의 인물이며, 인간에게 두려운 심상을 강요하는 죄, 벌이라는 개념을 갖지 않았다. 그는 종교로 인한 사람들 사이의 차이와 차별을 넘어서서, 모두를 긍정하며 받아들인 자라는 것이다. 이렇게 예수는 순수하게 능동적인 사랑의 의미를 행동으로 실천한 인물이었다. 따라서 니체는 "신에게 향하는 길은 '회개'도 아니고, '용서의 기도'도 아니다. 오직 복음적인 실천만이 신에게 인도하며, 복음의 실천이 바로 '신'이다"[22]라고 말한다. 예수가 신의 아들로서 그리고 그리스도로서 숭배받을 수 있었던 것은, 그가 실천을 통해 스스로를 신으로 드러냈기 때문이라는 것이다. 반면에 이러한 예수의 실천적 행위는 사도들에 의해 신앙의 대상으로 변질된다. 따라서 이제 예수가 그리스도임을 믿는 믿음만이 중요하게 되었고, 이 믿음은 죄와 구원, 벌과 상을 나누고, 이 세상보다 저 세상을 강조하는 반자연적인 형태로 전락하게 된다. 그런데 이러한 교리 안에는 힘을 추구하는 왜곡된 사제의 의지가 개입되어 있었다. 따라서 우리가 예수를 그리스도로 고백하고 믿는 종교를 그리스도교라고 한다면, 이에 대한 니체의 평가는 부정적이라고 볼 수 있다.

---

21) 프리드리히 니체, 〈안티크리스트〉, 245쪽.
22) 프리드리히 니체, 〈안티크리스트〉, 259쪽.

한편 불교에 대한 니체의 평가는 그리스도교와 비교한다면 덜 부정적이라고 볼 수 있다. 하지만 한편으로 니체는 불교를 허무주의 종교라고 판단한다. 불교가 추구하는 "신과의 신비적 합일을 향한 갈망", "열반Nirvana을 향한 갈망"이 "무"를 향한 갈망과 다르지 않다는 것이다.[23] 이렇게 니체는 그리스도교와 마찬가지로 불교 역시 "허무주의 종교—데카당스 종교"[24]라고 특징짓는다. 그러면서도 그는 "그리스도교에 유죄 판결을 내리면서 그와 유사한 종교, 즉 신도 수가 더 많은 불교에 부당한 일을 하고 싶지는 않다"[25]고 말한다. 니체에 의하면 그리스도교는 잘못된 형이상학적 종교인 데 반해, 불교는 실증적 종교인 것이다. 그리스도교가 유일신과 믿음, 죄 등에 대하여 말하는 데 반해 불교는 "신이라는 개념을 폐기"하고 "죄에 대한 싸움" 대신 "현실적인 고통"에 대한 싸움을 말하고 있다. 이러한 특징을 지닌 불교는 신에 대한 절대적 믿음과 의존성을 통해 인간의 행동과 책임이 사라지는 것을 막을 수 있다. 왜냐하면 불교는 삶이 수반하는 구체적 고통에 대해 알고 그것을 극복하려 하기 때문이다. 이러한 삶의 고통은 신의 계명과 율법에 어긋나는 "죄"와 상관없이 주어지는 고통이기에, 그 고통은 도덕적인 선/악의 구분에 앞선 것이며, 그 고통으로부터 구원도 선/악을 넘어서는 것이다.[26] 왜냐하면 선/악이란 개념은 형이상학적 개념과 연관된 도덕적 개념인 반면, 고통

---

23) 프리드리히 니체, 〈도덕의 계보〉, 361쪽.
24) 프리드리히 니체, 〈안티크리스트〉, 235쪽.
25) 프리드리히 니체, 〈안티크리스트〉, 235쪽.
26) 프리드리히 니체, 〈안티크리스트〉, 236쪽.

은 실증적인 것이기 때문이다. 따라서 삶의 고통은 신과 같은 형이상학적인 개념이나 도덕적인 개념에 의해 극복되지 않으며, 단지 삶에 대한 인간의 실증적인 태도를 통해 극복될 수 있는 것이다. 이런 의미에서 "불교도는 '선과 악―이 두 가지는 결박이다. 완전한 자는 이 두 가지를 지배했다"[27]라고 니체는 말할 수 있는 것이다.

그리고 신을 폐기한 불교의 경우, 이제 자신 안에 일어나는 격정을 스스로 다스리는 일이 중요해진다. 왜냐하면 그것은 더 이상 신에게 호소하는 기도를 통해 해결되지 않기 때문이다. 따라서 부처의 가르침은 "복수감정과 혐오감정과 원한감정을 경계하라는 것", 그리고 그 방법으로서 "평온을 주거나 명랑하게 하는 생각들"[28]을 가지라는 것에 있다. 이렇게 불교는 고통에 민감하며, 그것을 벗어나려고 노력하는 종교라는 점에서는 그리스도교와 유사한 점이 있지만, 그 해결 방식에서는 전혀 다른 양상을 보인다. 이 점에 관해 니체는 다음과 같이 말한다. "불교는 백배나 더 냉정하고 진실되고 객관적이다. 그것은 자기 자신의 고통과 고통을 느끼는 능력을 더 이상은 죄 해석을 수단으로 하여 바람직한 것으로 만들어야 할 필요를 느끼지 않는다.―불교는 '나는 괴롭다'에 대한 자신의 생각을 말할 뿐이다."[29] 그리고 이러한 괴로움을 극복하기 위해 불교는 "정신적인 것에서는 섭생요법"을, 육체적인 것에서는 특정한 단련"을 제시한다.[30]

---

27) 프리드리히 니체, 〈도덕의 계보〉, 501쪽.
28) 프리드리히 니체, 〈안티크리스트〉, 237쪽.
29) 프리드리히 니체, 〈안티크리스트〉, 240쪽.
30) 프리드리히 니체, 〈안티크리스트〉, 239쪽.

이렇게 불교의 실증적인 측면에 대하여 니체는 긍정적인 평가를 내리지만, 그 해결 방식이 소극적이라는 지적과 더불어, 결국 불교 역시 허무주의적인 종교라고 평가한다. 따라서 니체는 "새로운 투쟁.—부처가 죽은 후에도 수세기 동안 사람들은 동굴 안에서 엄청나게 크고 두려운 그의 그림자를 보여주었다. 신은 죽었다. 그러나 인간의 방식이 그렇듯이, 앞으로도 그의 그림자를 비추어주는 동굴은 수천 년 동안 여전히 존재할 것이다.—그리고 우리는—그 그림자와도 싸워 이겨야 한다!"[31]라고 말한다. 그렇다면 불교보다 좀 더 긍정적이고 적극적인 방식으로 허무주의를 극복할 수 있는 종교는 무엇인가? 이러한 종교를 니체는 그리스 종교에서 발견하고 있다.

무엇보다도 그리스 종교는 니체에 의해 그리스도교나 불교와 달리 남성적인 종교로 평가되고 있다.

> 헬라인은 낙관주의자도 염세주의자도 아니다. 무시무시한 것을 실제로 쳐다보고 은폐하지 않는, 본질적으로 남성이다……헬레니즘의 위대한 지혜는 신들 역시 필연성anagke에 굴복한 것으로 이해했다는 점이다……그들은 삶에서 소외되지 않고 살 수 있기 위해 신을 믿었다.[32]

이러한 그리스의 종교는 신들과 인간의 사이를 초자연과 자연의 세계로 구분하지 않는다. 오히려 신과 인간은 모두 자연적인 존재와

---

31) 프리드리히 니체, 〈즐거운 학문〉, 183쪽.
32) 프리드리히 니체, 《유고(1869년 가을~1872년 가을)》, 최상욱 옮김(책세상, 2001), 100쪽.

같은 특징을 지닌다. 다만 차이는 신이 죽지 않는다는 점, 인간은 죽는다는 점에 있을 뿐이다. 따라서 신에 대한 그리스인의 태도는 곧 인간 그리고 인간적 삶 자체에 대한 태도와 일치한다. 그리고 삶에 대한 그리스인의 태도는 삶을 죄나 고통으로 본 그리스도교나 불교의 태도와 달리 삶에 대한 긍정, 즉 감사함으로 특징지어질 수 있다. 이 점에 대하여 니체는 다음과 같이 말한다.

> 고대 그리스인들의 종교심에서 놀라운 점은 억제하기 힘들 정도의 풍부한 감사가 흘러넘친다는 것이다 : ─그렇게 자연과 삶 앞에 서 있는 사람은 매우 고상한 종류의 인간이다![33]

그리스적 본능의 근본적 사실은 삶에의 의지에 놓여 있으며, 이것은 "영원한 삶, 삶의 영원회귀 ; 과거 안에서 약속되고 신성시된 미래 ; 죽음과 변화를 넘어서 있는 삶에 대한 개가를 부르는 긍정 ; 생식과 성적 신비를 통한 총체적 존속으로서의 진정한 삶"[34]에 대한 위대한 긍정을 뜻한다. 그러나 삶에는 기쁨과 고통이 동시에 존재한다. 따라서 삶에 대한 긍정은 "창조의 기쁨"뿐 아니라 "산모의 고통"도 포함한다. 그런데 그들은 신에게서 도움을 청하거나 삶으로부터 도피함으로써 이러한 삶의 비극성을 극복하려 하지 않았다. 오히려 삶의 비극을 비극 자체로 받아들이고 이 비극을 명랑성으로 승화시킴

---

33) 프리드리히 니체, 〈선악의 저편〉, 88쪽.
34) 프리드리히 니체, 〈우상의 황혼〉, 202쪽.

으로써 극복하려고 했다. 따라서 그들의 명랑성은 삶의 고통을 모르는 사람이 갖는 명랑성과는 다르다. 따라서 니체는 "그리스는, 전적으로 저러한 의지가 지닌 가장 높은 의도에 이르고, 항상 그곳을 향한 가장 가까운 길을 선택했던 민족의 형상이다. 의지를 향한 그리스의 발전의 운 좋은 상태는 그리스 예술에 흡족한 웃음을 제공했는데, 우리는 이것을 그리스적 명랑성이라 부른다……반면에 노예와 노인의 그것과 같은 낮은 유의 명랑성도 있다"[35]라고 말한다.

즉 낮은 유의 명랑성과 달리 그리스인의 명랑성은 비극을 극복한 명랑성인 것이다. 따라서 니체는 "비극적 운명의 가장 보편적인 형식은 승리에 찬 패배 또는 패배 안에서 승리에 이르는 것이다"[36]라고도 말한다.

그리스 종교가 갖는 그리스도교와 불교와의 또 다른 차이점은, 독단적이고 형이상학적인 유일신을 주장하거나 신을 폐기하지 않았다는 점이다. 그리스 종교 안에는 많은 신들이 병존한다. 그리고 신이 인간이 투사된 모습이라고 한다면, 그리스 종교는 인간의 다양한 모습을 바로 다양한 신들로 해석하고 있는 것이다. 이런 점을 니체는 신을 고안하는 데 있어 "더 고귀한 방식"[37]이라고 말한다. 왜냐하면 "그리스 신들은 고귀하고 자주적인 인간이 반영된 것이며, 그것에 비추어 인간 안에 있는 동물은 스스로 신격화되었음을 느꼈고 자기 자신을 물어뜯지도 않았고 자기 자신에게 사납게 날뛰지도 않았기"[38] 때

---

35) 프리드리히 니체, 《유고(1869년 가을~1872년 가을)》, 259~260쪽.
36) 프리드리히 니체, 《유고(1869년 가을~1872년 가을)》, 248쪽.
37) 프리드리히 니체, 〈도덕의 계보〉, 444쪽.

문이다. 이렇게 인간의 자주적인 존재를 반영하는 여러 신들이 존재한다는 사실은 단 하나의 신에 의한 진리/비진리, 선/악의 구분과 그리스도교적인 "죄", "양심의 가책" 등으로부터 자유로울 수 있음을 뜻한다. 또한 그리스 종교가 추구하는 것이 인간의 현존에 대한 쾌감과 연결되어 있기에, 불교와도 큰 차이를 보인다. 이 점에 대하여 니체는 "그리스 신화는 중요한 인간성의 모든 형태를 신으로 만들었다……현존에 대한 쾌감으로서의 숭배충동이 하나의 대상을 창조한다. 이러한 느낌이 결핍된 것—불교"[39]라고 말한다.

이렇게 "종교들의 가치는 그 목적이 판단한다 : 목적telos은 무의식적 의지 안에 있으며",[40] 그리스 종교는 바로 인간의 존재에 대한 긍정에의 의지를 추구하기 때문에, 니체는 그리스 종교 안에서 다른 두 종교보다 우월한 측면을 발견하는 것이다. 그렇다면 그리스 종교가 갖는 고유한 특징은 무엇인가?

4. 인간적인 너무나 인간적인 종교로서의 그리스 종교

그리스 종교에는 앞의 두 종교에서와는 달리 하늘과 대지라는 이분법적인 구도나, 신의 계명과 도덕률, 영혼의 구원과 같은 개념이 없다. 따라서 거창한 구원의 가능성과 금욕적인 성자의 모습을 기대하

---

38) 프리드리히 니체, 〈도덕의 계보〉, 444쪽.
39) 프리드리히 니체, 《유고(1869년 가을~1872년 가을)》, 132쪽.
40) 프리드리히 니체, 《유고(1869년 가을~1872년 가을)》, 105쪽.

는 사람에게 그리스 종교는 종교로 보이지 않을 수 있다. 니체도 이
점에 대하여 말하고 있다.

> 다른 종교를 가슴에 품고 이 올림포스 신들에게 다가가 그들에게서
> 도덕적으로 높은 수준, 즉 성스러움을 찾고, 비육체적인 정신화와 자비
> 에 찬 사랑의 눈길을 찾는 자, 그는 불쾌해지고 실망해서 그들에게 곧 등
> 을 돌려야만 할 것이다. 여기에서는 어느 것도 금욕, 정신성, 의무를 상
> 기시키지 않는다.[41]

그러나 모든 종교가 피안의 세계만을 주장하는 것이 아니라, 구체
적인 삶의 여러 모순들과 고통을 해결하는 기능 또한 갖는다면, 그리
스 종교 역시 종교라고 불려도 무방할 것이다. 그리고 발생 배경을
보더라도 그리스 종교 역시 다른 종교와 마찬가지로 삶의 위협적인
힘을 알 수 있고 통제할 수 있는 힘으로 변형시키려는 노력에서 생겨
났다.

> 그리스인은 실존의 공포와 경악을 알고 있었고 느꼈다. 그리스인은
> 살 수 있기 위하여 그 공포와 경악 앞에 올림포스 신들이라는 꿈의 산물
> 을 세워야 했다.[42]

---

41) 프리드리히 니체, 〈비극의 탄생〉, 40쪽.
42) 프리드리히 니체, 〈비극의 탄생〉, 41쪽.

이러한 꿈을 통해 그리스인은 현실과 대립하는 또 다른 가상의 세계를 만들어냈고, 이 가상의 세계에 힘입어 자연의 거대한 힘이나 무자비하고 냉혹한 운명의 잔인함을 이겨나갈 수 있었다. 즉 그들은 이러한 아폴론적인 꿈의 형상화를 통해 거대한 현실의 공포를 "올림포스의 환희의 신의 질서"[43]로 변형시키고, 그 안에서 평안함을 느낄 수 있었다. 이렇게 그리스인의 의지는 세계를 "아름답게 변용시키는 거울"[44]을 통해 세계 자체를 종교로 그려내고 있는 것이다. 그리고 이때 "신들은 스스로 인간의 삶을 살아감으로써 인간의 삶을 정당화한다".[45] 이런 한에 있어 그리스 종교는 일종의 인간적인 꿈이지만, 이 꿈은 "가상에 대한 근원적 욕망의 보다 고차원적인 충족"[46]이라는 특징을 띠는 것이다. 이러한 아폴론적인 꿈은 세계에 일정한 경계를 지정해 혼돈처럼 보이던 사물들이 각각의 형태를 갖도록 만들며, 이로써 이제 자연, 우주, 인간 모두는 자신의 경계를 갖는 조화로운 질서 안에 자리 잡게 된다. 이처럼 아폴론은 개별화를 완성시키는 원리다. 따라서 니체는 "아폴론은 우리에게 다시금 '개별화의 원리'의 신격화로 나타난다. 이 개별화의 원리 속에서만 근원적 일자의 영원히 성취된 목표, 즉 가상을 통한 자신의 구원이 실행된다"[47]라고 말한다. 이처럼 고통이 필연적인 삶 속에서 개체의 경계를 준수하기를

---

43) 프리드리히 니체, 〈비극의 탄생〉, 42쪽.
44) 프리드리히 니체, 〈비극의 탄생〉, 42쪽.
45) 프리드리히 니체, 〈비극의 탄생〉, 42쪽.
46) 프리드리히 니체, 〈비극의 탄생〉, 45쪽.
47) 프리드리히 니체, 〈비극의 탄생〉, 46쪽.

요구하는 아폴론적 원리는 "윤리적인 절도", 조화 속에 있는 개별자들의 "아름다움" 그리고 중요한 자신에 대한 중용적인 "앎"을 가능케 한다.

그러나 경계를 통해 조화로운 세계가 구축되지만, 다른 한편으로 이러한 조화는 개체를 개체로서 고정화시키는 결과를 낳는다. 이렇게 경계선, 자기 인식, 윤리적 절도를 주장하는 아폴론적 원리는 "이집트적인 뻣뻣함과 차가움으로 굳어지는"[48] 위험성을 내포하기 때문에, 아폴론적인 조화는 항상 디오니소스적인 해체에 의해 다시 파괴되어야 한다. 이러한 파괴에 의해 자연과 인간은 본원적인 통합 상태를 다시 경험하게 된다. 이것은 아폴론적인 개별화를 해체함으로써 가능하다. 따라서 통합하려는 욕망은 개별화의 해체라는 전율을 수반하게 된다. 이렇게 디오니소스적 원리는 아폴론적인 밝은 빛의 명료함과 대비되는 도취와 전율의 원리다. 즉 아폴론적 원리가 "자연의 내면과 끔찍한 면", "소름끼치는 밤을 보고 상처 입은 눈을 낫게 해주는 빛"의 원리인 반면, 디오니소스적 원리는 강력한 태양을 바라보는 눈이 상하지 않게 어둠을 그려내는 원리인 것이다.[49] 이렇게 강한 빛을 부드럽게 만드는 디오니소스적 도취를 통해 인간은 다른 인간과, 다른 자연과의 재통합을 경험하게 된다. 이 점에 대해 니체는 다음과 같이 말한다.

---

48) 프리드리히 니체, 〈비극의 탄생〉, 83쪽.
49) 프리드리히 니체, 〈비극의 탄생〉, 77쪽.

세계의 조화라는 복음에서 각자는 자신의 이웃과 결합되고, 화해하고, 융해되어 있음을 느낄 뿐만 아니라, 마치 마야의 베일이 갈가리 찢어져 신비로운 '근원적 일자' 앞에서 조각조각 펄럭이고 있는 것처럼 자신의 이웃과 하나가 됨을 느낄 것이다. 인간은 노래하고 춤추면서 보다 높은 공동체의 일원임을 표현한다. 그는 걷는 법과 말하는 법을 잊어버리고, 춤추며 허공으로 날아오르려 한다. 그가 마법에 걸려 있음이 그의 몸짓에서 나타난다.[50]

이러한 디오니소스적 원리는 다른 종교에서는 악적인 요소로 부정되었지만, 유독 그리스 종교에서는 삶의 한 부분을 대표하는 원리로서 긍정적으로 받아들여진다.[51] 예를 들어 인간에게 불을 전해준 프로메테우스나 자연의 수수께끼를 푼 오이디푸스는 아폴론에 의해서는 "경계를 넘어선 자"로 평가되지만, 이들은 의도적으로 경계를 부수는 디오니소스의 모습이기도 한 것이다.[52] 따라서 그들은 죄인이 아니라 오히려 고귀한 인간형으로 평가되기도 한다. 이런 의미에서 니체는 소포클레스가 오이디푸스를 고귀한 인간으로 이해했으며, 고귀한 인간은 죄를 범하지 않는다고 말하고 싶었을 거라고 지적한다.[53]

이렇게 그리스인들은 아폴론적 원리와 디오니소스적 원리가 상호

---

50) 프리드리히 니체, 〈비극의 탄생〉, 34쪽.
51) 프리드리히 니체, 〈비극의 탄생〉, 82쪽.
52) 프리드리히 니체, 〈비극의 탄생〉, 84쪽.
53) 프리드리히 니체, 〈비극의 탄생〉, 77쪽.

침투하면서 삶을 구성하는 것을 알았으며, 이 원리의 본질이 꿈이라는 것도 알고 있었다. 그러나 이 꿈은 삶과 무관한 꿈이 아니기에, 삶과 무관한 허구와는 구분된다. 따라서 니체는 순전한 허구의 세계와 꿈의 세계를 구분하면서, "허구 세계가 실재성을 왜곡시키고 탈가치화시키며 부정하는 반면, 꿈의 세계는 실재성을 반영"[54]한다고 주장한다. 그리고 바로 이 점에 그리스 종교를 종교로 보는 니체의 독특한 입장이 있다.

　일반적으로 볼 때 많은 종교인들은, 그리스도교와 불교가 주장하는 초월적인 세계는 단순한 허구가 아니라 실재하는 세계라고, 반면에 그리스 종교는 꿈의 산물이기 때문에 종교가 될 수 없다고 말할 것이다. 그러나 니체에 의하면 그리스도교, 불교, 그리스 종교가 그리는 세계의 본질은 모두 허구다. 단지 차이가 있다면 그리스도교나 불교의 초월적 세계는 그 세계가 허구임을 부정하는 반면, 그리스 종교는 그 본질이 허구임을 인정한다는 데 있는 것이다. 니체에 따르면, 그리스도교와 불교의 초월적 세계는 삶과 무관하기에 그 본질은 허구이며, 오히려 삶과 연관된 그리스의 꿈이야말로 실재성을 지닌다. 그리스인들은 삶의 어려움에 부딪혔을 때 자신이 만들어낸 꿈을 통해 그것을 극복해나감으로써, 삶을 부정하거나 피하지 않은 채 삶의 위협으로부터 벗어날 수 있었던 것이다.[55] 그런데 이렇게 꿈을 통해 삶을 극복하면서도 그 꿈의 본질이 꿈이라는 것을 자각했기에, 그

---

54) 프리드리히 니체, 〈안티크리스트〉, 230쪽.
55) 최상욱, 《진리와 해석》, 275~277쪽 참조.

리스 종교는 예술이라는 특징도 띠게 된다. 따라서 니체는 "그리스적 의미에서 예술과 종교는 동일하다. 단지 사람들은 '아름다움의 종교'에 대해서만 생각해서는 안 된다. 그리스 종교는 예술과 마찬가지로 많은 부분에서 아름다운 것과 아무 관계가 없다",[56] 혹은 "도덕성과 종교는 미학적 의도의 영역으로 이끌려져야 한다"[57]라고 말하고 있다. 그리고 니체는 이러한 형태로서의 "그리스의 종교는 그 후 생겨난 어떤 종교보다 더 고귀하고 심오하다"[58]고 주장한다.

5. 예술로서의 그리스적 종교, 그리고 이러한 종교의 종말

일반적으로 생각할 때 종교와 예술은 분명히 다른 분야에 속한다. 특히 현대인이 볼 때 더욱 그렇다. 그러나 우리는 성극이나 성화, 성가 등의 종교적인 예술 작품이 종교심을 고양시키는 것을 볼 수 있다. 이때 예술과 종교는 서로 일정한 연관성을 맺고 있다는 점을 부정할 수 없다. 그런데 '종교적 실체'를 부정하는 종교 예술의 경우, 그것은 더 이상 아무런 종교적인 의미도 없는 하나의 문화 현상으로 전락하는 것인가? 혹은 이러한 예술 작품 속의 세계가 곧바로 종교 세계를 대변하는 것으로 여겨질 수는 없을까? 특히 현대인이 생각하듯이 예술이 허구적인 소설과 같은 것이 아니라, 바로 삶 속에서 느꼈던

---

56) 프리드리히 니체, 《유고(1869년 가을~1872년 가을)》, 399쪽.
57) 프리드리히 니체, 《유고(1869년 가을~1872년 가을)》, 267쪽.
58) 프리드리히 니체, 《유고(1869년 가을~1872년 가을)》, 105쪽.

종교적 경험을 예술이라는 형식으로 표현하고 있는 것이라면? 이 경우 종교와 예술은 모두 인간이 삶 속에서 경험한 어떤 것을 표현하고 있다는 공통점을 지닌다. 왜냐하면 세계는 더 이상 성의 세계와 속의 세계로 분리되지 않고, 오히려 하나의 세계 안에서 인간은 성과 속을 동시에 경험하게 되기 때문이다. 그렇다면 성스러움은 삶의 외부에 삶을 초월해 따로 존재하는 것이 아니라, 삶의 모습 안에서 동시적으로 나타날 수도 있을 것이다. 니체가 생각하는 그리스인들의 종교는 바로 이러한 특징을 지닌다. 즉 특정한 최고의 신이 존재하고 그와 연결된 선한 세계가 따로 존재하는 것이 아니라, 그리스인들은 삶 속에서 인간을 통해 신을 느꼈고, 이러한 신들에 의해 세계를 이해하고 고통을 감내할 수 있었던 것이다. 이런 점을 우리는 그리스 신전에서도 볼 수 있다.

우리는 흔히 그리스 신전에 연극 무대가 있는 것을 볼 수 있다. 그리고 신전이 없는 연극 무대도 도시에서 떨어진 곳에 위치하는 경우를 볼 수 있다. 이 두 경우 모두 현대 종교인에겐 낯선 느낌을 준다. 심지어 성스러운 신전에 연극 무대가 있다는 것은 왠지 정통적인 종교인에겐 불경해 보이기까지 한다. 왜냐하면 신전은 거룩하고 성스러운 곳이며, 삶의 때의 흔적까지도 정화시켜야 하는 곳인 반면, 연극은 삶의 고단함을 잠시 잊기 위한 오락물 정도로 여겨지기 때문이다. 그러나 그리스 종교의 성스러움은 순수한 기도와 은둔에서 드러나기보다 오히려 삶의 내용 가운데서 드러나며, 이러한 삶을 묘사하는 것이 바로 예술이다. 즉 그리스인에게 신전의 성스러움은 연극을 통해 드러나는 삶의 성스러움과 동일한 것이다. 따라서 그리스인들이 연극을 위해 세워놓은 가설무대와 그 무대의 인물, 배경들은 비록 예술적인 가상의 세계이지만 이 가상은 그들이 믿었던 종교적 꿈과 다르지 않다고 니체는 주장한다. 그리스인들이 보여준 예술의 세계는 그리스인들이 믿었던 올림포스 산과 그 위에 사는 신들이 지닌 것과 동일한 정도의 "현실성과 신빙성"[59]을 가졌다. 따라서 예술을 통해 고통으로부터 해방된다는 것은 곧 종교적인 해방과 동일한 의미였다. 이렇게 그리스인들은 예술을 통해 종교적인 해방을 경험했으며, 이때 예술과 종교는 모두 삶과 연관되기에 결국 그리스인들은 삶으로부터 고통 받고, 삶에 의해 구원을 경험했다고 볼 수 있다. 이런 점을 니체는 아폴론적 원리와 디오니소스적 원리라는 표현으로 해석하고 있다.

그리고 그리스 연극 무대가 도시 외곽에 있다는 점도 중요한 의미를 지닐 수 있다. 왜냐하면 그들이 연극을 관람하기 위해서는, 바쁜 일상의 도시로부터 벗어나, 한적한 숲 속을 지나야 되기 때문이다. 이때 그들은 되풀이되는 삶의 일상에서 벗어나 일종의 해방감을 느낄 수 있을 것이고, 이렇게 열린 마음으로 그들은 인간의 비극적 고통을 묘사하는 연극을 통해 삶의 본질에 대해 되돌아보는 기회를 갖게 된다. 그리고 연극이 진행되는 동안 그들은 점차 연극에 몰입하면서 연극의 사건을 자신의 사건으로 여기고 진지하게 반응하지만, 연극이 끝나면 곧바로 그것이 꿈의 세계였음을 인지하고 다시 삶으로 들어간다. 즉 삶에서부터 빠져나와, 또 다른 삶의 모습에서 삶을 재

---

59) 프리드리히 니체, 〈비극의 탄생〉, 65쪽.

음미하고, 다시 삶으로 귀환하는 과정이 이뤄진다. 반면에 그리스도교나 불교와 같이 성과 속이 분리된 경우, 신도들은 삶 속에 살다가 삶과 무관한 천국의 환희를 경험하러 신전으로 몰려가고, 예배가 끝난 후 다시 속세의 사회로 돌아오는 과정을 갖는다. 그런데 신전에서 그들이 들을 수 있는 것은 삶과 무관한 저세상에 대한 말들인 것이다. 그렇기 때문에 삶으로 돌아왔을 때, 그들이 잠시 미뤄둔 삶의 모습은 변하지 않은 채 그대로 다시 주어진다. 그리고 이 삶의 고통을 극복하려면 다시 기도해야 할 것이다. 반면에 그리스인의 경우 연극을 통해 웃음(희극)과 울음(비극) 속에 몰입하는 동안에, 자신이 당면한 고통을 그곳에서도 발견하게 되고, 그것을 어떻게 해결하는지도 보게 되며, 이를 통해 이미 고통의 문제를 어떤 식으로든 해결하게 된다. 이렇게 그리스인은 초월적 존재와 그에 대한 기도 없이 어느 정도 자신의 문제를 푼다. 따라서 니체는 "이러한 의지의 최고 위험 속에서 예술이 구원과 치료의 마술사로서 다가온다. 오직 예술만이 실존의 공포와 불합리에 관한 저 구역질 나는 생각들을 그것과 더불어 살 수 있는 표상들로 변화시킬 수 있다. 이 표상들은 공포를 예술적으로 통제할 경우 숭고한 것이고, 불합리의 구역질로부터 예술적으로 해방시킬 경우 희극적인 것이다"[60]라고 말한다. 말하자면 그리스인들은 비극적 인물인 안티고네와 카산드라에게서 자신의 모습과 자신에게 닥친 운명의 모습을 보고, 그 구원 가능성도 보았다.[61] 만

---

60) 프리드리히 니체, 〈비극의 탄생〉, 67쪽.
61) 프리드리히 니체, 〈비극의 탄생〉, 49쪽.

약 현대인들이 햄릿과 오필리아 안에서 자신의 운명과 구원 가능성을 볼 수 있다면[62] 그리스적인 종교를 이해할 수 있을 것이다. 이와 같이 그리스인들에게 두 세계는 모두 꿈의 세계였지만, 예술은 삶을 반영하는 허구이고 초월적인 저세상은 삶과 무관한 허구이므로 그들은 예술에서 종교를 경험했다는 것이 니체의 입장이다. 왜냐하면 그들에게서 삶과 종교와 예술은 모두 동일한 영역에 속했기 때문이다. 그런데 예술은 의지가 긍정적으로 표출된 삶을 표현한다. 즉 니체에 의하면 예술의 본질은 '힘에의 의지'를 표현하는 것이며, 종교, 도덕, 형이상학과 달리 삶을 표현하는 반-허무주의적인 운동인 것이다. 예술은 "삶을 부정하는 모든 의지에 대항하는 유일하고 뛰어난 반대운동으로서, 반그리스도교적, 반불교적, 반허무주의적인 것 그 자체다".[63] 이런 의미에서 니체는 예술을 진리보다 더 가치가 있는 것으로 평가한다. 그는 "우리가 예술을 갖는 것은, 진리로 인해 몰락하지 않기 위해서다"[64]라고 말한다. 이러한 니체의 예술 개념은 '힘이 상승함을 느끼는 도취'[65]와 '창조적인 능력'[66]을 뜻한다. 예술은 삶의 느낌을 고양시키고, 긍정적인 창조성으로 이끄는 방식인 것이다. 그런데 니체는 그리스인의 경우 종교의 본질이 힘에의 의지를 표현하는 것에 놓여 있기 때문에, 그때까지 삶과 예술과 종교는 동일한

---

62) 프리드리히 니체, 〈비극의 탄생〉, 67쪽.
63) M. Heidegger, *Nietzsche* I(Pfullingen : Neske, 1961), 87쪽.
64) M. Heidegger, *Nietzsche* I, 89쪽.
65) M. Heidegger, *Nietzsche* I, 120쪽.
66) M. Heidegger, *Nietzsche* I, 135쪽.

영역에 있었고, 이런 한에 있어 종교는 예술로서도 가능했다고 보는 것이다.

그러나 제우스와 거인족들을 연결시킨 아이스킬로스[67]와 달리, 예술에서 디오니소스적 요소를 거세시키고[68] 그 자리에 '기계장치의 신deus ex machina'을 도입한 에우리피데스[69]와 더불어, 그리고 결정적으로는 디오니소스와 아폴론을 모두 제거한 소크라테스와 더불어[70] 예술과 종교는 분리되고, 이제 종교의 자리에 철학적 형이상학이 들어서게 되었다는 것이다. 그리고 소크라테스에 이르러 힘에의 의지는 삶을 고양시키는 "창조적이고 긍정적인 힘"이 아니라 오히려 삶에 대한 비판적이고 위협적인 세력으로서 평가 절하되며,[71] 이제 단지 이성의 의식이 그 자리를 대신하게 된다. 그러나 니체가 바라보는 소크라테스에 대한 입장은 이중적이다. 따라서 그는 "음악을 행하는 소크라테스"[72]에 대해서도 말한다.

그러나 플라톤에 대해 니체는 자신의 철학이 "전도된 플라톤주의"[73]라고 선언하면서, 이제 "아폴론적 경향은 논리적 도식주의로……디오니소스적인 것은 자연주의적 격정"[74]으로 변했다고 비판

---

67) 프리드리히 니체, 〈비극의 탄생〉, 86쪽.
68) 프리드리히 니체, 〈비극의 탄생〉, 96쪽.
69) 프리드리히 니체, 〈비극의 탄생〉, 102쪽.
70) 프리드리히 니체, 〈비극의 탄생〉, 98쪽.
71) 프리드리히 니체, 〈비극의 탄생〉, 107쪽.
72) 프리드리히 니체, 《유고(1869년 가을~1872년 가을)》, 175쪽 ; 프리드리히 니체, 〈비극의 탄생〉, 113쪽.
73) 프리드리히 니체, 《유고(1869년 가을~1872년 가을)》, 257쪽.

한다. 이제 비극을 극복하고 경험하는 그리스적 명랑성은 알렉산드리아적인, "이론적 인간의 명랑성"으로 바뀌게 된 것이다.[75] 이제 그리스의 비극적 삶이나 그 표현인 예술 그리고 종교도 사라지고, 그 자리엔 그리스 철학이 들어서게 된다. 그리고 인류의 역사를 통해서 예술과 종교가 일치했던 그리스 정신이 사라짐으로써, 현대인은 예술로서 가능했던 종교의 모습을 상실하게 되는 것이다. 그리고 이제 인류에게 종교는 성스러운 세계, 피안의 세계를 위한 종교라는 것이 보편적 인식으로 굳어지게 된다.

6. 차라투스트라의 동굴 이미지를 통해 본 "종교적 초월"에 대한 니체의 입장

현대인인 우리가 니체를 종교인이라고 부르기는 어려울 것 같다. 왜냐하면 대부분의 현대 종교는 현실과 구분되는 저세상에 대해 말하고 있기 때문이다. 니체에게는 그러한 세계가 존재하지 않는다. 혹은 더 정확히 말하면, 알 수가 없다. 인간에겐 그러한 세계를 인지할 수 있는 감각체가 없기 때문이다. 이 부분이 현대 종교와 니체가 갈리는 지점이기도 하다. 즉 종교는 알 수 없기 때문에 믿으라고 말하는 반면에, 니체는 알 수 없다면 그것은 우리의 삶과 상관없다고 말한다.

---

74) 프리드리히 니체, 〈비극의 탄생〉, 111쪽.
75) 프리드리히 니체, 〈비극의 탄생〉, 134쪽 · 146쪽.

그렇다면 현대 종교와 관련해 니체는 아무런 의미도 없는 인물인가? 혹은 니체는 종교인은 아니지만, 현대 종교가 간과하고 있는 점에 대해 말하고 있는 것은 아닌가? 만약에 우리가 종교의 의미를 저세상까지 연장시키지 않고, 단지 이 세상 안에서의 긍정적인 역할로만 한정한다면, 종교와 니체의 대화는 가능할 것이다. 그리고 우리는 니체를 통해, 이 세계 안에 수많은 종교와 종교인이 존재함에도 불구하고 별반 나아지지 않은 현실에 대한 이유를 발견할 수도 있을 것이다.

이를 위해 우리는 '초월'에 대한 종교와 니체의 입장을 비교하는 것이 좋을 것이다. 종교는 초월적 세계에 대해 말한다. 이때 초월적 세계는 현실의 세계로부터 떠남을 의미한다. 그러나 니체가 생각하는 초월은 하늘을 향해 대지를 떠나는 초월이 아니라, 바로 대지 자체가 높아지는 초월이다. 이런 예를 우리는《차라투스트라는 이렇게 말했다》의 첫 장면에서부터 볼 수 있다. 여기에서 차라투스트라는 고향과 고향의 호수를 떠나 산으로 들어갔다고 묘사된다. 그런데 산으로부터 다시 내려오는 장면을 보면, 고향의 호수와 산 사이에는 숲과 골짜기가 있으며, 숲에서 만난 노인과 차라투스트라는 사랑의 상대에 대한 이야기를 나눈다. 숲 속에 사는 노인은 신을 사랑한다고 말한다. 반면에 차라투스트라는 인간을 사랑한다고 말한다. 그리고 숲의 가장자리에 위치한 도시의 시장에서 차라투스트라는 대지와 초인에 대해 말하지만, 시장에 모여 있는 삶들에게는 광대의 이야기로 들릴 뿐이다. 이렇게 차라투스트라는 숲 속에서 신을 찾고 있는 노인과 달리 인간에 대한 사랑을 말하고 있으며, 인간들로 득실거리는 시장에서 대지와 인간의 초월에 대해 말하고 있다. 즉 더 이상 존재하지 않는 하늘의 세계를 숲에서 찾는 것도, 초월을 알지 못하는 시장 터의 인간 세계도 차라투스트라에게는 비판의 대상이 되고 있다.

차라투스트라가 살던 곳은 높은 산의 동굴 속이다. 그의 거주지는 평탄한 대지가 아니라 높은 산이며, 산의 높은 곳에 위치한 동굴이다. 이곳에서 그는 사유에 잠기기도 하고, 나중에 여러 사람들과 신의 죽음 이후의 세계에 대한 대화를 나누기도 한다. 그런데 동굴이란 무엇인가? 그리스 신화에 의하면 제우스를 포함해서 헤르메스, 디오니소스, 데메테르 등의 탄생이 모두 동굴과 연관되어 있다. 이처럼 동굴은 단순히 음침한 곳이 아니라, 존재의 근원적 탄생이 이루어지는 고향이라는 의미를 지닌 곳이다. 동굴은 생티브P. Saintyves의 말처럼 "인류 발생의 모태"[76]이며, "사람들이 끊임없이 꿈꾸는 은신처……고요한 휴식, 보호된 휴식의 꿈"을 상징하는 "신비와 두려움 어린 어떤 입구"[77]인 것이다. 그런데 차라투스트라의 동굴은 낮은 곳에 위치한 플라톤의 동굴과 달리, 높은 산 위에 하늘과 맞닿아 있는 동굴이다. 그 하늘 역시 허공 위에 있는 하늘이 아니라, 대지와 닿아 있는 하늘이다. 이렇게 차라투스트라의 거주지는 심연과 대지 그리고 하늘이 하나로 응축된 곳이다. 말하자면 인간 존재의 근원과 인간의 현실적 세계 그리고 초월적 세계를 한데 담고 있는 상징인 것이다. 따라서 차라투스트라는 대지와 분리된 저 위의 또 다른 초월적 세계를 향해 쳐다볼 필요를 느끼지 않는다. 오히려 그는 "대지에 충

---

76) 가스통 바슐라르, 《대지 그리고 휴식의 몽상》, 정영란 옮김(문학동네, 2002), 225쪽.
77) 가스통 바슐라르, 《대지 그리고 휴식의 몽상》, 205쪽.

실하라"[78]라고 말한다. 그리고 그는 높아진 대지에 살고 있기에, "높이 오르려 할 때 너희들은 위를 올려다본다. 그러나 이미 높이 올라와 있는 나는 내려다본다"[79]라고 말할 수 있는 것이다. 그런데 이런 주장은 그의 교만함을 드러내는 것이 아니다. 오히려 니체의 초월 개념이 대지를 떠나 하늘로 향하는 초월이 아니라, 대지가 하늘만큼 높아진 초월임을 드러내는 것이다. 따라서 차라투스트라는 자기 자신을 내려다보면서, 그곳에서 신을 발견하는 것이다.[80]

또한 동굴은 인간을 따뜻하게 보호하지만, 동굴 밖은 바로 높은 산이기에 그곳의 공기는 매우 차갑다. 이 점에 대해 니체는 다음과 같이 말한다.

내 책의 공기를 맡을 수 있는 자는 그것이 높은 곳의 공기이며 강렬한 공기임을 안다. 이 공기의 찬 기운으로 인해 병이 나게 될 위험이 적지 않기 때문에, 사람들은 이 공기에 알맞게, 그것을 견뎌낼 수 있게끔 되어 있어야만 한다. 얼음이 가까이에 있고, 고독은 엄청나다—그런데도 모든 것이 어찌나 유유자적하게 태양빛 아래 있는지! 어찌나 자유롭게 사람들은 숨 쉬고 있는지![81]

높은 산은 차가운 공기와 맞닿아 있고, 찬 공기는 진리를 견뎌내

---

78) 프리드리히 니체, 《차라투스트라는 이렇게 말했다》, 정동호 옮김(책세상, 2000), 17쪽.
79) 프리드리히 니체, 《차라투스트라는 이렇게 말했다》, 62쪽.
80) 프리드리히 니체, 《차라투스트라는 이렇게 말했다》, 63쪽.
81) 프리드리히 니체, 〈이 사람을 보라〉, 324~325쪽.

고 새로운 진리를 감행할 수 있는 정신을 의미한다.[82] 그러나 이렇게 높은 산의 공기를 마실 수 있으려면 그에 따른 고독을 감수해야만 한다. 왜냐하면 높은 산에 산다는 것은 낮은 대지나 대지 없는 하늘에 사는 것과 달리, 이 모든 것을 견뎌내야 하는 것이기 때문이다. 또한 높은 산의 고독함은 시장의 웅성거림, 호기심, 열광케 하는 소란과는 거리가 먼 것이다. 즉 "고독이 멈추는 곳에서 열리는"[83] 시장과 달리, 산 위의 공기는 고독한 공기인 것이다. 따라서 차라투스트라는 기꺼이 고독 속으로 달아나라고 말하는 것이다.[84] 왜냐하면 고독은 힘든 일이기도 하지만, 동시에 고독만이 밤이 들려주는 노랫소리를 들을 수 있게 하기 때문이다. 고독 속에서 인간은 분주한 낮 동안 은폐되었던 소리를 들을 수 있는 것이다. 이 점에 대해 니체는 '밤의 노래'에서 다음과 같이 말한다.

> 밤이다. 이제 솟아오르는 샘들은 더욱 소리 높여 이야기한다. 나의 영혼 또한 솟아오르는 샘이다.
>
> 밤이다. 이제야 비로소 사랑하는 자들의 모든 노래가 잠에서 깨어난다. 나의 영혼 또한 사랑하는 자의 노래다.
>
> 내 안에는 진정되지 않는 것, 진정시킬 수 없는 무엇인가가 있다. 그것이 이제 소리 높여 말하고자 한다.[85]

---

82) 프리드리히 니체, 〈이 사람을 보라〉, 325쪽.
83) 프리드리히 니체, 《차라투스트라는 이렇게 말했다》, 81쪽.
84) 프리드리히 니체, 《차라투스트라는 이렇게 말했다》, 81쪽.
85) 프리드리히 니체, 《차라투스트라는 이렇게 말했다》, 172쪽.

이렇게 고독은 밤이 전하는 노래를 들을 수 있는 시간이다. 그것은 "세계는 깊다. 그리고 낮이 생각한 것보다 더 깊다"[86]라는 소식인 것이다. 이처럼 차라투스트라의 동굴은 침묵과 추위와 고독이 어우러진 곳이고, 이를 통해 은폐된 밤의 노래를 들을 수 있는 곳이며, 그것은 곧 대지와 육체와 건강한 이기심과, 건강한 감각적 쾌락과 지배욕이 긍정되는 곳이기도 하다.[87] 말하자면 차라투스트라의 동굴은 삶에 대한 거룩한 긍정의 장소인 것이다. 그렇지만 거룩한 긍정을 위해서는, 이미 입 안으로 들어온 허무주의라는 뱀의 머리를 "공포와 증오와 역겨움과 연민"을 가지고 물어뜯어야 한다. 그 다음에 인간은 자기에게 주어진 삶을 있는 그대로 "건강한 사랑으로써 사랑할 수 있게"[88] 되는 것이다. 이렇게 차가움과 따뜻함, 높음과 깊음, 고독과 열망이 어우러진 높은 산의 동굴에서 니체는 인간의 건전한 육체와 삶에 대한 긍정을 노래하고 있다. 그리고 이러한 그의 태도를 우리는 그의 유명한 표현인 "Amor fati(있는 그대로를 사랑하라)"에서 확인할 수 있다.

7. 맺음말

우리 주변에는 많은 종교인들이 있다. 그들에게 종교는 삶과 죽음 이

---

86) 프리드리히 니체, 《차라투스트라는 이렇게 말했다》, 518쪽.
87) 프리드리히 니체, 《차라투스트라는 이렇게 말했다》, 305~311쪽.
88) 프리드리히 니체, 《차라투스트라는 이렇게 말했다》, 313쪽.

후의 새로운 삶까지 모두 보장해주는 진리의 세계로 여겨진다. 이렇게 진리의 세계를 믿는 사람의 수가 많음에도 불구하고 세계가 현실적으로 빈부의 격차, 이데올로기의 대립, 폭력의 난무와 맹신적 자기주장으로 얼룩진 것은 아이러니한 사실이다. 그런데 우리는 이러한 모순의 원인을 현대의 종교가 현세와 저세상의 일을 너무 분리시킨 구도에서 찾을 수 있다. 따라서 니체는 그 극복 가능성을 그리스 종교를 통해 제시하고 있다.

물론 이러한 니체의 주장에 따라 우리 현대인이 고대 그리스적 종교로 되돌아갈 수는 없다. 그러나 종교를 삶과의 연관 속에서 파악한 그리스인들의 사고를 현대 사회에서 적용시킬 수는 있을 것이다. 예를 들어 영성을 단순히 삶으로부터 떠난 영혼의 특성이 아니라, 삶을 통해 신의 세계를 실현하려는 노력으로 파악하는 것은 가능할 수 있다. 이런 점을 염두에 둘 때, 우리는 니체가 종교를 거부했다기보다 기존의 종교가 갖는 삶에 대한 부정적인 태도를 비판했다고 보는 것이 옳을 듯하다. 니체는 종교적 구원이 삶을 단순히 넘어서거나, 삶을 피하거나 무시하는 것이 아니라, 삶을 견뎌내면서 이뤄지는 것임을 강조한 것이다. 즉 그는 삶을 통한 삶의 완성으로서의 종교를 기대하고 있는 것이다.

제7장 니체 문화철학의 수용과
영향사

● ● ● 강용수

1. 늘 새롭게 제기되는 물음 : 문화란 무엇인가

인문학의 위기가 회자되는 가운데서도 문화철학과 관련된 강좌의 증
가와 관련학과의 신설은 많은 이들의 지적 관심을 끌고 있다. 순수
인문학과 정신과학에 대한 연구의 침체를 문화 담론으로 극복하려는
시도들이 대학의 생존권 차원에서 두드러지게 나타나고 있는데, 이
같은 대안 찾기는 이른바 포스트모더니즘과 국경을 넘어선 네트워크

강용수는 고려대 철학과와 같은 대학 대학원을 졸업하고 독일 뷔르츠부르크 대학에서
박사 학위를 받았다. 현재 고려대와 중앙대 등에서 강의하고 있으며, 중앙대 부설 중앙
철학연구소의 전임연구원으로 활동하고 있다. 《니체의 문화철학》 등을 썼고, 〈니체의 과
학기술에 대한 실험주의적 고찰〉, 〈니체의 폭력의 해석학에 대한 비판적 고찰〉, 〈니체의
대중문화 비판〉, 〈니체의 반인간학적 문화론〉 등의 논문을 발표했다. 옮긴 책으로는 책
세상 니체 전집 9 《유고(1876년~1877/78년 겨울)·유고(1878년 봄~1879년 11월)》 등
이 있다.

화의 시대를 맞아 문화의 다양성을 수용해야 한다는 요구에서 비롯된 것으로, 타자의 다름을 인정하는 태도가 중요하게 된 배경과 밀접하다.

세계화라는 큰 흐름에 타자에 대한 관용을 요구하는 시대적 분위기가 가세하면서 문화의 개방성에 대한 논의가 필요한 시점에, 과연 문화는 무엇인가라는 물음이 다시 중요하게 대두된다. 서로 다른 삶의 가치를 지향하는 민족 간의 갈등으로 인해 발생한 전쟁이 세계사를 야만으로 몰아가지만 문화적 충돌을 극복하려는 국가 간의 노력은 합리적인 의사소통의 차원에서 계속 이뤄지고 있다.

그렇다면 우리는 문화를 어떻게 이해해야 하는가? 이미 문화의 개념은 일상화되었기 때문에 그 확대된 외연은 철학적으로 일목요연하게 정리될 수 없으며 다문화주의,[1] 문화상대주의, 유럽중심주의에 대한 비판이 확대됨에 따라 그 의미의 애매모호함도 증폭되는 것이 사실이다. 동·서양에서 다양한 이론과 형태로 발전해온 문화철학은 근대에 들어서면서 계몽주의와 결합하여 '거대 담론'이 된다. 그 이념은 인식의 진보와 역사의 발전을 주도하는 인간 주체에 대한 확고한 믿음을 바탕으로 문화는 자연적으로 주어진 것이 아니라 인간의 활동과 적극적인 참여에 의해 구성된 것이라는 것이다.

---

1) 문화다원주의와 정치적 인정의 문제를 심도 있게 다룬 책으로는 Charles Taylor, "Die Politik der Anerkennung", *Multikulturalismus und die Politik der Anerkennung*, Amy Gutmann (Hrsg.), Reinhard Kaiser (übers.)(Frankfurt am Main : S. Fischer Verlag, 1993) 참조. 니체와 관련하여 테일러는 이 책 67쪽에서, 가치판단의 문제를 권력의 관철로 고찰한 점에서 데리다와 푸코를 '신니체주의자'로 보고 있다.

삶의 표현으로서 문화는 구체적 삶의 내용의 변화에 따르는 시대 정신의 반영이다. 니체의 문화철학 역시 시대 상황을 지배하는 보편 담론에서 자유로울 수 없었기 때문에, 그 시대를 주도했던 형이상학, 인간학, 생물학, 생리학, 물리학, 미학 등에 대한 분석 작업이 병행되어야 한다. 니체의 문화철학은 신의 죽음으로 야기된 가치 부재와 혼란의 상황을 니힐리즘으로 진단하면서 새로운 가치 창조의 대안을 모색한다. 다른 주제들처럼 문화를 일목요연하게 정리하고 있지 않은 니체에게 체계성을 부여하려는 시도는 자칫 그의 본래 의도를 왜곡할 소지도 있지만 독자의 이해를 돕기 위한 최소한의 형식화 작업은 필요하다고 생각된다.

본 논문은 근대 이념과의 상호 작용으로 이뤄진 니체 문화철학의 수용사와 현대에 이르는 광범위한 영향력의 범위를 조망해보고자 한다.

관념론의 한계로 지적된 유아론(모나드Monad)의 폐쇄성에서 벗어나 유목민(노마드Nomad)의 개방성으로 전환되는 탈형이상학의 상황에서 새로운 삶의 방식의 모색이 중요하게 대두되면서, '나무'로 상징되는 이분법적 사고에서 '리좀'이라는 뿌리 식물로 대표되는 탈중심적 사유로의 전환은 국경으로 형성되던 민족의 보편성을 해체하여 단일 문화의 근간마저 흔들고 있다. 본 논문은 개방의 시대에 부합되는 새로운 문화적 가치란 무엇인가를 니체를 중심으로 작용 영향사적으로 살펴보고자 한다.

2. 해묵은 대립 : 문화와 문명

우선 자연과 관련해 문화와 문명의 개념 차이를 살펴보면 '경작 cultura'에서 유래한 문화가 인간 내면으로 전이되어 영혼을 돌보는 행위를 의미하는 반면, 문명은 물질적 영역과 관련된다. 문화가 정신의 고양, 계발 그리고 교육을 지향한다면 문명은 욕구를 만족시켜주는 기술적 생산 활동으로 규정된다. 이러한 이분법은 식물의 재배에서 파생된 문화가 유기적인 질서를 갖는 반면에, 문명은 인위적인 구성이라는 주장으로 확대된다.

생철학적 입장의 옹호를 내세운 니체의 문화 유기체설은 슈펭글러로 계승되어 문화를 생명의 성장으로, 그 생명이 소멸한 최종 단계를 기술 문명으로 비판하는 데 응용된다. 자연, 문화 그리고 문명은 각각 생명의 전개와 완성 그리고 퇴락에 해당된다.[2] 니체를 이은 사회학자 지멜은 사물화된 세계에서 첨예화된 주관적인 것과 객관적인 것, 정신과 대상의 대립을 생철학적인 관점에서 '비극'으로 진단한다. 비극적이라 함은 기술 관료와 형식주의의 지배를 기반으로 한 근대의 반(反)문화성을 일컫는다. 여기서 '정신의 대상화'라는 문화의 본래 이념은 기술적 진보의 병폐로 지적되는 물신 숭배, 분업, 소외, 화폐 교환 등으로 인간의 "생명력을 고정시키고", "굳게 만드는"[3] 부

---

2) 슈펭글러는 문화와 문명의 전통적인 이분법을 근거로 문화 유기체의 피할 수 없는 해체를 분석한다. Oswald Spengler, *Der Untergang des Abendlandes : Umrisse einer Morphologie der Weltgeschichte*(München : Beck, 1973), 43쪽.
3) Georg Simmel, 'Der Begriff und die Tragödie der Kultur', Ralf Konersmann

작용으로 인해 크게 훼손되었다. 슈네델바흐Herbert Schnädelbach
는 문화철학을 생철학의 범주로 확대시킨 최초의 철학자로서[4] 니체
가 그동안 정신적 가치에 의해 억압받은 생명력의 역동성과 창조성
의 복원을 역설했다고 본다. 니체에 이르러 문화 비판의 잣대는 바로
생명이다. 그의 근대성 비판의 핵심으로 꼽을 수 있는 문화염세주의
는 근대를 지배하는 금욕적 이상이 퇴폐 문화인 데카당스를 야기했
다는 지적이다.

근대는 생명의 상승과 하강이 혼재하는 중간 시점이며 문화와 문
명이라는 근대의 "이중성Zweideutigkeit"[5]이 특징적으로 드러나는
"가장 흥미롭게 혼란스러운 시대"[6]다. "자연의 완성"[7]을 문화의 궁
극적인 지향점으로 설정하는 점에서 니체는 자연의 순수성을 찬미하
는 루소의 자연주의와 잘 합치하는 것으로 보인다. 그러나 자연과의
합일을 주장하면서 니체는 디오니소스적 통일성뿐만 아니라 아폴론
적인 개별화의 원리를 함께 필요로 한다. 인간은 자연으로 회귀하는
것이 아니라 "상승Hinaufkommen"[8]함으로써 이상적 문화는 내용적

(Hrsg.), *Kulturphilosophie*(Leipzig : Reclam, 1996), 31쪽.

4) Herbert Schnädelbach, "Plädoyer für eine kritische Kulturphilosphie", Ralf
Konersmann (Hrsg.), *Kulturphilsophie*(Leipzig : Reclam, 1996), 315쪽.

5) *Nachgelassene Fragmente* 12 (2) ; *Friedrich Nietzsche Kritische Gesamtaus-
gabe*, VIII/2, 455쪽.

6) *Friedrich Nietzsche Sämtliche Werke*, 12, 404쪽.

7) *Unzeitgemäße Betrachtungen*, III 5 ; *Friedrich Nietzsche Kritische Gesamta-
usgabe*, III/1, 378쪽.

8) *Zur Genealogie der Moral* 48쪽 ; *Friedrich Nietzsche Kritische Gesamtausgabe*,
VI/3, 144쪽.

으로 디오니소스적인 것과 형식적으로 아폴론적인 가상의 조화로 구
성된다.

부르크하르트[9]에게 큰 영향을 받은 니체는 그리스 문화를 인류
역사상 융성기로 본다. 그때 정치 권력은 신화적 세계관을 바탕으로
정당화되었고 내용과 형식을 통일했던 고급 문화는 로마에 이르러
형식의 과도함과 비교양적인 것의 득세로 인해 몰락하게 된다. 이상
적인 문화는 신화적, 주술적 특성을 보존한다. 따라서 니체의 그리스
문화의 분석은 재주술화를 통해 단절된 자연과의 관계를 다시 회복
하려는 것이다.

신화적 모델을 토대로 한 그리스 문화를 소크라테스주의가 해체
함으로써 니힐리즘으로 압축되는 서구 문화의 위기는 바로 유기체적
가치의 파괴다. 그리스 문화의 퇴락 원인은 계몽의 실패에 있다. 정
확히 말해 '계몽의 계몽'이라는 자기 계몽에 성공하지 못하고, 그 대
신 도구적 이성의 한계가 드러나게 됨으로써 그리스 문화는 허무주
의라는 파국을 맞이한다. 근대에 접어들면서 탈주술화로 세계에 대
해 투명성을 갖게 되는 이성의 주체는 합리성과 수학성 그리고 효율
성으로 하나의 확고한 질서를 만드는 것 같다. 미메시스의 충동은 의

---

9) 니체와 부르크하르트의 관계에 대한 다양한 논쟁이 있다. 잘린E. Salin이 이들의
   관계를 "별의 관계Sternebeziehung"라고 이상적으로 표현했다면, 카우프만W.
   Kaufmann은 "아무런 진지한 조사의 필요keine ernsthafte Untersuchungsbe-
   dürfnisse"도 없다고 무시했고, 뢰비트K. Löwith는 "적대 관계Feindschaft"로
   묘사했다. "부르크하르트와 니체의 결정적인 차이는 니체가 주로 단점으로 보고
   부르크하르트가 장점으로 본 역사의 과제에 대한 그들의 견해에 있다." Karl
   Löwith, "Jacob Burckhardt", *Sämtliche Schriften*, Bd. 7(Stuttgart, 1984), 65쪽.

식의 자명성으로 환원되며 사물은 지배 가능성과 제작 가능성의 범주에 종속된다.

정치적으로는 사회계약론으로, 경제적으로는 자유방임과 공리주의로 원자화된 시민들을 재조직하려는 노력이 있지만 근본적인 이기주의를 극복하는 데 실패했다는 것이 니체의 지적이다. 인간중심주의, 개인주의, 자기 이익의 추구는 늘 공동체의 존립 가능성 자체를 위협하는 요소다. 사실상 근대는 분해될 수 있는 가짜 연대성을 실현하고 있는 셈이다.

문화의 과제는 독일 전쟁 이후에 심화된 혼란과 개인의 분절화를 지양하기 위해 삶의 새로운 목표ein neues 'Wozu?'[10]를 재정립하는 것이다. 니체는 특히 프랑스와의 전쟁에서의 승리감이 독일인들의 문화 우월 의식으로 변질되는 현상에 대한 깊은 우려를 표출하면서 두 국가 간의 문화 교류는 지속되어야 한다는 충고를 잊지 않는다.

3. 민족의 정체성

문화를 정의할 때 그 주체는 항상 집단이다. 문화는 일반적으로 사회가 공유하는 가치의 전체성을 일컫는다. 비록 개인이 문화 창출에 큰 기여를 한다 할지라도 문화는 개인의 의식을 규정하는 무의식적 틀

---

10) *Nachgelassene Fragmente* 10[17] ; *Friedrich Nietzsche Kritische Gesamt-ausgabe*, VIII/2, 129쪽.

로서, 개별적인 차원이 아니라 보편적인 구조의 체계에서 다뤄져야
할 범주다. 즉 문화는 부분의 합 이상인 전체다.

니체는 민족이라는 개념의 추상성과 허구성을 잘 알고 있지만, 문
화를 '예술가적인 삶의 단일성'[11]으로 정의하면서 민족적 정체성을
형성하는 문화의 기능에 대체로 동의한다는 점에서 전통 이론과 큰
차이를 보이지 않는다. 일반적으로 문화는 상징, 전통, 언어, 관습 등
을 포함한, 과거로부터 전승된 생활 방식의 총화로 정의될 수 있다.

문화 공동체를 구성하기 위해서는 생물학적 요소인 혈연과 제한
된 공간뿐만 아니라 전통이 필요하다. 굳이 가다머를 언급하지 않더
라도 전통은 생활 세계에 뿌리를 둔 구성원들의 상호 이해와 의사소
통을 위해 반드시 요구되는, 언어에 바탕을 둔 선(先)이해적 그물망
이며 특정한 사회가 권위를 담보하기 위한 명령과 복종의 체계[12]다.

그러나 전통은 혈연주의, 인종주의 그리고 지역주의와 분리하여
생각되어야 한다. 민족은 순수한 혈통이 아니라 삶의 가치의 공유에
근거한다. 문화를 단일한 공간 내에서 성장한 혈연주의와 지역주의
에 국한할 경우 인종청소의 이념을 실현하는 민족주의적 파시즘에
빌미를 제공할 수 있기 때문이다.

문화를 담지하는 가장 결정적인 매개는 바로 집단적 기억이다.[13]

---

11) *Unzeitgemäße Betrachtungen* II ; *Friedrich Nietzsche Kritische Gesamtaus-
    gabe*, III/1, 159쪽 ; *Unzeitgemäße Betrachtungen*, II 4 ; *Friedrich Nietzsche
    Kritische Gesamtausgabe*, III/1, 270쪽을 비교하라.
12) *Morgenröthe* 9 ; *Friedrich Nietzsche Kritische Gesamtausgabe*, V/1, 18쪽.
13) 니체의 역사 비판은 아스만J. Assmann의 '공통된 기억'으로 발전되면서 상당히
    보수화되었다. Jan Assmann, "Kollektives Gedächtnis und kulturelle Identi-

망각과 대비되어 니체 철학의 전체 맥락에서 매우 중요하게 다뤄진 주제 중 하나인 기억을 니체는 인간의 본질적인 능력[14]으로 본다. 약속을 하고 그것을 수행하는 의식은 사회계약을 위한 필요조건이며 경제 행위의 교환을 보증하는 강제적 규약의 근거다. 기억이 없다면 문화의 전승 자체가 불가능하게 되므로 문화의 발전은 그것을 기록, 저장, 보관하는 매체의 진보와 각종 문화 행사의 다양화를 동반한다.

《반시대적 고찰》에서 니체는 전통과 관계하는 세 가지 기억 방식을 기념비적 역사, 골동품적 역사, 비판적 역사로 구분한다. 전통의 가치를 생산하는 첫 번째 기념비적 역사는 조상의 위대한 업적을 기리는 방식으로 과거 지향적이다. 골동품적 역사는 가치를 전통의 담론 안에 보존하려는 데 역점을 두어 창조성이 없다. 마지막으로 비판적 역사는 과거를 미화하거나 단순히 보존하는 것이 아니라 그것을 비판적으로 넘어서려는 미래 지향적인 실천이다.

세 번째의 비판적 역사 서술을 적극 옹호하는 니체는 역사가 삶을 구속하거나 퇴화시켜서는 안 된다는 조건으로 기독교의 종말론과 그것의 변종인 헤겔의 역사철학의 목적론을 비판한다. 왜냐하면 역사가 구원과 자유의 진보에만 고정되면 개인의 자유로운 '조형력'이 파괴될 수 있기 때문이다.

니체의 역사 비판은 단순히 역사 교육의 이데올로기적 편향성에

---

tät", Jan Assmann · Tonio Hölscher (Hrsg.), *Kultur und Gedächtnis*(Frankfurt am Main : Suhrkamp, 1988), 9쪽.

14) *Zur Genealogie der Moral* II 1 ; *Friedrich Nietzsche Kritische Gesamtaus-gabe*, VI/2, 307쪽.

대한 지적에 그치지 않고 인간학적인 고찰을 포함한다. 즉 동물의 '무역사성'과 구별되는 점으로 인간은 자신의 미래를 스스로 규정하는 능력으로서의 역사성을 갖는다는 것이다. 역사는 삶에 기여하는 범위에서 허용되어야 하며 삶의 건강을 해치는 역사의 과잉은 적절하게 제한되어야만 한다.

4. 계몽주의자 또는 반계몽주의자

니체는 일반적으로 반계몽주의자[15]로 잘 알려져 있다. 그러나 논자는 하버마스의 《현대성의 철학적 담론》[16]에서 이성의 해방 가능성을 부정한 이유로 비판받은 니체가 문화와 관련해서 계몽주의적이라는 것을 밝힐 필요가 있다고 본다.

계몽의 비유로 사용되는 빛[17]은 니체의 작품 전체에서 중요한 상징적 의미를 가지며 디오니소스적 어둠만이 선호되지 않았다. 니체 사상 발전사의 제2기에서 '자유정신Freier Geist'에 대한 깊은 관심

---

15) Jochen Schmidt, "Aufklärung, Gegenaufklärung, Dialektik der Aufklärung", Jochen Schmidt (Hrsg.), *Aufklärung und Gegenaufklärung in der europäischen Literatur, Philosophie und Politik von der Antike bis zur Gegenwart*(Darmstadt : Wissenschaftliche Buchgesellschaft, 1989), 19쪽.

16) Jürgen Habermas, *Der philosophische Diskurs der Moderne*(Frankfurt am Main : Suhkamp, 1985), 177쪽.

17) 《차라투스트라는 이렇게 말했다》의 앞부분에서 차라투스트라가 하강할 때 빛이 비추어야 할 대상, 즉 땅을 향해 하강한다는 점을 지적한 것은 대중을 계몽하기 위한 전략의 필요성을 언급한 것으로 볼 수 있다.

은 그를 계몽주의자로 부르기에 손색이 없게 한다. 근대 계몽주의 철학이 표방한 인간의 완전성에 대한 신뢰는 "자기 책임이 있는 미성숙에서 벗어남"[18]으로써 성인으로서 자립할 수 있는 윤리적 모델을 제시한 칸트에게서 분명하게 드러난다. 따라서 문화의 과제는 인간을 어떻게 어른Mündigkeit으로 만드느냐 하는 교육의 문제로 귀결된다. 인간이 감성계와 예지계라는 두 세계에 동시에 속한다는 것과 인간의 자율적 실천은 도덕성(선의지)을 통해서 가능하다는 것을 전제로 한 칸트의 인간관은 경향심을 지양하고 황금률Golden Rule의 원칙에 입각해 타인을 수단이 아니라 목적으로 존경하는 인격 공동체를 실현하려고 했다.

역사와 세계 그리고 우주의 모든 과정에 전체성을 부여하는 목적론에 반대하는 니체가 문화철학에서는 예외적으로 목적론적인 태도를 보인 것은 흥미롭다. 정확히 말해 세계를 질료hyle를 바탕으로 한 형상eidos의 실현으로 보는 점에서 아리스토텔레스의 내재론에 근접하는 니체의 생명 철학은 "개화"[19]에서 그 목적이 분명해진다. 이러한 문화의 목표 설정과 관련해 볼 때 근대 사회는 생명의 완성을 지향하기보다는 생명의 몰락과 비방, 피안을 찬미하는 퇴폐로 가득 찬 반(反)문화다. 무엇보다도 정신이 싹트고 성장하여 꽃을 피우기

---

18) Immanuel Kant, "Beantwortung der Frage : Was ist Aufklärung?", Wilhelm Weischedel (Hrsg.), *Schriften zur Anthropologie, Geschichtsphilosophie, Politik und Pädagogik* 1, *Werkausgabe*, Band XI(Frankfurt am Main : Suhrkamp, 1978), 53쪽.
19) 정확히 말해 활짝 핀 상태Herausblühen를 말한다. *Unzeitgemäße Betrachtungen*, II 20 ; *Friedrich Nietzsche Kritische Gesamtausgabe*, III/1, 322쪽.

위한 토양이 되는 신체에 대한 망각과 경멸이 가장 큰 문제점으로 지적된다.

문화의 완성으로서 만발한 꽃은 생명의 아름다움을 상징할 뿐만 아니라 도덕성을 나타내는 메타포로 이해될 수 있다. 그러나 미적인 완성이 도덕적 완성으로 필연적으로 귀결되는 것은 아니다. 니체의 미적인 것은 도덕적인 것이나 진리보다 더 포괄적인 개념이다. 칸트가 미적 대상과 도덕적인 판단과의 관계성에 대한 딜레마[20]를 그의 묘비명에서 잘 반영하여 밤하늘의 별과 내 안의 선의지의 단절을 명백하게 하고 있다. 니체는 아예 미적인 것을 진리와 도덕과 분리해 유희Spiel의 효과로만 사용한다.[21]

문화가 생명에 내재된 가능성을 최대한 실현하는 과제를 맡게 되면 교육의 역할이 결정적이다. 니체의 교육의 최고 이념은 "천재의 산출",[22] 즉 엘리트의 양성이다. 니체의 철학이 귀족적이라고 비판을 받는 것은 천재를 정점으로 하는 피라미드적 지배 구조의 옹호[23]때

---

20) 존재의 미는 도덕적 선을 포함할 수 있다. 아름다움이 도덕적 선이 될 수 있고 거꾸로 도덕적인 것이 아름다움이 될 수도 있지만 그 연결 관계를 필연적으로 규정하는 데는 어려움이 있다. 미적 판단의 근거가 되는 합목적성으로 도덕적 당위성을 근거 짓는 데 실패하는 것은 두 개념 간의 모호한 관계성 때문이다.

21) 바이힝거Hans Vaihinger는 인식 판단에서 니체와 칸트의 유사성을 허구의 구조로 밝혀낸다. Hans Vaihinger, *Die Philosophie des Als Ob*(Leipzig : Felix Meiner, 1922), 771~790쪽 참조.

22) *Nachgelassene Fragmente* 11[1] ; *Friedrich Nietzsche Kritische Gesamtausgabe*, III/3, 371쪽.

23) Henning Ottmann, *Philosophie und Politik bei Nietzsche*(Berlin : De Gruyter, 1987), 276쪽.

문이다. 이 점에서 니체가 플라톤의 정치 체계를 인정하는 것 같지만, 니체의 천재는 대중과 동떨어진 고독의 철학자이자 예술가로서 '위대한 정치'를 계획한다는 점에서 플라톤의 '철학자왕'과 단순히 동일시될 수는 없다.

니체를 반계몽주의자로 해석하는 입장은 아도르노와 호르크하이머의 공저인 《계몽의 변증법》에서 다루어진 이성의 도구화에 대한 비판을 니체가 선취했다는 점을 부각시킨다. 신화에 바탕을 둔 그리스 문화가 성취한 이성과 감성의 조화는 계몽주의자인 소크라테스에 의해 균형을 잃게 되어, 결국 천박한 과학주의와 주지주의의 확산으로 이어졌다는 지적이다. 이러한 비판에서 반계몽주의자로 입장이 드러나는 니체는 자연과 문화의 관계에서 계몽주의적 요소를 그대로 갖고 있다.

니체에게 문화는 자연에서 자유로의 이행이다. 니체 문화론의 핵심인 자연성의 완성과 관련해 인간의 완전함은 동물적인 충동에서 탈피해 자유를 최대한 실현하는 것이다. '정신의 세 가지 변화'와 '자유정신'에서 다룬 주제는 자연의 맹목적성의 극복에 맞추어져 있는데, 이 대목은 자연의 최종목적Endzweck인 인간을 도덕성의 진보로 추진하는 칸트의 문화철학과 역사 이론을 상기시킨다. 다만 니체가 자유 실현의 주체를 성숙한 성인이 아닌 어린아이로 본 점에서 칸트와 큰 차이가 있다.

5. 사육

식물의 비유에서 인간을 동물에 가깝게 보는 경향으로 전환하면서
니체의 문화도 재배에서 사육Zucht 또는 가축화Domestication로
그 의미가 바뀐다. 니체는 동물을 인간으로, 더 나아가 위버멘쉬로
변화시키는 과정을 문화의 과정으로 보면서도, "순화Zähmung는 약
화와 혼동해선 안 되며" "인류의 방대한 힘의 축적 수단"[24]으로 이해
한다. 니체가 정원사에서 사육사로 변모하면서 과격해지는 것은 당
연하다. 《차라투스트라는 이렇게 말했다》에서 그는 인간은 "늑대를
지하실"에서 기르고 있다고 말한다.[25] 자신 안에 어두운 욕망의 지하
실을, 아폴론적인 것으로 통제할 수 없는 디오니소스적 광기를 가진
주체는 누구나 갑작스럽게 폭력을 행사할 수 있으므로, 야수를 "문
명화된 동물das zivilisierte Tier"[26]로 사육하기 위한 프로그램이 필
요하다.

니체가 사용하는 벌레와 원숭이 등의 동물에 대한 많은 비유로 다
윈의 영향[27]이 확인된다. 분명 진화론에 근거한 우생학은 니체의 보
수성을 비판하는 근거가 된다. 또한 종족 보존에서 보다 나은 미래
세대 구성의 당위성을 강조했던 쇼펜하우어의 유전학은 니체의 연애

---

24) *Nachgelassene Fragmente* 15〔65〕; VIII/3, 244쪽.
25) "Also sprach Zarathustra. Von den Freuden- und Leidenschaften", *Friedrich Nietzsche Kritische Gesamtausgabe*, VI/1, 39쪽.
26) GM 11 ; *Friedrich Nietzsche Kritische Gesamtausgabe*, VI/2, 290쪽.
27) 정동호, 《니이체 연구》(탐구당, 1988), 115~133쪽.

와 결혼관에도 큰 영향을 끼친다. 몇 년 전에 불거진 니체를 둘러싼 슬로터다이크Peter Sloterdijk와 하버마스 간의 우생학 논쟁은 독일에서 많은 지식인들 사이에 다시 뜨거운 감자가 되었다. 화두는 위버멘쉬를 과연 선택된 종족으로 보아야 할 것인가라는 물음이다.

다윈의 진화론에서 니체와의 유착성을 확인하는 것은 어렵지 않지만, 니체는 진화의 과정에서 약육강식보다는 내면의 변화, 자기 극복의 반성적, 미학적 측면을 더 중시하고 있다. 그 예로 지상에서 가장 강한 포식자인 사자보다 어린아이를 더 높은 단계로 보고 극복하려고 한 점을 들 수 있다.

다윈은 진화론에서 인간의 지위를 원숭이의 단계로 깎아내려 인류의 존엄성을 크게 훼손시켰다. 니체도 인간과 원숭이의 차별성을 완화시켜 전통 인간학이 전제했던 인간과 동물의 건널 수 없는 심연에 반대한다. 신인동형설에 바탕을 둔 기독교의 창조론과는 반대로 반목적론을 표방하는 진화론은 니체 철학에 융합되어 니체가 다윈주의자로 해석되는 계기가 되었다. 자주 사용된 그의 동물 비유는 인간과 동물의 유사성을 확인하는 데 근거하고 있지만, 무의식과 충동만을 강조하여 반성 능력을 무시한 것은 결코 아니다. 그는 당시 인문학에 절대적인 영향을 미쳤던 진화론과 생물학, 생리학 등에 힘입어 동물과 인간의 고전적인 대립 구조를 무너뜨리고 양자를 '밧줄'로 잇는다. 그 가운데 서 있는 인간에게 동물로 퇴화할 수도 있고 높은 인간이 될 수도 있는 양자택일의 가능성이 주어진다. 인간과 동물의 간극은 좁아질 수도 넓어질 수도 있어 밧줄은 인간의 변화의 유연성과 극복의 역동성으로 이해된다.

동물과 인간의 차이에 바탕을 둔 기존의 인간학에 대한 불신으로 니체는 자신을 '사육의 대가Zuchtmeister'라고 칭한다. 그러나 인간과 동물을 충동의 차원에서 동일시하는 것이 아니라 생명의 가장 낮은 단계로부터 높은 곳에 이르는 상승의 길을 '무지개'로 보여주는 데 목적이 있다. 철학적 인간학을 대변하는 겔렌Arnold Gehlen, 플레스너Helmut Plessner, 셸러와 존재론의 하이데거가 주장하는 세계에 대한 열림Weltoffenheit 대신 니체에게는 세계를 향한 상승이 자기실현의 관건이 된다.

《차라투스트라는 이렇게 말했다》의 앞부분에서 묘사되는 줄타기에서 인간은 한쪽은 동물이고 다른 한쪽은 위버멘쉬에 걸쳐 있는 밧줄에 비유된다.[28] 밧줄은 동물과 인간을 연속성으로 이해하기 위해 채택된 상징이다. 인간의 자기 극복은 동물의 충동에서 벗어나 위버멘쉬라는 이상형을 향해 전진하는 과정이다.

줄 위에서 인간은 서 있는 것도 뒤로 가는 것도 위험하다. 아래로 내려가는 것은 죽음이므로 더 위험하다. 앞으로 가야만 하는 당위성이 강조되는 가운데 줄을 타는 데 필요한 것은 신체의 힘이 아니라 줄타기에 임하는 마음의 자세, 즉 과감한 실험 정신이다. 줄타기는 동물로부터의 공간적인 멀어짐을 보여주지만, 은유적으로는 인간과 동물 사이의 간격을 자기 극복을 통해 더 넓힐 수 있는 정신적 거리 두기(반성)를 의미한다.

---

28) *Also sprach Zarathustra*, Vorrede 4 ; *Friedrich Nietzsche Kritische Gesamtaus-gabe*, VI/1, 10쪽.

'정신의 세 가지 변화'에서도 동물이 어린이로 변화하는, 즉 본래적 인간이 되는 과정은 자유의 확장과 죄책감으로부터의 해방 그리고 순수함을 향한 내면의 변화로 기술된다. 니체는 다윈이 정당화했던 강자 이론과는 반대로 어린아이를 옹호하는 점에서 약자의 옹호자다.

"본래의 자기가 되는 것"[29]은 계몽주의적인 성숙이 아니라 어린아이로 되돌아감이다. 바닷가에서 노는 아이는 물놀이로 세계와 하나가 되면서 자신의 장난감을 잃어버린 상실의 고통도 극복하는 순수한 존재다. 이러한 인식은 세계와 인간을 단절이 아닌 호혜성과 초연함으로 보는 것이다. 자연은 인간이 자기 스스로를 회복하는 공간이 되기 위해서 망각을 통한 새로운 출발이 필요하다. 물놀이는 신체로 세계를 체험하는 주체의 근원적인 열림의 방식을 상징한다.

동물과 가장 구별되는 인간의 특징은 '미확정성Nichtfeststellbar-keit'이다.[30] 동물은 밧줄의 끝에 자리 잡고 있는 만큼 정교한 본능으로 세계에 잘 적응하며 '붙어' 살고 있다. 하지만 인간은 밧줄의 중간에 서 있어 고정되어 있지 않은 불안한 존재다. 식물처럼 공간적으로 고정되지 않고 동물처럼 충동이 중심을 차지하지 않는 인간은 의식적 차원에서 자유를 갖게 된다. '실존은 본질에 앞선다'라는 사르트르의 명제처럼 인간을 미리 확고하게 묶는 것은 아무것도 없다. 세

---

29) Alexander Nehamas, *Nietzsche : Life as Literature*(Mass. : Harvard University Press, 1985), 188쪽.

30) *Jenseits von Gut und Böse* 62 ; *Friedrich Nietzsche Kritische Gesamtausgabe*, VI/2, 79쪽.

계는 어떤 고정점이 없이 움직이는 밧줄과 같은 생성이며 인간은 그 긴장과 스릴 그리고 위험을 즐기는 광대처럼 살도록 던져졌다.

그러나 사회적 제도는 이러한 인간의 자유를 예상 가능성의 범주로 지속적으로 포섭하려는 전략이다. 무엇보다도 삶의 유연성은 대중 사회에서 '자기보존'이라는 논리에 집중되면서 사회의 안전과 보호를 위해 카오스Chaos는 철저하게 배제된다. 규율을 통한 과도한 길들이기는 인간의 자율성을 파괴하여 인간을 자기규정이 불가능한 동물로 퇴행시킨다. 너무 잘 길든 동물은 다시 자신을 지배해줄 독재자와 국가를 요구하게 된다.

근대 규율 사회는 줄타기를 하는 위험한 광대와 모험을 즐기는 천재 대신 안정을 원하는 대중을 위해 크고 넓고 튼튼한 다리를 세워주었다. 그렇게 하여 근대인에게서 실존적 흔들림은 없어졌고 그 밑의 불안의 심연도 가려져 잊혀졌다.

6. 윤리 문화

과거에 인간의 동물적 야만성을 가장 효과적으로 훈련시키는 방법은 종교와 윤리를 통한 규제였다. 특히 인간의 충동을 다스릴 수 있는 규범 체계를 제공한 기독교의 가장 큰 문제로 지적되는 것은 금욕주의에 따른 신체에 대한 적대성이다. 플라톤에서 데카르트로 이어지는 심신이분법은 근대에 와서 해부학의 발전과 함께 기계론적인 인간 이해를 정당화한다. 플라톤에 따르면 영혼이 육체의 감옥에 갇혀 있다가 하늘로 되돌아가는 죽음의 순간까지 고통이 계속된다.

니체는 정신의 우위성에 근거한 '윤리'를 정신병자를 감금할 때 사용하는 "강제의복"[31]에 비유한다.[32] 윤리는 강제로 입혀진 옷과 같다. 몸은 '큰 이성'이고 정신은 '작은 이성'이므로 작은 것이 큰 것을 가두는 것이 바로 족쇄와 다를 바 없다. 정신은 몸 안에 가두어져 있지 않고 자신보다 더 큰 외연을 꽉 감싸려 확장한다. 몸과 정신의 주종 관계가 역전되면서 충동과 무의식은 꺼내져 의식의 빛으로 검증받을 필요가 생겼다.

그렇게 내면의 윤리 코드는 자신을 일생 동안 감시하는 자동적 검열 체계로 작동한다. 양심은 인간 본연의 내면의 목소리가 아니라 '불을 지져서 남은 아픈 기억의 흔적'[33]처럼 타자의 목소리가 내면화된, 완전히 지울 수 없는 상처다. 프로이트의 《문화의 불안 Das Unbehagen in der Kultur》은 자기 통제에 따른 죄책감의 증가와 "욕망의 포기"로 개인의 행복이 제한되는 것을 문명의 필연적인 근본 조건으로 밝힌다.[34]

그러나 윤리 문화에 대한 니체의 독특한 분석은 선과 악의 가치

---

31) *Zur Genealogie der Moral* II 2 ; *Friedrich Nietzsche Kritische Gesamtaus-gabe*, VI/2, 309쪽.

32) 엘리아스Norbert Elias 역시 같은 맥락에서 문명의 역사를 사회적 강제가 내면화된 윤리 체계로 본다. Norbert Elias, *Der Prozeß der Zivilisation*, Bd. 2(Bern · München : Francke Verlag, 1969), 312~336쪽 참조.

33) *Zur Genealogie der Moral* II 3 ; *Friedrich Nietzsche Kritische Gesamtaus-gabe*, VI/2, 311쪽.

34) Sigmund Freud, "Das Unbehagen in der Kultur", Anna Freud (Hrsg.), *Ge-sammelte Werke*, XIV(Frankfurt am Main : S. Fischer Verlag, 1972), 457쪽.

평가가 아무런 초월적 근거를 갖지 않고 인간의 내면에 뿌리를 두고 있으면서 이익 관심을 은밀하게 대변하는 기제라는 것이다. 이때 적용된 니체의 방법론은 푸코에게 수용되면서 잘 알려진 계보학으로, 가치의 탄생과 출현을 실체가 아니라 관계로 분석하는 것이다. 니체는 '선이 무엇인가'라는 물음을 '누가 선을 말하는가'로 바꿔, 그러한 발화 행위를 통해 권력을 획득하는 주체들의 의도를 해석한다. 계보학자는 지질학자처럼 도덕적 가치가 성장하는 토양을 파헤쳐 선과 악의 뿌리가 내린 토양이 표면과 다르다는 점(차이성)과 그러나 궁극적으로 같은 토양(동일성)이라는 점을 밝히는 두 가지 임무를 수행한다.

우선, 선과 악을 두 개의 나무에 비유하여 그 뿌리를 파 내려가면 겉으로 자명해 보이는 밝은 흙 안에 다양한 지층과 균열 그리고 구성 성분 등이 섞여 있는 것이 발견된다. 즉 '도덕 바깥'의 질투, 시기심, 분노, 무력감 등 검은 토양이 도덕적 판단의 심층을 구성한다.

더 깊이 파 내려가면 강한 뿌리들이 드러나는데, 주목할 점은 선으로 불리는 나무의 뿌리와 악으로 불리는 뿌리가 서로 엉켜 있다는 것이다. 즉 선과 악의 가치는 표면상 서로 대립하는 것 같지만 근본에서 지배하려는 힘에의 의지가 같게 작동한다. 서로 대조되는 쾌락주의와 금욕주의도 권력을 추구하는 방식에서는 적극성과 소극성의 차이를 보일 뿐 힘의 극대화를 지향하는 것은 같다. 천상으로 올라가려는 나무는 그 뿌리를 더 땅속 깊이 내렸다.

이러한 점에서 니체의 철학을 작용적인 것Active과 반동적인 것Reactive의 개념으로 구분하여 두 개념을 화해할 수 없는 질적인 차이로 본 들뢰즈의 해석은 잘못되었다.[35] 니체에게는 작용적인 것만 있고 반동적인 것은 없다. 힘에의 의지는 증가를 원할 뿐 결코 감소를 향하지 않기 때문에 반동적인 것도 작용적인 것으로 해석되어야 한다.

삶을 부정하고 피안으로 사람을 유혹하는 금욕주의적 이상도 '땅의 지배'를 위한 세력 확장에 더 관심을 갖고 있다. 기독교가 말하는 삶의 부정은 실제로 삶에 대한 강한 긍정이며 육욕에 대한 금지와 순결성의 강조 뒤에는 신체에 대한 감추어진 열망이 있다.[36] 니체의 사제 권력에 대한 비판은 그 종교성의 세속화로 인한 광범위한 타락과 기만 현상을 지적한다.

역지사지에 바탕을 둔 황금률은 기독교와 칸트의 정언명법에서뿐만 아니라 동양 철학에서도 행위 규범의 타당성의 근거로 인정받고 있다. 그러나 니체는 인간 세계의 이타주의가 어떻게 자연 상태의 이기주의로부터 유래했는가를 계보학적으로 분석하면서 도덕의 보편성에 대해 근본적인 회의를 보인다.

본래 자연에는 선과 악은 존재하지 않았고 행위를 결과에 따라 평가하는 공리주의가 지배했다. 사회의 구성원을 주인과 노예로 나누면, 지배 계급인 귀족에게는 자부심, 건강한 신체, 탁월함, 전투성,

---

35) Gilles Deleuze, *Nietzsche und die Philosophie*, Bernd Schwibs (übers.) (München : Rogner & Bernhard GmbH & Co. Verlags KG, 1976), 79쪽. 들뢰즈는 "선택적 존재론Selektive Ontologie"이라는 개념을 사용하면서 작용적인 것과 반동적인 것, 자기 긍정과 자기 부정 간의 화해 불가능성을 부각시킨다.
36) 니체는 천국을 열망한 것은 정신이 아니라 몸이었다는 것을 《차라투스트라는 이렇게 말했다》에서 언급하고 있다.

건강한 이기주의가 중요한 덕목이었지만 노예에게는 겸손, 비굴, 겸양, 나약, 무력감 등의 전혀 다른 가치가 있었다. 동물을 예로 들면, 독수리가 양을 잡아먹을 때 양의 고기 맛을 '좋고 나쁘다gut-schlecht'로 판단하지만 양은 자신을 공격하는 독수리에 대해 '좋고 악하다gut-böse'고 말한다. 이러한 가치 평가의 차이에서 독수리에게 요구하는 양의 '이웃 사랑'은 강자로부터 자신을 보호하려는 자기 방어의 의도의 표현일 뿐 도덕적 당위성은 타자가 아닌 자기 생존을 위해 고안해낸 거짓말이다. 권력화와 세속화로 인해 타락한 종교에 대한 니체의 비판은 약자를 적극적으로 옹호하려는 교리로 체계화한 기독교의 사제 집단에 집중된다.

인류 역사에서 좋고-나쁨이 좋고-악함의 대립으로 전도되면서 그 현실과 대지 그리고 신체와 욕망을 부정하는 염세주의가 등장하게 되어 자연주의의 건강한 가치는 소멸한다. 선과 악은 하느님과 악마, 천국과 지옥 간의 실제적인 대립이 아니라 약한 인간과 강한 인간의 권력 투쟁에서 비롯된 감정이 객관화된 심리적 허구의 표현일 뿐이다. 이타주의는 이기주의의 연장과 강화이며 이웃 사랑은 자기 이익을 교묘하게 관철시키기 위한 계략이다.

계보학의 분석에 따르면 '선해야 한다'라는 약자의 언설은 강자가 '약해져야 한다'는 무장해제의 요구를 담고 있다. 결국 선한 인간의 보편 윤리는 '가면'으로 기능하며, 밖으로 해소되지 않은 약자의 증오심은 그의 안으로 향해 '내면화된 죄책감'일 뿐이다.[37] 힘에의

---

37) *Zur Genealogie der Moral* II. 16 ; *Friedrich Nietzsche Kritische Gesamtaus-*

의지 차원에서 강자와 약자의 지향성이 같아 제한된 대상을 둔 무한 경쟁은 피할 수 없다. '주인과 노예 간의 승인' 이 불가능한 경우 약자는 성취물의 차이로 강자를 시기하고 증오하여 결국, 자신이 본래 원했던 것마저 부정하기에 이른다. 자신이 갖고자 했지만 갖지 못한 권력의 구체화인 부, 건강, 신체, 현실을 죄악시하면서 '천국' 과 '영혼의 구원' 등과 같은 거짓말이 만들어진다.

탈자연주의로서의 도덕은 타자의 우월성과 권력 차이를 인정하지 못하는 르상티망을 근거로 자신뿐만 아니라 세계 전체를 부정하는 종교로 변질된다. 결국 양심과 윤리 규범에 맞추어 사는 것은 약자의 요구를 받아들여 건강한 자연성을 상실하게 되는 결과를 초래하여 귀족을 '마지막 인간' 으로 퇴행시킨다. 니체에게 있어서 이타주의는 하나의 변형된 이기주의로서, 받아들여질 수 없는 이데올로기다.

7. 교환정의론

구조주의 방법론에 바탕을 둔 인류학은[38] 사회를 규정하는 무의식적인 법칙을 교환으로 밝혀냈다. 특히 부족 간의 여성의 교환, 선물은 타민족을 지배하려는 의도에서 이루어졌다.

---

gabe, VI/2, 338쪽.

38) 인류학자의 구조주의적인 방법론에 의해 현상들 자체보다는 그들이 관계 맺는 방식에 주목한 모스Marcel Mauss의 《증여론*Essai sur le don*》은 현대적 교환 과는 다른 차원에서 고대 사회의 증여, 선물, 교환 체계를 규명하고 있다.

니체는 교환 관계를 크게 세 가지 관점에서 분석하는데, 그 핵심은 부채 이론이다. 독일어로 Schuld는 경제적인 부채뿐만 아니라 윤리적 죄의식을 함께 의미한다. 첫째, 경제적 측면에서 교환은 계약으로 성립된다. 채권자와 채무자는 약속을 통해 받을 권리와 줄 의무를 규정한다. 둘째, 처벌적 정의는 받은 것을 되돌려 주지 않는 의무 불이행시에 발생하는 보상 규정과 관련된다. 이 주제를 집중적으로 다룬 《도덕의 계보》는 푸코가 《감시와 처벌Surveiller et punir》을 서술하는 동기가 되었다.

셋째, 기독교에서의 죄의 보편화 단계다. 신학적 관점에서 하느님의 의지에 반역하여 죄를 짓고 추방된 인간은 하느님이 보낸 독생자인 예수에 의해서만 구원받을 수 있다. 피조물인 인간이 창조자에게 용서받는 방법은 신앙뿐이며 그러한 원죄설로 인한 죄에서는 경제적, 법률적 차원과는 달리 인간의 적극성이 배제된다. 정리하면, 문화적 행위의 교환 관계는 경제와 법률 그리고 종교를 통해 규제된다.

니체는 앞에서 언급한 경제적, 처벌적, 종교적 교환 관계를 넘어서는 방식으로 증여Schenken를 꼽는다.[39) 증여 또는 시혜를 파이의 분배와 관련된 정의론의 측면에서 살펴보면 중요한 쟁점을 발견하게 된다.

재화에 대한 소유욕의 정당화로 이기주의를 옹호하면서 이타주의와 대립각을 세운 자유주의 모델에 따르면 사유 재산은 인간의 합리

---

39) *Also sprach Zarathustra*, Von der schenkenden Tugend ; *Friedrich Nietzsche Kritische Gesamtausgabe*, VI/1, 92~98쪽.

성의 산물이다. 증여는 사유 재산제를 불가침의 영역으로 간주하는 자본주의에서 행복권과 자유권을 침해할 수 있다. 공유의 필요성을 역설하는 증여는 사유 재산의 자발적인 포기이므로 강제되어서는 안 된다.

전통적으로 정의론은 공적, 보상, 보은, 보원 등을 주제로 다뤄졌다. 영미 철학에서 정의론의 두 흐름으로는 분배에서 약자에게 예외적 차등성을 대변하는 롤스와 시장 원리에 입각하여 교환적 정의론을 펼친 노직Robert Nozick을 들 수 있다. 이 두 사람을 포함한 자유주의자들이 증여의 중요성에 대해 크게 주목하지 않은 이유는 인간의 합리성에 대한 신뢰에 있다. 롤스가 원초 상태에서 무지의 베일에 눈을 가린 공정한 참여자들의 합의로 정의에 대한 원칙들을 도출할 때 최소 수혜자에 대한 배려를 염두에 두고 있는데, 이때 합리성은 자신도 약자가 될 수 있다는 가능성을 숙고한 결과 최악의 상황을 피하려는 행위로 이해된다. 롤스가 원초 상태에서 삶의 출발선을 수정하려는 데 초점을 맞추어 '평등한 자유'를 보장하려고 했다면 노직은 그러한 전체주의적 분배에 반대하며 자유방임에 기초한 교환적 정의를 내세운다. 따라서 파이의 분배는 국가가 규제할 문제가 아니며 '세금'마저 '강제된 노동'으로 거부하는 노직은 완전자유주의, 즉 절차만 정당하다면 소유권을 절대화하는 데 논의의 초점을 둔다.

정교한 정의론을 전개하지 않은 니체에게서 중요한 위치를 차지하는 시기심Neid은 파이의 분배에 따른 상실감의 표현이다. 그렇다면 시기심은 정의론과 어떤 관계를 맺는가? 인간은 더 많은 파이를 갖기 위해 타인과 경쟁을 하게 되며 취득한 자신의 파이를 다른 사람과 비교하는 결과로 시기심과 원한Ressentiment이 발생한다. 타자의 우월성을 인정하지 못하는 시기심은 힘에의 의지의 한 양태로, 초기의 분배 규칙의 설정이나 교환 과정의 투명성[40]보다 파이의 최종적인 소유의 많고 적음에만 관련된다. 그러나 시기심을 파이 분배의 중요한 요소로 고려할 경우 합리적 절차가 없어 기준 마련이 위협받는다. 특히 요즘 심화되는 양극화를 해소하기 위해 부자에 대한 가난한 자의 반감을 줄여야 한다는 필요성을 들어 부의 재분배를 논의한다면 그에 따르는 사회적 혼란은 상상도 할 수 없을 것이다. 빈부 격차의 해소를 위해 가난한 사람의 요구를 들어주게 되면 자유주의의 근간인 사유 재산권이 크게 침해될 수 있다.

그러나 니체가 생각하는 증여는 지배 관심이 없는 행위로, 교환에 따른 의무 규정과 순환 관계를 파기한다. 자유주의와 평등주의 그리고 공리주의에 반대하는 니체에게 증여는 "시기심의 해소Entnei-dung"의 차원으로 해석된다.[41] 공동체 구성원의 전체 행복을 실현하기 위해서는 계층 간의 행복감이 균형을 이루어야 하는데, 무엇보다도 내재하는 증오심의 감소를 고려해야만 한다. 받지 않고 주기만 하는 시혜(施惠) 행위는 계약이 규정하는 교환 행위의 강제성을 약화시

---

40) 롤스John Rawls와 노직Robert Nozick도 자신의 이론에서 시기심에 대해 매우 간단하게 언급한다. 롤스는 원초 상태에서 무지의 베일을 통해 타인을 보지 못함으로써 시기심을 배제하며 노직은 농구 경기를 통해 시기심의 발생의 예를 든다.

41) Wolfgang Kersting, "Kritik der Verteilungsgerechtigkeit", *Kursbuch*, Heft 143(Berlin : Rowohlt, 2001), 23~37쪽 참조. 그러나 흥미롭게도 본 논문에서 케르스팅은 니체에 대해 직접적으로 언급하지 않고 대신 계보학자라는 말을 사용한다.

키는 것으로, 그 예를 자선, 기부, 기증 등에서 찾아볼 수 있다.

니체는 계층 간에 잠재된 르상티망의 극복을 하나의 윤리적 과제로 제시하면서 '소유'가 아닌 '증여'를 통한 르상티망의 사회적인 조직도 암시한다. 그렇다고 니체가 이타주의를 사회 통합을 위한 대안으로 생각한 것은 아니며, 오히려 그는 건강한 이기주의에 바탕을 두고 경쟁을 즐길 수 있는 개인의 능력을 전제로 타인의 권력 차이를 인정할 수 있는 사회를 원했다. 증여는 그러한 이기주의를 해치지 않는 범위로 제한된다.

8. 무의식 이론

프로이트가 니체의 영향을 상당 부분 부인하고 있지만[42] 사상적 융합의 흔적은 문헌에서 발견된다. 무의식적인 것에 대한 니체의 이론은 쇼펜하우어의 의지 형이상학의 영향하에, 눈뜬 앉은뱅이를 업고 있는 눈먼 장님처럼, 인간을 움직이는 어두운 욕망의 분석에 집중된다. 니체는 세계와 투명한 관계를 갖는 데카르트의 주체의 철학, 그것이 계승되어 발전한 현상학과 선험철학이 전제하는 의식의 수학적 명증성에 기초한 이론과는 전혀 다른 관점을 취한다. 프로이트가 인간의 무의식의 심층을 성욕으로 보았다면 니체는 힘의 증가와 강화

---

42) Walter Kaufmann, "Nietzsche als der erste grosse Psychologe", *Nietzsche Studien*, Bd. 7(Berlin : De Gruyter, 1978), 262쪽.

를 향한 권력에의 의지[43)로 본다. 인간의 어두운 내면, 광기, 늑대와 같은 폭력성에 대해 니체는 대화를 통한 프로이트적인 치료 대신에 늑대를 잘 가둘 수 있는 튼튼한 울타리를 주문한다. 그렇다고 승화의 가능성을 전적으로 배제한 것은 아니다.

《광기의 역사》 첫 문장에 나오는 "우리가 정상이라는 사실은 이웃을 가둠으로써 입증될 것"이라는 푸코의 말은 《차라투스트라는 이렇게 말했다》에 나오는, 같지 않으면 자발적으로 정신병원에 가야 한다는 니체의 말을 패러디한 것이다.[44) 니체가 없었다면 광기, 비정상, 변태의 배제를 통한 정상성의 사회적 구성과 이성의 폭력성에 대한 푸코의 비판적 연구는 불가능했을 것이다. 니체의 역사 비판과 계보학에 기대어 구조주의 방법론인 고고학을 넘어서는 계기를 마련한 푸코는 각 시대를 결정하는 지식에 편중되었던 초기 관심을 권력 이론으로 옮기고, 마지막에 타자의 지배를 지양한 자기 지배의 니체 미학에 안착한다.

또 다른 니체의 계승자로서 구조주의를 넘어선 들뢰즈는 자본주

---

43) 니체는 르상티망Ressentiment을 보복Rache, 질투Neid와 구분하지 않고 사용한다. 니체의 르상티망을 연구한 예로는 셸러의 인간학과 지멜의 사회학을 꼽을 수 있다.

44) *Also sprach Zarathustra*, Vorrede 5 ; *Friedrich Nietzsche Kritische Gesamt-ausgabe*, VI/1, 14쪽. "모두가 같은 것을 원하고, 모두가 평등하다 : 다르게 느끼는 사람은 자발적으로 정신병원에 가게 된다Jeder will das Gleiche, Jeder ist gleich : wer anders fühlt, geht freiwillig in's Irrenhaus." 푸코는 《광기의 역사》의 첫 구절에서 "우리가 스스로 제정신을 갖고 있다는 것을 확신하는 것은, 우리의 이웃을 감금시킴으로써만 이루어지는 것은 아니다"라는 도스토예프스키의 말을 인용하고 있다. Michel Foucault, *Madness and Civilisation*, Richard Howard (Trans.)(New York : Vintage Books, 1973), ix쪽.

의의 편집증을 비판하는 데 디오니소스적인 것의 생산성과 흐름의 분열성을 응용한다. 프로이트의 치료는 거세와 억압 자체를 부정하는 들뢰즈의 욕망 이론에서는 설 자리가 없고 들뢰즈에게서는 오히려 광기가 권장되고 있다. 무의식에 대한 두 사람의 입장 차이는 무의식의 치료에 대한 현대 철학에서 큰 비중을 차지한다.

니체에 따르면 "철학자"는 "의사의 역할"[45]을 맡아야 한다. 치료를 위해 무엇보다도 과거의 상처(외상Trauma)에 대한 적극적인 망각이 필요하다. 《차라투스트라는 이렇게 말했다》의 '구원'의 장은 인간이 자신의 고통으로부터 해방될 수 있는 방법을 보여준다. '과거에 이러했다'를 '나는 원했다'로 전환함으로써 상처는 치유된다.

그렇다면 과연 니체는 자기 치료에 성공했는가? 그 극복은 치료와 동일시될 수 있는가? 그러나 제3자das Dritte[46]의 개입을 통한 경험의 객관화가 불가능하다면 니체의 자기 극복 프로그램은 실패할 가능성이 높다. 해석학에서 타자는 자기 이해의 전제이며 우리는 직접 자신에게 도달할 수 없으므로 우회로(텍스트, 의사소통)를 거쳐야 하기 때문이다. 따라서 니체의 독백 형태의 치료는 완전한 것이 아니라 제한된 것일 수밖에 없다.

---

45) *Nachgelassene Fragmente* 23[15] ; *Friedrich Nietzsche Kritische Gesamt-ausgabe*, III/4, 141쪽.

46) 니체는 제3자를 친구로 꼽고 그 역할의 중요성에 대해 《차라투스트라는 이렇게 말했다》에서 여러 번 언급하고 있다. 그는 사랑과 결혼을 혐오하면서도 우정에 대해서는 확고한 신뢰를 보낸다.

9. 언어와 해석

문화에서의 언어의 중요성은 새삼스럽게 강조할 필요가 없다. 하이데거의 철학이 프랑스에 본격적으로 수용되면서 니체의 사상도 함께 소개되었는데, 이른바 니체 르네상스라는 흐름이 프랑스에 자리 잡게 된 배경에는 니체의 정치화를 경계하는 독일과는 전혀 다른 지적인 풍토인 구조주의가 있었다. 영향사로 볼 때 니체의 언어 이론에 대한 연구는 크게 프랑스 구조주의, 메타포 이론 그리고 미국의 신실용주의로 나뉠 수 있다.

첫째, 프랑스 구조주의는 기본적으로 실재와 언어의 관계를 자의적인 것으로 간주하고, 의식의 지층을 이루는 무의식적인 심층 구조나 법칙을 드러낸다는 점에서 주체의 자율성(데카르트, 칸트)과 사회에 대한 참여를 강조했던 실존주의(사르트르, 카뮈와 대조된다. 주체는 존재하지 않으며 단지 언어의 효과뿐이라는 구조주의의 기본 입장은 니체에게서 이미 분명하게 확인된다.[47] 니체는 자아Ich를 허구로 거부하면서 신체적 자기Selbst로 관심을 전환하여 실재성에 관한 물음을 제기한다.

둘째, 그러나 메타포 이론에서 볼 때 프랑스 구조주의자들의 니체 수용이 너무 일방적으로 이뤄졌다는 것을 지적할 수 있다. 메타포는 사물의 세계와 완전히 절연된 자기 지시가 아닌 사이 공간이다. 감각

---

47) Manfred Frank, *Was ist Neostrukturalismus?*(Frankfurt am Main : Suhrkamp, 1984), 268쪽.

과 개념의 중간인 메타포의 영역에는 유사성, 비교 가능성 또는 재현 가능성이 존재하는 것이다. 따라서 메타포는 동일성과 차이의 가운데 비개념적인 것으로 존재한다.[48] 니체 글쓰기의 특징을 이루는 메타포의 사용은 대상과 언어 간의 비교 가능성과 다르게 해석될 수 있는 의미의 유연성에 근거한다. 세계와 감각 그리고 이성을 매개하는 메타포는 신체적인 체험이 개념으로 고체화 내지 고정되기 전의 중간 과정으로, 언어의 기반은 선(先)논리적인 은유이며 해석학적 상상력에 의한 '전이'의 사용이다.

셋째, 니체의 언어 이론을 미국의 실용주의에 접목시킨 로티는 실재론에 반대한다. 데카르트로 대변되는 전통의 인식론이 '거울'을 상정하여 자연과의 대응 내지 모사 관계가 가능하다고 보았다면 로티는 그러한 최종적인 메타 담론을 거부한다. 프루스트 시의 인용에서 세계나 자아의 발견이 아닌 '자기 기술'로서의 놀이 이론은 '닫힌 종결된 이야기'를 폐기한다. 로티의 말을 빌리자면 언어는 '최종적

---

48) 칸트의 구성론을 이성의 동일성의 원칙에서 반대한 아도르노는 그 이념을 니체에게서 따왔다. Albrecht Wellmer, *Zur Dialektik von Moderne und Postmoderne Vernunftkritik nach Adorno*(Frankfurt am Main : Suhrkamp, 1985), 148쪽 참조. 니체는 언어로 사물을 파악할 수 없다는 전제하에서 언어의 개념들이 "동일하지 않은 것의 동일화Gleichsetzung des Nicht-Gleichen"를 수행한다고 본다. 인간 중심적인 활동과 개념들은 끊임없이 생성하고 변화하는 세계를 범주로 고정시키는 행위이므로 언어 행위는 인간 중심적 활동이다. 니체의 예를 들면 "나뭇잎이라는 개념이 개별적인 다양성들의 임의적인 제거와 차이들의 망각을 통해 형성된다는 사실은 확실하다." *Nachgelassene Fragmente, Ueber Wahrheit und Lüge im aussermoralischen Sinne* 1, *Friedrich Nietzsche Kritische Gesamtausgabe*, III/2, 374쪽.

인 어휘의 발견'이 아니라 인식 과정에 대한 '자기 기술' 또는 '재서술re-description'의 성격을 갖는다.[49]

니체의 관점주의는 해석을 사실의 발견이나 종합이 아니라 자기 창조의 특성을 갖는 부단한 과정으로 본다. 주관주의를 근거로 주체 밖의 사물의 질서와 그것에 대한 객관적 보편타당한 인식을 부정하는 해석은 하나의 정확한 해답을 얻는 것이 아니라 여러 가지 '다르게 해석'할 수 있는 관점 가운데 하나를 선택하는 것이다. 따라서 '거울'이 상징하는 발견적, 재현적 모델에 따른 단일한 의미는 부정된다.

의미의 다산성의 긍정은 니체가 창작 내지 창조와 인식 간의 관계에 대해 인식보다 현실을 변형시키는 예술의 창조적인 힘과 가상과 환상을 창출하는 충동을 더 중요시하는 것을 의미한다. 창조적 자기 기술은 세계의 본질을 해체하면서도 삶의 유용성을 추구하는 주체의 강화에 효과가 있다. 인간 내면의 다양한 충동들의 경쟁과 투쟁으로 해석은 더 높은 관점으로 상승한다. 위버멘쉬는 니체가 자신을 발견하는 계기가 아니라 창조를 위해 요청한 이상형으로, 그의 작품에 등장하는 허구 인물에 지나지 않는다.

인간의 창조물인 언어는 상징적 매개체로 인간에게 다시 작용해 생활 세계를 구성한다. 언어는 더 이상 세계의 직접성을 나타내는 투명한 매체가 아니고, 자율적 문화 공간에서 신체를 구체적으로 표현하

---

49) Richard Rorty, *Kontingenz, Ironie und Solidarität*, Christa Krüger (übers.) (Frankfurt am Main : Suhrkamp, 1989), 47쪽.

고 타자를 이해하기 위한 해석학적 순환 운동의 중요한 수단이 된다.

10. 대중문화론

니체는 프랑크푸르트 학파와 친밀하면서도 긴장된 관계를 형성한다. 아도르노와 호르크하이머는 니체에게 후한 점수를 주지만 하버마스는 그의 강력한 적이었다. 하버마스는 이성의 해방적 기능을 무시한 니체를 포스트모던의 선구자로 비판하는데, 이러한 이유는 하버마스가 윤리 담론의 근거로 삼는 칸트의 형이상학과 니체의 근본적인 대립으로 거슬러 올라간다. 니체가 대중문화 비판의 선구자로 평가받기에는 부족한 것이 사실이지만 그 당시에 발전하기 시작한 매체의 영향력과 파급효과 그리고 부작용에 대한 니체의 분석은 날카롭다.

니체가 가장 큰 영향을 준 문화 비판가로 아도르노를 꼽을 수 있다. 미학에 관심이 전혀 없었던 하버마스와는 달리 그의 전임자인 아도르노가 음악에 대해 전문가다운 섬세한 감각을 바탕으로 대중문화의 기만적 성격, 즉 이데올로기의 생산 효과를 파헤친 작업을 니체는 바그너 예술의 선동성과 대중 지향성 그리고 상업화의 비판에서 이미 다루었다.

아도르노가 호르크하이머와 함께 펴낸 《계몽의 변증법》은 계몽주의가 목표로 삼은 인간의 자유, 해방, 행복이 실현되지 않았고 이중의 지배(자연 지배와 인간 지배)의 도구로 변질된 이성의 퇴락을 다룬다. 그 주제는 탈미메시스화와 그에 따른 근대적 주체의 탄생에 대한 분석이다.

《오디세이아》에서 귀환하는 중 세이렌의 아름다운 선율에 죽음으로 유혹당하는 오디세우스와 그의 선원들은 거대한 자연의 마력 앞에서 생존을 위한 결단을 내리게 된다. 오디세우스는 돛대에 몸을 묶고 선원들은 밀랍으로 귀를 막은 채 노를 저음으로써 인간과 자연의 단절, 예술과 노동의 분리가 일어난다. 이제 감각의 봉쇄로 탈주술화된 자연은 '아우라Aura'를 잃게 되면서 생존과 경제적인 이윤 창출을 위한 자원으로 파악된다. 노동의 대상으로 계산되는 자연은 인간에게 신비스러운 힘을 더 이상 지니지 않는다. 아도르노는 자신의 욕망을 억압하고 검열하는 금욕적 개인의 모습으로 오디세우스를 "근대 문명의 근본 텍스트"[50]로 보고, 이러한 금욕주의와 자기 부정의 필연성은 대중문화의 분석에서도 이어지는 주제가 된다. 대중문화는 이러한 소외된 자연의 지배 메커니즘이다. 이제 '귀 막음'은 밀랍 대신 자본의 이익, 교환 가능성, 이데올로기가 대신한다.

대중 계급의 탄생과 맞물린 매체의 보편화와 예술의 상업적인 가속화는 예술의 본래 가치(사용 가치)를 파괴한다. 귀족과 노예가 공존하던 시대에 예술가는 귀족의 후원을 받음으로써 나름대로 창작 활동에 자율성을 가질 수 있었지만, 귀족 제도의 붕괴 이후 예술가는 해방을 맞은 근대에 대중으로 탈바꿈한 노예의 취향에 적응해야만 했다. 고상하고 비극적인 예술의 자리를 통속적이고 상스러운 재미

---

50) Max Horkheimer · Theodor W. Adorno, "Dialektik der Aufklärung", Rolf Tiedemann (Hrsg.), *Gesammelte Schriften*, Bd. 3(Frankfurt am Main : Suhrkamp, 1981), 63쪽.

를 추구하는 굉음이 대신한다. 근대인은 "세 가지의 M, 즉 순간 Moment과 여론Meinungen, 유행Mode에 시달리는 노예"[51]로 전락한다.

순간은 해석학적 이해를 위한 지평이나 순환 구조가 아닌 단편만을 제시하면서 전체적인 맥락을 무시하는 대중문화의 속성이다. 대중문화는 하루만을 사는 정보를 제공하며 의사소통이나 설득을 목표로 하지 않는다. 여론은 심리를 파고드는 조작 기술을 통해 자극과 반응의 단순한 메커니즘에 대중을 종속시켜 비판적 사고를 할 수 없게 만든다.

유행은 마치 개인의 취향을 고려하는 것 같지만, 실제로는 미적인 것의 상업화와 대량생산으로 표준화된 상품의 공급이 소비자의 기호를 미리 결정하는 것이다. 유행은 자유로운 선택으로 포장된 사회적 강제라고 볼 수 있다. 바그너 예술은 대중에게 진정한 감동을 주기보다는 흥분과 긴장 완화로 감각을 잃게 하여 현실을 막연히 긍정하게 만드는 정치적 이데올로기의 효과를 보여준다.

가장 큰 문제점으로 예술가의 창조력과 실험성이 소비 가능성과 흥행 가능성만을 겨냥한 공연, 예를 들어 〈니벨룽의 반지〉에서처럼 거세될 수밖에 없는 시대적 상황이 지적된다. 아도르노를 거쳐 더욱 정교화된 니체의 문화철학은 자본화된 대중문화의 폐해를 지적하는 데 효과적으로 응용될 수 있는 이론적 토대를 제공한다.

---

51) *Unzeitgemäße Betrachtungen*, III, Schopenhauer als Erzieher ; *Friedrich Nietzsche Kritische Gesamtausgabe*, III/1, 388쪽.

11. 기술 문명 비판

눈부신 과학 기술의 발달에 힘입어 인간은 전례 없는 낙관론의 꿈에
휩싸여 있다. 니체가 소크라테스로 대표되는 주지주의, 즉 아는 것에
비례하여 행복 총량도 증가한다는 믿음과, 지식과 행복의 동일시에
대한 경고를 떠올리면, 현대 문명이 실현할 것으로 보이는 유토피아
의 다른 면을 따져볼 필요가 있다.

탈주술화로 특징지을 수 있는 근대에 보편 수학 이념의 절대화는
과학만능주의를 낳았다. '아는 것이 힘이다'라는 구호와 함께 대상
에 대한 무한한 지식적 탐구는 미래 현상을 예상하고 수정할 수 있는
가능성에 대한 기대감을 고조시켰다.

그러나 니체는 회의주의자인 흄처럼 인과 관계로 파악되는 세계
는 피상적인 것일 뿐 과학적 인식에 인간의 지배력이 작용한다고 단
정 짓는다. 중성적인 것이 아니라 지배 관심을 포함하면서 권력을 배
제할 수 없는 과학적 작업은 자연에 대한 폭력이다.

니체가 기술에 대해 구체적으로 언급한 것은 별로 없지만, 후대의
몇몇 학자들의 수용으로 나름대로의 이론 체계가 형성되었다. 여기
서 간단하게 하이데거, 겔렌, 블루멘베르크Hans Blumenberg의 입
장을 살펴보기로 한다. 인간의 본질에 대한 규정과 관련된 인간학
Anthropologie 차원에서 전개되는 니체의 과학 철학은 현대의 윤리
적 논쟁과는 구별된다.

존재론뿐만 아니라 니체에 대한 탁월한 주석가로 명성이 높은 하
이데거의 기술 철학은 크게 전기와 후기로 나뉘지는데, 초기에는 기

술을 현존재Dasein와 관련해, 후기에는 존재와 관련해 다르게 본다.

초기에는 현존재가 도구를 대면하는 지향성의 방식을 현상학적으로 분석하지만 후기에서는 기술을 존재의 '탈은폐'의 계기로는 긍정적으로, 인간의 힘으로 통제할 수 없는 "Ge-Stell(닦달, 몰아세움)"로는 부정적인 것으로 본다. 이러한 기술의 양의성과는 별도로 하이데거의 니체 분석에서 '위버멘쉬'는 '기술 관료'로 변신한다.[52]

니체를 근대 형이상학의 완성, 즉 주체철학의 종착점으로 보는 하이데거의 독특한 견해를 뮐러 라우터는 신의 죽음 이후 형이상학의 굴레에서 벗어난 대지를 효과적으로 지배하는 기술 관료의 철학으로 재해석한다.

하이데거의 기술 철학이 니체의 '미확정성'의 개념에서 인간을 '고정' 내지 확정시키는 데 있다면 겔렌은 다른 입장을 취한다. 겔렌은 니체의 '미확정성'이라는 규정을 인간을 다른 생명체와 구분 짓는 '비특수성' 또는 '결핍 존재Mängelwesen'라는 의미로 확장한다. 더 나아가 기술 문명과 제도는 인간의 타고난 본능의 부족을 보완하기 위한 방편으로서 개발되어, 환경이 주는 부담을 덜게 된다고 생각한다.

그러나 블루멘베르크는 겔렌의 니체 읽기에 반대하며 생물학적 차원에서 다뤄진 인간관이 너무 부정적인 견해를 제시한다고 본다. 오히려 인간의 무한한 '호기심'과 상상력에 의해 과학 발전의 무한

---

52) Wolfgang Müller-Lauter, *Nietzsche und Heidegger*(Berlin : De Gruyter, 2002), 101~110쪽 참조.

성이 설명될 수 있어야 한다. 블루멘베르크는 과거와 단호하게 단절한 니체의 파괴성을 긍정적으로 평가하면서 실재와는 전혀 다른 인공 질서를 구축하는 과학의 역할을 강조한다.

니체의 실험주의는 실험실에 제한된 과학자의 활동에 한정된 것이 아니라 삶 자체를 '시도', 끊임없는 기투로 보는 인간의 본질에 대한 새로운 규정이다. 동물과 구별되는 인간의 종차는 실험을 통해 자신에게 고유한 '호기심'을 채워가는 것이다.

따라서 과학 기술은 가치중립성 대신에 인간중심주의를 대변한다. 또한 위버멘쉬를 정점으로 하는 공학 사회는 힘의 극대화, 즉 속도의 증가, 공간의 압축 등을 통해 자연뿐만 아니라 인간마저도 파괴할 수 있는 위험성을 갖는다. 과학에 대한 맹신은 니체가 경고했던 니힐리즘의 극단적 모습인 재앙을 초래한다. 피할 수 없는 세계 파괴와 인간 파괴로 이어지는 과학주의의 피할 수 없는 종말이 예견되면서 도구적 이성에 따른 니힐리즘의 극복을 위해 인식 욕망을 예술로 억제할 필요성이 제기된다.

12. 미학 문화

니체가 문화의 본질로 정의하는 삶의 양식의 단일성은 본래 미학을 통한 교육을 구상한 실러의 이념에서 유래한다. 니체 자신은 작곡가를 꿈꾸며 바그너에 대한 숭배와 환멸을 겪으면서 비제의 〈카르멘〉을 수십 번 들었을 정도로 음악에 열광했다. 음악 정신에 매료된 니체 미학의 주제로는 크게 세 가지, 신체의 유연화와 가상의 긍정 그리고 주체의 재구성을 들 수 있다.

첫 번째로, 그의 작품에서 음악이 철학으로 종합된 형태는 바로 춤이다. 니체 사후 100주년 기념으로 마련된, 독일의 공영 방송인 제2독일방송(ZDF)의 프로그램에서 니체가 옷을 입고 줄 위에서 춤을 추는 발레리나의 모습으로 희화화된 적이 있다. 아폴론적인 것과 디오니소스적인 것의 조화를 주제로 한 그리스 문화뿐만 아니라 자유로운 정신과 《차라투스트라는 이렇게 말했다》의 광대의 줄타기에서도 미적인 것은 춤으로 형상화된다.

지금까지 문명의 과정은 단순히 양심의 형성과 도덕성의 주입에만 그치지 않고 몸에 대한 가혹한 훈련이었다. 사제 행사뿐만 아니라 군대를 포함한 모든 제도의 틀 안에서 몸은 공간과 시간의 질서에 편입되어 부분 기능으로 분해된다.

야생 동물인 '늑대'를 온순한 '개'로 길들이기 위해서 내면화 못지않게 인간의 활동을 제한하는 것이 중요하다. '신체'는 '정신'의 틀에 갇혀 공간화되고 기계로 파악됨으로써 이성의 타자는 권력에 의해 통제받는다.

가두어진 욕망의 승화를 위해 강조된 신체의 활성화와 관련하여 춤은 자유로움을 잘 보여주는 비유이며 훈련된 몸에서 해방되는 계기가 된다.

두 번째로, 삶의 '표현'으로서 문화는 '장식Dekoration'이면서 '가상Schein'이기도 하다. 본질과 가상의 구별법은 플라톤 이래 철학사의 중심 주제인데, 니체는 "예술이 진리보다 더 가치가 있다"[53]고 말하면서 그 관계를 역전시킨다. 진리와 무관한 미적 가상은 존재의 무의미를 견디게 하고 구토를 억제하는 '진정제'로, 삶을 가능하게 하는 '흥분제'로 작용한다. 플라톤의 '진리'를 부정하고 아리스토텔레스의 '카타르시스' 이론과도 구별되는 니체 미학은 흥분의 미학이다. 미적인 가상은 오직 생존을 위해 창조되어야 할 환영Illusion이라는 점에서 가상의 부각은 보드리야르Jean Baudrillard의 시뮐라시옹Simulation 이론과 합치되며 니체의 반실재론은 곰브리치Ernst Gombrich, 굿맨Nelson Goodman과 닮은 점이 있다.[54]

마지막으로 데카르트의 자아의 해체를 통한 신체의 자기Selbst의 구성이 니체의 목표라면 미학은 세계와 자신을 '하나의 예술 작품'으로 고찰하는 데서 출발한다. 조각술로 돌을 깎아 형상을 만들려면 우선 인간은 '단단해야' 한다. 위버멘쉬라는 이상형에 최대한 근접하기 위해 자기형상화의 과제를 실현하면서 실패한 작품마저도 운명애로 긍정할 수 있는 태도가 요구된다.

푸코는 이러한 니체의 미학을 윤리화하려고 한다. 미학과 윤리라는 전혀 관련이 없어 보이는 범주를 푸코는 자신의 성적 경향을 정당화하는 데 이용한다. 구조주의자였던 푸코에게 니체와의 사상적 해후는 큰 전환점을 마련하는 계기가 되었다. 푸코는 에피스테메와 광

---

53) *Nachgelassene Fragmente* 14[21] ; *Friedrich Nietzsche Kritische Gesamt-ausgabe*, VIII/3, 19쪽.

54) Günter Abel, "Wissenschaft und Kunst", Mihailo Djurić · Josef Simon (Hrsg.), *Kunst und Wissenschaft bei Nietzsche*(Würzburg : Königshausen & Neuman, 1986), 19~25쪽 참조.

기, 감옥, 지식과 권력의 복합체를 다루다가 '실존의 미학'에서 하이데거의 '배려'와 니체의 '자기'를 합쳐 '자기 배려'의 개념으로 발전시켜 니체 미학을 되살렸다. 로고스중심주의에서 탈피하여 신체의 철학으로 전환하는 니체의 관심을 따라 푸코는 《감시와 처벌》에서 신체의 공간적인 형성이 여러 제도들을 통해 구현되는 훈련 사회를 비판함으로써 그리스의 윤리로 회귀하는 계기를 마련한다.

이러한 전이 과정에서 역사적 아이러니는 금욕주의 윤리의 비판에서 시작한 니체의 미학을 푸코가 뒤집어 다시 금욕주의로 만든 것이다. 미완성에 그친 푸코의 입장은 니체의 사상을 탐색하는 데 뛰어난 지침을 제공하는 이정표 역할을 해내고 있다. 니체 철학을 풍부하게 한 푸코의 기여도와는 별도로 금욕주의에 대한 니체의 단호한 거부는 푸코와 쉽게 화해할 수 없는 지점을 드러낸다.

13. 나오는 말

앞에서 살펴본 니체의 문화철학의 실천적 함의를 정리하면 다음과 같다.

① 식물학의 측면에서 문화는 식물을 잘 가꿔 개화를 도모하는 것이다. 그것을 위해 물과 거름주기, 햇볕을 쬐게 하기, 약간의 가지치기 등이 필요하다. 그러나 지나친 가지치기로 밑동만 남게 하는 것, 이것은 바로 금욕주의적 이상으로 삶의 의미의 상수인 신체를 사막화하고 인간의 영혼마저 바짝 말라죽게 했다. 계보학의 방법은 도덕

적 가치가 성장한 토양을 밝혀냄으로써 삶을 부정하는 가치도 마찬가지로 삶을 긍정하는 힘에의 의지라는 것을 입증한다. 겉보기에 말라붙은 나무의 뿌리도 살려는 의지가 강하듯 천국을 열망하는 피안의 종교도 더 굵은 뿌리를 땅속 깊이 내리고 있었던 것이다. 초인을 대지의 의미로 강조하고 아직 대지는 비옥하다고 하는 니체의 발언은 모든 창조성의 발판이 되는 현실과 신체의 중요성을 역설하고 있다. 미래 세대가 그 희망을 하늘이 아니라 땅과 신체에 대한 사랑에서 시작하도록 돕는 것이 문화와 동의어로 사용되는 교육의 이념이다. '전광'을 기다리는 고독한 소나무처럼 '미래에서 불어오는 바람'을 느끼는 떨림의 감각을 회복하면서 그 '뿌리'가 내린 신체도 긍정할 수 있도록 해야 한다.

② 동물학의 관점에서 문화는 야수를 길들이기 위해 사용 가능한 정당화된 폭력이다. 문화철학은 관념적 산물이 아닌 실천적 범주로서 인간의 행위의 규제적 이념과 관련된다. 야수를 집동물로 길들이는 것이 문화의 과제라면 그 방법의 선택은 신중해야 된다. 오랫동안 길들여져 순한 양은 주인이 없어지면 대중으로 변하여 사회 혼란의 원인이 된다. 너무 오래 묶어둔 늑대는 풀어놓아도 어디로 갈 줄을 모른다. '주인이 없는 동물들Hirtenlose Herde'은 자칫하면 그 길들여진 무의식을 정치적으로 선동하는 독재자의 희생이 될 수 있다. 니체는 전체주의 형성의 원인이 되는 대중의 '자유로부터 도피하려는'(프롬Erich Fromm) 무의식에 대한 분석을 수행했다.

그러면 동물은 어떻게 길들여져야 하는가? 니체는 "모든 정열이 덕으로" 변하는 승화 과정을 "야수에서 새, 그리고 가희로 변화"[55]라는 비유에서 보여준다. 그것은 야생의 폭력성을 넘어서 노래와 춤으로 요약되는 예술가로 변화하는 것이다.

니체의 이상은 야수를 사육하여 줄 위에서 높이 춤을 출 수 있으며 몰락의 위험마저 감당할 수 있는 강한 예술가로 탄생시키기를 원했다. 떨어져 죽더라도 대지 위에서 웃을 수 있는 광대처럼 춤을 가르치고 싶었다. 이러한 서커스의 곡예사와 같은 훈련의 이념을 고려하면 히틀러를 추종한 학자들의 '금발의 동물Blonde Bestie'은 니체의 이상과는 거리가 먼 파시즘적 인종주의다. 위버멘쉬는 행진하는 무장한 군인이 아니라 물가에서 뛰어노는 순진무구한 아이들의 모습이며 외줄 위를 흥겹게 춤추는 광대의 모습이다.

③ 니체의 문화는 미적 유희를 본질로 한다. 아무런 목적이 없이 삶을 즐길 줄 아는 예술가들의 공동체, 어린아이와 같은 순수함을 지닌 사람들의 삶의 방식을 아우르는 것을 문화라고 부를 수 있다. 생명과 생성은 아름답다. 디오니소스적 축제에서 함께 어우러져 서로 어깨를 겯고 노래를 부르면서 하나 됨을 느끼는 희열, 서로의 몸Inter-leiblichkeit으로 확인되는 현실과 대지, 그 긍정을 통해 증오심을 극복해가는 것이 바로 디오니소스적인 축제가 갖는 치료 효과다.

니체는 춤의 문화를 말한다. 인간의 성숙의 과정을 보면 처음에 어린이는 걷기를 배운다. 그 다음에 뛰는 법을 배운다. 여기까지가 계몽주의가 말한 정신의 자립과 성숙의 단계다. 그러나 니체는 더 요

---

55) "Also sprach Zarathustra. Von den Freuden- und Leidenschaften", *Friedrich Nietzsche Kritische Gesamtausgabe*, VI/1, 39쪽.

구한다. 인간은 나는 법을 배워야 한다. 언젠가는 춤추는 법을 배워야 한다. 우리는 자신 안에서 '춤추는 별' 과 '춤추는 신' 을 발견하고 생성과 대지와 신체를 사랑할 줄 알게 되면서 다시 한번 태어나기를 원해야 한다. 하늘에서 영혼의 구원 대신에 이 땅에서 신체를 다시 갖기를 원해야 한다. 미래의 문화는 대지와 신체를 긍정하는 의식에서 출발하여 '존재의 가벼움' 을 진정한 목표로 삼고 개인의 삶을 춤으로 완성해야 한다.

④ 니체의 문화가 갖는 대안 모델의 요지는 탈중심성이다. 요즘 여러 매체에서 노마드가 새로운 화두가 되었다. 탈영토화를 뜻하는 노마드화는 니체가 이미 예언했던 미래 세계의 모습이다. 니체 사상을 이어받은 들뢰즈는 리좀이라는 뿌리 식물로 상징되는 탈중심적 세계를 보여준다. 기존의 문화가 영토로 나눠진 특정한 민족의 삶의 코드를 지배했다면, 유목민의 삶에는 끊임없는 흐름과 이동만이 있다. 정주민과 유목민 간 전쟁의 역사에서 볼 수 있듯이 앞의 문화가 소유와 정착의 원칙을, 후자가 버림과 떠남의 원칙을 고수하는 데 차이가 있다. 새롭게 주목받는 유목민의 시대는 인터넷의 발전과 함께 정보산업사회의 발전이 일궈낸 네트워크화에 걸맞은 새로운 가치의 창출을 요구한다.

노마드의 세계에 더 이상 문화의 중심은 없다. 한곳에 머무르는 존재가 아닌 생성의 가치가 존경받는 시대에 "횡단적 이성Transversale Vernunft"[56]이 중요한 주제가 된다. 민족과 타민족, 정상과 비

---

56) Wolfgang Welsch, *Unsere postmoderne Moderne*(Weinheim : VCH, Acta

정상, 규범과 이탈의 선들을 넘어서는 탈영토화의 움직임이 앞으로의 문화를 결정하는 힘이 될 것이다. 문화의 가로지르기를 통한 삶의 이질성과 다양성의 인정은 피할 수 없는 과제다.

"지금까지 수천의 민족이 있었다."[57] 그만큼 수천의 문화가 있었다. 그러나 지금부터는 민족이 아니라 개인이 목표다. 신도 죽고 인간도 죽은 허무의 무덤 자리에 피는 수많은 꽃들처럼 개별성이 자유롭게 실현될 수 있는 유토피아가 미래 문화의 이상이다. 하늘에 닿을 정도로 큰 유일한 나무였던 신이 죽은 대지에는 그 대신 풀들이 자란다. 이제 하나의 문화는 없고 많은 차이들이 성장한다. 우리, 유목민은 한곳에 머무르기를 원하지 말아야 한다. 존재 대신에 생성을, 멈추는 것 대신에 방랑을 욕망해야 한다. 이질적인 '인종들의 혼합이 위대한 문화의 근원'이기 때문이다.[58]

Humaniora, 1987), 295쪽 참조.

57) *Also sprach Zarathustra*, Von tausend und Einem Ziele, *Friedrich Nietzsche Kritische Gesamtausgabe*, VI/1, 72쪽.

58) *Nachgelassene Fragmente* 1[153] ; *Friedrich Nietzsche Kritische Gesamtausgabe*, VIII /1, 41쪽.

제 **4**부

한국 니체 철학 연구의 발전과 수용 ─니체 연구의 성과와 세계 표준판 니체 전집의 완역

● ● ● 김미기

1. 서양 철학의 수용 과정과 니체 연구

프리드리히 니체는 현대 사상의 선구자이자 포스트모더니즘의 선구
자라는 수식어를 동반하는, 철학의 한 시대의 획을 긋는 사상가다.
1970년까지만 해도 철학 사전에서 찾아볼 수 없었던 이 철학자가 한
국에서 어떻게 수용되고 발전해나갔는지 그 길을 되돌아보는 것이
이 글의 목적이다. 한국의 서양 철학 수용사에 대해서는 이미 몇몇 논
문[1]에서 부분적으로 다뤄져왔기 때문에 여기서는 해방 이후의 서양

김미기는 동아대 철학과를 졸업하고, 독일 뮌헨 대학에서 석사 학위를, 베를린 자유 대
학에서 박사 학위를 받았다. 현재 건국대에 출강 중이다. 〈루터와 종교개혁에 대한 니체
의 이해〉, 〈니체의 진리개념 비판에서 본 예술과 여성의 본질〉, 〈니체와 바그너〉 등의
논문을 썼고, 《쉽게 읽는 니이체》, 책세상 니체 전집 7《인간적인 너무나 인간적인 I》, 8
《인간적인 너무나 인간적인 II》 등을 옮겼다.

철학의 역사와 니체 철학 연구의 전개 과정 그리고 현재의 니체 연구 동향에 대해 중점적으로 살펴보고자 한다. 그러나 지금까지의 니체 연구의 성과들을 개별적으로 소개하거나 평가하기보다는 이를 토대로 한국에서의 니체 연구의 전개 과정과 그에 관한 연구 업적들을 개관하는 정도에서 그치게 됨을 미리 밝혀둔다.

서양 철학의 수용에 대해서는 기존의 연구자들이 서양 철학의 전체적인 맥락에서 정리한 연구들이 있으므로, 여기서는 니체 연구의 수용과 번역 작업에 관련된 사항들을 언급할 것이다. 서양 철학은 한국에서 100여 년 전부터 수용되기 시작했다. 또한 비록 비논문적인 형식으로 잡지나 신문에 게재된 글들을 통해서였지만, 니체가 한국에 소개된 지도 90여 년이 넘는다.[2] 그러나 서양 철학에 대한 관심은 주로 철학사나 칸트와 헤겔 등을 중심으로 한 독일 관념론, 현실적인 삶과 무관한 순수 철학에 집중되었다. 1950년대 이후부터는 박종홍, 이종우, 안호상, 고형곤, 김두헌, 김계숙, 최재희 등에 의해 주로 헤

---

1) 조희영, 〈한국의 현대 사상에 미친 서양 철학의 영향〉, 《철학연구》 제19호(철학연구회, 1974) : 학술 논저 종합 색인 1945~1981 제10권 철학(국립중앙도서관, 1982) ; 이유영, 《한국독문학비교연구 3—1945년까지 현대독일문학의 수용》(서강대학교출판부, 1983) ; 정동호, 〈한국에서의 니체철학의 수용역사〉, 《인문학지》(충북대 인문과학연구소, 1986) ; 김재현, 《한국사회철학의 수용과 전개》(동녘, 2002) 참조.

2) 한국에서 나온 니체에 관한 최초의 연구들로는 다음과 같은 것들이 있다. 1909년에 발표된 필자 미상의 글 〈톨스토이와 니체주의〉, 《남북한월보》 ; 소춘, 〈역만능주의의 급선봉 프리드리히 니체선생을 소개함〉, 《개벽》 창간호(1920) ; 묘향산인, 〈신인생표의 수립자 프리드리히 니체 선생을 소개함〉, 《개벽》 2호(1920) ; 김억, 〈근대문예 3〉, 《개벽》 16호(1921) ; 김형준, 〈니체와 현대문화〉, 《조선일보》(1936년 10월 28일). 박노균, 〈니체와 한국문학〉, 《니체연구》 3집, 158쪽 참조.

겔 철학에 대한 관념론적 이해, 하이데거와 야스퍼스의 실존철학, 현상학, 막스 셸러의 가치론 혹은 관념론적 윤리학 등이 수용되고 연구되었다. 1960년대에는 김태길에 의해 분석철학 혹은 메타윤리학이 도입됨과 함께 이명현, 김여수, 소흥렬 등에 의해 한국 철학계가 활성화된다. 이들 철학은 개념의 엄정성을 요구하는 순수 철학적 성격이 강했지만 한편으로 실존철학은 개인의 무가치함과 자본주의가 심화되는 과정에서 발생되는 인간의 소외를 극복하고자 하는 내면적인 추진력을 가진, 피부에 와 닿는 철학으로 자리 잡고 있었다. 1960년대 이후부터 실존철학과 더불어 니체 사상은 조금씩 주목받기 시작했으며 보다 현실적이고 사회적인 실천철학적 논의가 철학적 논의의 핵심 문제로 제기되기 시작한다. 철학이 삶과 현실의 문제에 관심을 갖고 자유나 정의 등의 문제를 다루는 연구도 활성화되면서, 철학의 대상이 현실적인 문제로 옮겨 오고 철학의 대중화도 시작되었다. 그리고 1988년에는 철학의 사회적 역할을 강조하는 차원에서 대중을 위한 철학 정기간행물 《철학과 현실》이 출간되면서 지식인과 학생들에게 적지 않은 영향을 미치기도 했다. 이러한 한국 철학의 흐름 속에서 니체는 여전히 크게 주목받는 철학자는 아니었지만, 1980년대에 이르기까지 꾸준히 관심을 받아왔다.

1990년대에 들어서면서 현상학, 비판이론과 하버마스에 대한 연구, 주체와 근대성 비판의 문제 등에 대한 논의들이 활발해지고 특히 라캉, 푸코, 들뢰즈, 리오타르, 데리다, 프로이트 등의 이론이 소개되었다. 이와 함께 후기구조주의, 포스트모더니즘에 대한 논의가 활기를 띠면서 철학자 니체는 본격적으로 주목을 받게 된다. 본 논문에서는 먼저 한국에서 서양 철학이 수용되는 과정을 시기상으로 초기에서부터 해방 전후, 1950~1960년대, 1970년대, 그리고 1980년대로 구분해 니체 연구의 동향과 결과들을 고찰할 것이다. 다음으로 한국 니체학회 창립과 더불어 니체 연구가 본격화되기 시작한 1980년대부터 현재까지의 니체 연구의 전체적인 흐름과 주요 경향들을 소개할 것이다. 또한 니체 연구의 결실인 니체의 저작과 유고 완역의 의미를 되새겨보고 한국의 니체 연구가 앞으로 어떤 의미와 변화를 가져올 것인지 살펴볼 것이다.

2. 최초의 니체 연구의 성과들과 니체 번역의 과정

니체 사상의 수용 과정은 '접촉기', '수용기', '성장기'라는 세 단계로 나눠 설명되기도 하지만,[3] 여기서는 편의상 한국에 니체 사상이 소개된 과정을 크게 세 시기로 구분하려 한다. 제1기는 직접적으로 니체 저작이 소개되고 번역되지는 않았지만 단편적으로 니체의 사상에 관한 글들이 발표된 시기라고 볼 수 있다. 우선 1920년 전후로 독일과 일본에서 유학한 연구자들에 의해 니체 사상이 조금씩 소개되기 시작한다. 그러나 번역 작업에서는 〈디오니소스 송가〉가 일부 번역된 것이 고작이다.[4] 니체 사상에 대한 연구로는 1920년대에 접어

---

3) 정동호, 〈니체저작의 한글번역—역사와 실태〉, 《철학연구》 47집(1997), 180쪽 이하 참조.

들면서 니체의 힘의 철학과 영원회귀설이 먼저 소개되었고 1930년대, 1940년대에는 그의 철학 사상이 좀 더 폭넓게 다뤄지기 시작했는데, 예를 들면 그리스도교 비판, 가치의 전환, 위버멘쉬 등 니체 사상의 근간을 이루는 중요한 해석들이 조금씩 언급되기 시작했다.

제2기는 해방 후 대학에서 니체 철학에 대한 강의가 개설되고 그의 사상이 본격적으로 논의되며 그의 저작에 대한 번역이 이루어진 시기로서 1970년대 말까지로 볼 수 있다. 해방 이후 한국 철학계는 자유민주주의 이념과의 관계 속에서 가장 영향력이 큰 실용주의적 경향이 지배하고 있었다. 1960년대에 들어서기 시작하면서 실존철학의 영향으로 실존주의 철학자들과 니체의 대표적인 몇몇 저작들이 단행본으로 번역되기 시작했다. 실존철학 혹은 생철학에 대한 관심이 실존철학의 선구자로 여겨진 니체에 대한 관심으로 옮겨졌고 이러한 관심이 여러 권의 니체 번역서로 나타나게 된 것이다. 이 시기부터 니체는 신문이나 문예지에서는 물론 대학 강단에서도 본격적으로 다뤄지는 철학자 중의 한 사람이 되었다. 이 시기에 단행본으로 선보인 최초의 니체 연구서가 바로 1959년에 나온 하기락의 《니이체론》이다. 이 책은 1971년에 개정판을 냈으며, 1970년대와 1980년대의 니체 학도들에게 고전으로 읽혔다. 또한, 1980년대 이후 니체에 관한 다양한 2차 저작들이 세상에 나오기 전까지, 니체 철학의 전체적인 내용을 소개하고 윤곽을 제시하는 훌륭한 지침서 역할을 오랫동안 했다.

---

4) 김진섭, 《해외문학》 창간호(1927), 148쪽.

제2기 특히 1960년대 이후에는 한국 철학계에서 학회의 조직이 전문화되고 연구 발표가 활발히 진행되었으며 정기적인 학회지의 발간도 이뤄졌다. 이 시기는 프랑스의 실존주의와 독일의 생철학, 실존철학이 급속하게 수용되어 사르트르와 카뮈, 야스퍼스와 니체가 즐겨 읽힌 때였다. 동시에 쇼펜하우어, 키르케고르, 특히 니체에 대한 관심이 대폭 증대했다. 그러나 이러한 커다란 관심에도 불구하고 여전히 니체는 "통속적인 관심의 테두리 속에서 그리고 문헌에 대한 비판과 연구 없이 무차별하게"[5] 다루어졌으며 따라서 니체 철학에 대한 잘못된 인식이 있었던 것도 사실이다. 1970년대에는 자본주의의 급속한 발전에 힘입어 국내에서도 철학에 대한 연구가 증가하고 전문화되었으며, 특히 외국 유학을 한 철학자들이 각 분야에 등장함에 따라 철학적 논의가 다양해지고 활성화되었다. 이 시기에 국내 최초의 니체 전집이 선을 보였고 니체에 관심을 가진 철학도들의 석사 학위논문 수가 늘어났다. 또한 전문적인 연구 활동이 시작되었고 니체 철학을 주제로 한 박사 학위논문이 최초로 나왔다.[6] 그러나 니체 전집의 발간과 《차라투스트라는 이렇게 말했다》를 비롯한 니체 저작의 많은 번역 활동에도 불구하고 여전히 니체는 통속적인 관심의 대상에서 벗어나지 못했다. 왜냐하면 "니체 철학이 지니고 있는 단호한 논리와 인식에 대한 통찰, 문화 비판의 엄격성 그리고 과학적 바탕은 일반 독자들의 취향에 영합하는 과정에서 생겨난 통속적인 니

---

5) 정동호, 〈한국에서의 니체철학의 수용역사〉, 102쪽.
6) 최준성, 〈니이체 연구—가치판단을 중심으로〉(영남대학교 박사 학위논문, 1975).

체의 모습에 가리어"[7]졌기 때문이다. 당시의 연구 결과들은 독자들이 가진 니체에 대한 부분적이고 일시적인 관심에서 비롯된 것이었으며, 당시의 여건에서는 니체 연구가 니체 철학에 대한 피상적인 해석에서 그칠 수밖에 없었다. 이러한 니체 연구의 통속적인 경향은 약간의 공백기를 거쳐 《나의 누이와 나》[8]라는 니체의 위작이 세상에 나와 관심을 끌었던 1980년 이후에도 여전히 지속되었다.[9]

제3기는 한국 니체 연구의 '성장기'에 해당하는 시기로서 1980년대 초반부터 오늘에 이르기까지를 말한다. 특히 이 시기에는 헤겔 철학이 활발히 소개되고 실천철학에 대한 관심이 증대됨에 따라 현실의 변화 과정에 대한 철학적 관심을 중심으로 한 철학적 담론들이 활기를 띤다. 1982년부터 청하 출판사는 세 번째 니체 전집에 해당하

---

7) 정동호, 〈한국에서의 니체철학의 수용역사〉, 102쪽.

8) 이 책은 1889년 니체가 남긴 최후의 저작이라고 알려졌던 출처가 분명하지 않은 책인데, 위작으로 판명되었다. 1980년 이덕희에 의해 번역되어 '작가정신'에서 출판되었다.

9) 1970년대에 니체 연구가 일종의 소강 상태 혹은 공백기에 처했던 이유에 대해서 정동호 교수는 "니체 철학이 유행의 물결을 타면서 보인 현상인지 아니면 초기의 연구 성과가 축적되어 새로운 연구 성과를 모색하는 과정에서 생겨난 것인지 아니면 니체 철학의 연구가 어떤 벽에 부딪혔던 탓에 야기된 일시적인 움츠림이었는지" 등의 여러 가지 가능한 추측들을 제시하고 있다. 필자의 견해로는 1970년대 초부터 이병현, 소흥렬 등 분석철학적 전통의 철학을 연구한 학자들의 영향으로 분석철학적 논의와 비판이론, 현상학 등이 주조를 이루면서 니체 철학과 같은 소위 비체계적이고 비합리주의적 경향의 철학보다는 개념적 명료함과 엄정성을 요구하는 철학적 논의들이 선호되었고, 또 실용주의와 사회정의론 등이 대두되면서 전체적으로 현실적이고 사회적 관심을 더 크게 반영한 연구들이 주를 이뤘기 때문인 것으로 추측된다. 이러한 철학적 풍토 속에서 니체는 여전히 통속 철학자의 계열에서 완전히 벗어나지 못하고 있었다.

는, 니체 저작의 새로운 번역을 연차적으로 시작했다. 이와 함께 1983년에는 정동호의 《니이체 연구》를 시작으로 다양한 니체 연구들이 단행본으로 소개되면서 한국의 니체 연구가 새로운 국면에 접어들게 된다. 그동안 개별적으로 니체를 연구해왔던 현직 교수들은 니체 철학의 체계적인 이해를 돕기 위해 자신들의 연구 성과들을 한데 모아 1984년에 《니이체 철학의 현대적 조명》이라는 책을 내놓았다. 1987년에 개최된 전국 규모의 대한철학회 학술발표회를 계기로 "니체 철학의 재조명"이라는 주제로 논문들이 발표되었고, 이 시기 이후부터는 국내에서 니체 연구와 니체에 대한 번역이 활발하게 이뤄졌다.[10] 철학계에서도 한국의 현실적 상황을 반영한 철학적 방법론을 중심으로 분석철학과 과학철학 그리고 현상학, 해석학, 비판이론 사이의 논쟁들이 활발히 수용되었고, 인간론 논쟁과 더불어 근대

---

10) 니체 관련 문헌들에 대한 번역 작업은 1980년대의 E.핑크, 《니이체철학》, 하기락 옮김(형설출판사, 1984)과 함께 시작되었고, 1990년대 이후에는 다양한 2차 문헌 번역서들이 잇달아 나오게 된다. 니체를 중점적으로 다룬 번역서 중 비중 있는 일부를 소개하면 다음과 같다. A. 네하마스, 《니체—문학으로서의 삶》, 김종갑 옮김(책세상, 1994) ; A. 피퍼, 《니체의 차라투스트라에 대한 철학적 해석》, 정영도 옮김(이문출판사, 1994) ; 루이 코르망, 《깊이의 심리학자 니체》, 김응권 옮김(어문학사, 1996) ; M. 하이데거, 《니체와 니힐리즘》, 박찬국 옮김(지성의샘, 1996) ; G. 볼파르트, 《놀이하는 아이 예술의 신 니체》, 정해창 옮김(담론사, 1997) ; E. 슈리프트, 《니체와 해석의 문제》, 박규현 옮김(푸른숲, 1997) ; G. 들뢰즈, 《니체와 철학》, 이경신 옮김(민음사, 1998) ; G. 슈베펜호이저, 《니체의 도덕철학》, 홍기수 옮김(울산대학교출판부, 1999) ; 데이브 로빈슨, 《니체와 포스트모더니즘》, 박미선 옮김(이제이북스, 2002) ; E. 벨러, 《데리다-니체 니체-데리다》, 박민수 옮김(책세상, 2003) ; R. 자프란스키, 《니체, 그의 생애와 사상의 전기》, 오윤희 옮김(문예출판사, 2003).

성, 해체론 그리고 포스트모더니즘에 대한 논쟁 등이 주목을 받았다. 해체론적 담론들은 니체와 관련해 특히 "주체의 죽음"에 대한 언급에서 시작되었다. "근대성 비판", "포스트모더니즘"이라는 새로운 논제들과 함께 니체 철학의 연구에도 "르네상스"가 도래하기 시작한 것이다.

3. 한국 니체학회의 창립과 '니체 르네상스'

1960년대에 들어서면서 이탈리아, 독일, 프랑스를 비롯한 유럽에서는 나치즘 사상과 상통한다는 오해를 받았던 니체 사상에 대한 재조명의 물결이 일기 시작했다. 한국에서도 1970년대 이후부터 이러한 재조명의 경향들과 세계적으로 나타난 반근본주의적, 니체주의적 경향들이 급속히 수용되기 시작한다. 서구에서 일어난 이른바 '니체 르네상스'의 영향에 힘입어 국내에서도 니체를 연구한 학위논문들이 속속 나오기 시작했고, 1980년에 들어와 철학 연구자들이 질적 · 양적으로 증가하면서 다양한 분야의 철학이 보다 깊이 있게 논의되었다. 1970년대의 최준성과 1980년대의 성진기의 박사 논문에 이어 니체에 대한 논문들이 줄을 이어 발표됐고,[11] 1990년대 들어 니체 전공자들의 수가 급증한 이래 니체를 주제로 한 박사 학위 논문이 꾸

---

11) 해방 이후 1979년까지의 니체를 주제로 한 박사 학위 논문과 일반 니체 논문들에 대해서는 정동호, 〈한국에서의 니체철학의 수용역사〉, 109쪽 이하 참조.

준히 늘어가고 있다. 니체에 대한 관심과 연구 활동이 이렇게 눈에 띄게 활성화된 배경 중 대표적인 것이 아마 1989년의 한국 니체학회 설립일 것이다. 수십 년간의 연구 성과들의 축적에 힘입어 한국에서의 니체 연구는 1980년대 후반부터 소위 한국적 '니체 르네상스'라고도 불릴 수 있는 본격적인 전환기에 들어선다.

한국 니체학회는 다년간의 준비 기간을 거쳐, 박준택 교수를 초대 회장으로 하여 1989년 11월 25일에 창립되었다.[12] 중앙대학교에서 열린 창립총회에서는 박준택, 최준성, 정동호 세 명의 발기인과 창립 회원 25명, 그리고 여러 교수들과 대학원생들이 참여해 총 23조로 이루어진 회칙을 통과시키고 임원을 선출했다. 한국 니체학회는 1990년부터는 본격적인 연구 발표회를 진행하며 한국의 니체 연구 활동의 토대를 마련했다. 또한 니체 철학 연구로 독일에서 학위를 받은 정동호, 김진석, 이진우, 김기선, 김정현, 김미기, 백승영, 이상엽, 강용수, 정낙림, 홍사현을 중심으로 더 다양하고 전문화된 니체 연구가 한국 니체학회를 중심으로 활발하게 전개되기 시작했다. 한국 니체학회가 연 2회 발간하는 학술지 《니체연구》는 한국 니체 연구의 산실이자 국내외에서 니체를 연구한 젊은 연구자들의 새로운 연구 발표의 장이 되고 있다.[13] 1995년 2월 창간호가 간행된 이래 《니체

---

12) 한국 니체학회 회장으로는 초대 회장과 2대 회장으로 박준택(중앙대), 3~4대 최준성(충남대), 5대 성진기(전남대), 6대 정영도(동아대), 7대 정동호(충북대), 8대 강영계(건국대 부총장)에 이어 2006년 현재 이진우(계명대 총장)가 재임하고 있다.
13) 2000년 이후 《니체연구》에 발표된 연구 논문들의 경향은 다음과 같다(게재순, 부제 생략). ●니체와 포스트모더니즘, 니체와 해체의 문제에 관한 연구, 제4집

연구》는 니체 관련 논문만을 게재하는 니체 전문 학술지로서 맥을 유지하고 있다.

다음의 국내 니체 연구 논문에 대한 통계는 변화 발전해가는 니체 연구의 동향을 뒷받침해주고 있다.

니체 철학을 주제로 한 국내 연구 논문 수의 추이[14]

	석사 학위논문	박사 학위논문	일반 논문	총계
1940~1949	1	0	0	1
1950~1959	2	0	1	3
1960~1969	7	0	5	13
1970~1979	3	1	22	26
1980~1989	16	3	35	54
1990~1999	49	5	61	115
2000~2005	31	7	82	120
총계	109	16	186	

(2001) : 이광래, 〈니체와 푸코〉 ; 이진우, 〈글쓰기와 지우기의 해석학〉. 제6집 (2004년 가을) : 이진우, 〈욕망의 계보학〉 ; 이상엽, 〈이성과 이성의 타자〉 등. ● 니체의 문화철학에 관련된 논문. 제6집(2004년 가을) : 강영계, 〈문화허무주의〉 ; 강용수, 〈니체의 문화철학의 체계성과 연속성에 대한 연구〉 등. ●니체와 종교에 관한 연구. 제8집(2005년 가을) : 최상욱, 〈그리스도교에 대한 니체의 평가〉 ; 이서규, 〈신의 죽음과 허무주의 그리고 위버멘쉬〉 ; 김정현, 〈니체와 불교의 만남〉 ; 이주향, 〈니체와 예수 그리고 금강경〉 등. 이 밖에도 다른 전문 철학학술지에 발표된 다수의 니체 연구 논문들이 있다.

14) 이 통계 자료는 국회전자도서관, 학술 데이터베이스(KSI KISS), 한국교육학술정보원(KERIS) 그리고 학술연구정보서비스(RISS) 등의 검색 사이트를 통해 수

위의 통계 자료에 의하면 1940년에서 1960년대까지는 연구 주제의 범위는 극히 제한적이었다. 초기의 연구에서는 가치, 허무주의, "초인"(위버멘쉬), 종교 비판의 논제가 주를 이루고 있었다. 최초의 니체 연구 논문인 김태길의 석사 학위논문 〈니체의 가치관 소고〉(서울대, 1949)를 비롯해 김우태의 〈프리드리히 니체 연구, 특히 *Der Wille zur Macht*를 중심으로〉(전남대, 1958), 최준성의 〈니체의 가치론에 관하여〉(연세대, 1959), 박준택의 〈니체에 있어 신과 초인 간의 관계〉(고려대, 1960)와 같은 석사 학위논문들이 이러한 사실을 잘 드러내 보여주고 있다. 일반 학술지나 대학별 논문집에 발표된 이초범의 〈프리드리히 니체에 있어 니힐리즘의 전경과 기독교〉(독어독문학회, 1959), 유정자의 〈프리드리히 니체의 사상과 니힐리즘의 도덕〉(성균관대, 1963), 김종희의 〈니체의 초인 사상〉(성균관대, 1964)과 〈니체의 시적 세계에 나타난 허무주의〉(성균관대, 1966), 이해용의 〈니이체와 반기독교 사상의 한계〉(경희대, 1965)와 같은 논문들 역시 당시 니체 연구의 경향을 잘 반영해주고 있다.

1980년대 이후에는 니체 연구의 관점이 다양해져서 니체와 다른 철학자들의 관계에 초점을 둔 연구들이 눈에 띈다. 니체와 쇼펜하우어 연구가 가장 선호된 논제였으며, 그 외에 헤라클레이토스, 소크라테스, 톨스토이, 도스토예프스키, 오버베크, 셸러, 키르케고르, 바르트Karl Barth 등의 사상가들과의 관계 속에서 니체를 고찰하는 연구

집한 결과다. 등록되어 있지 않은 학위논문과 일반 논문들은 검색에서 누락된 경우가 있을 수 있으므로 이 통계는 대략의 참고 자료로만 활용될 수 있음을 밝혀둔다.

니체 철학을 주제로 한 박사 학위논문

	저자	논문 주제	소속	연도
1	최준성	니체 연구	영남대	1974
2	김진환	불교의 윤회전생과 영겁회귀에 대한 고찰	건국대	1980
3	성진기	니체의 영원회귀 사상에 관한 연구	전북대	1986
4	유명걸	의지의 표상과 원근적 가치 평가 연구 : 쇼펜하우어와 니이체를 중심으로	중앙대	1987
5	박운	니체에 있어서 양극성에 관한 연구	전남대	1992
6	이창재	도덕의 기원에 대한 탈이분법적 고찰— 니체의 가치관을 중심으로	원광대	1993
7	주현철	독일 문학의 인도 수용에 관한 사적 고찰— 헤르더에서 니체까지	중앙대	1996
8	심의식	근대적 이성의 해체와 디오니소스적 이성, 예술	동아대	1997
9	노인화	독일 표현주의 영화 연구— 니체 사상과 '이중 자아' 개념을 중심으로	중앙대	1998
10	권의섭	니체의 예술론과 학문론	계명대	2000
11	홍일희	니체 철학에서 생의 개념 연구	전남대	2000
12	임윤혁	니체의 예술 철학에 관한 하이데거의 존재론적 해석과 진리론	충남대	2001
13	이경희	F. Nietzsche의 도덕철학— 주인도덕을 중심으로	대구 카톨릭대	2002
14	김은진	니체의 관점주의를 통해 본 G. 데 키리코의 다시점 원근법 연구	성신여대	2005
15	진은영	니체와 차이의 철학	이화여대	2005
16	임건태	니체의 비극적 인식과 형이상학 비판— 힘에의 의지에 대한 하이데거의 해석과 관련하여	고려대	2005

들도 있다. 1980년대 후반부터 시작된 철학의 대중화에 힘입어 1990년대 초부터 니체 철학에 대한 연구는 폭발적으로 증가한다. 참고로, 니체 연구 초기부터 2005년 말까지 국내에서 니체 철학에 관한 연구로 수여된 박사 학위논문은 총 16편으로 추정된다. 그중 3편이 2005년에 나온 것임을 감안할 때, 앞으로의 니체 연구는 새롭게 출간된 니체 유고집을 계기로 더욱 정확하고 수준 높아질 전망이다.

니체 철학에 관한 연구가 지속적인 관심을 받으면서 다른 철학 학술지와 독문학 학술지에도 니체 관련 논문이 다수 발표되었는데, 이 일반 논문들을 구체적으로 관찰해보면 니체를 고찰하는 관점의 다양성을 한눈에 볼 수 있다. 특히 니체와 문학, 니체와 예술, 니체와 종교, 니체와 문화, 니체와 동양철학, 니체와 페미니즘, 니체와 포스트모더니즘 등의 관점들이 그것이다. 단행본 연구서도 《니이체 연구》(정동호 지음, 탐구당, 1983)를 필두로 서서히 활기를 띠기 시작해서, 1950년대부터 니체 철학에 관심을 가져왔거나 니체 철학을 전공한 연구자들이 자신들의 논문들을 모아서 편집한 《니체철학의 현대적 조명》(정동호 엮음, 청람문화사, 1984), 《부르크하르트와 니체》(정동호 · 차하순 지음, 서강대학교 출판부, 1986), 《니체와 현대철학》(강대석 지음, 한길사, 1986), 《니체사상과 그 주변》(박준택 지음, 대왕사, 1990)이 선을 보인다. 니체 서거 100주년인 2000년에 들어서는 《니체의 몸 철학》(김정현 지음, 지성의 샘, 2000), 《니체이해의 새로운 지평》(성진기 외 지음, 철학과 현실사, 2000), 《니체와 예술》(강영계, 서광사, 2000), 《니체가 뒤흔든 철학 100년》(김상환 외 지음, 민음사, 2000)과 같은 주목할 만한 니체 관련서들이 쏟아져 나왔다. 그 외에도 《니체, 천개의 눈 천개의 길》(고병권 지음, 소명출판, 2001), 《진리와 해석》(최상욱 지음, 다산글방, 2002), 《니체, 프로이트, 맑스 이후》(김상환 지음, 창작과비평사, 2002), 《해체와 창조의 철학자 니체》(박찬국 지음, 동녘, 2004), 《니체평전》(강대석 지음, 한얼미디어, 2005), 《니체의 역사관과 학문관》(이상엽 지음, 울산대학교 출판부, 2005), 그리고 《니체, 디오니소스적 긍정의 철학》(백승영 지음, 책세상, 2005)에 이르기까지, 체계적인 니체 이해를 바탕으로 니체 철학의 중심 사상을 분석하는 탁월한 연구들이 꾸준히 나오고 있다.

또한 1990년부터 현재에 이르기까지의 니체 철학 연구에서 특별히 지배적인 주제들도 있다. 《니체와 전통해체》(이서규 지음, 서광사, 1999), 《니체, 해체의 모험》(강영계 지음, 고려원, 1995) 등과 같은 니체와 해체의 문제, 그리고 니체와 정신분석학 혹은 니체와 페미니즘의 관계가 그것이다. 또한 《니체와 프로이트—계보학과 정신분석학》(이창재 지음, 철학과현실사, 2000), 《니체와 정신분석학》(강영계 지음, 서광사, 2003), 《니체, 생명과 치유의 철학》(김정현 지음, 책세상, 2006) 등 심층심리학자로서의 니체와 정신분석학의 관계에 주목하는 참신하고 체계적인 니체 연구들이 계속 모습을 드러내고 있다.

4. 세계 표준판 니체 전집의 완역

1) 독일의 니체 전집의 전개 과정

"한국 철학사상 120여 년만의 쾌거! 국내 최초 세계 표준판 니체 전집!"이라는 표어를 내건 세계 표준판 니체 전집 완역(2005)은 책세상 출판사와 한국의 니체 연구자들이 함께 이루어낸 2005년의 자랑스러운 성과다. 이는 국내에서 나온 니체 전집으로는 세 번째 전집이지만 내용과 번역 체계로 볼 때 완전히 새로운 것이다.[15] 그동안 니체 유고로는 독일에서도 그 진위성 여부가 끊임없이 논란이 된 "힘에의 의지"라는 제목의 책이 번역되어 읽혔었다. 이 책은 니체가 남긴 방대한 유고를 니체의 여동생 엘리자베트 푀르스터 니체와 페터 가스트가 주제별로 나눠 임의로 편집한 것이다. 그러나 국제적으로 니체 저작에 대한 비판적 반성의 소리가 끊이지 않고 1956년에는 카를 슐레히타에 의해 재편집된 유고집이 출간되면서 니체 유고의 조작 가능성에 대한 거센 논쟁이 다시 불붙기 시작했다. 그 후 이미 소수의 니체 연구자들은 니체 원문을 읽기 시작했지만, 한국에서는 여전히 비전문가에 의한 니체 번역서와 인위적으로 편집된 유고 밖에 접할 수 없었고, 따라서 니체 사상의 정당한 해석은 한계에 부딪힐

---

15) 다섯 권으로 구성된 우리나라 최초의 니체 전집은 강두식, 구기성, 박환식, 김영철, 박준택이 번역해 1969년 휘문 출판사에서 출간되었다. 이 전집은 5년 후인 1974년에 6쇄를 기록했다. 그 후 1982년 청하 출판사에서 두 번째 니체 전집이 간행되었고, 이 전집은 2002년 책세상 니체 전집이 출간을 시작할 때까지 높은 관심을 받아왔다.

수밖에 없었다. 이미 두 종류의 니체 전집이 번역되었고 개별적인 수 많은 번역본이 나와 있음에도 불구하고 니체의 저작과 유고의 재번 역이 요청된 이유도 거기에 있었다. 앞에서 언급한 바와 같이 1950 년대 후반부터 대중의 관심에 부응해 니체 저작이 급속히 번역되기 시작했고 또한 니체 전집과 단행본이 쏟아져 나왔지만, 이들은 대부 분 중역된 것일 뿐만 아니라 번역에 있어서도 통일성이 없어 니체에 대한 체계적인 연구에 기여하지 못했던 것이다.

세계 표준판 니체 전집 번역의 의미를 정당하게 평가하기 위해 독 일에서의 니체 전집의 발전사를 먼저 짚고 넘어갈 필요가 있다. 1892 ~1893년 엘리자베트 니체와 가스트가 니체 전집 간행을 시도한 이 후, 먼저 1894년 나움부르크에, 1897년에는 바이마르에 니체 문서 보관소가 설립되었다. 이곳의 가장 중요한 업적은 1894년부터 1926 년에 걸쳐 나우만과 크뢰너에 의해 출간된 소위 《그로스옥타브 전 집》이다. 라이프치히에서 1894년 선보인 이 전집은 그 후 나온 모든 니체 전집의 모체가 된다. 먼저 문서 보관소의 주요 업무 중 하나였 던 전집 편찬에서 주목할 만한 일은 페터 가스트, 에른스트 호르네 퍼, 아우구스트 호르네퍼를 중심으로 한, 유고집 《힘에의 의지》 출간 이었다. 이것은 상당 부분이 누락되고 차례도 조작된 483개의 단편 들에 번호를 붙여 임의로 편집한 것이었다. 그로스옥타브판 (Leipzig, 1894~)의 제15권으로 나오게 된 이 유고집이 최초의 유 고집 《힘에의 의지》로서 1901년에 출간되었다. 그들은 이 책의 483 개의 유고 단편에 임으로 번호를 매기는 등 자의적으로 편집했다. 1906년 엘리자베트 니체와 페터 가스트는 두 배로 분량이 늘어난 유고집을 다시 편찬하게 된다. 이 유고집에 실린 다수의 단편들은, 니체의 방대한 유고 중에서 극히 일부만을 발췌했던 전작에서 누락된 것들이었다. 1911년에는 새로운 편집자인 오토 바이스에 의해 1,067개의 글을 포함한 세 번째 수정판이 나오게 되는데 이것이 바로 오늘날 우리가 접하게 된 《권력에의 의지》의 기초가 된 것이다.

세 번의 편집 과정을 거치면서 니체의 글들이 편집자들에 의해 일부 삭제되거나 첨가되었을 뿐만 아니라 내용까지 수정되었던 것은 이미 주지의 사실이다. 여기서 특히 엘리자베트 니체는 출간인으로서의 유리한 권리를 확보하기 위해 필요에 따라서는 편지의 수신인, 인사말, 글의 내용까지 변조한 것으로 알려져 있다. 이는 가스트가 1910년 1월 26일 홀처에게 쓴 편지에서도 잘 드러나고 있다.[16] 20여년 후인 1934년부터 바이마르 문서 보관소에서 출간된 두 번째 전집 《역사적 · 비판적 전집Historisch-Kritische Ausgabe》의 서문에서도 이전에 출간된 《힘에의 의지》는 사실상 니체에 의해 씌어진 저작이 아니므로 전집에 포함될 수 없다는 비판적 입장이 밝혀져 있다.[17]

1956년 카를 슐레히타가 이 유고들을 재정리하여 "80년대 유고들 중에서Aus dem Nachlaß der achtziger Jahre"라는 구체적인 제목의 세 권짜리 전집을 세상에 내놓으면서 다시 유고집에 대한 논쟁은 뜨거워진다. 유고 단편들을 주제별로 분류했던 이전의 유고집과는 달리 슐레히타는 단편들을 연대별로 재배열했다. 하지만 내용까지 자

---

16) F. Nietzsche, KSA 14, 743쪽 참조.
17) M. Schmidt · C. Spreckelsen, *Nietzsche für Anfänger. Also sprach Zarathustra*(München : DTV, 1995), 20쪽.

의적으로 수정하지는 않았다. 이 일을 계기로 니체가 남긴 모든 유고를 씌어진 순서대로 정확하게 재편집하자는 목소리가 높아졌다. 이러한 요구에 힘입어 나온 것이 1967년에 첫 출간을 시작한 발터 데 그루이터 출판사의 《고증판 니체 전집》이다. 책세상 니체 전집의 번역 원본이 된 이 세 번째 전집은 이탈리아의 학자 콜리와 몬티나리가 편집자가 되어 기존의 유고집을 완전히 해체한 후 니체의 모든 유고를 씌어진 순서대로 분류해놓은 것이다. 유고 전체를 연대별로 정리하고 일부 위조된 부분들을 수정하고 나서야 우리는 진정한 니체의 글들을 읽을 수 있게 되었다. 연대별로 치밀하게 재정리되고 완벽하게 수정된 방대하고 정확한 이 유고집은 드디어 모든 니체 연구자의 지침서로 읽히게 된 것이다.

2) 한국 니체 전집 번역의 역사

이제 우리나라의 니체 번역 작업은 어떻게 전개되어왔는지 개관해볼 필요가 있을 것 같다. 앞에서도 언급했듯이 니체 철학에 대한 관심과 연구는 일찍이 1920년대부터 시작되었으나 체계적인 니체 번역서가 없었던 탓에 해방 이후 극히 제한적인 범위에서만 이루어졌다. 니체 저작의 번역서는 1950년 후반부터 국내에 출간되기 시작했는데, 가장 많이 번역된 것은 역시 《차라투스트라는 이렇게 말했다》와 니체의 자서전인 《이 사람을 보라》(박준택 옮김, 1959)다. 이러한 '정상 번역'의 역사는 《비극의 탄생》(이장범 옮김, 1962), 《인간적인 너무나 인간적인》(박영식 옮김, 1963)으로 이어졌다. 1965년에는 강두식이 《서광》, 《즐거운 지식》, 《선악의 피안》, 《안티크리스트》라는 니체 저작의 번역과 《권력에의 의지》에서 일부를 발췌한 유고집을 묶어 전집의 전 단계 형식을 갖춘 번역본이 을유문화사에서 나왔다. 이 번역서들은 아직 전집이 존재하는 않던 국내 상황에서 니체라는 철학자에 대한 전체적인 윤곽을 파악하려 했던 독자들에게는 어느 정도 반가운 것이었지만, 여기에는 많은 부분이 편역되어 있어 원본을 훼손했다는 문제점이 남아 있었다. 이로부터 2년 후인 1969년 휘문 출판사에서 여섯 권으로 구성된 최초의 니체 전집이 출판되었고, 세계적으로 '니체 르네상스'로 불리던 1982년에는 청하 출판사에서 이른바 한글세대에 의해 번역된 열 권짜리 니체 전집이 나왔다.

그러나 독일에서는 이미 세 차례의 비판적 과정을 거쳐 《고증판 전집》이 1967년에 최초로 발행되었고 또한 이 전집이 세계적으로 세계 표준판 니체 전집으로 간주되고 있었음을 감안할 때, 몇 차례에 걸친 유고 논쟁의 사실조차 알지 못한 채 여전히 독일의 카를 한저판, 크뢰너판, 슐레히타판이나 영역본을 참조했던 휘문 출판사의 니체 전집과 청하 출판사의 니체 전집은 당시의 국내 니체 연구의 열악한 상황을 잘 반영해주는 단적인 예라고 할 수 있을 것이다. 게다가 한편에서는 대중적 관심에 영합해 자극적이고 통속적인 제목을 붙여 니체의 저작을 편역한 책들도 1990년대 초까지 여전히 줄지 않고 간행되고 있었다.[18] 니체 연구의 세계적 동향과 비교할 때 우리 나라의

---

18) 소위 "통속 니체주의"에 해당되는 번역서 혹은 편역서로는 《운명의 별이 빛날 때》(1962), 《운명은 고독처럼》(1968), 《어째서 나는 하나의 운명인가》(1977), 《고통의 이름으로 노래하라》(1981), 《고독한 광인의 위대한 넋두리》(1982), 《그래도 나는 인간이 되고 싶다》(1988), 《삶과 죽음의 탐구》(1988), 《완성된 자의

니체 연구는 몇 세대 뒤진 상황이었다. 하지만 열악한 상황 속에서도 한국 니체학회를 중심으로 소리 없는 반성과 비판의 움직임이 있었고 세계 표준판 니체 전집 번역의 필요성이 강력하게 대두되었다.

1999년 4월, 니체 서거 100주년인 2000년을 맞이하여 세계 표준판 니체 전집을 번역하기 위해 정동호 교수를 편집위원장으로 한 책세상 니체 전집 편집위원회가 구성되었다. 방대한《고증판 전집》을 번역하기 위해 먼저 독일에서 니체 혹은 니체 관련 분야의 연구로 박사 학위를 취득한 연구자들을 중심으로 역자를 선정했다. 니체의 글이 문체상 비전공자들도 쉽게 접근할 수 있다는 점으로 인해 많은 문제를 양산한 그동안의 편역과 오역의 역사를 딛고 이제 독일어 해독 능력이 뛰어난 니체 전공자들이 원본에 대한 책임감을 갖고서 전집을 번역하게 되었다. 번역에 앞서, 그동안 책의 제목조차도 통일되지 못했던 니체의 저서들의 제목을 결정했다. 그동안 역자의 임의대로 붙여져 사용돼온 몇몇 제목들도 수정해, 예를 들어《즐거운 지식》은 《즐거운 학문》으로,《선악의 피안》은《선악의 저편》으로,《서광》혹은《여명》은《아침놀》로,《도덕계보학》은《도덕의 계보》로 바꾸었다.

다음으로, 번역의 원칙이나 문제점들을 논의하는 과정에서 지난 수십 년 동안 사용되었지만 논란의 여지가 있는 니체 철학의 주요 개념어를 어떻게 번역할 것인지를 지속적으로 논의했다. 또한 독자들의 이해를 돕기 위해 각 권마다 거기 담긴 글이 씌어진 시대적 배경이나 니체 사상의 전개 과정을 소개하고 그 중심 사상을 설명하는 해

고독》(1990),《영리하게보다는 현명하게 사는 지혜》(1994) 등이 있다.

제를 덧붙이기로 했다. 이렇듯 새로운 편집으로, 니체 저서 중 가장 많은 관심을 받고 있을 뿐만 아니라 어느 철학자의 저서보다 많이 번역되어 이미 국내에도 20여 개 번역서가 나와 있는《차라투스트라는 이렇게 말했다》가 2000년 8월에 가장 먼저 선을 보였다. 그 후 5년에 걸쳐 유고집까지 총 21권을 완역해낸 이 책세상 세계 표준판 니체 전집은 2005년에 "한국출판문화상"을 수상했다.

5. 한국 니체 연구의 전망

번역이란 단순히 한 언어로 된 사상을 다른 언어로 옮기는 작업이 아니다. 번역은 원저자의 사상과 철학을 정확히 이해하고 글의 의도를 전달할 의무가 있는 작업이다. 한 개념이 어떻게 번역되느냐에 따라서 저자가 표현하고자 하는 의미가 그대로 전달되지 않거나 왜곡될 수도 있다. 이미 여러 차례 번역되어온 니체의 저작들을 새롭게 번역하는 작업의 의미도 바로 여기에 있다. 철학적 원저 번역에 있어 발생하는 번역어의 문제들은 니체 철학에서도 예외가 아니어서 니체 철학에 대한 연구가 단계적으로 진행될 때마다 번역어의 적정성이 큰 논란거리가 되어왔다. 하지만 이에 앞서 먼저 인명 표기의 문제도 있었는데 대표적인 예가 "니체"와 "차라투스트라"의 경우다. 니체는 "니체" 혹은 "니이체"로, 차라투스트라는 지금까지 대부분 "짜라투스트라"로 표기되었다. 한국 니체학회의 발족과 함께 니체의 원어 표기는 독일어의 음역에 따라 "니이체"로 통일했다. 그러다 책세상 니체 전집을 번역하면서 다시 "니체"로 표기법을 통일했다. 또한 "차라투스트라"의 표기 역시 경음으로 표기되었던 "짜라투스트라"를 독일어 음역에 가까운 "차라투스트라"로 통일해 표기하기로 했다.

그러나 가장 많이 논란이 되었던 단어는 역시 "권력에의 의지", "초인" 혹은 "극복인"이며 그 외에도 "영겁회귀" 혹은 "영구회귀" 등의 개념어가 있었다. 권력에의 의지는 권력이라는 단어가 사회 진화론적 의미를 내포하고 있어 니체 철학에서 'Der Wille zur Macht'가 의미하는 철학적 의미를 왜곡하여 전달할 수도 있다는 점에 근거하여 "힘에의 의지"로 새롭게 옮겼다. 왜냐하면 여기서의 "Macht"는 니체 철학에서 자연이나 세계 전체를 지배하는 힘을 말하기 때문이다. 이 단어를 "권력"으로 옮길 경우, 우주적 원리를 인간의 정치·사회적 힘으로 한정하게 되어 'Wille zur Macht'가 인간 사회의 힘의 논리로만 해석될 수가 있다.[19] "초인" 역시 초자연적인 의미를 배제하고 원음 표기 그대로 "위버멘쉬"로, "영겁회귀" 또한 종교적인 색체를 배제하면서 "같은 것의 영원한 되돌아옴"을 의미하는 "영원회귀"로 통일해 표기하기로 했다. "초인"이라는 단어를 "말 그대로 초월적 존재로 받아들일 경우, 모든 초월적 이상을 신으로 부르게 됨으로써, 신의 죽음을 선언한 니체의 의도에 반하게"[20] 되기 때문이다.

책의 제목과 개념어의 통일 이외에도 니체 전집의 완역이 가지는 또 하나의 의미는 완벽한 유고의 번역이다. 방대한 니체 유고를 간과

---

19) 정동호, 〈왜 또다시 니체전집인가〉, 《책세상 소식》 제18호(2000), 39쪽.
20) 정동호, 〈왜 또다시 니체전집인가〉, 39쪽.

하고는 정확한 니체 해석이 있을 수 없다. 다른 철학자들에게 있어서도 예외는 아니겠지만 특히 체계적인 글쓰기를 거부했던 니체에게 있어서 그의 유고의 중요성은 아무리 강조해도 지나치지 않기 때문이다. 지난 수십 년 동안 비판 없이 사용해왔던 니체 철학의 주요 개념들을 바로잡고 기존의 번역에서 발생한 오역 혹은 누락된 부분들을 바로잡음으로써 한국의 니체 연구는 이제 다시 한번 새로운 장으로 접어들게 될 것으로 확신한다. 니체의 저작과 더불어 이와 같은 시기에 집필된 니체 유고를 동시에 참조할 수 있게 됨으로써 우리는 니체 사상의 전개 과정과 철학적 연관성을 더 정확하게 파악할 수 있게 되었다. 그뿐 아니라 유고를 바탕으로 한 더욱 정확하고 새로운 해석도 가능하게 되었다. 철학자 니체가 있는 그대로 주목받고 연구될 수 있는 토대가 형성된 2005년을 한국 니체 연구의 새로운 장을 여는 기점으로 보아도 좋을 듯하다. 세계 표준판 니체 전집과 유고의 새로운 번역 그리고 그동안 축적된 연구들의 성과에 힘입어 앞으로 더욱 비판적이고 창조적인 연구들이 나올 수 있을 것으로 기대된다.

참고문헌

김재현, 《한국사회철학의 수용과 전개》(동녘, 2002)

박노균, 〈니체와 한국문학〉, 《니체연구》 제3집(1998)

박준택, 〈한국니체학회 창립전후의 회고〉, 《니체연구》 제2집(1996)

이유영, 《한국독문학비교연구 3》(서강대학교출판부, 1983)

정동호, 〈한국에서의 니체철학의 수용역사〉, 《인문학지》 제1집(충북대학교 인문과학연구소, 1986)

정동호, 〈니체저작의 한글번역—역사와 실태〉, 《철학연구》 제40집(1997)

M. Montinari, *Friedrich Nietzsche Sämtliche Werke, Kritische Studienausgabe*, Bd. 14. Kommentar zur KSA(Berlin · New York : Walter de Gruyter, 1980)

M. Schmidt · C. Spreckelsen, *Nietzsche für Anfänger. Also sprach Zarathustra*(München : DTV, 1995)

오늘 우리는

왜
니체를
읽는가

초판 1쇄 펴낸날 | 2006년 5월 30일
초판 2쇄 펴낸날 | 2013년 8월 20일

지은이 | 정동호 외
펴낸이 | 김직승
펴낸곳 | 책세상

주소 | 서울시 마포구 신수동 68-7 대영빌딩 (121-854)
전화 | 02-704-1251
팩스 | 02-719-1258
이메일 | bkworld11@gmail.com
홈페이지 | www.bkworld.co.kr
등록 1975. 5. 21 제1-517호

ISBN 978-89-7013-573-1 03100

책값은 뒤표지에 있습니다.
잘못된 책은 바꿔드립니다.